어둠 속 중국

다가올 위기에 대처하라!

影子里的中國 by 亨利·基辛格, 吳敬璉, 鄭永年 等(著)
Copyright ⓒ 2013 by 亨利·基辛格(Henry Alfred Kissinger),
吳敬璉(Jinglian Wu), 鄭永年(Yongnian Zheng) etc.
All rights reserved.
Korean copyright ⓒ 2014 by Dasan Publishing.
Korean edition arranged with Beijing Fonghong Books Co., Ltd.
Through EntersKorea Co., Ltd.

이 책의 한국어판 저작권은 (주)엔터스코리아를 통한 중국의
Beijing Fonghong Books Co., Ltd.와의 계약으로 다산출판사가 소유합니다.
신 저작권법에 의하여 한국 내에서 보호를 받는 저작물이므로
무단전재와 무단복제를 금합니다.

어둠 속 중국
다가올 위기에 대처하라!

헨리 키신저(Henry Kissinger)·우징롄(吳敬璉)·정융녠(鄭永年) 외 공저/송은진 역

다산출판사

머리말

지금 중국은 어둠 속에 있다. 여기서 '있다' 라는 것은 일종의 '선택' 으로 중국은 다가올 위기를 감지하고 숨을 죽인 채 웅크린 상태다. '어둠 속에 숨어 있는 것' 은 중화민족만의 독특한 지혜다.

국내 지식인들은 중국의 변화에 대해 줄곧 부정적, 심지어 비관적인 견해를 고수했다. 그러나 중국은 세계가 놀랄만한 경제 기적을 이루었고 국제 사회에서의 영향력 또한 날로 강화되고 있다.

비교하자면 오히려 해외 지식인들이 더 긍정적인 반응을 보인다. 대체 왜 이렇게 된 것일까?

이는 아마 중국의 지식인들이 더 보편주의적인 관점으로 중국 사회를 분석하기 때문일 것이다. 그들은 설령 고통스러울지언정 중국의 진정한 변화와 발전의 길을 모색한다. 반면에 해외 지식인들의 시각은 훨씬 단순하다. 이들은 단순히 경제 지수, 물질적 역량, 발전 잠재력 등을 근거로 중국을 해석하며 중국과 미국의 경쟁, 갈등, 충돌 등에 초점을 맞추어 사고한다.

하지만 국내 지식인이라고 해서 생각이 모두 같지는 않으며 '좌파', '우파', '중도파' 로 나뉘어 저마다의 관점으로 중국 사회를 해석하고 있다. '좌파' 는 민족주의와 계획경제를 대표하며 '우파' 는 민주주의, 시장경제, 보편주의 세계관을, '중도파' 는 실용주의를 각각 내세운다. 일반적으로 '좌파'

보다 '우파'나 '중도파'의 입장이 현재 중국 정부가 추구하는 방향 및 현실 정치에 적합하기에 주류 사상의 자리를 차지하고 있다.

우리가 알고 있는 역사는 객관적인 사실이라기보다 바라보는 사람에 따라 다르게 해석된 결과다. 마찬가지로 미래 역시 정확히 예측하기는 어렵지만 풍요롭고 안정적인 미래를 누리고 싶다면 가능한 한 최대의 노력을 쏟아야 한다.

현재 중국 사회에 존재하는 수많은 복잡하고 암울한 문제들은 모두 프로세스와 속도에서 비롯된다.

그러므로 이제 우리가 해야 할 일은 중국 사회 구석구석을 꼼꼼히 살피고 관리해서 프로세스의 효율성을 높이고 속도를 올리는 것이다.

미래는 금세 눈앞에 닥칠 것이며 우리에게 남은 시간은 많지 않다.

차 례

● 제1장 **중국 경제가 걸어온 길**

중국 개혁개방의 득과 실을 돌아보며 / 2
자신감을 잃은 서방 세계 / 11
초강대국의 슈퍼 드림 / 17
계획경제 시대는 정말 '최악의 시대'였을까? / 27
국부민궁(國富民窮): 부유한 국가, 가난한 국민 / 37
지식체계가 없는 중국은 강해질 수 없다 / 44
세계 강국이 되려면 아직 갈 길이 멀다 / 51
중국의 발전은 계속될 것인가? / 58

● 제2장 **다가올 위기**

왜 악순환을 벗어나지 못하는가? / 64
권귀자본주의의 늪에 빠지다 / 68
값싼 노동력은 중국의 약점이다 / 72
더 이상 미룰 수 없다 / 76
글로벌 금융위기의 후유증 / 89

제3장 시장의 위기

중국 경제가 직면한 '경착륙'의 위험 / 98
지금 부족한 것은 무엇인가? / 101
시장경제체제는 과학기술 발전으로 완성된다 / 106
'먼저 부유해진 일부'와 '그렇지 않은 대다수'가 바라보는 부 / 112
특권이 판을 치는 시장은 '장애물'일 뿐이다 / 116

제4장 중국의 가치관은 무엇인가?

핵심가치관과 미래 중국 / 124
사회 화합을 향하여 / 148
개인가치는 어떻게 사회가치로 통합되는가? / 154
흑백이 분명한 가치관은 실제에 적용할 수 없다 / 163
사회가치관의 해체와 붕괴 / 168
새로운 역사 해석으로 핵심가치관을 건립하라 / 174
중국의 가치, 문명을 지켜라 / 179
현재 중국에는 핵심가치관 재건의 계기가 부족하다 / 182

제5장 위험한 이웃들

일본이 움직이고 있다 / 188
'위험한 이웃'에 대처하는 법 / 212
21세기 중국의 최대 경쟁국은 인도다 / 222
경제적 양보로 정치적 지지를 얻어라 / 230
미국과 러시아, 서로 다른 역사적 배경 / 233
중국의 대 북한 원조를 다원화해야 한다 / 238

제6장 미래 중국의 위기

'조각화'를 벗어나라 / 246
발전의 관건은 공동의식이다 / 252
미래 중국의 최대 위기 : 식량, 석유, 금융 / 259
정치체제의 서방화를 피하라 / 263
물질주의 국가철학 : 중국 사회는 왜 정체되었나? / 271
갈 길이 먼 개혁노선 / 278
과도한 위기의식이 중국을 망친다 / 288

제7장 새로운 질서, 새로운 개혁

중국 정치 개혁의 길 / 296
게으른 서방 세계 / 299
미래 중국의 목표는 공평한 분배다 / 313
정부는 모순과 갈등이 있는 사회에 적응해야 한다 / 318
민주는 적극성을 부른다 / 331
중국 지식인들의 권력은 어디에서 나오는가? / 337
빈곤국가, 부국과 중국 : 새로운 '삼개세계' 구조 / 344
'아래에서 위로 향하는' 개혁을 추진하라 / 351
민중의 힘이 미래 10년을 결정한다 / 363

후기 차이나드림을 향하여 / 367

제1장

중국 경제가 걸어온 길

> 현재 중국 사회에는 심각한 악순환이 존재한다. 정치권력과 경제력을 차지한 특권층의 횡포가 널리 퍼지고 그 정도가 갈수록 심해지자 정부가 적극적으로 개입해서 이들을 강력하게 제재해야 한다는 주장이 대두되었다.
> 하지만 정부의 권력이 커질수록 지대추구 행위(rent-seeking behavior), 다시 말해 이익을 얻기 위해 독과점이나 정경유착 같은 비생산적인 활동에 지나치게 몰입하는 행위가 발생할 수 있다. 이렇게 되면 제재는커녕 특권층의 힘만 더욱 커지는 결과를 낳는다. 이러한 악순환은 중국 역사에서 흔히 찾아볼 수 있는 현상으로 사실상 빠져나오기 불가능하다.

중국 개혁개방의 득과 실을 돌아보며

우징롄(吳敬璉)
국무원 발전연구센터(國務院 發展硏究中心) 연구원

    현재 중국 사회에 존재하는 각종 오류와 폐단은 경제 개혁이 당초 기대했던 수준을 달성하지 못했기에 발생한 것이다. 정치 개혁이 심하게 정체되면서 권력의 농단과 부패가 만연했고, 이 때문에 경제 개혁마저 순조롭지 못하게 되었다. 요컨대 현재 중국 사회의 수많은 문제는 바로 정부에서 시작되었다고 할 수 있다. 이런 상황에서 정치 개혁이 성공하려면 모든 정부기관을 개편하여 현재의 권력형 정부에서 서비스형 정부로 거듭나야 하는데 그러려면 정치인과 공무원들이 누리고 있는 신분에 걸맞지 않는 기득권을 없애는 것이 우선이다. 또한 그간의 개혁성과를 확대하고 현재의 문제점을 해결할 수 있는 방법 역시 앞으로도 계속 정치 개혁을 추진해서 민주 법치를 기초로 하는 시장경제체제를 확립하는 것이다.

    개혁개방을 추진할 당시 중국의 지도부는 사리사욕을 위해 체제 개혁을 결정하지 않았다. 그들은 중국 속담인 "돌을 더듬어가며 강을 건넌다."와 "검은 고양이든 흰 고양이든 쥐만 잘 잡으면 된다."라는 흑묘백묘론(黑猫白猫論)을 내세우면서 경제 회복과 사회 안정을 이룰 수만 있다면 정부나 체제의 형태에 구애받지 않고 어떠한 방법이라도 시도해 보고자 했다. 그리하여 1978년 5월 11일, 광명일보(光明日報)에 '실천이야말로 진리를 검증하는 유일한 표준(實踐是檢驗眞理的唯一標準)'이라는 글이 발표되었다. 이때부터 덩샤오핑(鄧小平), 후야오방(胡耀邦)의 지휘 아래 '사상을 해방시키자!'라는 계몽운동 열풍이 불기 시작했다. 바로 개혁개방을 위한 사상적 기초가 완성된 것이다.

단, 중국의 개혁개방은 체제 전체를 바꾸는 것이 아니었다. 당시 중국 지도부는 국유경제를 기반으로 하는 기존의 경제체제를 유지하면서 이외의 다양한 방면에서 더 큰 경제적 발전을 꾀하는 전략을 채택했다. 이 전략은 꽤 효과적이어서 한동안 경제가 안정적으로 발전했지만 결과적으로 두 체제가 병존하게 되면서 행정 권력이 경제 활동에 개입한 탓에 곳곳에서 지대추구 행위가 발생하고 말았다. 그러다 1992년에 덩샤오핑이 '사회주의 시장경제(market socialism)'를 제창하게 된다. 이 '사회주의 시장경제'에 대해 당시에는 무척 다양한 해석이 존재했지만 오늘날에는 일반적으로 동아시아 국가에서 흔히 볼 수 있는 '정부주도형 시장경제'를 뜻한다. 중국 사회의 큰 전환점이라고 할 수 있는 시장경제체제의 초기 형태 또한 정부가 경제 활동에 관여하는 중상주의(mercantilism, 重商主義)[01]의 색채가 강했다. 이에 대해 제임스 M. 뷰캐넌(James M. Buchanan) 등의 학자들은 「지대추구 사회 이론에 관하여(Toward a theory of the rent-seeking society)」라는 책에서 중상주의 사회는 곧 부패가 만연한 지대추구 사회(rent-seeking society)라고 지적했다.

01 국가의 보호로 무역, 특히 수출을 추진함으로써 나라를 부강하게 하려는 사상 및 그러한 사상에 기초한 경제정책

이러한 사회에서는 이권과 관련된 곳이라면 어디에서나 부패 행위가 발

생한다. 실제로 시장경제체제가 확립된 이래로 중국은 늘 '나아갈 방향'을 선택하는 문제로 골머리를 앓았다. 중국인들은 헌정(憲政)을 확립하고 행정권력을 제한해서 법치를 기본으로 하는 시장경제체제를 확립할지, 아니면 중상주의의 색채를 고수해서 권귀자본주의(權貴資本主義)[02]의 막다른 길을 향해 가야할지 선택해야 했다. 궁극적으로 시장경제체제의 확립을 바라는 사람들은 계속 흔들림 없이 개혁을 추진해서 반드시 법치를 기본으로 하는 시장경제체제를 건립해야 한다고 주장했다.

[02] 중국에서 권력과 자본이 결합해 사회의 부를 독점하는 경제체제를 일컫는 말. 한국이나 일본의 정경유착을 의미하는 정실자본주의(crony capitalism, 情實資本主義)와 유사하다. 관료자본주의(bureaucratic capitalism, 官僚資本主義), 관가자본주의(官家資本主義)라고도 한다.

하지만 그동안 지대추구 행위를 통해 이익을 취해 온 특권층의 생각은 달랐다. 그들은 그동안 누려온 기득권을 포기하고 싶지 않았기에 온갖 수단을 이용해서 경제뿐 아니라 정치 개혁까지 최대한 방해하고 저지하려 했다. 물론 겉으로는 본심을 드러내지 않은 채 마치 개혁을 지지하는 것처럼 행동했지만 내부에서는 '개혁' 혹은 '거시적 조정' 등의 명분을 내세워서 더 큰 권력을 손에 넣은 후 사방에 손을 뻗쳐 지대추구 행위를 일삼았다.

그 대표적인 예로 국유경제체제의 제도 개선과 구조 조정을 들 수 있다. 2000년대에 들어서면서 국유기업을 주식화해서 민영기업으로 탈바꿈하려는 시도는 꽤 큰 성공을 거두었다. 그런데 이 개혁의 마지막 단계인 대형 독점 국유기업에 대한 구조 조정을 착수할 즈음 그 속도가 현저히 느려지고 말았다. 시작은 좋았으나 결정적인 순간에 가로 막혀 궁극적인 개혁에 실패한 것이다. 심지어 어떤 국유기업은 '재(再)국유화', '신(新)국유화' 등의 '시대를 거스르는' 양상을 보이기도 했다.

이뿐만이 아니다. 2000년대 초에는 지방정부나 각급 행정기관이 토지나 신용 대출 등에 관한 권한을 남용해서 대규모의 '전시 행정 사업'을 벌이는 일이 비일비재했다. 이런 일에 연관된 특권층들은 대부분 사리사욕에 눈이 멀어 권력을 이용해서 시장에 개입하거나 자금을 투자하는 등 잇속을 채우기에 급급했다.

주로 권력을 지닌 관료들, 혹은 권력과 결탁한 기업가들이 이런 부패 행위를 통해 폭리를 취했다.

경제 개혁뿐 아니라 정치 개혁이 지지부진한 것도 시장 경제체제 확립을 방해하는 중요한 원인이었다. 덩샤오핑은 1980년에 '전국 농촌 승포제(承包制)'03를 시행하고 '818강화(講話)'04를 발표하면서 정치 개혁의 시동을 걸었고 이후 1986년에 경제 개혁을 성공시키려면 정치 개혁에 더욱 박차를 가해야 한다고 다시 한번 역설했다. 그러나 어찌된 일인지 정치 개혁은 제대로 이루어지지 않고 사실상 제자리걸음을 계속했다. 중국 지도부는 이러한 상황을 해결하기 위해 1997년에 열린 중국 공산당 제15차 전국대표대회에서 "사회주의 법치 국가를 건설하자."를 구호로 내걸었고 5년 뒤 2002년에 열린 제16차 전국대표대회에서도 이 구호를 다시 한번 강조했다. 이렇듯 중국 지도부는 하루 빨리 정치 문화를 개선해서 민주 정치체제를 건립하자고 입을 모았으나 10년이 지난 지금까지도 정치 개혁의 속도는 더디기만 하다.

예를 들어 '물권법(物權法)'05과 '반농단법(反壟斷法)'06 같은 시장경제를 보호하는 법안은 초안이 만들어진 후 심의에만 13년이 걸려 2007년에서야 정식으로 통과되었다. 그동안 중국의 시장경제는 제대로 된 법률도 없이 방치되었으며 독립적이고 공정한 사법 제도의 보호를 받지 못해서 혼란이 가중되었다. 이런 상황에서 사람들은 자신의 재산을 보호하고 이익을 보장받기 위해 '권력과 결탁'해서 지대추구 행위의 '새로운 동력'을 얻고자 했다. 결과적으로 지지부진한 정치 개혁이 부패를 이끈 것이다.

03 국가로부터 일정기간 경작권을 임대하는 제도. 일종의 청부경영제도로 과거 인민공사 시절 계획경제하에서 정부가 작물의 종류까지 결정하고 수확물을 모두 거둬 갔던 것과 달리 농민들 스스로 작물을 선정해 경작하고 국가가 정한 일정 수확량을 초과하는 부분은 시장에서 마음대로 처분할 수 있도록 허용한 제도다.

04 1980년 8월 18일에 덩샤오핑이 중국 공산당 중앙 정치국 확대회의에서 한 연설. 정식 명칭은 '당과 국가 영도 제도에 관한 개혁(黨和國家領導制度的改革)'이다.

05 물권법은 70년으로 정해진 주택과 토지사용권이 기한만료 후 자동연장된다고 규정해서 사실상 영구적인 사유재산권을 인정했다. 또한 개인 재산 보호를 명시해서 국민이 부를 추구하는 중요한 동기를 부여하는 기초가 되었다.

06 반독점법 혹은 공정거래법에 해당한다. 주요 내용은 시장 지배적인 지위 남용 금지, 다국적 기업의 중국 기업 인수, 합병 시 심사 강화, 행정권을 이용한 시장경쟁 제한 행위 규제 등이다.

이상의 상황들은 중국의 사회, 경제, 정치 방면에 모두 큰 영향을 미쳤다. 자본 투입과 수출 촉진에 기반을 둔 '조방형(粗放型) 경제 성장 방식'[07]이 계속되면서 자원 부족, 환경 파괴 등의 문제가 발생했고 국내외의 경제 불균형이 가중되었으며 금융 시스템이 위태로운 상황에 직면했다. 또 지대추구 행위의 범위와 규모가 커지면서 부패가 만연했고 나날이 심해지는 빈부격차에 불만을 느낀 국민이 많아지면서 사회가 불안정해졌다. 그로 말미암은 구체적인 문제들은 다음과 같다.

> [07] '공공투자 주도형 경제(economy led by social overhead capital)'와 비슷한 개념이다. 정부의 경제활동, 특히 고정자본 형성을 중심으로 한 정부지출을 국민경제 운영의 중심으로 삼은 경제체제를 의미한다.

내외 경제 불균형

구(舊) 소련은 서방 국가들이 18세기와 19세기 초에 택했던 자본 투입에 따른 경제 성장 모델을 본보기로 삼아서 '중공업 우선 발전 사회주의 산업화'를 시행했다. 중국이 '제1차 경제개발 5개년 계획'을 시작하면서 따른 것이 바로 이 모델이다. 그러다가 개혁개방 이후 "조방형 경제 성장 방식을 집약형 경제 성장 방식으로 전환해야 한다."는 주장이 재차 제기되었다. 중국 지도부 역시 이를 지지하며 거듭 강조했지만 실질적인 전환은 좀처럼 이루어지지 않았다. 하는 수 없이 중국 지도부는 수출을 통해 내수 부족을 메우기로 결정하고 이번에는 동아시아 국가들의 경제 발전을 본보기로 삼아 '수출주도형 대외경제 정책'을 채택했다. 하지만 그 결과 조방형 경제 성장 방식이 전환되기는커녕 더욱 확고하게 자리 잡게 되었다.

수출주도형 대외경제 정책은 결과적으로 경제총량을 크게 증가시켰으나 자원 부족, 환경 파괴 등의 문제점도 함께 가져왔다. 그래서 원자재와 연료 가격이 크게 뛰어 올라 중국 경제 발전의 발목을 잡는 상황이 벌어진 데다 심각한 환경오염 탓에 생태 환경이 파괴되고 지질이 변화하면서 각종 재해가 빈번히 일어나게 되었다. 이는 경제 발전뿐 아니라 중국인의 기본적인 생존마저 위협하는 일이었다.

　이러한 성장 방식을 오랫동안 지속하면 필연적으로 투자와 소비의 불균형이 발생한다. 실제로 최근 몇 년 사이에 중국의 투자율은 끊임없이 큰 폭으로 상승했다. 현재 GDP 대비 고정자산투자율은 이미 50%에 달했는데 이는 대부분 국가의 20% 수준을 크게 뛰어넘는 수치다. 동아시아의 몇몇 국가들도 제2차 세계대전 후에 공공투자 주도형 경제를 통해 고속 성장을 이루었지만 그 투자율이 현재의 중국만큼 높지는 않았다. 예를 들어 일본의 경우 1960년대에 고속 성장 시기를 거쳤지만 고정자산투자 비중이 가장 높을 때도 34%를 넘지 않았다. 이외에 국내 소비가 GDP의 35% 이하까지 떨어진 것도 큰 문제다. 이 수치는 대부분 국가의 절반 정도밖에 되지 않는 수준으로 이러한 상태가 지속되면 단기적으로는 노동자들의 생활수준이 좀처럼 오르지 않고 계층 간 수입 격차가 커진다. 또 중장기적으로는 투자 효율이 하락하고 불량 자산이 증가해서 은행이 부실해지고 기업 역시 재무 상황이 악화된다.

　조방형 경제 성장 방식이 지속되면 위와 같은 내부 경제의 불균형뿐 아니라 외부 경제에서도 불균형을 발생시킨다. 이런 경제정책을 고수하면 확실히 많은 외화를 벌어들일 수 있지만 중앙은행이 이를 사들이는 과정에서 화폐가 대량으로 시장에 풀린다. 그러면 주식, 부동산, 수집품 등의 가격이 올라 자산의 거품이 형성되고 소비물가 지수가 지속적으로 상승해서 통화팽창, 즉 인플레이션이 발생한다. 이러한 상황들은 모두 금융시장의 안정적인 발전을 위협하는 요소다.

물러서지 않는 특권층

　지대추구 행위의 범위와 규모가 커지면서 부패는 더욱 기승을 부렸다.

1989년에 시행된 경제학 연구에 따르면 당시 중국의 지대(rent), 즉 한 사회 안에서 누구에게도 귀속되지 않은 이권의 총액이 GDP에서 차지하는 비율은 20~30%를 웃돌았다. 이는 연간 4~5조 위안에 달하는 액수다. 이러한 거액의 지대 총액은 빈부격차의 심화와 지니계수(Gini's coefficient)의 상승에 결정적인 영향을 미쳤다. 최근 중국에는 돈을 주고 공직을 사는 일이 빈번하게 벌어지고 있다. 이렇게 돈을 주고라도 공직에 오르려는 이유는 공직자들을 제재하는 법률이 명확하지 않아 그들이 마음만 먹으면 사사로운 결정으로 기업의 성공과 실패까지 좌지우지할 수 있기 때문이다. 이에 관해 영국의 자유주의 사학자인 액턴 경(Lord Acton)은 이렇게 말했다. "권력은 부패하며 절대 권력은 절대적으로 부패한다(Power tends to corrupt and absolute power corrupts absolutely.)."

중국 런민대학(人民大學) 사회학과의 리창(李强) 교수가 1995년에 발표한 표본조사 결과에 따르면 1994년 중국인의 지니계수는 이미 0.43에 이르렀다. 일반적으로 0.40을 '사회균열이 매우 심각해질 가능성이 큰 경계수준'으로 본다. 중국사회과학원(中國社會科學院) 경제연구소의 자오런웨이(趙人偉), 리스(李實) 교수도 이와 유사한 연구 결과를 발표했다. 그들의 연구는 매우 의미 있는 것이었지만 학계에서만 약간의 반응이 있었을 뿐 정작 중국 지도부의 주의를 끌지는 못했다(중국국가통계국(中國國家統計局)은 2000년에야 처음으로 전국의 지니계수를 발표했다). 중국 지도부는 이러한 문제의 원인이 무엇인지, 어떻게 대처해야 할 것인지에 대해 전혀 관심이 없었다. 세계은행(World Bank, IBRD)에서 발표한 '2006년 세계발전보고'에 따르면 개혁개방 전에 0.16이었던 중국의 지니계수는 0.47로 크게 상승했다. 이는 조사대상인 127개국 중 서른 번째로 높은 수치다. 중국보다 지니계수가 높은 29개국 중 27개국은 라틴 아메리카와 아프리카의 국가였으며 나머지 두 나라는 아시아의 말레이시아와 필리핀이었다.

이상의 사실로 미루어 볼 때, 현재 중국 사회에 존재하는 각종 오류와 폐단은 경제 개혁이 제대로 이루어지지 않고 정치 개혁마저 지지부진한 탓에 발생했다고 할 수 있다. 특권층은 시장에서 물러서기는커녕 도리어 수단과 방법을 가리지 않고 시장경제를 억누르거나 통제하려고만 한다. 바로 이를 통해 지대추구 행위와 부패의 기초를 형성하려는 것이다. 그러므로 그간의 개혁성과를 확대하고 현재의 문제점을 해결하려면 앞으로도 계속 정치 개혁을 추진해서 민주 법치를 기초로 하는 시장경제체제를 확립하는 것 외에는 방법이 없다.

　경제와 정치, 두 방면에서 모두 확실하게 개혁을 추진해야만 세계 조류에 걸맞은 동시에 민심에도 부합하는 사회를 건설할 수 있다.
　이를 위해 중국 지도부가 가장 먼저 해야 할 일은 고루한 사상에서 벗어나 반드시 경제와 정치 개혁을 모두 관철해야 한다는 사상적 기초를 쌓고 사회적 합의를 이끌어내는 것이다. 특히 경제 개혁을 추진할 때에는 미완성인 소유권 제도의 개혁, 국유기업의 제도 개선과 구조 조정, 국유기업의 주식화, 상품과 서비스 시장의 반독점법 강화, 자본 시장의 합법적 감독 강화에 주력해야 한다. 또 민주, 헌정, 법치는 시장경제체제를 유지하는 가장 기본적인 요소이므로 정치 개혁에 박차를 가하는 것도 잊어서는 안 된다. 중국 공산당 제15차 전국대표대회에서 법치 사회주의 국가 건설을, 제16차 전국대표대회에서 사회주의 민주정치 건설을 각각 제안한 후로 벌써 10여 년이 흘렀다. 물론 중국 같이 큰 나라가 하루아침에 민주, 헌정, 법치를 모두 갖춘 현대 정치체제를 건립하는 것은 거의 불가능하다. 그렇다고 세계의 조류를 무시하고 국제 사회에서 중국만 뒤처질 수는 없지 않은가. 그러므로 중국 지도부는 정치 개혁을 반드시 끝까지 추진해서 민주, 헌정, 법치, 그중에서도 특히 법치를 통해 경제체 사이의 권한을 명확하게 규정하고, 정부의 행위를 규범화하며, 국민의 기본권을 보호해야 한다. 이러한 법치의 기초 위에 점차 민주를 확대해서 정부에 대한 국민의 감독을 강화해야만 비로소 정치 개혁을 완성할 수 있다.
　과거 30여 년을 돌아보았을 때 경제 개혁과 정치 개혁의 성공 여부는 전적으로 정부에 달려 있다. 정치 개혁이 성공하려면 모든 정부기관을 개편하여 현재의 권력형 정부에서 서비스형 정부로 거듭나야 하는데 이를 위해서는 정치인과 공무원들이 누리고 있는 신분에 걸맞지 않는 기득권을 없애는 것이 우선이다. 여기에 성공한다면 자원 배치와 가격 형성에 대한 행정적 간섭을 없애거나 최소화해서 시장이 제 기능을 발휘하게 할 수 있을 것이다. 또한 시장이 원활하게 돌아갈 수 있도록 견고한 법치 환경을 만드는 것도 중요하다. 제도적으로 뒷받침하지 않으면 공공의 권리가 무시되고 규칙이 왜곡되어 혼란만 가중될 뿐이다. 그러면 관료와 민간 사이에 불신이 쌓여 경제뿐 아니라 사회조차 정상적인 궤도로 운영되기 어려워진다.

중국은 민주, 헌정, 법치의 전통과 역사적 경험이 조금 부족한 편이기에 이를 실현하는 과정에서 수많은 장애물을 만나게 될 것이다. 그러나 이를 실현하는 데 중화민족의 흥망성쇠가 달려 있다. 더 이상 주저하거나 망설일 시간이 없다. 온힘을 다해 고비를 넘겨야만 새로운 도약을 위한 탄탄대로 위에서 전진할 수 있는 법이다.

자신감을 잃은 서방 세계

리다오쿠이(李稻葵)
중국 중앙은행 통화정책위원회 위원, 칭화대학(淸華大學) 중국세계경제연구센터(CCWE) 주임

글로벌 금융위기가 서방 세계에 몰고 온 충격과 그 부작용이 이제 서서히 드러나고 있다. 금융위기 당시 서방 세계와 일본 같은 세계 주요 경제체 대부분은 국가 신용도 하락이라는 깊은 늪에 빠지고 말았다. 그들은 자신들을 구출해줄 새로운 사상이나 강력한 지도자를 찾지 못한 채 큰 혼란에 빠져서 급격하게 자신감을 잃고 급기야 의심과 우려, 시기 섞인 눈길로 중국을 바라보고 있다. 혹시 중국이 일본의 전철을 밟지는 않을까? 과연 중국 사회가 안정적으로 발전할 수 있을까? 중동이나 북아프리카에서 출현한 민주화 운동이 중국에서도 일어나지 않을까? 중국이 아프리카를 식민지화하지 않을까? 중국이 굴기(崛起, rising),[08] 즉 '새로운 부상(浮上)'에 성공하려면 이러한 의심과 우려를 불식시키는 것을 최우선 과제로 삼아야 한다.

[08] 후진타오(胡錦濤)를 중심으로 한 중국 제4세대 지도부가 채택한 외교 노선이다. '평화'라는 의미의 수식어를 붙여 '화평굴기(和平崛起)'라고 해서 '평화롭게 우뚝 선다.'는 의미로 주로 사용된다.

❀ 포스트 금융위기 시대, 자신감을 잃은 서방 세계

글로벌 금융위기가 발생하고 3년이 지난 지금, 당시 서방 세계가 받은 사회적·심리적 충격이 서서히 수면 위로 떠오르고 있다.

현재 서방 세계는 경제, 정치, 사회 등 거의 모든 분야에서 혼란에 빠져 있으며 정계와 학계의 엘리트들 역시 자신들의 체제에 대한 자신감을 잃었다. 실제로 중국과 경제 교류가 활발한 몇몇 국가(캐나다, 호주) 및 독일을 제외하면 서방 세계는 대부분 국가 신용도 하락의 늪에서 완전히 빠져나오지 못한 상태다. 간단한 예로 현재 미국의 국채는 GDP 대비 100%에 달하며, 유럽과 일본은 각각 80%, 210%에 달하는 지경에까지 이르렀다. 이처럼 심각한 상황을 해결하려면 마거릿 대처(Margaret Thatcher) 총리나 로널드 레이건(Ronald Reagan) 대통령 같은 강력한 지도자가 나타나 과감하게 경제구조를 조정하고 개혁을 단행해야 하지만 현재까지 이런 인물이 나타날 조짐은 전혀 보이지 않는다. 아니면 학자들이 상황을 해결할 새로운 사상이나 학설을 제시한 후 이에 관한 사회적 합의를 이루어서 앞으로 나아갈 방향을 어느 정도 확정하기라도 해야 하는데 이 역시 눈에 띄는 바가 없다.

이와 같은 이유로 서방 세계의 대부분 국가가 앞으로도 한참 동안 채무와 재정 위기의 늪에서 허우적댈 것은 분명하다. 국가의 신용도가 끝없이 하락하고 무능한 정부에 대한 국민의 불만이 계속 쏟아져 나오면 그들의 자신감은 바닥까지 떨어질 것이다. 그동안 가장 우월하다고 믿어 의심치 않았던 자국의 경제와 정치 체제에 대한 서방 세계의 우려와 회의는 이미 곳곳에서 드러나고 있다.

❀ 중국을 바라보는 눈

의심과 우려, 시기가 뒤섞인 눈길로 중국을 바라보는 서방 세계와 무역을 하거나 기타 경제협력을 추진해 봤자 순조로울 리 없기에 이런 상황은 중국의 입장에서도 좋을 것이 없다. 그런데 안타깝게도 상황은 생각보다 훨씬 심각하다. 필자는 최근 캐나다에서 열린 멍크 디베이트(Munk Debates)[09]에 토론자로 참여했는데 당시 상대 토론자의 논조와 청중들의 다양한 질문에서 그 심각성을 확인할 수 있었다. 무엇보다 토론의 주제가 "21세기는 중국의 시대가 될 것인가(Will the 21st Century Belong to China?)?"였다는 점에서 서방 세계가 이 문제에 얼마나 큰 관심을 기울이고 있는지 짐작할 수 있다. 이러한 서방 세계의 의심과 우려는 크게 다음의 세 가지로 나누어 볼 수 있다.

[09] 금광 재벌인 피터 멍크(Peter Munk)가 설립한 캐나다 오리아 재단(Aurea Foundation)이 2008년부터 주최하는 글로벌 토론회. 국제 현안을 두고 세계 정상급 지식인이 참석해 2인씩 2개 조를 이뤄 토론을 벌인다.

첫 번째 의심은 바로 "중국이 일본의 전철을 밟지는 않을까?"이다. 일본 경제는 1980년대에 미국을 앞지를 정도로 크게 발전해서 엄청난 호황을 누렸지만 1990년대에 버블 경제가 붕괴되면서 순식간에 침체되었다. 비약적인 발전을 이룬 중국이지만 일본처럼 10년 혹은 20년 후에 갑자기 발전을 멈추고 기나긴 침체에 빠져들지 않을까? 이 문제에 관해 나는 현재의 중국과 당시의 일본은 본질적으로 다르다고 대답하겠다. 중국인들은 개혁개방으로 이룬 지금의 성과에 만족하지 않으며 사회가 계속 멈추지 않고 변화해서 더 나은 삶을 누릴 수 있기를 바란다. 인터넷을 살펴보면 빈부격차, 환경오염, 부정부패, 개인소득세 개혁, 청관(城管)[10]에 관한 수많은 의견과 불만 등 사회 곳곳에 대한 다채로운 의견들이 자유롭게 오가는 것을 알 수 있다. 이 같은 국민들의 열정과 진취성이야말로 중국 사회가 멈추지 않고 전진할 수 있는 역량이다. 반면에 일본은 1980년대에 이미 자신들이 이룬 성과에 만족하고서 그때부터 지금까지 단 한 번도 변화를 갈구하거나 전진을 위한 새로운 동력을 찾으려 하지 않았다.

[10] 중국의 도시질서유지 공무원으로 주로 노점상이나 노숙자들을 관리하는 일을 한다. 무자비하게 법을 집행하고 종종 폭행을 일삼아서 시민들과 충돌하는 일이 잦다.

두 번째 의심은 '중국 사회의 안정적 발전'에 관한 것으로 "중동이나 북아프리카에서 출현한 민주화 운동이 혹시 중국에서도 일어나지 않을까?"인데, 이는 현재 중국 사회 내부에서도 무척 중요한 화두인 동시에 앞으로 우리가 반드시 해결해야 하는 과제이기도 하다. 역사적 경험으로 미루어 보았을 때 대부분 중국인은 현재 상황, 다시 말해 이미 거둔 개혁개방의 성과에 만족하지 않을 것이다. 중국인이 끊임없이 사회체제를 정비하고 구조를 개선하는 등 과감하게 개혁을 단행해서 앞으로 나아가려 하는 것은 의심할 바 없는 사실이므로 중국 지도부는 이를 명심해서 개혁개방에 더욱 박차를 가해야 한다.

세 번째 의심은 "중국이 아프리카를 식민지화하지 않을까?"이다. 서방의 몇몇 학자는 중국이 세계 각지, 특히 아프리카에서 자원 공급처를 찾아 투자하는 것에 주목하고 이것이 혹시 해당 지역의 정치를 간섭하거나 군사적인 행동을 취하기 위한 포석은 아닌지 의심한다. 또 이것이 과거 서방 세계의 식민지 지배와 비슷하게 발전할 수 있다고 우려하기도 한다. 사실 이는 기우에 불과하며 중국이 아프리카 지역을 식민지화하는 일은 절대 없을 것이다. 하지만 중국의 입장이 어떠하든 이러한 의심과 우려는 한동안 계속되고 심지어 더욱 확대될 것이다. 그러므로 이에 대응하려면 중국의 정부, 기업, 학계 모두 아프리카 지역 투자에 대해 깊이 연구해서 위험과 충돌을 막을 방법을 찾아 더욱 신중하고 합리적으로 접근해야 한다.

물론 서방의 학자들 중에도 모든 의심과 우려를 거두고 매우 객관적인 시각으로 중국을 바라보는 사람도 있다. 오랫동안 중국 문제를 연구한 헨리 키신저(Henry Kissinger) 박사는 멍크 디베이트에서 두 가지 근거를 들어 "중국은 세계를 제패할 수 없다."고 단언했다. 그가 말한 첫 번째 근거는 바로 중국 내부의 문제다. 현재 중국은 빈부격차, 성장 모델 전환, 경제 발전의 새로운 동력 모색, 경제구조의 조정, 지역 발전의 불균형 해결 등 경제·사회 방면에서 해결해야 할 문제가 무척 많다. 이렇게 많은 내부 문제를 해결하는 데 집중해야 하는 중국이 세계에서 영향력을 확장하는 일은 쉽지 않을 것이다. 둘째, 중국을 둘러싼 국제적 환경이 그리 낙관적이지 않다. 주변국들은 중국의 굴기에 불만을 품고 경계하며 결코 우호적인 자세를 취하지 않고 있다. 그러므로 주변국의 지지를 받지 않는 중국이 세계를 제패하거나 우두머리 역할을 할 가능성은 거의 없다고 봐야 한다. 키신저 박사가 직접 언급하지는 않았지만 그의 말 속에는 서방 세계가 터무니없이 중국을 경계하거나 의심하고 우려할 필요가 없다는 뜻이 담겨 있었다. 이런 태도 탓에 괜히 중국과의 관계가 악화될 수도 있기 때문이다.

중국 굴기의 세 가지 키워드

중국이 굴기, 즉 '새로운 부상'에 성공하려면 서방 세계의 의심과 우려를 불식시키는 것을 최우선 과제로 삼아야 한다. 그러면 그들은 따뜻하고 우호적인 눈길로 중국을 바라보고 궁극적으로 중국의 발전에 유리한 국제 환경을 조성할 것이다.

중국 굴기의 첫 번째 키워드는 바로 '개혁의 역량'이다. 과거 30여 년에 걸친 중국의 초고속 성장은 전 세계를 깜짝 놀라게 했다. 이것은 멍크 디베이트가 2011년의 토론 주제로 "21세기는 중국의 시대가 될 것인가?"를 선택할 정도로 괄목할만한 것이었다. 하지만 중국의 변화와 개혁은 아직 끝나지 않았으며 이제 겨우 여정의 절반을 달려 왔을 뿐이다. 이렇게 빠르고 거대한 중국의 변화와 개혁을 추진하는 역량은 대체 어디에서 나오는 것일까? 그것은 바로 몇 천 년에 걸쳐 형성된 중화민족의 위대한 문명, 그리고 최근 200년 사이의 혼란과 굴욕의 역사에서 비롯된다. 이렇게 오랫동안 누적된 역량은 아직 전부 발휘되지 않았으며 현재 중국인들은 지금까지 이룬 성과에 만족하지 않고 여전히 변화와 개혁개방이 계속되기를 바라고 있다. 덩샤오핑 역시 중국의 발전과 개혁개방을 거듭 강조하면서 다음과 같이 말했다. "논쟁하지 말고, 실효에 치중하라(No debate! Just do it!)!"

두 번째 키워드는 '부흥'이다. 중국 개혁개방의 궁극적인 목표는 결코 서방 세계에 대한 복수 또는 세계 제패가 아니다. 중국은 부흥, 즉 중화민족의 위대한 고대 문명과 그것을 바탕으로 하는 자신감을 다시 타오르게 만들어 더 나은 대외관계를 건립해야 한다. 그 옛날 한(漢), 당(唐) 시대에 누렸던 태평성대를 재건하는 것이 바로 우리의 진정한 목표라고 할 수 있다.

세 번째 키워드는 '영향력'이다. 중국의 굴기는 전 세계에 직접적인 영향을 미칠 것이 분명하다. 아직 빈곤에서 벗어나지 못한 수많은 국가와 민족은 중국의 굴기를 목격하고 "우리도 할 수 있다."는 희망을 품을 것이다. 또 미국을 비롯한 서방 세계 역시 중국의 영향을 받아 '승리가 아니면 곧 실패'라는 기존의 사고방식을 바꿀 수 있다. 이 새로운 사고방식은 사회와 경제에까지 영향을 미쳐 서방 세계는 미국처럼 맹목적으로 개인의 자유를 추구하는 방식을 버리고 대중의 이익과 사회의 안정을 가장 높은 가치로 추구하게 될 것이다.

노자(老子)는 상선약수(上善若水), 즉 "최상의 선(善)은 물과 같다."고 말해서 만물을 이롭게 하면서도 다투지 않는 물을 선의 표본으로 꼽았다. 물이 흐르듯 역사의 흐름에 순응하고 끊임없이 변화와 발전을 추구하면서 위대한 중화문명의 부흥을 거부하지 않고 따르는 국가만이 중국과 함께 21세기를 주도할 수 있다.

중국이 나아가야 할 길은 아직 멀기에 성공적으로 굴기하려면 반드시 서방 세계의 의심과 우려를 잠재워야 한다. 이를 위해서 우리는 계속해서 제도를 개혁하는 동시에 대외적으로도 개방적이고 우호적이며 객관적인 태도를 취해야 한다. 그래야만 더욱 순조롭고 성공적으로 개혁개방을 실천할 수 있다.

초강대국의 슈퍼 드림

원관중(文貫中)

미국 트리니티대학(Trinity College) 경제학 교수

우리가 세계화를 거부할 수 없는 까닭은 그것을 통해 얻을 수 있는 보상이 무궁무진하기 때문이다. 경제구조가 탄탄하고 제도가 잘 확립된 국가들은 세계화의 물결을 타고 전 세계의 자원을 활용해 국력을 강화한 후 큰 영향력을 지닌 경제 대국으로 발돋움할 수 있다. 이 중에서 몇몇 국가는 자유무역과 국제 분업의 질서를 정확히 이해하고 체계적인 계획을 세운 후 다른 국가들과 협력해서 목표를 완성할 때까지 끝까지 밀고 나간다. 이렇게 세계 경제의 든든한 백그라운드의 역할을 하는 국가만이 경제 대국을 넘어서 초강대국이 될 수 있다.

❀ 대국(大國)과 소국(小國)

최근 30년 사이에 중국은 경제총량 세계 2위, 수출총액과 외환 보유액에서 세계 1위로 발돋움했다. 중국이 이처럼 단기간에 경제 대국으로 부상했음에도 그 과정이 매우 공정하고 평화로웠다는 사실은 누구도 부정할 수 없다. 이제 중국의 다음 목표는 세계 최대의 경제체, 바로 초강대국이 되는 것이다. 이렇게 거대한 목표를 이루는 과정 역시 끝까지 평화로울 수 있을까? 역사를 돌이켜 보면 새로운 강대국이 부상할 때는 필연적으로 기존의 대국과 마찰을 빚기 때문에 언제나 평화롭지 못했다.

새롭게 부상하기 위해 무자비한 폭력과 유혈 낭자한 전투를 벌인 국가가 있는가 하면 몇 차례나 부상을 시도했으나 실패한 국가도 적지 않다. 예를 들어 독일은 새로운 세력으로 부상하기 위해 제1, 2차 세계대전을 벌여서 영국과 프랑스가 주도하던 당시의 질서에 도전했지만 매번 미국의 지원을 받은 영국과 프랑스에 의해 다시 주저앉고 말았다. 또 일본은 국제 사회에서 부상하고자 제2차 세계대전 당시 피비린내 나는 전쟁에 뛰어 들었다. 소련도 군사를 일으켜 전쟁을 일삼았는데 그 바람에 경제가 쇠퇴하고 국민들은 큰 고통을 겪어야 했다. 그리하여 독일, 일본, 소련이 꿈꿨던 '대제국'에 대한 집착에 가까운 동경은 결국 연기처럼 사라지고 말았다. 그러므로 중국은 이러한 역사를 거울삼아 반드시 평화롭게 부상하고 중국인뿐 아니라 전 세계인의 평화와 복지를 위해 최선을 다해야 한다.

전통적으로 대국과 소국을 나누는 기준은 인구, 면적, 자원 등이었다. 하지만 현대에는 경제총량, 내수시장의 규모, 세계 경제에 대한 영향력 등이 새로운 기준이 되었고 전통적 기준은 그 중요성이 크게 떨어졌다. 그러다보니 오늘날에는 대국과 소국을 명확히 구분하는 것이 쉽지 않다. 예를 들어 1980년대 이전에 중국의 면적은 세계 3위였으나 땅만 넓었지 생산품이 부족해서 경제총량과 수출입 총액이 매우 낮았다. 또 인구수는 세계 1위였지만 내수시장의 규모는 유럽의 작은 국가들에도 미치지 못했고 현대적인 지식과 기술 수준 역시 아시아의 다른 작은 나라들보다 못했다.

세계화 시대에 문을 걸어 잠그고 외부와의 교류를 스스로 차단하는 나라는 아무리 인구가 많거나 면적이 넓어도 소국에서 벗어나지 못한다. 거꾸로 중국에 비해 인구, 면적, 자원이 뒤떨어지더라도 수출입 총액이 높고 총생산 가치가 세계 경제에서 차지하는 비중이 높으면 경제 대국으로 불릴 수 있다. 예를 들어 일본은 면적이 중국의 중간 정도 크기의 성(省) 하나 정도밖에 되지 않고 인구 역시 중국의 10분의 1도 되지 않는다. 하지만 경제총량과 무역총량으로 보았을 때 일본은 의심할 바 없는 경제 대국이라 할 수 있다.

외향적인 소국과 내향적인 대국

전통사회에서는 주로 지리적인 환경에 의해 결정되는 동질감이 대국 형성에 큰 영향을 준다. 예를 들어 북아메리카는 중국과 마찬가지로 영토가 광활하고 자원이 풍부하지만 북부 평원의 겨울 추위는 사람이 살 수 없을 정도로 매서운 탓에 부락 같은 공동체가 형성될 수 없었다. 반면에 상대적으로 온화한 중국 화베이(華北) 지역의 평원은 기후나 지리 환경 면에서 사람들이 모여 사는 데 적합한 편이었다. 그래서 사람들은 한데 어우러져 살면서 토지를 개간하여 효과적으로 사용했으며 분업을 통해서 생산력을 높이고 지식을 쌓는 등 동질감을 키웠다. 동질감을 느끼는 사람이 많아질수록 그 집단의 자신감은 높아진다. 그러면 이질적인 문화를 접해도 개방적이고 포용하는 자세를 취해서 영향력을 더욱 확대하는데, 이것이 바로 전통적 대국의 긍정적인 면이다.

그러나 영토가 광활하고 자원이 풍부하며 인구가 많다고 해서 모두 강국(强國) 혹은 부국(富國)이 되는 것은 아니다. 전통적 대국은 종종 자원이 풍부하기 때문에 자급자족이 가능해서 외부로 통하는 문을 걸어 잠근 채 현실에 안주하고 변화를 거부한다. 그들은 스스로 대국임을 자랑스러워하며 외부 세계에 대해 흥미를 느끼지 못하고 진취성마저 없어서 점점 낙후되고 쇠퇴하는데 이것이 바로 전통적 대국이 빠지기 쉬운 '함정'이다.

반대로 소국은 자원이 부족하고 인구가 적어 시장이 협소하기 때문에 자급자족이 불가능하여 생존을 위해 적극적으로 외부 세계와 접촉을 시도하며 소통하고자 한다. 또 세력이 작아 단독으로 적대 세력을 상대할 수 없으므로 항상 국제 사회의 동향에 관심을 기울이며 적극적으로 참여하려고 한다. 역사적으로도 대국은 자급자족하며 안주하는 반면 소국은 부상해서 거대한 제국을 세운 경우가 적지 않다. 소형 도시국가들 위에 건립된 그리스 문명이 후에 알렉산드로스 대왕(Alexandros the Great)의 마케도니아 제국과 로마 제국의 지식, 문화, 제도의 근원을 구성한 것이 대표적인 예다.

같은 나라임에도 불구하고 면적의 변화에 따라 외부 세계를 대하는 태도가 변화한 경우도 있다. 중국 역사에서 면적이 가장 작았던 송(宋)은 만리장성과 화베이 평원을 장악하지 못한 탓에 북방 민족이 침략해도 제대로 손쓸 방법이 없었다. 대신 송 황조는 생존을 위해 외국과의 교류나 대외 무역에 큰 관심을 보였다. 그래서 거대한 함대를 만든 후 세계 최초로 나침반을 이용해서 아시아와 아프리카 등지로 항해를 시작했다. 반면에 거대한 영토를 안정적으로 장악한 명(明), 청(淸) 시대에는 오히려 외부 세계에 대해 전혀 관심을 보이지 않았다.

11 중국 명나라의 환관 겸 전략가로 거대한 남해 원정단을 이끌고 동남아시아에서 아프리카 케냐에 이르는 30여 국을 원정했다.

명 초기에 정화(鄭和)[11]가 대원정을 시작했지만 사실 이것은 대외 무역이나 외부 세계와의 교류를 위해서라기보다는 국력과 황제의 권위를 만천하에 드러내어 정적(政敵)을 물리치기 위한 것이었다. 실제로 정화는 포르투갈, 스페인, 네덜란드 등지를 일곱 차례 넘게 다니면서 진귀한 물건과 향료를 교역할 수 있는 기회가 많았음에도 불구하고 무역에는 큰 관심을 보이지 않았다. 심지어 그는 이 지역들을 오랑캐의 땅이라 부르며 그들의 교역 요구를 무시했다. 이후에도 중국은 줄곧 스스로 대국이라고 부르며 매우 만족하고 자랑스러워했으며 좀처럼 외부 세계에 눈을 돌리지 않고 자급자족하며 자신들만의 태평성대를 누리며 살았다. 이는 결과적으로 서방 세계를 앞서 나갈 수 있는, 적어도 어깨를 나란히 할 수 있는 가장 좋은 기회를 잃은 것이니 대국의 함정에 빠진 가장 대표적인 예라고 할 수 있다.

세계를 이끄는 소국들

15~16세기에 걸친 '지리적 대발견', 즉 신항로 개척은 모두 포르투갈, 스페인, 네덜란드 등의 소국이 시작한 일이었다. 나중에 신항로 개척 경쟁에 뛰어든 영국과 프랑스 역시 영토와 인구의 규모로 볼 때 결코 대국이라 할 수는 없었다. 당시에 대국이라 불릴 만한 나라는 미국, 브라질, 중국, 인도, 러시아 등이었지만 그러나 미국과 브라질은 아직 국가의 형태를 제대로 갖추지 못한 상태였고 중국, 인도, 러시아는 외부 세계에 전혀 관심을 보이지 않았다. 반면에 소국인 포르투갈, 스페인, 네덜란드 등은 시야를 넓히고 새로운 지식을 탐구하는 데 열중했으며 세력을 더욱 멀리 확장하고자 했다. 그들은 뛰어난 항해 기술을 바탕으로 세계를 무대로 무역을 벌이고 무력을 행사해서 천천히 다른 나라의 생산기지를 점령하다가 결국 그 나라 전체를 장악하며 국력을 키웠다. 그들은 외국의 자원, 노동력, 토지를 자유롭게 활용하며 거대한 식민제국을 세운 후 거의 200여 년 동안 전 세계를 좌지우지했다.

그중에서도 영국의 부상이 가장 눈에 띈다. 영국인들은 인류 발전의 거의 모든 영역에서 자신만의 독특한 능력을 발휘해서 경제, 군사적으로 짧은 기간 안에 큰 발전을 이루었다. 또 베이컨(Bacon), 뉴턴(Newton), 셰익스피어(Shakespeare), 애덤 스미스(Adam Smith), 리카도(Ricardo)와 다윈(Darwin) 같은 수많은 사상가와 과학자를 배출해서 사상을 다양화하고 사회구조를 견고하게 다졌다. 또 산업혁명을 거치면서 생산력을 키우고 자유무역을 통해 전 세계의 자원과 시장을 꼬박 한 세기 내내 좌지우지했다. 당시 영국의 식민 지배를 받은 나라들 중에는 미국, 캐나다, 호주처럼 현대의 강대국 혹은 부국이 되거나 인도, 남아프리카 공화국처럼 해당 지역의 주요 국가가 된 경우가 많다.

🌸 영국의 치명적인 실수-식민주의

영국은 100여 년에 걸쳐 패권을 휘두르면서 전 세계 무역 자유화를 촉진하고 상품의 유동을 원활하게 했으며 국제 분업과 무역의 범위 및 규모를 확장했다. 그러나 이러한 긍정적인 효과는 모두 영국이 저지른 치명적인 실수, 바로 식민지 지배를 통해 이루어졌다. 이후 새로이 부상한 대국들은 모두 영국의 식민 지배 논리를 답습해 전 세계를 마음대로 나누거나 합쳐서 자신만의 식민 제국을 건설하고 세력 범위를 확장하려 들었다.

아이러니하게도 영국이라는 거대한 제국은 다른 나라들이 영국을 본받았기 때문에 유지될 수 없었다. 예를 들어 제1, 2차 세계대전은 모두 당시 부상하기 시작한 나라들이 이른바 '생존 공간'을 확보하기 위해 해외 시장에서 분쟁을 일으키다가 발생했다. 그들은 영국의 식민지 지배를 본떠 다른 나라를 침략하고 엄청난 규모의 학살을 저질렀으며 '해방'이라는 명분으로 영국의 식민 지배를 받던 지역을 점령했다. 그러나 당시 횡행하던 약육강식의 세계 질서는 기본적으로 사회 정의에 어긋나는 기초 위에 건립된 것이어서 어떠한 이유로도 정당화될 수 없는 잘못이었다.

대국과 소국, 국가의 부상과 쇠퇴의 역사를 살펴보면 대국과 소국은 항상 그 자리를 서로 바꾸었으며 절대 영원하지 않았음을 알 수 있다. 또 대국의 넓은 영토와 많은 인구는 오히려 사회 발전을 방해하는 요소가 되어 해당 국가를 소국으로 만들기도 했다. 현대 국제 사회에서 진정한 대국으로 부상할 수 있는 가능성은 바로 세계화에 대한 태도와 그 규율에 대한 인식에 달려 있다. 아무리 영토가 넓고 인구가 많다고 해도 지금 같은 세계화 시대에는 전 세계의 일부분에 불과하기 때문이다. 또 지금은 영국이 패권을 휘두르던 시대처럼 대국이라고 해서 전 세계의 자원과 무역을 좌지우지할 수 있는 시대가 아니다.

우리가 세계화를 거부할 수 없는 까닭은 그것을 통해 얻을 수 있는 보상이 무궁무진하기 때문이다. 경제구조가 탄탄하고 제도가 잘 확립된 국가들은 세계화의 물결을 타고 전 세계의 자원을 활용해서 국력을 강화한 후 큰 영향력을 지닌 경제 대국으로 발돋움할 수 있다. 이 중에서 몇몇 국가는 자유무역과 국제 분업의 질서를 정확히 이해하고 체계적인 계획을 세운 후 다른 국가들과 협력해서 목표를 완성할 때까지 끝까지 밀고 나간다. 이렇게 세계 경제의 든든한 백그라운드의 역할을 하는 국가만이 경제 대국을 넘어서 초강대국이 될 수 있다.

미국의 공헌

물론 미국도 영국과 프랑스의 전철을 밟아서 잠시나마 필리핀, 쿠바 같은 나라를 점령하기는 했다. 하지만 그들은 예전에 식민 지배를 받았을 때를 떠올렸는지 전 세계를 통치하려 들었던 히틀러 같은 악행을 저지르지는 않았다. 오히려 미국은 세계대전 중에 자유와 민주의 굳건한 버팀목이 되었고 전 세계에 만연한 파시즘을 뿌리 뽑기 위해 최선을 다했으며 식민지 지배에 기반을 둔 구 세계 질서를 무너뜨리는 데 결정적인 공헌을 했다. 사실 제1차 세계대전의 전승국과 패전국이 강화조약을 맺기 위해 모인 파리 평화 회의 (Peace Conference at Paris)에서 미국의 우드로 윌슨(Woodrow Wilson) 대통령이 주장한 민족자결원칙에 따른 식민지 독립은 패전국의 식민지에만 적용되고 전승국의 식민지에는 적용되지 않았다. 이렇듯 당시 미국의 반(反) 식민주의 주장은 전승국인 영국과 프랑스에 의해서 철저히 무시되었다. 하지만 미국은 포기하지 않았고 제2차 세계대전이 마무리될 무렵에는 자유, 독립, 민주의 소중함을 뼈저리게 느낀 전 세계인의 지지를 얻었다. 궁지에 몰린 영국과 프랑스는 국내의 정치, 사회적 상황과 국제적인 형세를 거스르지 못하고 마침내 식민주의를 포기했다. 그들은 미국이 주도하는 연합국의 테두리 안에서 민족 평등과 자유 무역이라는 새로운 국제 질서를 만드는 데 동참할 수밖에 없었다.

이러한 미국의 부상은 그들의 국내 제도와 가치가 전 세계에서 받아들여지면서 이루어졌다는 점에서 시사하는 바가 크다. 사실 미국의 국내 제도와 가치, 예를 들어 시장경제, 사유재산 보호, 자유무역, 민주정치 등 상당한 부분이 영국의 자유주의 이념을 계승한 것이다. 또 미국은 식민지가 없었기 때문에 주로 자국의 넓은 영토와 많은 인구, 즉 내수를 이용해서 경제를 발전시켰다. 1930년대에는 보호무역주의(protectionism)를 추진하기도 했는데 이러한 근린궁핍화정책(beggar my neighbor policy)[12]은 미국을 비롯한 전 세계 경제에 큰 타격을 주었다. 이후 초강대국으로 부상한 미국은 최선을 다해서 자유무역 정책을 추진했고 스스로 국가의 문을 활짝 열었다. 당시 미국의 튼튼한 내수에 힘입어 몇몇 국가의 경제가 크게 발전한 것은 부인할 수 없는 사실이다. 이런 국가로는 독일, 일본, '아시아의 네 마리 용', 즉 한국, 홍콩, 싱가포르, 대만과 1990년대 이후의 중국을 들 수 있다. 중요한 것은 중국을 제외한 다른 나라들은 미국이 제공한 외수를 경제 발전의 추진력으로 삼은 후 빠르게 내수 발전에 집중했지만 중국은 제도적인 걸림돌 탓에 이후에도 계속 외수에 기댄 경제 발전에 주력했다는 점이다. 이에 관해서는 아래에서 더욱 깊이 분석해 보겠다.

[12] 다른 국가의 경제를 희생, 즉 궁핍하게 만들면서 자국의 경기회복을 도모하려는 경제정책. 세계경제가 전체적으로 침체돼 어려움을 겪을 때 무역상대국으로부터의 수입을 줄이고 대신 자국의 수출량을 늘리는 방식으로 추진된다. 구체적인 방법으로는 환율 인상, 임금 인하, 수출보조금 지급, 관세율 인상 등이 있다.

❊ 세계화와 내수

먼 미래를 내다볼 줄 아는 소국들은 자국의 자원이 부족하기 때문에 지금은 어느 정도 발전하더라도 결국 한계에 부딪힐 것을 잘 알고 있다. 그래서 이 한계를 넘어서기 위해 적극적으로 세계화의 물결에 동참한다. 만약 이 나라들이 세계화를 그저 다른 나라의 자원을 이용하는 것이라고 여기고서 정작 자국의 자원과 인력을 중시하지 않고 각종 제도적 속박에 가두어 놓는다면 이는 세계화의 본질을 거스르는 행동일 뿐이다. 그러면 자원과 인력은 점차 외수에 의존하게 되고 금세 또 다른 한계에 부딪히게 될 것이다. 세계화를 통해 얻을 수 있는 혜택을 최대한 누리고 싶다면 자유무역을 방해하는 불합리한 규정과 제도를 없애는 동시에 국내 자본과 인력의 자유로운 유동에 영향을 주는 불합리한 규정과 제도도 함께 없애야 한다.

중국의 현행 토지제도와 호구(戶口)제도는 토지와 노동 시장의 발전에 심각한 악영향을 주고 있다. 농민들이 불법으로 도시로 이동하면서 도농 간 소득 격차가 확대되고 농촌의 빈곤화가 날로 심각해졌다. 그러자 중국은 내수 성장이 더뎌졌을 뿐만 아니라 반드시 이루어야 할 '규모의 경제(economies of scale)'에 대한 잠재력을 상실했다. 또 현재 농촌에는 수억에 달하는 노동 인구가 실업 상태에 놓여 있다. 세계화의 물결은 겨우 중국 동부의 연안 지역에만 영향을 주었을 뿐 이외의 대부분 지역은 제도적인 원인으로 세계화의 혜택을 누리지 못하고 있다. 이런 모든 상황은 중국 경제의 발전을 방해하는 요인이 되었다.

외수에 더 많이 의존하게 되면서 국제 사회와의 마찰도 크게 증가했다. 다른 나라들은 중국의 환율 정책, 자원 독식, 국내 시장 개방의 정도에 대해 끊임없이 의심하고 있다. 그중에서 그들이 가장 못미더워하는 부분은 바로 지지부진한 중국의 내수시장 형성이다.

튼튼한 내수시장을 바탕으로 경제를 발전시키려면 아래의 요건을 갖추어야 한다.

첫째, 합리적인 소득 분배를 통해서 빠른 속도로 중산층을 형성해서 국내 생산품을 위한 거대한 시장을 형성해야 한다.

둘째, 이렇게 형성된 시장을 통해 자원 분배의 효율을 높이고 국민의 소득을 증가시켜야 한다.

이 두 가지 요건을 갖추려면 국민이 토지를 비롯한 각종 자본을 소유하도록 하고 엄격한 법률 조항으로 그 소유권을 보호해야 한다.

또 모든 자본의 자유로운 유동을 보장해서 그 가치를 극대화할 수 있도록 해야 한다.

평화로운 굴기와 세계 경제 질서

중국이 국제 시장에서 비교우위와 규모의 경제를 실현하고, '세계의 공장'일 뿐 아니라 '세계의 시장'이 되려면 세계화의 물결에 더욱 적극적으로 동참하고 공헌해야 한다. 그 구체적인 내용은 다음과 같다.

첫째, 최대한 빠른 속도로 요소시장(factor market)[13]을 형성한다.

둘째, 최대한 빠른 속도로 호구 제도를 개선해야 한다.

셋째, 신속하고 철저한 토지제도 개혁을 통해서 새로운 토지 시스템을 구축해야 한다.

넷째, 동부뿐 아니라 서부 지역을 세계화에 동참시켜야 한다. 또한 국제 시장에서도 비교우위를 실현하고 규모의 경제를 위한 잠재력을 연구, 발견해야 한다.

다섯째, 현행 세계 경제 질서에 도전이 아닌 순응하고 융합하는 자세로 접근한다.

[13] 생산과정에 투입되는 노동, 자본, 토지 등의 생산요소가 거래되는 시장을 의미한다. 생산요소를 사는 쪽이 기업이고, 생산요소를 파는 쪽은 가계이다.

만약 중국이 위의 내용을 실현한다면 도시화에 들어가는 자금이 크게 줄어들 것이며 서비스업이 비약적으로 발전할 수 있다. 또 농촌의 잉여 노동력을 충분히 활용해서 국제시장에서 노동력의 비교우위를 장기적으로 발휘할 수 있다. 동시에 세계 여러 나라와 자본, 기술, 지식을 교류해서 다양한 영역에서 분업과 무역을 추진할 수 있다. 그러면 중국은 마침내 규모의 경제를 실현하고 이를 토대로 기술과 지식을 더욱 가속화해 발전시킬 수 있다. 또 전 세계를 향해 거대한 시장을 개방해서 국제 사회의 환영을 받게 될 것이다.

계획경제 시대는 정말 '최악의 시대'였을까?

양판(楊帆)
중국정법대학(中國政法大學) 교수

지금 우리는 지속적인 발전을 추구하기 위해 역사를 되돌아보고 중국의 계획경제를 재평가해야 한다. 만약 역사에 대한 허무주의(nihilism)를 극복할 수만 있다면 계획경제에 역사적·이론적 그리고 현실적 의의가 있음을 깨닫게 될 것이다. 이 글은 계획경제 시대를 공업화를 위한 '자본의 원시적 축적 방식 세 가지 중 하나'로 정의하고 새로운 각도에서 고찰해 봄으로써 유의미한 결론을 얻었다. 특히 중국의 원시적 축적 방식은 서방의 '침략과 약탈'에 비해 도덕적으로 훨씬 앞서 있기 때문에 서방의 패권주의를 물리치고 중국 문화의 부상을 추진하는 데 큰 의의가 있다.

누가 사회주의 계획경제 시대를 역사상 '최악의 시대'로 정의하려 하는가?

현재 중국 사회에는 28년에 걸친 사회주의 계획경제 시대를 '무시무시할 정도'로 추악하게 묘사하려 드는 경향이 있다. 각종 정부기관과 그 책임자들의 발언, 매스컴, 학술 논문, 각급 학교의 교과서는 '개혁개방 이후 28년'이 중국 '최고의 시대'라고 극찬하는 반면 사회주의 계획경제 시대는 상당히 부정적으로 묘사하며 '최악의 시대'였다고 설명한다. 경제학자들은 계획경제가 효율이 떨어지고 예산 집행이 주먹구구식이며 평균주의에 근거한 탓에 당시 중국 국민들이 극도로 빈곤한 상태에서 '배급표'에 의존한 생활을 해야 했다고 비난한다. 또 그렇기에 반드시 개혁개방에 박차를 가해서 외국 자본을 도입해 기술 수준을 높이고 하루 빨리 국유기업을 민영화해야 한다고 목소리를 높인다. 이외에 정치학자들은 계획경제 시대에 개인의 인권과 자유가 무시되었음을, 사회학자들은 마오쩌둥(毛澤東)의 잘못된 정책 탓에 인구가 4억이나 늘었고 그가 정치 활동에 치중하느라 국민 경제를 붕괴 직전까지 몰고 갔다고 비판한다.

중국 공산당 중앙 당교(黨校)의 한 역사학자는 1949년에 신중국(新中國), 즉 중화인민공화국이 건국된 후 경제가 제대로 운영된 때는 오직 1957년 이전과 개혁개방 이후뿐이라고 공개적으로 말했다. 그의 전문분야와 소속으로 볼 때 이것은 상당히 학술적인 동시에 정치적인 발언이라고 할 수 있다. 그뿐만 아니라 상당히 많은 학자와 전문가들이 마오쩌둥이 전제적인 폭군에 가까웠으며 그가 한 일이라고는 '좌경화(左傾化)'뿐이라고 비난한다. 그들의 말에 따르면 계획경제 시대에 중국의 수많은 농민은 국가의 농노에 불과했고 최근 드러난 산시성(山西省)의 '벽돌공장 노예 사건'[14]과 유사한 일은 비일비재했다. 또 대약진(大躍進) 시기에 3,000만 명에 달하는 사람이 굶어 죽었는데도 국가는 재정을 원자폭탄을 만드는 데 쏟아붓는 잘못을 저질렀다. 그

[14] 빈곤한 오지의 농촌에서 어린이 천여 명을 유괴한 후 산시성 외곽의 벽돌공장으로 끌고 가 노예처럼 부린 사건

와중에 다른 나라의 전쟁에 군대를 보내어 미국과 맞서 싸웠다고 선전하는 것은 무의미한 일이었다. 당시 마오쩌둥을 비롯한 중국 지도부가 한 행동은 모두 이전의 잘못을 감추기 위해 또 다른 잘못을 저지른 것에 불과하다. 계획경제 시대에 붙었던 민족주의(nationalism)와 포퓰리즘(populism)은 지금까지도 중국 사회의 병폐로 남아 있으며 결과적으로 사회주의 계획경제는 중국 역사상 최악의 잘못이다.

계획경제 28년에 대한 이와 같은 비난과 부정은 중국이 계획경제에서 시장경제로 전환할 때 발생한 정치, 사상, 문화 각 방면의 논쟁에서 비롯되었다. 이것은 개혁개방의 이론적 기초가 계획경제를 철저하게 부정하는 것이어서, 그렇지 않으면 합법성이 없는 것처럼 보였기 때문이었다. 또한 이러한 정서는 개혁개방 이래 형성된 이른바 '엘리트 계층'의 신자유주의와 민족과 역사에 대한 허무주의의 일부가 되었다. 가장 큰 문제는 바로 계획경제를 대약진이나 문화대혁명과 동일시하는 데 있다. 대약진과 문화대혁명은 시장경제를 부정할 뿐만 아니라 계획경제 역시 무너뜨린 것이었다. 그러므로 마오쩌둥의 머릿속에서 나온 이 두 가지는 엄밀히 말하면 사회주의 계획경제와 무관한 것이다. 왜 이러한 혼동이 생겼을까? 바로 개혁개방 이후 형성된 기득권층이 마오쩌둥 시대와 계획경제를 역사상 가장 암울했던 시기로 정의하고 개혁개방 이후를 역사상 가장 번영한 시기로 정의했기 때문이다. 이들은 어떻게 해서든지 기득권을 유지하고 싶기에 중국인들이 최근 겪은 여러 가지 문제를 되돌아보면서 과거에는 어떠했는지 떠올리는 것을 원치 않는다. 한 '저명한 경제학자'는 "어떤 분야의 문제든 지금은 계획경제 시대보다 좋은 상황이다."라고 단정했다. 이러한 일종의 '기준'이 생겼으니 사람들은 "개혁개방을 다시 한 번 생각해 보자!"는 것은 곧 그것을 반대하는 것이며, "이익구조를 재조정할 필요가 있다."고 말하는 것은 계획경제 시대로 돌아가자고 말하는 것이라 여겼다. 그 결과 많은 사람이 차라리 사회가 부패하고 분열될지언정 계획경제 시대로 돌아가서는 안 된다고 생각하게 되었고 이런 생각이 사회에 깊이 뿌리내릴수록 기득권층이 누리는 특권은 더욱 커졌다.

이 상황이 계속되면 현재 중국에 당면한 각종 문제는 절대 완전히 해결될 수 없으며 결과적으로 사회가 분열하고 경제가 붕괴될 것이다.

계획경제의 진정한 의의

계획경제는 노동자나 농민이 경제를 이끌어 가는 것이고, 국민 전체가 생산 요소를 공동 소유하는 국유경제를 통해서 공산주의로 진입할 수 있다고 말하는 것은 상당히 이상주의적이며 중국 공산당의 신앙에 가깝다. 어떤 사회든 이상이나 신앙을 과학과 혼동하고서 강압적으로 추진한다면 분명 '좌경화'의 잘못을 범하게 될 것이다. 중국의 계획경제 역시 그 추진 과정에서 수많은 실수와 착오, 오류가 발생했다. 특히 마오쩌둥의 독특한 이상주의와 그에 따른 실천까지 더해져서 좌경화는 더욱 심각한 상태에까지 이르렀다. 이 내용은 이미 1978년 12월 18일 중국 공산당 제11기 중앙위원회 제3차 전체회의(제11기 3중전회)에서 언급되었다. 중국 공산당은 이 회의에서 계획경제 시대에 '국부민궁(國富民窮)', 즉 국가는 잘 살지만 국민은 잘 살지 못하는 상황이 발생했으며 이를 해결하기 위해 지도부가 경제를 조정하는 과정에서 문제가 있었음을 인정했다. 정치적으로는 권력이 과도하게 집중된 탓에 민주를 제대로 시행하지 못했다고 인정하며 '역사적 문제', 즉 문화대혁명을 처리하는 결의안을 통과시켰다. 이 내용은 곧 이어진 개혁개방의 이론적 기초가 되었지만 결코 계획경제를 철저히 부정한다는 의미는 아니었다. 새로운 전환을 위해서 이전의 것을 철저히 부정해야 한다면 나중에 개혁개방도 부정되지 않겠는가. 혁명은 역사를 단절하고 부정하는 것이지만 개혁은 전통을 존중하는 것이며 역사의 연속성이라는 논리에 따라 발전해야 한다. 중국의 계획경제와 시장경제는 모두 한 국가에서 하나의 정당과 정권의 지도 아래 진행된 것이니 분명히 역사적 연속성이 있다.

계획경제 시대의 자본축적비율은 30%를 웃돌았으며 경기변동의 요소를 제외하면 유효한 연평균 경제성장률은 최소 10% 이상이었다. 하지만 당시 경제성장의 주요점은 이러한 총량이 아니라 구조에 있었다. 서방의 경제학이 추구하는 자유 무역은 중국과 맞지 않았다. 양무운동(洋務運動) 이후 중국은 산업화와 현대화를 이루기 위해 갖가지 방법을 시도했다. 그런데 결과는 어떠했는가? 1949년에 공업과 농업의 생산 가치 비율은 1:9로 공업이 차지하는 비율은 겨우 10%에 불과했다. 제도학파(Institutional school, 制度學派)[15]는 이것이 국유기업과 시장이 결합하면서 생기는 부패에서 비롯되었다고 해석한다. 그러나 실제로 이런 현상은 바로 국방력이 형편없었기 때문에 발생한 것이었다. 1840년부터 1945년, 105년 동안 중국은 각종 전쟁에서 승전보를 울리지 못했다. 그 결과 제국주의 국가들은 불평등 조항을 내밀며 중국을 압박했다. 예를 들어 미국은 중국에 관세를 5%로 제한할 것을 강요했으나 정작 자신들은 46%의 관세를 고수했다. 이러한 상황에서는 어떠한 경제체제든지 외국과 경쟁하는 것이 불가능하다.

> [15] 미국에서 주로 19세기 말엽부터 1930년대에 걸쳐서 발달한 경제학파로 경제현상을 역사적으로 발전하고 진화하는 사회 제도의 일환으로 파악한다.

중국 계획경제의 진정한 의의는 바로 독립적으로 원시적 축적(primitive accumulation)[16]을 이루었다는 데 있다. 일반적으로 농업중심국가가 공업중심국가로 이행하려면 자본의 원시적 축적이 필요한데 국가마다 서로 다른 방법으로 이를 완성한다. 선발 자본주의 국가들은 '침략과 약탈'의 방법을 채택했으며, 후발 주자들이 채택한 방법은 크게 의존형과 독립형의 두 가지로 나눌 수 있다. 선발 자본주의 국가에 의존해서 발전을 도모하는 의존형은 기본적으로 중국 같은 대국에는 큰 효과가 없다. 또 갖가지 불평등 조항이 있는 상황에서 자유무역을 통해 부강해지는 것은 거의 불가능했다. 그렇다고 선발 자본주의 국가들처럼 제국주의로 무장해 약소국을 침략하고 약탈할 수도 없는 일이었다. 이렇듯 생산력이 낮고 불평등 조약 탓에 해외로 상품을 수송하는 것도 원활하지 않은 상황에서 중국은 과감히 의존형을 포기하고 철저하게 국가의 내부 역량에 기대어 자본의

> [16] 자본주의에 앞서서 자본이 축적된 역사적인 과정을 말한다. 마르크스는 이를 수많은 생산자가 토지를 잃고 노동자로 변화하는 과정이라고 설명했다. 본원적 축적(本源的 蓄積)이라고도 한다.

원시적 축적을 완성하기로 결정했다.

　이 방법은 침략과 약탈의 방법보다 도덕적이고, 의존형보다 축적의 속도가 빨랐다. 중국 지도부는 정치적 힘을 바탕으로 소비를 강하게 억눌러 자본 축적률을 30% 이상까지 높였으며 이는 공업화 이행의 원천이 되었다. 거의 두 세대에 걸친 국민들의 희생을 바탕으로 중국은 서양이 200년 동안 이룬 원시적 축적을 단 28년 만에, 그 어떠한 침략과 약탈 없이 해냈다. 역사적·도덕적으로 판단했을 때 조금도 비판받을 만한 부분이 없다.

　전체 역량을 한 곳에 고도로 집중해서 비교적 짧은 시간에 큰일을 해내는 것이 계획경제의 장점이다. 계획경제 시대에 중국은 국가의 조직적인 역량을 이용해서 기본적인 수리 시설과 기초 설비를 건설했으며 오랫동안 중국인들을 괴롭히던 전염병을 없앴다. 또 원자폭탄을 연구, 개발하는 등 국방을 튼튼히 하는 데도 게을리하지 않았다. 만약 그때 양옥집이나 자동차를 가지기 위해서 원자폭탄의 연구와 개발을 경제가 충분히 발전한 후로 미루었다면 어떻게 되었을까? 과연 미국이 우리를 가만히 두었을까?

　1978년에 공업과 농업의 생산 가치 비율이 약 5:5가 되면서 드디어 공업 중심국가로 이전하기 위한 건실한 기초가 만들어지기 시작했다. 이즈음 군사산업과 고기술 방면 역시 국제적인 수준에 다가서는 중이었으며 1970년부터 연구한 대형 제트기 제작에 성공했다. 또 국민평균소득이 300달러에 달하면서 공업화를 위한 기본적인 자본의 원시적 축적이 완성되었다. 그런데 계획경제는 원시적 축적에는 적합하지만 경영에는 적합하지 않다. 그래서 계획경제를 그만두고 시장경제로 이행한 것이다. 이것은 역사적으로 필연적인 과정이었다. 이런 역사적 과정은 저절로 이루어지는 것이 아니며 인간의 활동과 선택을 통해서만이 가능하다. 그런데 바로 이 인간의 활동과 선택에서 모순과 투쟁이 발생하고 말았다. 문화대혁명 후기에 각종 정책과 사상이 극단적으로 좌경화되면서 정치적 사상과 이론이 격렬하게 투쟁할 수밖에 없었다. 중국인들은 이 과정에서 서로 상처를 주고받고 대립했다. 지금까지도 극단으로 '좌'와 '우'는 각자 고집을 꺾지 않고 팽팽하게 대립하며 상대방을 무조건 부정하고 있다. 중국인은 고대부터 따랐던 '극고명이도중용(極高明而道中庸)', 즉 "눈과 밝은 것을 목표로 하되 중용으로 하여야 한다."의 마음가짐을 잃고 말았다. 어쩌면 '좌'와 '우'의 양쪽을 초월하는 '사상의 조정과 통합'은 다음 세대에서나 가능한 것일는지도 모르겠다.

인구 증가는 정말 독이었나?

개혁개방 초기의 가장 큰 성과는 사상의 해방이었다. 이 시기에 중국인들은 문화대혁명과 계획경제를 거침없이 비판했다. 특히 인구 문제에 관해 마오쩌둥은 "마옌추(馬演初)[17]를 비판하더니 인구가 4억이나 늘었다."고 맹비난했다.

최근 몇 년 간 중국의 경제 성장률은 10%가 넘으며 증권 시장 역시 상승세를 유지하고 있다. 이렇게 꾸준한 경제 성장은 시장경제의 '균형론'이나 제도학파의 '개혁론' 만으로는 설명할 방법이 없다. 또 중국 경제학의 주류 자리를 꿰찬 신자유주의 경제학자들 역시 이를 해석하거나 이후의 상황을 예측하지 못하고 있다. 시장경제가 시작된 후에도 중국의 경제는 여전히 고속으로 성장했으며 자본의 축적률 역시 30%, 심지어 그 이상에 다다랐다. 다시 말해 계획경제와 시장경제라는 서로 상반된 경제체제가 같은 효과를 내고 있는 것이다. 이는 중국에 체제가 아닌 무언가 더 깊은 차원의 경제 성장 동력이 있음을 의미한다. 그것은 바로 인구다! 경제 성장은 인구 성장과 정비례한다.

1840년부터 1949년까지 중국 인구가 4억 5천만 명 정도에서 정체되었을 때는 경제 역시 성장하지 않았다. 그런데 계획경제를 실행한 28년 동안 인구가 4억 늘었고 경제는 8배 성장했다. 또 개혁개방을 실행한 28년 동안에도 인구는 4억이 늘어났고 경제 역시 8배 성장했다. 이에 따르면 경제 성장

[17] 경제학자이자 맬서스 이론(Malthusian theory)의 지지자. 베이징 대학의 총장을 지내던 1950년대 초에 중국이 토지에 비해 인구가 많은 편이니 인구 성장을 억제하는 정책을 실행할 필요가 있다고 정부에 건의했다.

률을 매년 7% 정도로 계산했을 때 중국의 경제는 2019년에 다시 8배 성장하고 인구 역시 16억 5천만 명에 달할 것으로 보인다. 인구가 증가하면 젊은이가 많아진다. 젊은이가 많아지면 저축률이 높아지고 이는 곧 투자로 이어져 경제성장률을 증가시킨다. 2019년 이후에 중국인구가 노화되면 경제성장률이 하락할 것은 분명하며 그러면 중국은 오로지 기술의 힘으로 경제를 지탱해 나가야 한다.

현재 세계 경제학계는 중국 경제의 고속 성장이 인구 증가에서 비롯되었음을 인정했지만 그 근원을 인정하고 싶지는 않은 눈치다. 왜냐하면 그것이 자신들이 신봉하는 '시장만능주의'에 부합하지 않기 때문이다. 계획경제 시대에 빠르게 늘어난 인구는 중국 농촌에 4억에 달하는 잉여 노동력을 형성했다. 이후 그들은 개혁개방 정책을 통해서 외국 자본과 결합했고 수출과 해외 취업이 매우 빠르게 증가했다.

이러한 사실은 중국 경제 성장의 근본 요인은 체제 개혁이 아니라 국력과 인구의 규모라는 점을 설명한다. 중국에서 계획경제와 시장경제는 서로 다른 시대의 서로 다른 경제체제였을 뿐이다. 그러므로 그 두 가지를 대립된 요소로 보고 서로를 부정하기 위해 격렬하게 논쟁하는 것은 무의미한 일이며 서로의 잘못된 점만 골라서 비난하는 것은 비이성적이고 유치하며 무척 한심한 일에 불과하다.

🌸 계획경제는 시장경제 발전의 기초다

일흔 살이 되어서 큰 업적을 거둔 사람이 이전의 30년은 자신의 업적에 아무런 영향도 미치지 않았다고 말하면 믿을 수 있겠는가? 중국은 계획경제 시대에 자본의 원시적 축적을 완성했고, 원자폭탄 개발에 성공해서 국가 안전의 기틀을 세웠으며, 제트기를 만들어 산업 수익이 증대될 수 있는 기틀을 마련했다. 다만 이러한 것들이 즉시 눈에 보이는 이익이나 성장으로 드러나지 않았을 뿐이다. 이외에 석유 탐사나 과학 기술 증진 등에 국가가 부담한 매몰비용(sunk cost, 埋沒費用)[18] 역시 그러하다.

이와 같은 이유로 일반적으로 한 국가의 경제성장과 규모를 드러내는 지표, 예를 들어 GDP 같은 것은 계획경제를 과소평가하고 시장경제를 과대평가한다. 중국이 개혁개방 시기에 이룬 성장의 동력은 바로 '체제의 전환'으로부터 나온 것이다. 계획경제 시대에 축적된 자본은 이 체제의 전환을 겪으면서 눈에 보이는 GDP로 전환되었다. 그러므로 현재 중국이 거둔 경제 성장은 계획경제체제와 시장경제체제의 합작품이지 결코 시장경제체제가 단독으로 해낸 것이 아니다. 계획경제 시대의 자본 축적을 긍정적으로 평가한다고 해서 개혁개방을 반대하거나 시장경제를 부정하는 것은 아니다. 만약 이렇게 생각한다면 그는 분명히 무지와 편견으로 가득하거나 자신의 기득권을 수호하려는 사람일 것이다.

개혁개방 초기의 실물경제와 생산력은 모두 계획경제 시대에 축적된 것으로부터 비롯되었다. 1970년대 말기의 농업 발전은 계획경제 시대에 쌓아 놓은 기초와 선례를 따른 것이었으며 1980년대 초기에 소비 열풍이 불어닥친 것 역시 그동안 군수 물자를 생산하던 설비로 민용 물자를 많이 생산할 수 있었기 때문이다. 국유기업은 자금이 부족한 민영기업에 무담보로 자금을 빌려주었으며 좋은 인재와 고급 기술을 제공해서 향진기업(鄕鎭企業)[19]이 발전하는 데 큰 영향을 주었다. 결과적으로 개혁개방 초기의 비약적인 발전은 모두 계획경제가 다져 놓은 기초 위에 이룬 것이다.

물론 개혁개방과 시장의 작용을 배제할 수는 없다. 개혁개방이 없었다면 계획경제 시대에 아무리 많은 자본을 축적했다고 하더라도 이것이 시장의 자산으로 전환되지 못했을 것이다. 우리는 계획경제를 긍정하는 것이 개혁개방에 대한 반대가 아님을 기억해야 한다. 이제 계획경제의 의의와 성과를 긍정하는 동시에 개혁개방을 되돌아보고 다음 단계의 더 나

[18] 의사 결정을 하고 실행한 이후에 발생하는 비용 중 회수할 수 없는 비용을 말하며, 함몰비용이라고도 한다.

[19] 개혁개방이 시작되면서 1978년부터 각 지역 특색에 맞게 육성되기 시작한 소규모 농촌기업으로 해당 지역의 주민이 공동으로 경영한다.

은 시장경제 발전을 모색해야 할 때다. 일반적으로 역사 발전은 '한 단계씩 걸러서' 이어지는 양상을 보인다. 다시 말해 역사의 세 번째 단계는 두 번째 단계를 부정하면서 첫 번째 단계의 특징들을 회복해서 발전의 발판으로 삼는다. 이것은 절대 뒷걸음질 치는 것이 아니며 새로운 단계로의 더 나은 도약이라고 할 수 있다. 계획경제는 이제 역사의 한 페이지지만 우리는 당시 중국인의 애국심, 큰 희생, 강한 의지, 끈질긴 투쟁, 그리고 그것을 통해 얻은 성과를 기억해야 한다. 그래서 계획경제라는 체제가 아닌 그 정신을 후대에 계승해야 한다.

국부민궁(國富民窮) :
부유한 국가, 가난한 국민

딩쉐량(丁學良)
홍콩과기대학(香港科技大學) 교수

중국식 모델은 큰 성공을 거두었지만 그에 따른 대가도 적지 않다. 그 대가는 크게 네 가지로 나눌 수 있다. 첫째, 취약 집단, 취약 지역, 취약 분야에 대한 지속적인 수탈, 둘째, 심각한 환경 생태 오염, 셋째, 공공자원 활용 분야에서 조밀하고 넓게 퍼져 있는 불법적인 행위 및 부패, 넷째, 크게 제한된 공공정책의 규모와 범위다.

중국식 모델의 형성

최근 국제적으로 '중국식 모델'에 관한 토론이 자주 벌어지고 있다. 그런데 이런 토론들은 중국 내에서 진행되는 것과 두 가지 큰 차이점이 있다. 첫째, 중국 학자들은 중국식 모델의 의식형태에 치중하는 반면 해외 학자들은 주로 사회과학적인 각도에서 객관적이고 이성적으로 접근한다. 나는 개인적으로 중국식 모델이 과하게 의식형태화 하는 것을 반대한다. 둘째, 해외 학자들은 중국식 모델을 지지하든 비판하든 그것을 여러 가지 발전모델 중 하나로 볼 뿐, 그것으로 다른 발전모델을 대체할 수 있다고 생각하지 않는다. 그러나 중국식 모델을 지지하는 중국 내 학자들은 마치 그것이 천하무적처럼 온 세계에 모두 적용할 수 있을 거라고 이야기한다. 이에 관해 나는 해외 학자들의 관점이 더욱 이성적이고 사실에 입각했으며 배타적이지 않고 개방적이라 생각한다.

중국식 모델은 지금까지 거의 20여 년에 걸쳐 발전되었으며 그 기본적인 목표와 틀은 1980년대 말부터 1990년대 초에 형성되었다. 물론 그전에도 10여 년에 걸쳐 개혁개방을 했으나 당시는 명확한 중국식 모델이라는 것이 없었다.

이 문제에 대해 나는 베이징에서 몇몇 학자와 논쟁을 벌인 적이 있다. 나는 1970년대 말에 중국식 모델이 형성되었다고 주장하는 그들에게 다음과 같이 이야기했다. 1970년대 말부터 1980년대 말까지 중국의 최고 지도부를 구성한 후야오방(胡耀邦), 완리(萬里), 시중쉰(習仲勳) 등은 앞으로 중국이 어떠한 목표와 방향을 향해 나아가야 할지 100% 확정하지 못했다. 그들은 경제는 시장경제로, 정치는 민주제로 이행해야 한다는 데는 기본적으로 동의했고, 다만 어떻게 나아갈지에 대해서만 의견이 달랐을 뿐이었다. 그러나 그들 외에 다른 정치인들은 나아갈 목표와 방향에 대해서도 각각 생각이 달랐기 때문에 당시 중국은 정치, 경제적으로 매우 불안정한 상태가 되었다. 예를 들어 1979년부터 1989년 사이에는 몇 가지 중요한 정책이 발표된 후, 몇 개월도 채 되지 않아 이전의 정책과 모순되는 완전히 새로운 정책들이 발표되는 일이 비일비재했다. 이런 상황은 1980년대 말부터 1990년대 초에 들어서면서 크게 줄어들기 시작했다. 이 시기에 중국은 미래에 대한 목표를 확정했을 뿐만 아니라 어떻게 나아가야 할지에 관해 논쟁을 벌이는 일도 크게 줄었다.

중국식 모델의 대가

과거 20여 년에 걸쳐 중국식 모델이 중요한 역할을 했으며 큰 성공을 거두었음을 부정할 수는 없다. 이 성공의 대가는 무엇일까? 중국식 모델의 성공과 그에 따른 대가를 설명하는 가장 좋은 말은 바로 "세상에 공짜는 없다."이다. 중국이 거둔 거대한 성공을 부인할 수 없듯이 그것을 위해 지불한 대가를 부인할 수는 없다. 이는 크게 네 가지로 나누어 볼 수 있다.

첫 번째 대가는 가장 쉽게 눈에 보이며 구체적인 수치로 말할 수 있는 것이다. 바로 취약 집단, 취약 지역, 취약 분야에 대한 지속적인 수탈이다.

두 번째 대가는 끊임없이 이루어진 심각한 환경 생태 오염으로 이는 일상생활에서 흔히 느낄 수 있다.

세 번째 대가는 체제나 물질에 관련된 것이 아니다. 이것은 공공자원 활용 분야에서 광범위하면서도 촘촘하게 퍼져 있는 불법적인 행위와 부패다.

네 번째 대가는 과거 20여 년 동안 중국식 모델에 밀려난 공공정책 영역이다. 지금까지 공공정책의 규모와 범위는 점점 제한되면서 폐쇄적인데다 투명성을 잃었다. 또한 수요를 정확히 예측하거나 창조적인 정책이 나올 수 있는 토론이 불가능해졌다.

이 네 가지 대가는 표면적으로 보면 그다지 심각해 보이지 않는다. 특히 환경이나 부패 문제와 비교했을 때 공공정책 영역의 문제는 그다지 중요하지 않아 보인다. 그러나 장기적으로 볼 때 아마 모든 사람이 이 문제에 직면하게 될 것이다. 그러므로 만약 이를 토론하고 해결책을 탐구할 수 있는 공개적이고 합리적인 장소가 있다면 문제가 드러났을 때 즉시 처리 가능할 것이다. 하지만 유감스럽게도 과거 20여 년 동안 이러한 공간은 크게 제한 받았다. 그 결과 처음에는 그리 큰 문제가 아닌 것도 자꾸 시간을 끌며 숨기려고 하다가 도리어 더욱 악화되는 일이 허다했다. 이런 일들은 거의 매년 수없이 발생한다.

중국식 모델의 병폐

　지금까지 20여 년에 걸친 중국식 모델의 성공과 그에 따른 대가를 이야기했다. 이제 나는 앞으로 중국식 모델이 계속될 때 직면할 도전과 압박, 환경에 대해 설명하고자 한다.
　이러한 도전과 압박, 환경 중에서 중국 정부와 사회가 특히 주목해야 할 것이 있다. 바로 '중국 경제 성장의 원동력'으로 나는 이것을 '세 개의 바퀴'라고 부른다. 현재 국내외 학자와 전문가들은 중국 경제 성장이 점차 힘을 잃고 있다고 입을 모은다. 나 역시 중국의 GDP 성장을 이끄는 '세 개의 바퀴'가 서로 잘 맞물리지 않고 있다고 꾸준히 이야기해왔다. 과거 20여 년 동안 바퀴 두 개는 점점 커지고 돌아가는 속도도 빨라진 반면 나머지 하나는 짓눌려 점점 작아지고 속도마저 느려졌다. 이러한 심각한 불협화음은 중국 경제 성장의 길을 점점 어둡게 만들고 있다.
　세 개의 바퀴 중에서 점점 커지는 두 개는 '수출 의존'과 '고정자산투자'며, 점점 작아지는 하나는 바로 '가계 소비'다. 이 문제는 2008년 이전에도 존재했지만 그 해 9월에 시작된 글로벌 금융위기의 충격을 받고 수면 위로 드러났다.
　무역과 수출에 의존해서 GDP의 증가 속도를 올리는 정책을 중국이 처음 시작한 것은 아니다. 이것은 제2차 세계대전 후에 일본을 대표로 하는 동아시아 국가들이 빠른 시간 안에 경제를 발전시키고자 채택한 발전모델이다. 美國南方中心의 연구에 따르면 2009년 글로벌 금융위기의 영향을 받은 탓에 중국 GDP 증가율은 무역 호조를 보이던 2002년부터 2007년까지의 기간에 비해 최소 2.5%나 떨어졌다. 이는 중국의 각급 정부가 경제 성장을 촉진하기 위해 아무리 각종 계획과 방법을 제시해봤자 수출에 의존해서 GDP 증가를 꾀하는 정책 자체를 바꾸지 않으면 GDP 증가율을 7% 이상으로 유지하기 어려움을 의미한다. 정리하자면 중국 경제 성장 원동력의 첫 번째 바퀴는 과거 10여 년에 걸쳐 점점 커지고 빨라졌다. 하지만 이 바퀴는 세계 시장 상황, 특히 수출 대상국인 선진국들의 경기, 수요에 크게 영향을 받는다. 그러므로 지금부터 2015년까지 계속 경기가 하락하는 추세라면 절대 가벼이 여겨서는 안 된다.

중국이 두 번째 바퀴인 '고정자산투자'에 집중하는 것은 사실 '수출 의존'보다 그 역사적 뿌리가 더 깊다. 1980년대 말과 1990년대 초, 소련이 해체되기 전에 비교정치경제학 분야에서는 '투자 갈증'에 대한 연구가 크게 유행했다. 이것은 명령 하달식의 계획경제하에서 벌어지는 현상으로 정부기관의 관료나 국유기업의 관리자들이 계속 투자를 확대하는 것을 의미한다. 순수 경제학의 관점에서 이는 매우 이해하기 어려운 일이다. 왜냐하면 생산한 물건이 잘 팔리지 않고 생산력까지 남아도는 상황에서 계속 투자하고 생산력을 기를 필요가 없기 때문이다. 왜 이런 현상이 발생하는 것일까? 바로 관료의 승진, 개인의 권력 확대 같은 비경제적인 변수가 개입했기 때문이다.

오늘날 중국은 역사적으로 고정자산투자율이 두 번째로 큰 시기를 맞이하고 있다. 1952년에 중국 통계 시스템이 세워진 이후의 자료를 살펴보면 GDP 대비 고정자산투자율이 가장 높은 때는 대약진이 시행된 3년 동안으로 1958년에 28%, 1959년에 29%, 1960년에는 33%였다. 그 다음은 1993년 이후로 1993년에 32%이던 것이 계속 올라가서 2009년에는 47%에 달했다. 이러한 현상은 '투자 갈증'으로밖에 설명할 수 없다.

중국 경제 성장 원동력의 세 번째 바퀴인 '가계 소비'는 규모가 작고 가장 무시되기 쉬운 것이다. 중국의 경제 발전 역사에서 이 세 번째 바퀴는 좀처럼 커지지 않을 뿐만 아니라 빨라지지도, 강해지지도 않았다. 통계에 따르면 중국의 GDP 대비 가계 소비 비율은 1978년에는 49%이던 것이 2009년에는 37%로 거의 4분의 1에 해당하는 수준에까지 떨어졌다. 2003~04년을 기점으로 GDP 중 고정자산투자가 가계 소비 총량보다 많아졌고 그 차이는 점점 크게 벌어졌다.

정치경제학의 관점에서 보면 어느 정도 상황을 이해할 수 있다. 국내외 많은 학자가 지적하는 것처럼 개혁개방 이후 중국 국민은 정책결정 과정에서 주변 집단에 불과했다. 주류집단인 행정 시스템은 공공자원 분배를 결정할 때 국민들의 복지 수요를 무시하고 억압했다. 그 결과 가계 소비가 최저 수준에까지 떨어지고 말았다.

현재 중국의 GDP 대비 가계 소비 비율은 전 세계 주요 경제체 중 가장 낮다. 이 비율이 중국보다 낮은 경제체들도 GNP, 즉 국민총생산의 분배는 중국보다 더욱 합리적이고 효율적이다. 이는 그들에게 민의(民意)를 전할 수 있는 비교적 안정적이고 건실한, 혹은 적어도 지금 만드는 중인 제도화된 다리가 있기 때문이다. 그러나 중국에는 정부의 거시경제정책결정 과정에서 일반 국민의 수요를 고려하는 시스템이 부족하다.

이런 문제는 명령하달식의 계획경제 국가에서 일반적으로 발생하는 병폐일까? 나는 역사상 존재했던 모든 사회주의 국가의 경제 수치를 비교 분석한 후 과거 50년 동안 중국의 GDP 중 정부가 차지하는 비중이 세계 평균 수준뿐 아니라 사회주의 국가의 평균 수준보다도 높다는 사실을 발견했다. 나는 이것이 현존하는 사회주의 국가 중에서도 중국이 가장 오랫동안, 그리고 가장 엄격하게 도시와 농촌의 호구를 분리했기 때문이라고 생각한다.

🌸 국부민궁을 타파하는 길

나는 GDP 대비 가계 소비 비율을 반드시 높여야 한다고 생각한다. 경제학 발전 이론의 관점에서도 이는 반드시 해결되어야 하는 문제다. 가계의 수요를 지속적으로 상승시키고 내수시장을 활성화하려면 그에 알맞은 사회 복지 제도를 제정하고 재정 관련 법규를 수정해야 한다. 이 과정에서 각급 정부와 인민대표대회, 정치협상회의는 모두 공개적으로 토론해야 하며 그 과정과 결과가 인터넷으로 공개되어야 한다.

최근 몇 년 간 중국 각계의 화두는 바로 '국진민퇴(國進民退)', 즉 '국가는 발전하나 국민은 퇴보하는 현상'이다. 실제로 1970년대 말부터 지금까지,

특히 1980년대 말에서 1990년대 초부터 지금까지 중국인은 다른 국가의 사람들이 노래하고, 춤추고, 종교 활동하는 등의 생활의 즐거움을 누리는 동안 고생스럽게 살아왔다. 그 결과 경제가 빠른 속도로 크게 발전했지만 정부는 아직도 민간에 더 많은 자주권을 주는 것을 꺼린다.

계획경제 시대에 정부가 엄격하게 경제를 관리해서 거의 모든 경제 자원을 장악하고 관리하자 중국 경제는 거의 사멸 직전에까지 갔다. 정부는 더 이상 경제체제를 관리할 수 없어졌을 때 하는 수없이 개혁개방을 선택했고 중국인은 다시 그들만의 근면성실함, 참을성을 발휘해 중국 경제를 되살려 놓았다. 그런데도 중국 정부는 예전의 과거를 잊고 다시 '국진민퇴'의 잘못을 범하려 하고 있다. 각급 정부의 인민대표대회, 정치협상회의의 공개적인 토론과 심사, 비준 없이는 '국부민궁', 즉 '국가는 부유한데 국민은 가난한' 상황을 해결할 수 없다.

중국식 모델이 과거 20여 년 동안 이룬 성과를 저평가해서는 안 된다. 다만 이 과정에서 지불해야 했던 대가 역시 과소평가해서는 안 된다. 왜냐하면 앞으로 나아가기 위해서는 과거와 현재의 상황 및 문제를 모두 되돌아보아야 하기 때문이다. 어떠한 정책 혹은 체제를 비교하고 평가할 때는 반드시 절대주의, 극단주의적인 자세를 피해야 한다. 가능한 한 이성적으로 접근해야 하며 과하게 의식형태화 하는 잘못을 저질러서는 안 된다. 이러한 자세로 많은 토론을 거쳐야만 비로소 중국식 모델을 수정해서 더 나은 중국의 성장 모델을 만들어 낼 수 있다.

사람들이 중국식 모델에 대해 세계에서 가장 우수하다고 말할 때 우리는 그것의 문제점을 찾으려고 해야 한다. 중국식 모델의 대가를 규명하고, 실사구시의 자세로 검토하고, 재조명하는 것을 거부하는 자세가 중국의 발전을 막는다.

지식체계가 없는 중국은 강해질 수 없다

정융녠(鄭永年)

싱가포르국립대학 동아시아연구소 소장

물질적 이익의 노예가 되었을 때 사유는 더 이상 제대로 진행되지 못한다. 정치든 물질 이익이든 무언가에 의존하거나 억압당하면 사유는 상상력을 잃고 새로워질 수 없는 법이다. 한 국가가 점점 부유해져서 물질 이익이 넘쳐 나고 권력자가 장악한 물질이 많아질수록 사유의 공간은 점점 좁아지고 문명은 쇠락한다. 안타깝게도 이것이 바로 우리 중국의 현 상황이다.

독자적인 지식체계를 잃은 탓에 현재 중국은 무척 걱정스러운 상황에 직면해 있다. 내부적으로 지식체계가 없으면 권력자나 엘리트들이 스스로 속한 사회를 해석하거나 사회의 발전 추세를 정확하게 인식하지 못한다. 또 앞으로 발생할 문제들을 예측하고 해결 방법을 제시할 수도 없다. 그러면 관료들의 의식형태는 필연적으로 사회 현상과 괴리가 생기고 만다. 의식체계는 통치의 소프트파워(soft power)인데 이를 잃으면 효율적인 통치가 불가능하다.

중국에 대한 국제 사회의 의심과 오해는 시간이 갈수록 점점 커져 2008년 베이징 올림픽 직전에 최고조에 달했다. 과거에 중국이 국제 사회에서 의심과 오해를 받은 이유는 대부분 중국의 폐쇄성 때문이었다. 그러나 개혁개방을 거치면서 상당히 개방된 지금에도 중국을 향한 의심과 오해는 사라지지 않고 있다. 이는 중국이 여러 가지 방면에서 여전히 투명하지 못한 탓이다. 바로 이 점이 중국에 대한 국제 사회의 정확하고 객관적인 인식을 방해하고 있으므로 중국은 이 점을 명심하고 반드시 개선해 나가야 한다.

하지만 투명도 증가만으로 국제 사회의 의심과 오해를 없애고 위치를 확고히 할 수는 없다. 그런 의미에서 현재 지식체계를 잃은 중국의 상황이 심각하다고 할 수 있다. 중국은 지식체계가 없기 때문에 국제 사회에서 소프트파워의 공간이 매우 협소하다. 국제 사회에서 확고한 위치를 차지하려면 경제적인 역량만으로는 부족하다. 중국 지도부도 이 문제의 심각성을 인식하고 최근 몇 년간 여러 방면에서 중국의 소프트파워 건설에 매진하고 있다. 공자학원(孔子學院)[20]과 '저우추취(走出去)'[21] 전략이 그 예라고 할 수 있다. 이런 전략과 관련 사업은 중국과 외부 세계가 서로를 인식하고 이해하는 데 모두 도움이 되므로 매우 바람직하다. 하지만 중국 정부의 노력에도 불구하고 상황은 그다지 낙관적이지 않다.

전체적인 상황에서 중국과 외부 세계, 특히 서방의 의심과 오해는 사라지기는커녕 도리어 점점 깊어지는 추세다. 공자학원이나 '저우추취' 같은 활동은 일종의 '대외 선전용'이다. 만약 이것의 내부가 텅 비어서 아무 것도 없음이 드러난다면 의심과 오해는 더욱 심해질 것이다. 그러므로 내부적으로 통치의 효율성을 높이고, 외부적으로 소프트파워의 공간을 확보하기 위해서는 독자적인 지식체계를 구축하는 것이 우선이다.

[20] 중국 정부가 중국 문화와 중국어를 해외에 보급하기 위해 세계 각국에 설치하고 있는 교육기관

[21] '걸어 나가다'라는 뜻으로 중국의 국외투자 촉진정책을 일컫는 말. 기업의 해외진출뿐만 아니라 각 방면의 문화사업의 해외진출까지 포함한다.

지식체계가 없으면 발언권도 없다

국제 사회에서 소프트파워의 공간을 잃은 것은 바로 중국이 자신을 설명하고 해석할 수 있는 지식체계를 잃은 탓이다. 중국의 고대 문명은 가장 우수하지만 지금 중국에는 그것을 해석할 지식체계조차 없다. 오히려 그에 대한 해석은 모두 외국인들이 차지한 것처럼 보인다.

가장 심각한 문제는 지식체계가 없으면 국제 사회에서 발언권을 확보하지 못한다는 것이다. 중국은 그동안 외부 세계, 특히 서방의 지식체계를 빌려 자신을 인식하고 해석했다. 즉 '타인의 발언권을 빌려 타인을 향해 자신을 드러내어 보인 것'으로 이는 중국 지식계가 직면한 가장 큰 문제라 할 수 있다. 현재 많은 사람이 이 문제를 인식하고 있다. 시간이 흐르면서 경제학자들은 서방의 경제학으로 중국 경제를 해석하기 어려움을 인식했고, 사회학자들은 서방의 사회학으로 중국 사회를 해석할 수 없다는 것을 알게 되었다. 하지만 이런 상황을 인식했음에도 그들은 독자적인 지식체계를 건립하는 일에 매진하지 않으며 여전히 서방의 개념과 이론으로 중국을 해석하고 있다. 중국 대륙에 무수히 많은 서방 경제학자, 서방 사회학자, 서방 정치학자가 존재할 뿐 중국 경제학자, 중국 사회학자, 중국 정치학자는 없는 셈이다. 그 결과 학자들이 설명하면 할수록 개념은 모호해지고 해석하면 할수록 이해하기 어렵다.

간단히 말해서 이는 사유와 사상의 '식민지화'라고 할 수 있으며 중국은 '5·4운동' 이후 항상 이러한 상태였다. 근대에 중국이 서방 국가들과의 전쟁에서 연이어 패하자 좌절감에 빠진 중국의 엘리트들은 "서방을 본받아 진리를 추구하자!"며 서방의 모든 것을 배우고 따르고자 했다. 그 결과 '서방이 곧 진리며 과학이다.'라는 생각이 그들의 머릿속에 뿌리 깊이 자리 잡았다. 이러한 추세는 정치적으로도 큰 문제가 없었다. 단지 어떤 서방을 따르느냐에 관해서만 의견 차이가 있을 뿐이어서 우파는 유럽과 미국을, 좌파는 소련을 배워야 한다고 주장했다. 아주 잠시 '마르크스주의의 중국화'를 시도하는 사상운동이 있기는 했지만 그 사상의 주체는 서방이었지 여전히 중국은 아니었다. 서방이 곧 진리며 과학이니, 중국을 포함한 서방이 아닌 것은 모두 진리도 과학도 아니었다.

　개혁개방 시기에도 이러한 경향은 바뀌지 않았을 뿐 아니라 도리어 심해졌다. 이 시기에 좌파는 평등과 정의를, 우파는 자유와 민주를 역설했다. 그러나 그들의 사상적 대립이 어떠하든 모두 서방에서 들여온 것이었다. 이런 종류의 경쟁과 대립은 경제 분야에서도 일어났다. 중국의 기업은 스스로 기술을 개발하지 않고 서방의 기술을 도입해 상품을 만들었고 이런 상품은 중국 시장에서 날개 돋친 듯 팔려 나갔다. 지식계의 상황은 더욱 심각했다. 지식인들은 서방의 몇몇 지식과 이론, 학설 등을 일종의 '가치관'의 수준에까지 올리더니 이외의 것은 모두 '마녀화' 해서 반드시 없애야 할 것으로 결론 내렸다. 그들은 실천과 경험이 아닌 자신들이 인정한 '가치관'으로만 중국을 해석하고 평가하려 들었다. 스스로 서방의 지식체계에 의해서 '식민지화' 되는 것에 매우 만족하며 서방을 배우고 따르는 것이 마치 진리를 깨우치는 양 행동한 것이다. 서방의 지식체계로 중국을 비판하는 것이 바로 그들의 '고상한' 직업이었다.

　마르크스는 철학자에게 두 가지 임무가 있다고 말했다. 바로 세상을 해석하는 것과 세상을 바꾸는 것이다. 전자는 후자의 전제가 된다. 그런데 중국의 지식 엘리트들은 모두 세상을 해석할 능력도 갖추지 못한 채 세상을 바꾸겠다고 자신만만해 한다. 그 결과 그들이 바꾸려고 하면 할수록 세상은 더 엉망진창이 되고 있다. 개혁개방 이후 중국에는 수많은 문제와 정책적 오류가 있었고 이 부분은 정책결정자들이 책임져야 하지만 지식계의 책임도 무시할 수는 없다.

❡ 지식체계가 없으면 창조도 없다

　자신만의 지식체계를 갖추지 못한 사회는 변화할 수 없다. 근대 이후 서방 문명은 독자적인 지식체계를 건립하면서 발전하기 시작했다. 한 사회의 지식체계는 그 역사와 경험을 기초로 하기 때문에 그 사회를 해석하고 발전 방향을 제시하며 이를 위해 각종 역량을 끌어 모을 수 있다. 이렇게 역사와 경험, 실천에 기반을 둔 지식체계만이 무한한 창조 능력이 있으며 국제무대에서 강력한 소프트파워를 드러낼 수 있다.
　근현대 지식체계는 대부분 서방에서 건립, 발전된 것이다. 서방의 지식인들은 독자적인 지식체계를 건립한 후 그것으로 서방 사회를 인식하고 해석한 후 동일한 지식체계를 사용해서 다른 사회까지 해석하기 시작했다. 이때 자신들의 의식형태, 문화, 풍습, 역사 등을 잣대로 다른 사회를 평가하면서 일종의 편견이 생겼다.
　그들이 중국 사회를 인식하고 해석할 때 느끼는 편견을 무턱대고 비난할 수만은 없다. 사실 가장 큰 책임은 중국 지식계에 있기 때문이다. 중국 사회를 인식하고 해석하는 것은 중국인들의 몫이지 타인의 몫이 아니다. 지금처럼 중국 지식계의 사유와 사상이 '식민지화' 된 상태가 계속된다면 독자적인 지식체계는 절대 건립되지 않을 것이다. 가장 먼저 할 일은 우리가 지금 '식민지화' 되었다는 사실을 인지한 후 부단한 노력을 통해 그것에서 벗어나는 것이다.
　현재 중국에 독자적인 지식체계가 없다는 것은 수치스러운 일이다. 지식체계를 건립하지 않고 단순히 GDP를 증가시키는 것만으로는 결코 국제 사회에서 부상할 수 없다. 더욱 중요한 것은 지식체계를 갖추지 못하면 지속적으로 발전할 수 없다는 점이다. 아무리 새로워지려고 해도 서방으로부터 빌려온 가짜 문화, 가짜 개념, 가짜 이론만 있다면 결국 서로 모방하고 복제하는 것에 불과하다. 그러나 안타깝게도 이것이 바로 현재 중국 지식계의 모습이다. 이는 고유 기술 없이 외부의 기술을 이용해 물건을 만들어 내는 현재 중국 제조업계와도 비슷하다. 지식체계가 없이는 그 어떤 것도 창조할 수 없다.

🌸 의존적인 지식체계를 벗어 던져라

　사유와 사상의 '식민지화'는 엄밀히 말해서 정치의 산물이므로 반드시 정치를 통해야만 벗어날 수 있다. 고대 중국의 지식체계는 권력에 의존한 지식체계였는데 이런 경향은 특히 진(秦)이 중국을 통일한 후에 더욱 그러했다. 그래서 수천 년에 걸쳐 왕조가 멸망할 때, 혹은 사회를 통제하지 못할 때만 새로운 지식체계가 출현했다. 이와 같은 이유로 중국이 전통적으로 지식체계를 건립하고 발전시키는 것이 쉽지 않았다.
　그런데 근대에 "서방을 본받아 진리를 추구하자!"라는 구호가 유행하면서 그동안 권력에 의존하던 지식체계는 이제 서방에 의존하기 시작했다. 어느 쪽에 의존하든 관계없이 본질적으로 정치적인 상황이 지식체계 건립에 영향을 준 것을 부정할 수는 없다. 물론 권력자의 입장에서는 당연히 권력에 의존한 지식체계를 더욱 환영할 것이다. 왜냐하면 자신의 정치적 실천을 뒷받침하고 사회에 녹아들기 쉬워 효과적인 연성(軟性) 통치가 가능하기 때문이다. 그러나 서방에 의존한 것은 받아들여지는 데 시간이 걸리며 현실에 잘 맞지도 않아 자칫 부작용이 있을 수도 있었다. 이런 상황을 피하려면 통치를 더욱 강성(强性)화 할 수밖에 없다.
　분명한 것은 하나의 완벽하게 독립적인 지식체계가 건립되려면 정치든 외부든 어느 것에도 의존해서는 안 된다는 점이다. 권력자 역시 지식계에 영향을 미치거나 사유의 공간을 침해해서도 안 된다. 물론 법에 의거한 개입은 예외다. 이는 법에 의한 최소한의 개입이 있어야만 지식계의 사회적 책임을 보장할 수 있기 때문이며 자유주의자들도 이 점에 동의한다.
　물질적 이익의 노예가 되었을 때 사유는 더 이상 제대로 진행되지 못한다. 정치든 물질 이익이든 무언가에 의존하거나 억압당하면 사유는 상상력을 잃고 새로워질 수 없는 법이다. 한 국가가 점점 부유해져서 물질 이익이 넘쳐나고 권력자가 장악한 물질이 많아질수록 사유의 공간은 점점 좁아지고 문명은 쇠락한다. 안타깝게도 이것이 바로 우리 중국의 현 상황이다. 중국에서 독자적인 지식체계를 건립하고자 할 때 중국의 최고 지도부나 정책결정자들이 자신들의 기득권을 포기하고 과감히 지식체계 건립을 지원할 수 있을까? 그렇지 않다면 아무리 이에 관해 토론해봤자 공허한 담론이며 중국에서 독자적인 지식체계를 건립하는 것 또한 요원한 일일 뿐이다.

세계 강국이 되려면 아직 갈 길이 멀다

마오위스(茅於軾)
톈쩌(天則)경제연구소 소장

1949년에 중화인민공화국이 건국된 직후 중국의 대체적인 분위기는 우선 소련을 배우고 난 후 다시 독자적인 노선을 찾자는 것이었다. 개혁개방 이후에는 서방을 배우는 문제에 관해서는 여러 논쟁이 있었지만 일단 '국제 사회와의 연계'를 국책으로 삼았다. 중국 경제의 성공이 사회 질서를 오랜 기간 안정시킬 수 있을지는 바로 정치에 달려 있다. 중국은 아직 민주 법치의 국가로 이행하지 못했고 그 과정은 험난할 것이다. 시작만 하고 제대로 해내지 못하면 엄청난 대가를 치러야 할지도 모른다. 세계 강국이 되려면 아직 갈 길이 멀다.

나는 올해 여든 살이다. 1840년 제1차 아편전쟁 이후 중국이 현대화를 추진한 160년 중의 절반을 살았고 현대화 과정을 내 두 눈으로 직접 목격했다. 그래서 개혁개방 이전의 50년과 이후의 30년을 비교할 수 있으며 그 30년 동안 중국인이 얼마나 힘겹게 성과를 거두었는지 증언할 수도 있다. 이것은 현재 학자들의 화두인 개혁개방에 대해 회고하는 데 꽤 의미 있는 내용이라 할 수 있다. 나는 이 글에서 나의 경험에 비추어 지난 30년을 되돌아보고자 한다.

나의 아버지와 두 분의 큰아버지는 미국 유학생이었다. 그래서인지 우리 집은 어느 정도 '서방화' 되어 있는 편이었다. 딱히 특별한 건 없었다. 단지 제사를 지내지 않고, 불상에 절을 하지 않았으며 나이에 관계없이 가족끼리 평등한 관계를 유지했고 서로의 자유를 중시하는 정도였다. 하지만 이런 것들은 모두 개혁개방 이전에는 거의 죄악에 가까웠다. 당시의 중앙 문건에는 해외와 관련되어 있는 자는 정부의 핵심 기관에서 일할 수 없다고 명확하게 규정되어 있었다. 계급투쟁이 격화된 시대에는 모든 기관이 핵심 기관이었기에 이 규정은 나의 앞길을 막아버린 것과 같았다. 나는 공산당에 입당할 수도, 입대할 수도 없었다. 또 기업의 간부가 되거나 해외로 나갈 수도 없었다. 그러자 주변 사람들마저 모두 나를 전염병자 보듯이 피하며 혹시 내가 말이라도 걸까봐 두려워했다. 하지만 개혁개방이 시작되면서 상황은 완전히 뒤바뀌었다. 이제는 아주 하찮은 것이라도 해외와 연관이 있으면 자랑거리가 되었고 특히 화교 친척이 있으면 대학 입시에 가산점을 받는 등 여러 가지 혜택을 누릴 수 있었다. 그래서인지 사람들은 모두 해외의 친척이나 친분을 약간의 과장을 보태어 자랑했다. 대만에 친척이 있는 사람이 그렇게 많았는지 새삼 놀라울 정도였다.

성인이 된 후 줄곧 비판과 차별을 받아온 나는 중국 땅에서 국민의 기본권이 없는 것과 마찬가지였다. 1976년 즈음에도 입당하거나 관료가 될 생각도 없고, 해외로 나갈 수도 없다고 말하고 다녔다. 이런 일들이 나와 무관하다고 생각했기 때문이다. 그런데 개혁개방이 시작되고 얼마 후 1982년에 뜻밖에도 해외에 나갈 수 있는 기회가 생겼다. 영국의 스코틀랜드 대학이 '중국-유럽 자원 정책 토론회'에 중국 측 인사들이 참여해 줄 것을 요청했기 때문이다. 당시 초청장을 받은 사람은 국가과학위원회의 부주임인 우밍위(吳明瑜)를 포함해서 총 네 명이었다. 나중에 알고 보니 나를 선발한 사람은 자원연구회의 부이사장인 뤼잉중(呂應中)이었다. 나는 그해 영국 출장에서 자본주의 사회의 부유함과 발달한 문명을 온몸으로 느낄 수 있었다. 그것은 당시 중국의 빈곤함, 계급투쟁의 긴장감과는 선명하게 대비되는 모습이었다. 대학을 졸업한 후에도 영어를 손에서 놓아본 적이 없는 나는 다행히 어느 정도 의사소통이 가능해서 우리 방문단에 도움을 줄 수 있었다.

1984년에 나는 중국사회과학원의 미국 연구소에 배치되었다. 당시 연구소의 소장은 그 유명한 리선즈(李愼之)였다. 그는 나의 연구에 관심을 보이며 언제나 격려해 주었다. 이듬해, 미국 브루킹스 연구소(Brookings Institution)와 중국사회과학원이 공동으로 개최하는 '중미(中美) 관계 학회'가 열렸을 때 리선즈는 나를 발표자로 선발했다. 다시 한번 해외에 나갈 기회가 생긴 것이다. 우리 팀의 리더는 철저한 마르크스-레닌주의자인 경제학자 푸산(浦山)이었다. 그는 하버드 대학(Harvard University)의 경제학 박사였지만 정말 경제학을 제대로 공부했는지 의심스러울 정도로 수준이 낮은 발표를 했다. 귀국 후 나는 학회에서 있었던 일들을 리선즈에게 보고하면서 내가 '경곗값 분석 기법(boundary value analysis)'으로 접근해 연구한 내용을 발표했다고 말했다. 얼마 후 '중미 관계 학회'에서 나의 발표를 들은 하버드 대학 국제발전연구센터의 주임 드와이트 퍼킨스(Dwight Perkins)가 나를 하버드 대학의 객원 교수로 초빙했다. 그의 제안은 나의 인생을 완전히 바꾸어 놓았다. 1986년에 하버드 대학교의 객원 교수가 된 나는 드디어 세계 학술계에 진입할 기회를 잡았다. 이후 10여 년 동안 나는 전 세계의 각종 학회 및 토론회에 거의 100여 차례나 초청받았다. 또 아프리카 자원 정책 연구회의 고문이 되어 7년 동안 매년 서너 차례씩 아프리카를 오가며 일하기도 했다. 호주의 퀸즐랜드 대학(The University of Queensland) 경제학과의 객원 교수로 초빙되어 갔을 때는 4학년 학생들에게 일반 경제학, 경제 설계론, 환경 경제학 등을 강의했다. 당시 대부분 호주 대학생들은 3학년까지 학점을 모두 이수하고 4학년 때는 취업 활동에 나섰다. 4학년에도 강의를 듣는 학생들은 모두 대학원 진학을 목표로 하는 학생들이었다. 해외의 대학에서 강의할 때는 해당 국가 기준으로 월급을 받았기 때문에 가계도 차츰 풍요로워졌다. 당시에 서방에서 경제학을 배운 적이 없는 중국인이 서방의 대학에서 강의하는 것은 극히 드문 일이었다.

대외 개방의 중요성에 대해서 이야기하려면 우선 1840년의 제1차 아편전쟁 이후 중국의 현대화 과정을 되돌아보아야 한다. 지금까지 논쟁의 중심은 서방을 배워야 하는가에 관한 문제였는데 이 논쟁은 1976년에 문화대혁명이 끝날 때까지 여전히 완전히 해결되지 못했다. 1949년에 중화인민공화국이 건국된 직후 중국의 대체적인 분위기는 우선 소련을 배우고 난 후 다시 독자적인 노선을 찾자는 것이었다. 개혁개방 이후에는 서방을 배우는 문제에 관해서는 여러 논쟁이 있었지만 일단 '국제 사회와의 연계'를 국책으로 삼았다. 내가 방문한 수많은 개발도상국과 비교했을 때 중국은 매우 '서방화'된 나라라고 할 수 있다. 중국 사회는 기술뿐 아니라 거의 모든 분야에서 서방을 배우고 있다. 자동차, 비행기, 냉장고, 오디오, 컴퓨터 등등 모두 서방에서 들여온 것이며 헌법은 아니지만 법률이나 각종 제도 모두 서방을 본뜬 것이 많다. 인민대표대회 역시 서방의 형태를 따른 것이다. 물론 서방의 것을 그대로 모방해서 기계적이고 맹목적으로 답습한 것은 아니지만 기본적인 틀은 모두 서방에서 가져왔다. 자연과학은 말할 것도 없고 대학에서 가르치는 경제학, 법학, 미학 등도 모두 서방의 것이며 교과서 역시 서방에서 들여온 경우가 많다. 이렇듯 우리가 서방의 것을 배우고 따랐기에 짧은 시간 안에 현대화에 성공할 수 있었다. 물론 서방을 배우는 과정에서 잃은 것도 있겠지만 그래도 얻은 것이 더 많았다.

인간의 가장 중요한 자유는 바로 신체의 자유다. 인간의 신체는 어떠한 이유로도 구속되어서는 안 되며 주거지를 침범당해서도 안 된다. 그러나 문화대혁명 시기에는 아무런 사법적 과정을 거치지 않고 마음대로 집을 수색하거나 정당한 이유 없이 사람을 잡아들여 구금하고 고문하고 심지어 살인하는 것도 가능했다. 특히 사회의 엘리트들에게 이런 일이 자주 일어났다.

당 간부, 지식인, 기업가를 막론하고 위로는 국가 주석부터 아래로는 작은 부서의 팀장까지 서로 비난하고 박해하거나 가두고 갇히는 일이 허다했다. 이런 일은 대부분 겉으로 드러나지 않고 암암리에 진행되었기에 더욱 서슴없이 저질러졌다. 이렇게 지옥 같은 문화대혁명을 거치면서 중국인은 자유의 소중함을 깨우치게 되었다.

문화대혁명 시기에 중국인은 자유가 없었다. 창업이나 여행을 할 자유가 없고, 거주지를 선택할 수도 없었다. 마음대로 학교에 들어가거나 결혼할 수 없고 자신의 몸을 단장할 자유도 없었다. 말하거나 듣는 자유도 없었다. 당시 중국인은 노동을 분배 받아 혁명 기계 위의 나사못처럼 살았다. 말하자면 문화대혁명 시기의 중국인은 노예와 다름없었다. 산시성 벽돌공장의 노예들은 도망치면 자유를 얻을 수 있었지만 문화대혁명 시기의 중국인에게는 도망갈 곳이 없었다.

지금 중국인들이 누리는 자유는 대부분 과거에는 감히 생각할 수도 없는 것이었다. 이제 우리는 작은 노점상, 가게, 회사 등 어떤 것이든지 원하는 대로 창업할 수 있다. 만약 30년 전에 이러한 일을 하려고 했다면 자본주의에 물들었다는 이유로 엄청난 비난과 박해를 받았을 것이다. 1993년에 퇴직한 나는 새롭게 두 가지 일을 시작했다. 하나는 다른 네 명의 경제학자, 성훙(盛洪), 장수광(張曙光), 판강(樊綱), 탕서우닝(唐壽寧)과 함께 톈쩌 경제연구소를 연 것이고, 다른 하나는 탕민(湯敏)과 함께 산시성 린현(臨縣) 퇀수이터우전(湍水頭鎭)의 룽수이터우(龍水頭) 마을에서 농촌 소액 대출을 시작한 일이다. 이 두 가지 일은 거의 15년을 계속했으며 매우 성공적이었다. 톈쩌 경제연구소는 현재 민간이 운영하는 독립적인 학술기관으로 자리 잡았다. 주로 제도 경제학을 연구하는데 이것은 15년 전만 해도 중국에서 매우 낯선 분야였다. 톈쩌 경제연구소는 경제 개혁 이론, 정책과 관련된 독자적인 연구 결과를 발표했으며 중국의 개혁개방에 매우 중요한 영향을 미쳤다. 민영기업 개방, 소유권 개혁, 시장경제체제부터 반독점법, 세계무역기구(World Trade Organization: WTO) 가입 등 다루지 않은 분야가 없다. 지금 돌아보면 매우 보람 있는 일이었지만 당시에는 '언제나 자신들이 옳다고 믿는 좌파'들의 엄청난 공격을 받았고 매번 정치적 위험을 무릅써야 했다. 우리는 정부가 주시하는 기관이 되었고 매번 감시당했다. 연구소가 폐쇄되거나 관련 학자들이 고발당하기도 했다. 심지어 2004년에는 학술 기관으로서의 인가를 취소당하기도 했다.

1993년부터 산시성 퇀수이터우전 룽수이터우 마을에서 시작한 소액 대출 실험은 이미 15년이 넘게 계속되었다. 이것은 중국에서 유일하게 개인이 운영하는 농촌 빈곤층 구제를 위한 소액 대출 기구로 예금을 받기도 했다. 당시 개인이 예금을 받는 것은 불법이었고 구속될 수도 있었다. 그러나 이것은 자선 활동에 가까웠기 때문에 다행히 감옥에 가는 것은 피할 수 있었다. 나의 사업은 점차 각계의 지지를 얻었고 나중에는 정부의 관료들 역시 나의 시도에 관심을 보였다. 많은 고위 관료가 직접 돈을 기부해서 도움을 주었고 전(前) 세계은행 총재인 제임스 울펀슨(James D. Wolfensohn)도 친필로 쓴 편지를 보내어 지지의 뜻을 밝혔다. 인민폐 500위안에서부터 시작한 나의 소액 대출 실험은 140만 위안까지 규모가 확대되었다. 그중 약 100만 위안이 친구들의 기부금과 현지인들의 예금액이고 내 개인의 돈은 약 10만 위안 정도였다. 하지만 이것은 내가 예상한 만큼의 성공은 아니었다. 그제야 나는 비로소 자선사업은 어디까지나 자선사업일 뿐 사업과 달라 한계가 있다는 사실을 깨달았다. 그리고 이익을 추구하는 사업적 마인드와 자선사업을 접목한다면 더 많은 빈곤층을 구제할 수 있겠다고 생각했다. 때마침 2003년에 선둥수(沈東曙)가 나를 찾아왔다. 나는 곧 그에게 운영을 맡겼고, 나의 예상대로 사업 감각이 뛰어난 그는 소액 대출 기구를 더욱 활성화시켰다. 이후 나는 베이징에서 간단한 보고만 받고 그에게 모든 일을 맡겼다. 그 과정에서 횡령 사건은 아니더라도 규정을 어기고 무분별하게 대출을 해주는 등 상황이 나빠지기도 했다. 그러나 선둥수는 약 3년에 걸쳐 규정을 바로 세우고 여러 항목을 조정해서 마침내 소액 대출 기구를 제 궤도에 올려놓았다. 그가 아니었다면 다른 소액 대출 기구처럼 곧 사장되고 말았을 것이다.

최근 30년 동안 중국에 일어난 변화는 이전의 3천 년 역사에서 찾아볼 수 없는 것이다. 중국인들은 빈곤을 벗어나서 배불리 먹게 되었을 뿐 아니라 집과 차를 살 수 있게 되었다. 마침내 경제적 압박에서 벗어나 홀가분해진 것이다. 그러나 아직도 문제는 많다. 그동안 누적된 사회적 모순이 나날이 심각해지고 있으며 여러 지방에서 소요와 동란이 발생하고 있다. 중국 경제의 성공이 사회 질서를 오랜 기간 안정시킬 수 있을지는 정치에 달려 있다. 중국은 아직 민주 법치의 국가로 전환하지 못했고 그 과정은 험난할 것이다. 만약 시작만 하고 제대로 해내지 못하면 엄청난 대가를 치러야 할지도 모른다.

2008년 초에 베이징 대학의 경영대학인 광화관리학원(光華管理學院)은 '개혁개방 30년 회고 학술회의'를 개최했다. 3,000명이 넘는 인사가 참여한 이 회의에 나는 발표를 요청받았다. 오전 발표자는 나와 청쓰웨이(成思危), 우징렌, 리이닝(歷以寧)까지 모두 네 명이었다. 모든 과정은 녹화되었고 후에 CCTV에서 방송했지만 내 모습은 방송에서 전혀 찾아볼 수 없었다. 마치 그 자리에 참석하지 않은 것처럼 말이다. 이처럼 최근 몇 년 간 나의 모든 공개적인 발언과 출판물은 이루 말로 다 할 수 없는 제약을 받았다. 하지만 이것은 과거에 비해서 훨씬 나아진 것이며 나 역시 어디론가 끌려가서 '노동교화'를 해야 할까 봐 잠들지 못한 채 두려움에 떨거나 하지 않는다. 1959년에 나는 북쪽의 허허벌판에 가서 노동하라는 통지를 받은 적이 있다. 다행히 누군가의 도움으로 가지 않을 수 있었지만 만약 그곳에 갔더라면 아마 나는 곧 죽었을 것이다.

나는 시카고 대학교(University of Chicago)에서 열린 '중국 개혁 30년 회고 토론회'에 참석한 적이 있다. 당시 토론자들 중에는 노벨 경제학상을 수상한 사람이 네 명이나 되었고 또 시카고 대학의 식당 밖에는 노벨상을 수상한 학자 일흔 명의 사진이 걸려 있었다. 그런데 중국의 인구 13억 중 노벨상 수상자는 몇 명인가?

세계 강국이 되려면 아직 갈 길이 멀다.

중국의 발전은 계속될 것인가?

황핑(黃平)

중국사회과학원 미국연구소 소장

중국이 걸어온 개혁개방 30년 여정은 매우 양호한 편이다. 하지만 중국이 여기에서 한 걸음 더 발전하고자 한다면 다음의 다섯 가지 문제를 해결해야 한다. 중국 경제의 고속 발전이 계속될 수 있을까? 최소한의 사회 공정성이 유지될 것인가? 생태환경과 자원 등의 조건이 중국의 발전을 계속 뒷받침할 수 있을까? 외부 환경이 중국의 지속적인 발전을 계속 지원할 수 있을까? 중국 지도부와 엘리트 계층의 문제 해결 능력이 전 세계 차원의 문제까지 해결할 수 있을까?

중국 개혁개방 30년

개혁개방 30년을 평가할 때 중국의 대부분 사회학자, 전문가, 지식인은 문제를 파헤치려는 학술적 입장에서 출발하는 탓에 상당히 비판적인 태도로 접근한다. 나 또한 최근 중국에서 열린 사회학 학회에서 비판적인 어조로 개혁개방을 평가하며 중국의 미래가 그다지 낙관적이지 않다고 말하기도 했다. 그러나 이것은 숨어 있는 문제를 찾고 그것의 원인을 규명한 후 해결 방법을 모색해야 하는 까닭에 나온 발언으로 이런 경우 어떤 문제를 논하더라도 대부분 비판적인 어조가 된다.

동시에 필자는 여러 장소에서 꽤 여러 번 긍정적인 평가를 내리기도 했다. "중국은 10억이 넘는 인구로 거의 30년 동안 해마다 GDP가 9% 이상 성장했다. 또 3억에 가까운 사람이 절대 빈곤에서 벗어났으며, 2억이 넘는 노동력이 농촌을 벗어났고, 1억이 넘는 중산층을 형성했다. 30년 동안 대규모의 내란, 폭동, 혁명, 전쟁이 일어나지 않았으며 대규모 해외 이민 역시 발생하지 않았다. 이것은 인류 역사상 한 국가가 감히 해낼 수 없는 일이다." 내 입장을 정리하면 다음과 같다. "우리 중국이 걸어온 개혁개방 30년 여정은 매우 양호한 편이다. 이제 우리는 이 여정을 잘 마무리 짓고 잘못이 있다면 반성해서 새로운 30년을 위한 준비와 교훈으로 삼아야 한다."

중국에 가장 필요한 것은 '선치(善治)'다

2005년 10월 말에 열린 '중국-유럽 학술대회'에서 스웨덴 대사가 나에게 물었다. "2020년에 중국은 과연 어떤 모습일까요?" 그의 질문은 나의 전문 분야인 사회학뿐 아니라 정책적 내용까지 모두 포함하는 것이었다. 나는 그에게 2020년의 모습을 예측할 수 없지만 앞으로 5~10년 정도라면 어떤 모습인지 전망해 볼 수 있다고 솔직하게 이야기했다.

이러한 종류의 전망을 할 때는 반드시 주제에 접근하는 시각을 바꾸어야 한다. 즉 앞으로 5~10년에 어떠한 모습일지가 아니라 어떠한 문제에 직면하게 될지를 예측해 보는 것이다. 스웨덴 대사가 질문했을 때 나는 1989년의 일이 떠올랐다. 천안문 사건이 일어난 그해 나는 영국에 머물고 있었다.

수많은 외국 인사들이 소식을 듣고 나에게 의견을 물었다. 나는 주저하지 않고 "지금 중국에 가장 필요한 것은 민주가 아니라 '선치'입니다."라고 대답했다. 그리고 나는 2005년 10월 말의 '중국-유럽 학술대회'에서 스웨덴 대사로부터 받은 질문에도 똑같이 대답했다. 그랬더니 예나 지금이나 외국 친구들은 모두 "민주가 아니라 선치라고요?"라고 반문했다.

내가 말한 선치는 서방에서 말하는 의회식 민주가 아니라 일종의 보편적 인식을 토대로 내리는 정책결정을 의미한다. 이것은 끊임없는 상호 교류, 소통, 참여를 통해 의견의 일치에 도달하는 것으로 정부의 정책결정뿐 아니라 사회 전체의 문제와 갈등에도 적용되는 개념이다. 인구가 13억이나 되는 중국에는 이러한 기초 위에 형성된 법치 사회구조가 의회식 민주보다 훨씬 효과적일 것이다.

❀ 미래 중국이 직면할 다섯 가지 문제

앞으로 중국이 어떤 모습일지 확실하게 말할 수는 없지만 나는 이 글에서 중국이 앞으로 직면할 수 있는 다섯 가지 문제를 제시한다. 우리는 이 문제들을 피하지 말고 반드시 해결해야 한다.

첫째, 중국 경제의 고속 발전이 계속될 수 있을까? 이것은 다섯 가지 중 가장 크고 중요한 문제다. 과거 30년 동안 중국 경제가 고속 성장을 이룬 것은 부인할 수 없는 사실이지만 기층 집단의 상황은 여전히 크게 개선되어야 한다. 그러므로 중국 경제는 계속해서 고속 성장을 유지해서 전체 사회가 샤오캉(小康)[22]에 진입할 수 있도록 해야 한다. 경제학의 관점에서 과연 이것이 가능할까?

둘째, 사회학적으로 최소한의 사회 공정성이 유지될 것인가?

셋째, 생태환경과 자원 등의 조건이 중국의 발전을 계속 뒷받침할 수 있

[22] 중국이 2020년까지 건설하고자 하는 사회상. 물질적으로 부족함 없는 중산층 사회를 의미한다.

을까? 또 경제 성장이나 사회 공정성을 평가할 수 있는 잣대를 형성할 수 있을까?

넷째, 외부 환경이 중국의 지속적인 발전을 계속 지원할 수 있을까? 이 문제는 지금도 중요하지만 그 중요도가 점점 커질 것이다. 여기서 외부 환경이란 국제 상황을 의미한다. 국제 상황이 '평화적 발전'을 추구하는 중국에 발전 공간을 제공할 수 있을까? 사회학자로서 나는 대부분 국내 문제, 예를 들어 빈곤, 취업, 인구 유동, 노인복지, 부동산 등에 주목한다. 하지만 이외에 외부 환경 역시 중국의 발전에 무척 중요한 요소이며 만약 이를 잘 처리하지 못한다면 과거 냉전 시대 못지않은 상황에 직면할 수도 있다. 만약 국제 사회가 근거도 없이 '중국 위협론'을 형성한다면 일본이나 미국뿐 아니라 심지어 네팔, 베트남까지 중국이 그들의 자원을 약탈하고 발전의 기회를 빼앗는다고 오해할 수도 있다. 국제 사회가 우리를 적대시한다면 국내 상황 역시 평온할 리 없다.

다섯째, 중국 지도부와 엘리트 계층의 문제 해결 능력이 전 세계 차원의 문제를 해결할 수 있을까? 현재의 발전 상황을 토대로 미래 5~10년의 모습을 떠올려 보면 이제 중국의 발전은 단순히 국내적인 문제가 아니며 전 세계적 차원의 문제가 되었다. 현재 중국 빈곤 지역 주민의 생계를 해결하는 일은 이미 전 세계 여론의 주목을 받고 있다. 예를 들어 윈난성(雲南省) 주민의 가장 큰 소득원인 송이버섯 수출 제한도 등도 마찬가지다. 최근 윈난성의 송이버섯은 일본의 세관을 통과하지 못했다. 이는 단순히 많은 관세를 내야 하는 문제가 아니라 윈난성 농민의 수입이 크게 떨어져 그들의 생존에까지 영향을 주는 일이다. 그러므로 이제 중국은 전 세계를 하나로 보고 이를 염두에 두고서 중국 내부의 문제를 연구해야 한다. 중국 지도부와 경제, 사회, 매체 등 각 분야의 엘리트 계층은 문제를 처리하는 능력을 스스로 점검하고 계속 업그레이드해야 한다. 만약 사회 전체 이익에 대한 인식이 부족하고 위기의식마저 느끼지 못한다면 이후 중국은 더 어려운 문제에 봉착할 것이다.

이상의 다섯 가지 문제가 있기는 하지만 전체적으로 크게 보았을 때 중국의 미래는 비교적 낙관적이다. 대국인 중국은 내부적으로 안정되어 있고 문제가 생겼을 때 빠르게 해결할 수 있으며 잘못이 있다면 과감히 되돌릴 수 있다. 그러므로 작은 나라들과 달리 큰 문제를 만나도 빠른 시간 안에 해결할 수 있다.

제2장

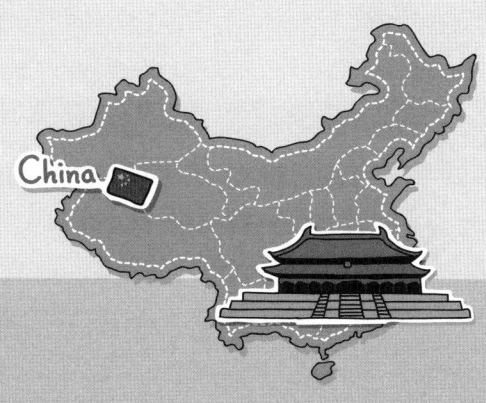

다가올 위기

권력이 부로 이어진다는 것은 주지의 사실이다. 이것의 가장 큰 문제는 관료들이 뇌물 등 부정한 방법으로 부를 취하고 심지어 사기나 협박으로 타인의 재물을 강탈하는 '부패'다. 뇌물을 주는 사람 역시 자신의 행위를 통해 더 많은 부를 얻고자 한다. 그러다 보니 사회의 부는 특정 집단에 집중되고 심각한 양극화를 초래한다. 지금 중국 사회는 관료와 사업가의 결탁, 공직자들의 뇌물 수수, 사기와 협박을 통한 갈취 등이 만연한 상태다. 이에 대한 분노와 원한은 마치 들불이 일듯 점점 더 활활 타오르고 있다.

왜 악순환을 벗어나지 못하는가?

우징롄(吳敬璉)
국무원 발전연구센터(國務院 發展研究中心) 연구원

최근 중국에는 빈부격차의 원인을 시장경제에서 찾으려는 움직임이 있지만 이는 전혀 근거가 없다. 1990년대 이후부터 빈부격차가 더 크게 벌어진 주요 원인은 바로 부패와 권력의 농단이다. 1980년대 후기부터 최근까지 지대 총액은 국가의 전체 유형 자산 중 20~30%에 달하며 세계적으로 지대 총액이 이렇게 높은 수준에 도달한 국가는 극히 드물다. 우리는 이를 통해 중국에 만연한 부패의 규모, 그리고 그에 따른 빈부격차가 얼마나 클지 짐작할 수 있다.

지금 중국 사회의 가장 심각한 문제는 약 1980년대 중반부터 벌어지기 시작한 빈부격차다. 중국의 지니계수가 0.47, 많게는 0.5를 초과했다고 말하는 사람도 있지만 수치야 어찌되었든 중국 사회의 빈부격차가 심각한 정도에 도달했다는 것은 누구도 부인할 수 없는 사실이다.

이런 상황은 여러 가지 원인이 복합적으로 작용해 발생한 것이므로 각각의 원인을 구체적으로 분석해 봐야 한다. 1990년대부터 필자는 빈부격차가 크게 벌어진 주요 원인으로 부패의 심화와 권력의 농단을 꼽았는데 이점은 GDP 대비 지대 총액 비율에서도 명확하게 드러난다. 지대 총액은 곧 뇌물 총량의 최고치다. 1980년대 후기부터 최근까지 경제학자들이 계산한 바에 따르면 지대 총액은 전체 국부(national wealth, 國富), 즉 유형 자산 총가치의 20~30%에 달하는 것으로 밝혀졌다. 세계적으로 지대 총액이 이렇게 높은 수준에 도달한 국가는 극히 드물다. 우리는 이를 통해 중국에 만연한 부패의 규모, 그리고 그에 따른 빈부격차가 얼마나 클지 짐작할 수 있다.

최근 중국에는 빈부격차의 원인을 시장경제에서 찾으려는 움직임이 있지만 이는 전혀 근거가 없다. 시장경제는 생산 요소에 의거한 분배가 원칙이기 때문에 소득 차이는 평균주의 시대보다 필연적으로 클 수밖에 없다. 경쟁 조건이 평등한 상황에서 이러한 분배 방식으로 발생하는 소득 차이는 그다지 크지도 않을 뿐더러 사람들은 이 차이를 비교적 쉽게 받아들인다. 그러므로 우리는 시장경제로 발생하는 소득 차이와, 부패와 권력의 농단으로 발생하는 소득 차이를 명확히 구분해야 한다. 시장경제로 발생하는 소득 차이와 그것이 취약 집단의 기본 생활에 미치는 부정적인 영향에 대해서는 다양한 복지 정책과 민간 조직의 운영을 통해 해결해야 한다. 그런데 포퓰리즘에 갇힌 일부 사람은 부패와 권력의 농단에 대한 분노와 원망을 일반 부유층에까지 확대하고 있다. 부유층에도 여러 유형이 있다. 어떤 사람은 오로지 노동을 통해, 혹은 경영 수완을 발휘해 부유해졌으며 자신이 지닌 직책을 이용해 개인적인 부를 창출하거나 권력과 결탁해 부를 쌓은 사람도 있다. 그러므로 아무런 구분 없이 단순히 부유하다는 이유만으로 부유층을 싸잡아 비난하거나 질시해서는 안 된다. 이는 사회의 분열을 조장해서 심각한 사회문제로 발전할 수 있기 때문이다.

현재 중국에는 새로운 사회계층, 바로 중산층이 형성되고 있다. 그렇다면 중산층은 어떠한 사람들로 구성되었을까? 그들은 전문직, 고급 엔지니어 등 이른바 '화이트칼라'라고 불리며 중국의 경제와 사회에서 무척 중요한 역할을 하고 있다. 중산층이 없으면 현대적 생산 활동이 유지될 수 없으므로 발전 역시 당연히 불가능하다. 이런 의미에서 중산층은 사회를 유지하는 힘이라고 할 수 있다. 이들은 대체로 현재의 사회 질서에 기본적으로 동의하지만 개선이 필요하다고 느끼고 그렇게 되기를 바란다.

현재 중국 사회에는 일종의 악순환이 존재한다. 사람들은 정부가 강력한 제재 수단을 사용해 관료들의 권력 남용, 부패 행위를 뿌리 뽑기 바란다. 그러나 정부의 행정 역량이 강해질수록 지대추구 행위의 범위가 확대되고 관료들이 부패를 저지를 기회가 많아진다. 이런 종류의 악순환은 중국 역사에 항상 존재한 것으로 사실상 빠져나오기 불가능하다.

사회학자들의 조사에 따르면 중국 인구 전체에서 중산층이 차지하는 비율이 아직 크지 않지만 그 규모는 점점 커지고 있으며 증가 속도 역시 무척 빠르다고 한다. 뿐만 아니라 중산층의 사회적 지위도 나날이 중요해지고 있다.

하지만 그렇다고 상황을 낙관하고 있을 수만은 없다. 중국 중산층의 첫 번째 문제는 스스로 자신의 지위와 역할을 인식하지 못한다는 데 있다. 그들은 사회의 중추 집단인 자신들이 지속적으로 이익을 얻으려면 경제, 사회, 제도를 근본적으로 개선하고 발전시켜야 한다는 사실을 알지 못한다. 그래서 문제가 생기면 개별적으로 가장 쉽고 편한 길, 예를 들어 관료와 결탁하거나 제도의 허점을 찾아 해결하려고 한다. 파이를 더 크게 만들어 같이 나눠 먹기보다는 혼자 한 조각 차지하는 데 만족하고 마는 것이다. 한 사람이 관료와 결탁하거나 제도의 허점을 찾아 일을 해결했다면 분명히 다른 누군가의 이익을 빼앗은 것이다. 이런 행동은 자신의 상황을 전체적으로 이해하지 못하고 당장 급한 일만 해결하려는 것과 다름없다. 중국 중산층의 두 번째 문제는 바로 공민의식(civil consciousness, 公民意識)의 부족이다. 개혁개방 이전에 중국인은 모두 지독하게 가난했다. 그때 생겨난 '가난 공포증' 때문인지 생활이 좀 나아진 지금에도 중국인들은 그저 개인적으로 돈을 벌고 더 나은 생활을 추구하는 데 집중할 뿐 사회의 근본적인 발전에 대해서는 그다지 주의를 기울이지 않는다.

  하지만 국가의 체제와 각종 제도가 확립되고 발전하지 않는다면 개인이 아무리 열심히 하더라도 발전에 한계가 있는 법이다.

권귀자본주의의 늪에 빠지다

왕샤오루(王小魯)

중국개혁연구재단(中國改革硏究基金) 국민경제연구소 부소장

권력과 자본이 결합된 부패 행위는 토지 양도, 세수, 예산 집행 등 수많은 영역에서 일어나고 있다. 만약 지금 당장 제도 개혁을 추진해서 그 뿌리를 뽑지 못한다면 앞으로 중국은 발전은커녕 '권귀자본주의'의 늪에 빠질 것이다. 앞으로 2, 3년 안에 토지 양도, 세수, 예산 집행 등에서 개혁을 추진할 수 있는지의 여부가 미래 중국의 운명을 결정한다.

개혁개방 이후 중국 경제는 계획경제에서 시장경제로 전환해서 고속 성장을 이루었다. 그동안 국민 평균 GDP는 200달러에서 거의 4,000달러까지 증가했고, 경제 규모는 연속으로 선진국 6~7개국을 앞질러 벌써 세계 2위의 자리에 올랐다. 이는 실로 전 세계인이 부러운 눈으로 바라볼만한 대단한 발전이다. 뿐만 아니라 성장 잠재력으로 보았을 때 중국 경제는 미래 2, 30년 동안 멈추지 않고 고속 성장을 계속할 것으로 보인다.

하지만 고속 성장의 이면에 경제 관리 체제, 세수(稅收), 소득 분배, 공공 서비스와 사회보장제도 등의 분야에서 누적된 문제들이 점점 많아질 것으로 보인다. 이러한 문제들은 모두 빈부격차가 확대되는 요인이므로 역시 신중하게 접근해야 한다. 뿐만 아니라 사회 내부의 갈등과 충돌 역시 나날이 늘어날 것이다. 이와 같은 이유로 향후 2, 3년 동안 사회 각 영역의 개혁 추진과 그 성공 여부가 중국의 운명을 결정하게 될 것이다. 구체적인 내용은 다음과 같다.

우선, 현재 중국 사회가 직면한 가장 큰 문제가 '부패'라는 점을 인식해야 한다. 부패와 같은 지대추구 행위는 어느 한 곳에서만 벌어지는 것이 아니라 권력 주변의 거의 모든 영역에서 찾아볼 수 있다. 예를 들어 자원의 독점이나 의료, 교육 등의 영역에서도 지대추구 행위가 벌어진다. 부패는 중국 사회에 예측이 불가능할 정도로 심각한 문제를 발생시킬 것이며 이미 어느 정도 그 조짐이 보이고 있다. 특히 권력과 자본의 결합은 기득권층을 형성하고 사회의 공공 이익을 침범했다. 그러므로 정부의 투명도를 높이고 권력에 대한 감시와 감독을 강화해서 부패를 억제해야 한다. 투명도를 높이는 것은 각급 정부기관의 예산과 관련된 각 항목의 수치를 비롯한 세세한 내용을 모두 공개하는 것을 의미한다. 또 정부의 항목 입안, 심사와 비준, 허가에 관련한 사항과 세부적인 내용을 모두 공개하고 감사를 거쳐야 한다. 이밖에 토지 양도의 공개 입찰 공고, 회사의 상장 같은 자본 시장의 큰 거래 등도 대중에게 공개해서 애초에 부정부패가 발생할 여지를 차단해야 한다.

둘째, 현행 토지 제도를 개선해야 한다. 보도에 따르면 2010년 전국의 토지 양도 수입 총액은 2억 7천만 위안이며 그중에서 지방정부의 토지 양도 수입은 최소 1조 위안 이상이라고 한다. 이러한 거액의 토지 양도 수입은 지방정부의 부족한 재정을 보충할 뿐 아니라 각종 호화 청사와 관련 기관을 짓는 이른바 '정책 공정'의 자본이 되었다. 지방정부는 토지 양도 수입을 바탕으로 다른 공공 자원까지 아무런 제한 없이 사용했다. 또 지방정부로부터 땅을 사들인 부동산 개발업체들의 과도한 개발 열기 탓에 부동산 경기가 과열되었고 이것은 다시 부동산 개발붐을 일으켰다. 이러한 악순환은 쉽게 해결되기 어렵다. 지방정부는 더 많은 토지 양도 수입을 올리기 위해 법규를 위반하면서까지 토지를 확보하려고 했다. 이를 위해서 농촌 마을을 합병하거나 분리하고 농민들의 보금자리를 철거하고 강제로 이주하도록 했다. 물론 중앙정부는 양도세를 대폭 올리는 등 다양한 방법으로 이런 상황을 해결하려 했지만 좀처럼 효과를 보지 못했다. 왜 아무리 금지해도 근절되지 않고, 아무리 조정하려 해도 정상으로 돌아오지 않는 것일까? 우리가 꿈꾼 '과학 발전' 정책은 실현될 수 없는 것일까? 그렇다. 이것은 쉬운 일이 아니다. 특히 토지 양도 수입처럼 거액의 이익이 창출되는 것이라면 중국의 발전 목표와 충돌되더라도 뿌리 뽑기 어려운 법이다.

현재 지방정부는 토지 양도 수입 덕분에 공전의 번영을 누리지만 이렇게 만든 번영이 지속될 리 없다. 지방정부와 부동산 개발업체, 분양주택을 투기 목적으로 전매하는 '차오팡(炒房)' 같은 부유한 집단이 모두 이 부동산 개발 열기 덕분에 이익을 보는 사람들이다. 반면에 아무런 이익도 없이 그저 피해만 보는 집단은 바로 큰 채무를 지고 집을 구매한 화이트칼라 계층이나 집값이 너무 비싼 탓에 아무리 노력해도 집을 살 수 없는 하층민이다. 이런 상황을 해결하려면 토지 양도 수입 제도를 전체적으로 개선하고, 지방정부가 세수(부동산세, 부동산 거래세 등)로 토지 양도 수입을 대체할 수 있어야 한다.

셋째, 지금 당장 세수체제를 개혁해야 한다. 만약 토지 양도 수입에 의존하지 않는다면 지방정부의 수입과 지출에 불균형이 발생하므로 필요한 공공서비스를 제공하기가 어려워진다. 이는 현행 중앙정부와 지방정부, 각급 정부기관, 각 지역 지방정부 사이에 합리적이고 균형 있는 협력 시스템이 부족하기 때문이다. 그러므로 각 정부가 담당하는 공공 기능의 범위를 확정하고 일의 권한을 명확히 한 후 그것에 상응하는 소유권을 확정해야 한다. 이 개혁은 정부관리체제 개혁 혹은 정부 기능의 변화에까지 영향을 미칠 수 있다.

현재 각급 정부기관은 대부분 예산을 이른바 '삼공(三公)'에 헤프게 쓴 탓에 지출이 소득보다 많다. '삼공'이란 해외출장비, 접대비, 차량비를 가리킨다. 정부기관이 필요한 제도를 만들어 지출을 엄격하게 관리하지 않는다면 이런 상황은 점차 심각해질 것이다. 세수체제 개혁의 가장 중요한 점은 바로 공공 서비스에 들어가는 지출을 확보하는 것이다. 그러므로 이를 뒷받침할 만한 엄격한 감시와 감독, 책임 제도를 명확히 세워야 한다. 또 이런 제도들이 실제적으로 정말 중요하고 필요한 곳에서 중요한 역할을 하려면 국민이 효과적으로 감시할 수 있도록 예산과 회계를 더욱 자세히 공개해서 투명도를 높여야 한다.

넷째, 사회 보장과 공공 서비스 분배의 불균형을 해결해야 한다. 도시화와 산업화가 진행되면서 농민공은 3억 도시 노동자의 절반을 차지하게 되었다. 많은 농민이 도시로 이주해서 오랫동안 일하고 있지만 그들은 어떠한 사회 보장도 받을 수 없으며 도시민이 당연하게 누리는 공공 서비스를 누릴 수도 없다. 그들은 편히 머무를 집을 구할 수도 없고, 도시에서 아무리 오래 살아도 늘 불안하고 빈곤하며 힘겨운 삶을 살아간다. 물론 최근에 상황이 많이 개선되기는 했다. 하지만 2009년 말, 총 1억 5천만 명에 달하는 농민공 중에서 도시의 의료보험에 가입된 사람은 4,335만 명, 양로보험에 가입된 사람은 26,417만 명, 실업보험과 산업재해보험에 가입된 사람은 각각 1,643만 명, 5,587만 명에 불과하다. 가장 많이 가입한 의료보험도 전체 농민공의 3분의 1정도밖에 되지 않는 셈이다. 이것은 대부분 지방정부가 도시 건설에 공헌한 농민공을 해당 지역의 시민으로 생각하지 않으며 그들에게 공공 서비스를 제공해야 한다는 인식이 없기 때문이다.

이러한 반쪽짜리 도시화로는 도시화를 완성할 수 없다. 오히려 사회의 불화, 불평등한 분배를 조장할 뿐이다. 또 소비 수요 부족, 내수 부진, 과도한 투자, 수출주도형 경제 모두 이 문제의 영향을 받는다. 그러므로 문제를 전체적으로 바라보고 미래 발전의 시각으로 관련 세수, 호구, 사회보장, 부동산 등의 제도를 개혁해야 한다. 사회 보장과 공공 서비스의 균등한 분배를 이루는 것은 중국 정부가 반드시 성공해야 하는 문제며 거시적이고 발 빠른 몇몇 지방정부는 이미 어느 정도의 성과를 거두었다. 이것은 미래 중국의 발전에 무엇보다 중요한 문제다.

값싼 노동력은 중국의 약점이다

정융녠(鄭永年)
싱가포르국립대학 동아시아연구소 소장

임금이 저렴하면 노동자의 소득이 적고, 그러면 중산층을 형성하기가 어렵다. 사회의 대부분을 차지하는 노동자들은 오랫동안 지나치게 낮은 소득 탓에 제대로 된 소비를 하지 못했고 그러자 내수시장이 발달하지 못해 소비 사회를 건립할 수 없었다. 중국은 값싼 노동력으로 만든 생산품을 대량 수출해서 엄청난 무역 흑자를 얻었지만 그 결과 무역 불균형이 발생했다.

개혁개방 이후 중국의 값싼 노동력은 경제 발전의 원동력이 되었다. 중국은 과거 30여 년 동안 값싼 노동력을 바탕으로 고속 발전을 이루었다. 그러나 나는 이제 국제 사회에서 중국의 값싼 노동력은 더 이상 매력이 없으며 오히려 중국의 발전을 저해한다고 생각한다.

임금이 저렴하면 노동자의 소득이 적고, 그러면 중산층을 형성하기가 어렵다. 아주 소수의 사람들, 예를 들어 값싼 노동력을 사용한 기업가, 자본가,

외자 기업, 민간 기업 등은 모두 큰 이익을 얻었다. 그러나 사회의 대부분을 차지하는 노동자들은 오랫동안 지나치게 낮은 소득 탓에 제대로 된 소비를 하지 못했고 그러자 내수시장이 발달하지 못해 소비 사회를 건립할 수 없었다. 소비 사회가 되려면 효과적인 사회 정책과 제도를 확립해야 한다. 여기에는 주로 의료, 사회 보장, 교육 등이 포함된다.

값싼 노동력에 의존하다 보니 중국의 산업 구조는 좀처럼 발전하지 못했다. 하지만 투자자의 입장에서는 노동력을 수탈하는 수준의 임금만 지불해도 되기 때문에 이미 많은 이윤을 얻을 수 있다. 그러므로 기술을 개발하고 경영 관리 수준을 개선할 필요를 느끼지 못하는 것이다. 또 외자 기업들이 중국에 공장을 세우기로 결정한 이유는 바로 값싼 노동력 때문이다. 개혁개방 초기에는 싼 토지 가격도 이유가 되었지만 지금은 토지의 가격이 크게 올랐기 때문에 의미가 없어졌다. 주장삼각주(珠江三角洲) 지역에 몰려 있는 공장들은 초기부터 지금까지 대부분 노동자를 농민공으로 고용해 운영되었다. 이는 오랜 세월이 흘렀음에도 기술적으로 아무런 발전이 없었음을 의미한다. '아시아의 네 마리 용'으로 불리는 한국, 싱가포르, 홍콩, 대만은 일반적으로 10년에 한 번씩 산업 기술 방면에서 중요한 발전을 이루었다. 또 상대적으로 임금이 낮고 업무에 숙련된 농민공은 대학 졸업생들의 취업 기회를 빼앗아서 청년 실업률을 높일 수 있다. 정리하자면 이제 중국의 값싼 노동력은 더 이상 중국 경제 발전의 원동력이 아니라 방해물이 되었다.

값싼 노동력은 무역에도 문제를 일으켰다. 중국은 값싼 노동력으로 만든 생산품을 대량 수출해서 엄청난 무역 흑자를 얻었지만 결과적으로 무역 불균형을 낳고 말았다. 이렇게 된 데에는 유럽과 미국에 책임이 있지만 중국 역시 일부 책임이 있다. 서로 책임을 미룰 수는 있지만 끝까지 피할 수는 없는 법이다. 이 무역 불균형에서 흑자를 보는 쪽은 중국이지만 그렇다고 좋아하기만 해서는 안 된다. 유동성이 과잉되어 인플레이션으로 이어질 수 있기 때문이다.

이 문제들은 모두 중국의 값싼 노동력이 불러온 것이므로 임금을 올려서 더 이상 문제가 발생하지 않도록 해야 한다. 그러나 정부의 의도가 어떠하든 자본가가 먼저 임금을 올리는 일은 없다. 노동자의 임금을 최대한 제한하는 것이 자본의 본질이기 때문이다. 여기서 우리는 서방 세계가 이 문제를 어떻게 처리했는지 돌이켜볼 필요가 있다. 그들은 임금 문제에서만큼은 '보이지 않는 손'에 의존하지 않았다. 오랜 기간 계속되어 온 서방의 노동 운동이 그것을 증명한다. 노동자의 항쟁에서 시작된 자본가와 노동자의 갈등을 해결하기 위해서 서방 사회는 수많은 협상 제도를 만들어 냈다. 이때 정부는 협상에 직접 참여하기도 하지만 대부분 어느 한쪽의 편에 서지 않고 중재자의 역할을 맡는다. 이런 예는 아시아에서도 찾아볼 수 있다. 아시아에서 첫 번째로 산업화에 성공한 일본의 경우 정부는 20세기에 경제가 크게 발전했을 때 임금 상승을 단행했고 기업들은 평생 고용제를 도입했다. 이를 바탕으로 일본은 불과 20여 년이라는 비교적 짧은 기간 안에 성공적으로 선진국 대열에 들어섰다. 이후 '아시아의 네 마리 용'도 공평한 소득 분배 실행과 기타 자국 상황에 적합한 방법을 통해 중산층을 형성해서 소비 사회로 거듭났다. 대만과 홍콩은 중소형 기업 발전을 지원하고 사회 보장 제도를 건립하는 방법을 채택했으며 싱가포르와 한국 정부는 더욱 적극적인 방법을 선택했다. 싱가포르 정부는 자본가, 노동자, 정부로 구성된 '국가 임금 이사회'를 세웠다. 정부는 서방식의 노동 운동을 피하기 위해서 매우 적극적이고 효과적으로 협상을 진행했으며 이를 통해 산업 구조의 발전을 촉진했다.

중국 정부가 임금 상승이라는 목표를 달성하려면 노동조합의 역할에 대해 고려해 보아야 한다. 정부가 계속 자본가 편에만 서 있으면 자본가, 노동자, 정부의 힘의 균형은 무너지고 말 것이다. 이렇게 되면 정부가 오히려 경제 발전, 특히 지속적인 경제 발전을 저해하는 존재가 될 수도 있다. 경제 발전은 기술과 관리 수준의 발전에서 비롯되는 것이지 임금을 제한한다고 되는 일이 아니기 때문이다. 여기서 기억해야 할 것은 임금을 올리는 것은 인민폐에 대한 국제적인 압력을 완화하는 방법이기도 하다는 점이다. 최근 무역 불균형 탓에 유럽과 미국의 인민폐 평가절상 요구가 점차 거세지고 있다.

그러나 갑작스런 인민폐 평가절상은 중국의 수많은 기업의 생존과 중국 전체의 경제 발전에 적지 않은 영향을 미칠 수 있다. 뿐만 아니라 인민폐 평가절상은 부유한 사람들에게만 유리할 뿐 가난한 사람들에게는 큰 장점이 없다. 왜냐하면 인민폐를 평가절상하면 유럽이나 미국의 고기술 제품 가격이 낮아지는데 이런 상품의 소비자는 대부분 부유층이기 때문이다.

임금 상승에 따른 효과는 다음과 같다. 첫째, 값싼 노동력을 기반으로 생산한 저가 상품의 수출을 감소시켜 무역 불균형을 해소할 수 있다. 수출도 물론 중요하지만 언제까지나 값싼 노동력에 의존할 수는 없으며 반드시 기술적으로 발전을 이루어 부가가치를 높여야 한다. 둘째, 소비 사회로의 전환과 경제 발전의 새로운 원동력을 찾을 수 있다. 셋째, 경제구조의 개선을 앞당길 수 있다. 중국의 소득 분배 문제는 대부분 구조적인 요소, 예를 들어 국유기업의 거대화와 독점, 중소 민영기업의 부족 등에서 비롯된다. 정부는 임금을 높이기 위해 경제의 구조적 문제에 관심을 기울이고 개선할 것이 분명하다. 넷째, 기술 발전과 산업 구조 개선에 유리하다. 특별한 자극이 없으면 자본가는 새로운 기술을 개발하고 부가가치를 창조해서 이윤을 창출하려 하지 않는다. 한 국가의 자본가가 노동자의 이익을 빼앗을 방법만 궁리하고 있다면 그 국가의 미래가 어떻게 되겠는가. 진정한 기업가의 정신은 바로 기술 혁신에 있다. 다섯째, 사람을 근본으로 하는 사회를 건설하는 데 유리하다. 이는 무엇보다 가장 중요한 점이다.

더 이상
미룰 수 없다

화성(華生)

옌징화차오대학(燕京華僑大學) 총장

토지와 호구 제도의 독점 및 폐쇄성, 예금 금리 독점 탓에 빈부격차가 날로 심각해졌다. 시장경제 시대에 권력은 이익과 분리되었고 자본 권력이 행정 권력에 도전하기 시작했다. 특히 정해진 기간이 지나면 쓸모없는 폐기물과 다름없는 행정 권력과 달리 자본 권력은 대대로 물려줄 수 있다는 점에서 더욱 매력적이었다. 그러자 중국 사회 전체에 부정부패가 만연하게 되었다.

노동, 지식 혹은 천부적인 재능만으로 공정하게 경쟁했다면 중국 사회의 빈부격차가 지금처럼 크게 벌어지지 않았을 것이다. 거의 10여 년 동안 사회 자산의 대부분을 국가가 소유하면서 중국의 빈부격차는 빠른 속도로 커졌다. 그 결과 대부분 중국인이 샤오캉 사회에 진입하지 못한 반면 소수의 부유층은 전 세계의 명품과 사치품을 거리낌 없이 소비하는 상황이 발생했다. 이것은 분명 규모가 크고 범위가 넓은 어떠한 독점 행위 탓에 경쟁과 분배의 공정성과 균형이 무너진 결과다. 이것은 단순히 국유기업의 독점 문제가 아니다. 이런 기업에서 일하는 노동자의 절대 다수는 기껏해야 중산층일 뿐이고 중산층이 많아지면 오히려 빈부의 양극 분화가 완화되기 때문이다. 현재 중국에는 사회의 부를 일부 사람에게 집중되도록 해서 마태효과(Matthew effect), 즉 빈익빈 부익부 현상을 이끄는 세 가지 동력이 존재한다. 바로 행정 독점, 권력 독점 및 자원과 시장의 독점이다. 소득 분배의 문제를 근본적으로 해결하고 싶다면 그럴듯한 외부 변수는 모두 제거하고 빈부격차를 벌이는 진짜 원인을 직시한 후 불공정하고 불평등한 제도를 개혁해야 한다.

🦋 행정 독점이 일으키는 부의 이동

어떤 사회든지 국가는 행정 수단을 독점할 수 있으며 이는 인류가 사회를 구성하고 유지하기 위해 반드시 지불해야 하는 대가이기도 하다. 이러한 국가의 행정 독점은 시장 밖의 소득 분배에 영향을 주는 가장 큰 요소이며 대부분 국가에 긍정적인 효과를 안겨준다. 예를 들어 국가는 수도, 전기, 가스 등 수많은 공공사업의 가격 형성 과정에 개입하는데 이는 사회 안정과 취약 계층을 보호하기 위한 행위다. 휘발유나 천연가스의 가격에 대한 간섭과 그 효과에 관해 논쟁이 있는 것은 사실이지만 대부분 국가, 특히 개발도상국에서 이런 종류의 행정 독점은 꽤 흔한 일이다. 최근 중국에서는 공공사업에 대한 정부의 보조와 개입이 점차 줄어드는 추세다. 그러나 경제학자들은 오히려 이를 크게 비판했으며 국민과 그들을 대변하는 지식인들 역시 불만을 터트리고 있다. 바로 이 점에서 우리는 국가의 행정 독점, 다시 말해 시장에 대한 간섭이 평등과 공정을 무너뜨리는 동시에 그것을 실현한다는 사실을 알 수 있다. 이와 같은 이유로 사회 안정과 취약 계층 보호를 위한 행정 독점은 소득 분배 문제를 악화시키는 것과는 큰 관련이 없다고 봐야 한다.

그렇다면 현재 중국의 소득 분배 문제를 일으키는 요인은 무엇일까? 이와 다른 성격의 행정 독점으로 크게 다음 세 가지로 나눌 수 있다.

첫째, 토지 제도다. 세계의 거의 모든 국가는 각각의 상황에 적합한 토지 사용과 관리에 관한 제도를 마련하고 있다.

중국 정부는 농촌 주민이 농지를 버리고 도시로 이주해 시민이 되는 것, 농민공이 도시에서 집을 사는 것 등을 엄격히 금지한다. 또 농촌 주민이 임의로 토지의 용도를 변경하는 것 역시 허락하지 않고 있다. 반면에 정작 정부는 농지를 독점하고 필요에 따라 공업화 혹은 도시화한다. 그렇다고 농촌 주민의 생활이 개선되어 편안한 삶을 누릴 수 있는 것도 아니다. 왜냐하면 정부가 쏟아부은 엄청난 재정과 토지 양도 수입은 거의 모두 도시 호구가 있는 사람들을 위한 기초 설비 및 환경 개선에 쓰이기 때문이다. 그래서 도시의 부동산 가격이 지속적으로 상승했고 결국 중국 사회의 부가 농촌에서 도시로 옮겨갔다. 국가통계국 발표에 따르면 개혁개방 이전, 1978년에 도농 간 소득 격차는 2.57배 정도였다. 주거지로 비교하자면 도시 주민은 아주 싼 가격의 공동 주택에, 농촌 주민은 아주 허름한 집에 사는 정도의 차이가 있을 뿐이었다. 2003년 이후 도농 간 소득 격차는 3.2~3.33배 정도며 2010년에는 2.4배로 오히려 약간 줄었다. 그러나 주거지를 재산으로 포함하면 도시의 부동산 가격 상승 탓에 도농 간 재산 차이는 5~10배 정도로 크게 벌어진다.

중국은 현대화되고 아름다운 도시를 건설했지만 화려한 이면에는 빈곤에 허덕이는 9억여 농촌 주민이 있다. 이를 애써 무시하고 빈부격차를 줄여 말하거나 매년 1조 위안에 달하는 부가 농촌에서 도시로 옮겨 가는 것을 해결하지 않는다면 지금의 논쟁과 토론은 아무런 의미가 없다.

둘째, 폐쇄적인 도시 호구 제도다. 1950년대 중반까지는 농촌 주민이어도 도시에 취업하면 즉시 호구를 전환해서 도시민으로서 집을 빌리는 등 여러 가지 혜택을 누릴 수 있었다.

그런데 1958년 후부터 '농좐페이(農轉非)', 즉 "농촌 호구는 도시 호구로 전환할 수 없다."는 원칙이 정해지고 도시와 농촌을 엄격히 구분하는 호구 제도가 실행되었다. 개혁개방, 특히 1990년대 이후, 농민공은 중국 노동자의 주요 구성원이 되었지만 엄격한 호구 제도 탓에 도시민이 될 수 없었다. 그 결과 수많은 농민공이 부모, 자식과 생이별을 하고 고향을 떠나 몸은 도시에 있어도 도시에 녹아들지 못하는 유랑민 신세가 되었다. 중국의 현대화와 도시화 건설에 매진해서 전 세계가 깜짝 놀랄만한 성과를 거두었지만 여전히 도시와 농촌의 경계를 맴돌고 있다. 그들은 도시에서 살 경우 시민의 권리를 누릴 수 없는 하층민이 되지만 농촌에 남아도 안정적인 미래를 꿈꿀 수 없기에 해마다 수많은 농촌 주민이 고향을 등진다. 그 결과 농촌은 농촌대로 노동자원이 분산되어 효율적으로 경영하기가 어려워졌다.

무엇보다 큰 문제는 농민공의 손으로 건설한 도시가 아무리 크고 화려해져도 정작 농민공의 상황은 전혀 개선될 기미가 보이지 않는다는 데 있다. 각종 투자, 주요 공공기관과 대형 건설공사가 도시에 집중되고 발전을 거듭할수록 농민공은 더 소외될 뿐이다. 도시는 외부로부터 인력을 끌어들이기 위해 각종 혜택을 제시하고 있지만 이는 '고급 인력'을 위한 것일 뿐 농민공과는 무관하다. 하지만 농민공은 도시민이 '저급하다'고 말하는 거의 모든 서비스를 맡고 있으며 사실상 도시는 그들이 없으면 운영되기 어렵다. 춘제(春節) 연휴에 농민공이 모두 고향으로 돌아갔을 때 도시에 거의 마비에 가까운 현상이 발생하는 것을 보면 그들의 역할이 얼마나 큰지 가늠할 수 있다. 그런데도 도시는 오만한 태도로 농민공의 존재를 인정하려 하지 않고 그들에게 복지를 제공하는 것을 꺼린다.

더 심각한 문제는 농민공이 자녀들에게 가난을 대물림한다는 사실이다. 청장년층이 대부분 도시로 떠난 후, 농촌의 교육 자원과 수준은 계획경제 시대보다도 후퇴했다. 주로 조부모의 손에 남겨진 수천만 명에 달하는 아이들은 부모뿐 아니라 사회로부터도 제대로 된 교육이나 보살핌을 받지 못하고 있다. 부모를 따라 도시로 들어온 아이들 역시 도시 교육 자원의 혜택을 받지 못한다. 이 아이들은 부모가 일하는 지역의 중고등학교, 대학교 입시 등에 참가할 자격조차 없다. 이렇게 고등 교육 자원이 문을 걸어 잠근 결과 대학과 대학원 학생 중 농촌 호구 학생의 수는 수직 하강했다. 중국 인구에서 큰 비중을 차지하는 농촌 주민 및 그 자녀들의 '출세'의 기회가 막혀 있다 보니 빈부격차는 날로 심각해지고 사회에 불균형, 불안정한 분위기가 형성되었다.

셋째, 예금 금리 제도다. 계획경제 시대에 예금 금리는 일반 노동자들이 자산을 통해 수익을 얻을 수 있는 가장 중요한, 심지어 유일한 수단이었다. 이후 개혁개방이 시작되면서 상품가격과 임금이 시장화되었고 토지도 '대량 판매' 되어 빠른 속도로 시장화되었다. 심지어 주식 가격도 꽤 큰 정도로 시장화되었는데 유독 예금 금리만 시장화되지 않았다. 중국의 금융정책은 예금과 국채 금리의 상한선을 정해서 시장화를 방해했을 뿐만 아니라 대중을 상대로 고정수익을 보장하며 자금을 모집하는 행위를 모두 엄격하게 금지했다. 최근 들어 기업채, 회사채, 지방채의 발행을 조금씩 허가하기는 했으나 이 역시 대중을 대상으로 한 것은 아니다.

상황이 이렇다보니 민간의 자산투자 수요가 아무리 왕성해봤자 불법 사채업자들이 달콤한 말로 꾀는 고위험성 투자 외에는 다른 방법이 없었다. 안전한 자산투자 방법이라고는 기형적으로 낮거나 인플레이션을 고려했을 때 심지어 마이너스가 되기도 하는 예금 금리뿐이었다. 이렇게 예금 금리를 억제하는 제도는 가계 저축 수익률을 낮춘 반면에 기업과 은행에 큰 이익을 가져다주었다. 기업, 특히 중대형 기업은 상대적으로 손쉽게 자금을 조달할 수 있었고, 은행 역시 큰 이자 차익을 얻었다. 다시 말해 기업과 은행의 금융 안정은 일반 예금주를 희생양으로 삼아 이룬 것이다. 현재 일반 노동자의 거의 유일한 자산성 수입인 저축액은 이미 30조 위안을 훌쩍 넘어섰다. 이렇게 거대한 가계의 부가 기업과 은행으로 매년 수천 혹은 수조 위안씩 전이되는 셈이다.

여기서 우리는 자산을 소유함으로써 얻을 수 있는 현금 수입과 자산의 가치 증가로 얻을 수 있는 가치증식 수입을 혼동해서는 안 된다. 자산을 투자해서 얻는 가치증식 수입, 예를 들어 주식이나 부동산을 사고파는 투자 행위는 국민 경제 통계에서 의미가 없다. GDP에는 자산을 소유함으로써 얻을 수 있는 현금 수입, 예를 들어 예금 이자나 임대료 수익 등만 반영된다.

과거 10년 동안 작게는 현(縣)에서부터 크게는 도시에까지 대부분 지방의 주택 가격이 거의 5~10배 올랐다(국가통계국의 수치는 이보다 훨씬 작은데 이는 조사 대상 지역을 계속 확대하기 때문이다). 1년 만기 정기 예금은 이 10년 동안의 소비자 물가지수(consumer price index: CPI)를 공제하면 거의 0이 된다. 그러므로 GDP 대비 주민소득의 비율이 계속 낮아지는 것은 일반적으로 생각하는 것처럼 노동 임금이 줄어들었기 때문이 아니라 중국 주민의 자산성 수입이 국제 수준과 비교했을 때 현저히 낮기 때문이다.

위에서 말한 세 가지 행정 독점은 계획경제의 유산 중 하나인데 시장경제로 전환하는 중에 이를 해결할 방법을 찾지 못했다는 데 문제가 있다. 해결은커녕 오히려 각각의 이익 관계 탓에 문제가 더욱 심각해져서 돌이키는 것조차 어려운 상황이 되었다. 물론 수많은 이유를 들어 심각성을 설명하고 문제 해결을 위한 정책 회의가 하루 빨리 열리도록 정부를 압박할 수도 있다. 그러나 그 전에 내수 확대, 시장화 전환, 빈부격차 해소에 필요한 제도적 문제를 해결하는 것이 얼마나 중요한지를 먼저 논의해야 한다. 정책결정 과정에서 종종 발생하는 공공과 민간의 불일치는 단순히 어느 한 쪽의 잘못이 아니며 정부의 권력에 대한 감시, 감독 시스템이 없거나 부족하기 때문이다. 구속 받지 않는 권력은 끝없이 팽창해서 종종 과도한 자신감과 우월감에 휩싸인다. 그리고 권력의 자성(自省)은 너무 큰 좌절과 비싼 대가를 치른 후에야 시작된다.

❀ 권력 독점이 일으키는 부의 이동

권력은 강제와 복종, 그리고 특정 정보에 대한 독점을 의미하며 특히 행정 권력은 권력자 개인의 이익을 취할 수 있는 가능성과 공간을 제공한다. 그래서 감시와 견제로부터 벗어난 권력은 남용되어 사사로운 이익을 취하는 도구로 전락하기 쉽다.

계획경제 시대에는 이익이 권력에 따라 결정되었으며 권력이 있어야 이익도 취할 수 있었다. 당시는 권력과 이익이 거의 같은 것이어서 제도로 규정된 것 이외에 이익을 탐하는 것은 공간도 작고 대단히 위험한 행동이었다. 이 때문에 계획경제 시대에 어느 정도의 권력형 부패가 존재한 것은 사실이지만 만약 부패를 '제도로 규정된 것 외의 이익을 도모하는 것'으로 정의한다면 매우 '청렴한 시대'였다.

시장경제 시대에 들어서면서 권력과 이익은 더 이상 같은 것이 아니었다. 자본 권력이 서슬 퍼렇던 행정 권력에 도전하기 시작한 것이다. 정해진 기간이 지나면 쓸모없는 폐기물과 다름없는 행정 권력과 달리 자본 권력은 대대로 물려줄 수 있다는 점에서 더욱 매력적이었다. 감시와 감독으로부터 자유로운 행정 권력은 점차 자본으로 전환, 즉 부패하기 시작했으며 얼마 지나지 않아 관료 사회 전체에 빠르게 확산되었다.

권력을 바탕으로 개인적인 이익을 얻는 가장 일반적인 방법은 바로 지대 추구 행위다. 개혁개방 이후 중국 관료들은 길을 막고 지나가는 사람들에게 '통행료'를 뜯어내던 산적들과 다름없이 행동했다. 그들은 사사로운 이익을 도모하기 위해 직무를 소홀히 하거나 혹은 남용했으며 일을 처리해 준다는 명목으로 남몰래 혹은 드러내 놓고 뇌물을 요구했다. 이런 일이 당연시되자 사람들은 괜히 적은 돈을 아끼려다 큰일을 그르칠까봐 관료가 말을 꺼내기도 전에 뇌물을 바치기까지 했다. 부패는 관료 사회 전체에서 마치 전염병처럼 창궐했다. 지금 중국 사회에서 권력을 돈으로 바꿀 수 있다는 것은 비밀이 아니다. 가끔 작은 사건이 국민의 공분을 사서 반부패 운동으로 확산되고 관련 인사가 자리에서 물러나거나 구속된다. 아니면 적어도 관료 사회를 압박하는 정도의 성과를 얻어낼 수 있다. 하지만 이런 반부패 운동은 일시적인 유행 같은 것에 불과해서 부패를 완전히 뿌리 뽑지는 못한다.

관료와 자본가의 결탁은 서민들의 분노와 원한을 불러일으킨다. 문제는 뇌물뿐 아니라 자본가가 그 대가로 받는 각종 혜택과 이익에 있다. 이는 소득 분배의 양극화를 촉진하는 원인 중 하나이기도 하다. 최근 중국에는 둥팡시(東方市) 토지 사건,[01] 리웨이(李薇) 사건,[02] 타오샤오싱(陶校興) 뇌물 수수 사건,[03] 류즈쥔(劉志軍) 비리 사건[04] 등 각종 부정부패 사건이 연이어 터지고 있다. 이러한 권전(權錢)거래[05]의 내막을 살펴보면 실제 관료가 챙긴 것은 '작은 몫'일 뿐이고 사회에 진짜 해가 되는 것은 수십 배 혹은 수백 배로 확대된 '큰 몫'임을 알 수 있다. 그래도 뇌물이나 리베이트 수수는 부패의 가장 흔하고 '기초적'인 형태일 뿐이다.

여기서 좀 더 발전한 형태가 바로 '관상겸영(官商兼營)', 다시 말해 관료가 곧 자본가가 되어 직접 관련 사업에 종사하거나 투자하는 것이다. 관료가 관상겸영에 뛰어들 경우 권력을 자본으로 전환하는 동력과 시스템이 통일되며 관련 인물이 줄어들기 때문에 위험성이 크게 낮아진다. 또 그렇기에 부패의 규모가 더욱 크고 과감해진다. 예를 들어 산시성의 아주 가난한 현 정부에서 과장급 정도로 일하는 사람이라도 직무와 관련된 사업을 경영한다면 수억 위안에 달하는 부동산 정도는 거뜬히 살 수 있을 정도로 부를 축적할 수 있다. 물론 관료가 드러내 놓고 사업을 벌이는 것이 쉽지 않으므로 대부분의 경우 자녀나 친인척 혹은 불륜 대상의 이름으로 경영한다. 특히 불륜 대상처럼 '법적으로' 아무런 관계가 없는 사람이라면 위험성이 더 낮아서 그 규모가 커진다. 이러한 관상겸영은 사회에 큰 해를 입힐 수 있다. 실제로 중국은 근대에, 동아

[01] 무룽만농업관광개발공사(沐龍湾農業觀光開發公司)의 총경리 장옌안(張延安) 등이 하이난성(海南省) 둥팡시 정부로부터 1묘(苗)에 7,000위안의 가격에 토지를 양도받은 후 둥팡시 정부에 60,000위안의 가격으로 되판 사건. 시장, 시 위원회 부서기, 토지, 건설, 투자 부서의 책임자 등 관료 25명이 관련된 것으로 밝혀졌다.

[02] 여성 사업가 리웨이가 수많은 정재계 인사와의 개인적인 관계를 통해 사업을 확장하고 세금을 탈루한 사건

[03] 상하이 건물 관리국 부국장인 타오샤오싱이 1,000만 위안 상당의 별장을 포함해 29건에 달하는 부동산 및 600만 위안의 뇌물을 수수한 사건

[04] 철도부 장관 류즈쥔이 특정 기업에 유리한 계약을 하거나 사업을 추진하는 대가로 뇌물 및 리베이트를 받은 사건. 밝혀진 것만 6,460만 위안이 넘으며 재판에 회부되어 사형을 선고받았다.

[05] 권력과 금전의 거래 및 유착, 부패를 의미하는 용어. 뇌물이나 리베이트 등 불법적인 자금을 제공함으로써 정부 기관으로부터 특혜를 받는 것을 의미한다.

시아의 개발도상국들은 현대에 관상겸영 탓에 국가 전체가 흔들리기도 했다. 최근 이집트의 부패 정부가 무너진 것도 이와 무관하지 않다.

'상급자를 모범으로 따르고 배우는' 중국의 전통 탓에 부정부패는 관료 사회 전체에 널리 퍼져 있다. 사실 자신의 권력을 바탕으로 사사로운 이익을 추구하는 것이 꼭 관료만의 일은 아니다. 일반 사람들도 직책이나 업무에 따라 금전 등의 개인적 이익을 추구하기도 한다. 어찌 보면 이것은 전통적으로 중국 사회에 뿌리 깊게 자리 잡은 일종의 문화라고 말할 수도 있다. 그러나 행정 권력의 부정부패 규모와 영향력이 가장 크며 자본 권력 역시 이에 못지않은 것이 사실이다.

자본과 기업이 이윤을 추구하는 것은 잘못된 일이 아니다. 그러나 그것이 권력과 결탁해서 법을 무시한다거나 그래야만 이윤을 얻을 수 있는 사회구조, 그리고 자본이 스스로 이윤을 위해 불법에 무릎을 꿇는 행위는 비난받을 만한 일이다. 현대 시장경제 사회에서 자본은 그 자체로 권력이며 자본의 규모에 따라 권력의 크기, 독점성도 결정된다. 최근 중국 사회에는 행정 권력뿐 아니라 자본 권력 역시 법을 무시하고 이윤을 추구하는 일이 허다하다. 자본 권력의 위법 행위는 다음의 세 가지 유형으로 나누어 볼 수 있다.

첫 번째 유형은 바로 근로기준법, 상품품질법, 환경법규 등 관련 법규를 지키지 않는 것이다. 자본가들은 온갖 방법을 동원해 권력과 결탁하고 서류와 각종 증거를 허위로 날조해서 법을 무시한다. 그러고서 정당한 방법으로 얻을 수 있는 것보다 훨씬 많은 이윤을 얻는다. 최근 발생한 벽돌공장 노예 사건, 대량의 불량 식품, 가스 공장의 환경오염 사건 등은 빙산의 일각일 뿐이다.

두 번째는 관련 공공기관 전체에 뇌물을 제공해서 업계에서 독점적 위치를 차지하는 것이다. 이때 자본가는 뇌물로 지출된 비용을 반드시 몇 배의 이윤으로 전환하고자 한다. 일반적으로 뇌물 사건이 일어나면 사람들은 행정 권력의 부정부패에 더 관심을 기울이지만 사실 더 많은 이익을 얻은 쪽은 자본 권력이다.

세 번째 유형은 이중장부를 만들어 세금을 탈루 혹은 탈세하는 것이다. 이것은 다음의 두 가지 상황으로 일어난다. 첫 번째 상황은 겉으로 드러나지 않는 음성수입이다. 현재 대략 수조 위안으로 추정되는 음성수입은 거의 모두 자본가, 즉 기업 부문에서 발생한다. 중국에는 음성수입이 있는 사람, 다시 말해 서류상 수입보다 실제 수입이 훨씬 많은 사람이 허다하다. 두 번째 경우는 주식 투자의 방식으로 '배당금'을 받는 것이다. 그러나 소수의 대형 국유기업과 특별 관리를 받는 상장 기업을 제외하고 투자자에게 이익금을 돌려주는 회사는 무척 드물다. 아직 상장하지 않은 회사 중에는 순이익 배당을 한 번도 해본 적이 없는 경우가 대부분이다. 투자자들이 받는 이익금은 거의 없거나 현저히 낮은데 이것은 그들이 기업을 이윤이 나지 않는 자선 단체로 생각해서가 아니다. 아마도 무언가 다른 방법으로 '배당' 받았기 때문일 것이다.

권력이 자본을 추구하고, 자본과 권력이 결탁해서 이윤을 추구하는 것은 대부분 불법과 독점 행위다. 이런 상황이 계속되는데 빈부격차가 줄어드는 것은 불가능하다.

자원과 시장의 독점이 일으키는 부의 이동

시장경제의 기본은 기회의 평등과 자유로운 경쟁이지만 유감스럽게도 항상 그렇지는 않다. 시장논리가 모든 문제를 해결할 수 있다고 믿는 사람들은 오늘날의 시장경제와 교과서에 등장하는 18세기 자유방임 시장을 혼동하는 것이다. 적어도 19세기 후반부터 자유방임 시장경제에 독점의 문제가 생겼으며 이후 독점적 경쟁(monopolistic competition)[06]은 근현대 자본주의의 한 형태로 자리 잡았다. 특히 사회의 빈익빈 부익부 현상을 더욱 가속시키는 자원의 독점은 두 가

[06] 수많은 공급자가 서로 경쟁을 벌이고 있지만 이들이 공급하는 상품은 완전경쟁시장처럼 완전히 동일한 상품이 아니라 '차별화' 된 상품을 공급하는 시장구조. 어떤 면에서는 독점적이지만 또 다른 면에서는 경쟁적인 면이 있다.

지로 나눌 수 있다.

첫째, 제도적 자원의 독점이다. 은행, 보험, 증권 같이 특수한 권한이 필요한 분야에서 권력이나 인맥이 있는 사람들은 남들보다 빠르게 움직여서 시장을 선점한 후 빠른 속도로 부를 축적한다. 이런 행동은 미래를 예측하는 능력과 노력뿐만 아니라 운이 있어야 가능한 일이다. 2004년의 '랑구(郞顧) 논쟁'[07]에서 알 수 있듯이 국유기업 개혁은 수많은 기업가와 권력자에 의해 좌지우지되었다. 다행히 개혁이 성공적이어서 기업의 효율은 상승했으나 그 과정에서 너무 많은 불공정 행위가 발생했고 부가 일부 사람에게만 집중되는 현상이 발생했다.

[07] 홍콩중문대학(香港中文大學) 교수인 랑셴핑(郞咸平)과 중국 그린쿨 그룹(Greencool Capital Limited) 구추전(顧雛軍) 회장 사이에 벌어진 논쟁을 일컫는 말. 랑 교수는 구 회장이 국유기업 민영화 과정에서 회계 조작 등의 방법으로 기업을 헐값에 인수한 예를 들어 "현재 중국 국유기업 재산권 개혁은 '부자들의 향연'이며, 이 때문에 국가 자산이 심각하게 유실되고 있다"고 주장했다.

두 번째, 자연 자원의 독점이다. 각종 부호 순위를 살펴보면 제조업자들이 상위를 차지하고 있다. 자연 자원이 풍부한 지역의 부호들, 예를 들어 산시성의 가스 사업, 내몽고 등지의 광산업 등을 경영하는 사람들은 상대적으로 쉽게 이윤을 얻는다. 이렇게 자연 자원을 독점한 소수의 사람은 폭리를 취해서 막대한 부를 쌓았다. 그들이 자연 자원을 독점하고 사업을 키우기 위해 배후에서 온갖 부정한 잔꾀를 쓴 것은 말할 것도 없이 당연한 일이다. 이런 종류의 불평등한 분배는 각종 사회문제를 일으킬 수 있다. 지금 손을 뻗어 신문을 펼쳐 보면 2005년에 20억 위안에 사들인 토지를 100억 위안에 팔았다는 식의 기사가 허다하다. 얼마 전에 산시성의 한 부호는 부정부패 사건에 이름이 거론되자 광산을 모두 팔아치운 후 그 돈을 가지고 외국으로 도망갔는데 그 바람에 수만 명이 일자리를 잃었다고 한다. 또 어느 부동산 개발업자는 몇 년 전에 베이징에 사두었던 땅이 아직 개발 전인데도 가격이 크게 올라 수백 억 위안에 달하는 이윤을 얻었다고 한다. 이렇게 자연 자원을 독점해서 앉은 자리에서 폭리를 취하는 일은 전국 각지에서 일어나고 있다. 이러한 '가짜 시장경제'가 경제의 효율 증진과 발전을 방해하고 사회 제도의 공정성을 해치는 상황에서 빈부격차가 줄어들기를 바라는 것 자체가 무리일 수도 있다.

　마지막으로 이야기할 내용은 바로 시장의 독점이다. 시장경제는 본래 이익을 추구하고 부유해지기를 바라며 승자 독식을 지지한다. 그리고 현대 시장경제는 대부분 독점적 경쟁 시장으로 독과점 기업은 저렴한 토지, 용이한 자금 조달, 유리한 정책 등을 바탕으로 큰 폭리를 취하고 있다. 예를 들어 폭스콘(Foxconn) 같은 대기업이 전국 각지에서 누리는 토지, 세수, 신용 대출 규모 등은 일반 중소기업이 절대 누릴 수 없는 혜택이다. 하지만 대부분 독과점 기업은 여기에 만족하지 않고 끊임없이 관련 공공 기관의 관료들과 결탁하고 새로운 분야와 자원을 독점하면서 확장하고 싶어 한다. 물론 독과점 기업끼리의 경쟁도 극심하다.

　그래서 현대 시장경제에서 기회의 평등이란 독과점 기업끼리의 기회를 말하는 것일 뿐 중소기업은 물론 일반인들은 아예 기회 자체가 없다. 마르크스도 이에 관해서 "시장경제의 평등은 오직 같은 규모의 자본 사이에만 존재한다."고 말했다. 나는 그의 말에 완전히 동의한다. 큰 자본과 작은 자본, 자본을 가진 쪽과 자본이 없는 쪽, 이들 사이에 기회의 평등이란 존재하지 않는다. 이와 같은 이유로 현재 중국의 최대 독과점 기업은 대부분 국유기업이다. 많은 사람이 국유기업의 효율성과 내부 문제에 대해 의심스러운 눈길을 거두지 못하지만 그래도 분배 문제에 있어서만큼은 공평한 편이다. 이런 기업들을 섣불리 사유화했다가는 권귀자본주의의 하나가 될지도 모르니 신중하게 접근해야 한다.

　정리하자면 현재 중국 빈부격차심화의 원인은 무척 다양하다. 제도적인 허점, 불공평한 자원 분배, 행정 권력과 자본 권력의 남용, 개인의 탐욕 등이 모두 그 원인이다. 그런데도 중국 사회의 빈익빈 부익부 현상을 일으키는 진짜 원인을 무시하고 자꾸 지엽적인 문제들에만 주의를 기울인다면 아무리 소리 높여 구호를 외쳐도 빈부격차는 결코 줄어들지 않을 것이다.

　빈부격차의 심화는 국민들의 지불 능력을 감소시켜서 소비를 위축하고 경제 성장을 방해한다. 또한 빈부격차를 이끄는 독점 행위들은 사회의 평등과 균형을 무너뜨린다. 그러면 사회는 결국 '사치와 오만', '낙담과 복수'라는 두 가지 극단적인 정서로 가득차고 계층 간 분열과 충돌이 발생할 것이다.

　토지 제도의 독점을 해결하려면 농지를 개발해서 얻은 수익을 다시 농촌에 투자하는 것으로 해결할 수 있다. 그러려면 농지를 사들여 이익을 얻고자 하는 일부 사람들의 생각을 바꾸어야 한다. 중국의 경제 발전과 도시화의 주체인 농민공이 가족들과 행복한 생활을 누릴 수 있도록 하려면 그들이 직장 가까운 곳에 안전한 집을 얻고 시민으로서의 권리를 평등하게 누리도록 해야 한다. 또 특별 자금을 조성해서 농민공 자녀들의 교육과 의료를 지원하고 무료 기술 교육을 제공해야 한다.

　또 예금 금리를 하루 빨리 시장화해서 일반 예금주를 보호해야 한다. 이 과정에서 은행과 기업 등이 이른바 금융 안정의 희생자가 되지 않도록 하려면 당과 정부가 공동으로 금융 문제를 논의해서 양쪽 모두 만족할 만한 새로운 정책을 내놓도록 해야 한다. 이외에 행정과 자본 권력의 독점, 자원과 시장의 독점이 만드는 심각한 불공평과 불균형한 분배를 해결하기 위해 중국의 소득과 분배 구조에 대해 철저히 점검하고 몰랐던 허점과 폐해를 찾아 신속하게 해결해야 한다.

글로벌 금융위기의 후유증

허판(何帆)
중국사회과학원 세계경제정치연구소 부소장

지금 국제 사회에는 세 가지 갈등이 존재한다. 바로 세대 간 갈등, 부자와 대중의 갈등, 종교 간 갈등이다. 글로벌 금융위기의 그림자가 확산되면서 이 갈등들은 더욱 가열되는 양상을 보이고 있다.

전 세계에서 피어오르기 시작한 분노의 불꽃은 나날이 거세지는 세계화의 물결을 타고 앞으로 수년 동안 꺼지지 않고 활활 타오를 것으로 보인다. 각국의 정책 방향이 국내의 정치적 압박을 해결하는 것에만 집중된다면 곧 더 많은 무역전쟁, 통화전쟁, 취업전쟁이 발생할 것이다.

일반적으로 사람들은 위기가 지나면 평화와 안정이 올 거라고 믿는다. 그래서 많은 학자가 2009년에 '그린슛(green shoot)', 다시 말해 어린 싹과 같은 경기 회복의 조짐을 이야기했지만 희망의 그린슛은 곧 된서리를 맞고 사라졌다. 2010년이 되자 학자들은 다시 '회복의 여름(summer recovery)'에 대해 이야기했지만 여름은커녕 곧장 겨울에 들어선 상황이 되고 말았다.

이렇게 글로벌 금융위기의 영향과 기간, 정도는 계속 우리의 예측을 벗어났다. 지금 국제 사회에는 세 가지 갈등이 존재한다. 바로 세대 간 갈등, 부자와 대중의 갈등, 종교 간 갈등이다. 이 갈등들은 글로벌 금융위기의 그림자가 확산되면서 더욱 가열되는 양상을 보이고 있다.

영국의 '파이낸셜타임즈(*Financial Times*)'는 2011년을 '세계 분노의 해(Year of Global Indignation)'라고 명명했다. 전 세계에서 이제 막 피어오르기 시작한 분노의 불꽃은 앞으로 수년 동안 꺼지지 않고 활활 타오를 것으로 보인다.

전 세계를 분노하게 만든 요소들은 그 자체로 사회의 혼란을 일으키지는 않을 테지만 사회의 변화를 유도하는 '촉매제' 같은 역할을 할 수 있다.

첫 번째 요소는 채무 압박에 부딪힌 국가들이 선택한 강력한 긴축재정 정책이다. 긴축재정 정책은 장기적으로 경제 발전에 유리하지만 단기적으로는 오히려 민간경제를 지나치게 위축시키는 역효과를 가져올 수 있다. 긴축재정 탓에 줄어든 사회복지 지출은 안 그래도 상황이 좋지 않은 사람들의 상황을 더욱 악화시킬 수 있다. 예를 들어 경기가 나쁘면 실업자가 늘어나고 정부 역시 감원을 단행할 것이다. 이런 상황에 정부가 실업구제 자금까지 줄인다면 실업자들에게는 그야말로 엎친 데 덮친 격이다. Jacopo Ponticelli와 Hans-Joachim Voth는 유럽 역사에서 긴축재정과 사회 혼란이 어떠한 상관관계가 있었는지 연구했다. 그들의 연구에 따르면 GDP 대비 재정지출 축소가 2%를 초과하면 소요, 파업, 시위, 폭동 및 정변 등 사회 불안과 갈등이 일어날 확률이 확연히 높아진다. 현재 유럽 각국의 GDP 대비 재정지출 축소 비율은 그리스는 5% 이상, 스페인과 포르투갈은 3% 이상, 영국을 비롯한 대부분 유럽연합 국가가 2%를 넘겼다.

두 번째 요소는 도시화의 발전이다. 현재 전 세계 인구의 절반 이상이 도시에 거주하고 있으며 2045년에는 전 세계 인구의 3분의 2가 도시에 거주할 것으로 보인다. 도시는 경제 성장의 원동력이자 새로운 활동의 원천이지만 동시에 사회 불안과 갈등의 중심이 될 수도 있다. 유엔의 전망에 따르면 향후 40년 동안 전 세계의 인구 증가는 모두 개발도상국에서 출현한다. 개발도상국에서 급격하게 늘어난 청년 인구는 도시화의 물결을 타고 도시로 진입할 것이다. 그들은 큰 희망과 기대를 품고 도시로 들어오지만 곧 자신들의 위치가 냄새나고 더러운 빈민굴일 뿐이라는 사실을 깨닫는다. 조사에 따르면 2010년 현재 개발도상국의 도시 인구 중 3분의 1이 빈민굴에 거주하고 있다. 그들의 불만과 갈등은 점점 커져 폭동으로 이어질 수도 있다. 비단 개발도상국뿐 아니라 선진국에서도 폭동이 발생할 가능성이 있다. 최근 런던과 파리에서 일어난 시위는 도시의 발전과 번영 뒤에 가려져 있던 불만과 분노의 불꽃이 타오르는 중임을 시사한다.

세 번째 요소는 세계화다. 지금 추진되고 있는 세계화는 경제 영역에만 국한되는 것이 아니다. 교통과 통신 수단의 발전에 따라 사람과 사람 사이의 거리가 가까워지면서 교육, 문화의 영역에까지 세계화가 진행되고 있다. 서로 다른 지역에 사는 사람들이 서로를 쉽게 배우고 교류하며 모방할 수 있게 되었으며 한 국가에서 일어난 사회 운동 역시 금세 다른 국가로 전해진다. 튀니지에서 일어난 시위는 매우 빠른 속도로 거의 모든 북아프리카 국가들에 퍼졌다. 그 결과 불과 몇 개월 만에 튀니지와 이집트의 정권이 무너졌고 리비아에서는 내전이 벌어졌다. 2011년 미국에서 일어난 '월가를 점령하라 (Occupy Wall Street!)' 는 시위는 뉴욕시 비버가(Beaver Street) 16번지의 한 주택에서 시작되었다. 여기에서 열린 회의에 참석한 사람은 뉴욕 토박이뿐 아니라 이집트, 스페인, 일본, 그리스에서 온 사람들도 있었다. 몇몇은 유럽에서 사회 운동에 참여했거나 '아랍의 봄(Arab Spring)' 시위에 참여한 사람이었다. 시위 구호인 '월가를 점령하라!' 는 스페인에서 일어난 '태양문을 점령하라(Puerta del Sol!)' 를 모방한 것이었다.

네 번째 요소는 인터넷과 SNS의 발달이다. 이제 전 세계 사람들은 인터넷과 SNS를 통해 순식간에 정보를 교류하고 집단행동을 형성할 수 있다. 특히 스마트폰이 보급되면서 그 파급력은 더욱 커졌는데 이것은 마치 전보와 전화의 관계를 보여주는 듯하다. 기술적으로는 유사하지만 스마트폰은

컴퓨터보다 훨씬 편리해서 SNS의 속도를 더욱 빠르게 만들었다. 실제로 사람들은 페이스북이나 트위터를 통해 '아랍의 봄'에 관한 소식을 접하고 지지와 격려를 보냈으며 활발하게 토론했다. 컴퓨터로만 인터넷을 했다면 이처럼 큰 규모로 토론이 벌어지거나 같은 생각을 지닌 사람들이 자발적으로 대규모 집단을 형성하기 어려웠을 것이다. 이것이 바로 스마트폰을 이용한 인터넷과 SNS의 힘이다. 2000년 미국 대통령 선거 후에 존 케리(John Kerry) 선거 캠프의 온라인 선거운동 팀장 잭 엑슬리(Zack Exley)는 익명의 웹사이트를 열고 플로리다의 선거 결과에 항의하는 데 참여해 달라고 호소했다. 그 결과 선거 바로 다음 주까지 수천 명이 참여한 항의 시위가 100여 차례나 일어났다. 필리핀 국민들은 2001년에 인터넷으로 정보를 주고받은 후 엣자 슈라인(EDSA Shrine)에 모여 에스트라다(Estrada) 대통령의 부패에 항의했고 마침내 대통령의 하야를 이끌어 냈다.

상술한 세 개의 갈등과 네 가지 촉매제의 영향 아래 미래의 국제정치 환경은 큰 변화를 마주할 것이다. 세계화 시대가 되면서 경제 자유주의와 정치 다원주의 등 주류 사상은 모두 더 이상 대중의 흥미를 끌지 못한다. 이제 각국 정부는 경제 성장에 집중하고 분배의 문제에 더욱 관심을 보여야 한다. 일단 파이를 크게 만들어야 나눌 수 있는 방법이 다양해지는 법이다. 그러나 전 세계에 불어 닥친 장기적인 불황 탓에 파이를 크게 만드는 것이 불가능해지면 각국 정부는 파이 부스러기라도 서로 가져가려고 할 것이 분명하다. 이런 경쟁에는 필연적으로 승자와 패자가 있으며 승자는 기존 구조의 유지를, 패자는 더 많은 정책적 보호를 각각 요구할 것이다. 어쩌면 절망에 빠진 패자가 혁명을 꿈꾸며 정부를 압박하는 세력이 될지도 모른다. 이런 상황에서 정책의 방향 역시 계속 변화할 것이다.

각국의 정책 방향이 국내의 정치적 압박을 해결하는 것에만 집중된다면 곧 더 많은 무역전쟁, 통화전쟁, 취업전쟁이 발생할 것이다.

무역전쟁과 통화전쟁의 최종 목적은 결국 더 많은 취업 기회를 얻는 것으로 특히 제조업의 취업 기회가 더욱 중요하다. 물론 선진국이든 신흥공업국이든 서비스업이 제공하는 취업 기회가 더 큰 것은 사실이다. 또 제조업이 생산품의 품질을 업그레이드하고 차세대 제품을 개발, 출시하면서 기계가 인간의 노동을 대신하기 때문에 제조업의 취업 기회는 점점 줄어들 수밖에 없다. 그러나 서비스업 종사자에 비해서 제조업 종사자의 조직력이 월등히 크기 때문에 해당 노동조합의 힘을 무시하기 어렵다. 또 제조업은 대부분 무역과 관련 있기 때문에 제조업 취업 기회가 줄어들면 정치인들이 부담을 느낀다. 그리고 대부분 부랴부랴 보호무역주의를 채택한다. 그러나 역사적 경험을 살펴보면 보호무역주의는 새로운 취업 기회를 창출하기보다는 오히려 연쇄적인 '무역전쟁'을 일으키기 쉽다. 실제로 1929년 미국에서 금융위기가 일어났을 때 의회는 수많은 경제학자의 격렬한 반대를 무릅쓰고 1930년 6월에 '스무트-홀리 관세법(Smoot-Hawley Tariff Act)'[08]을 채택했다. 이 법안이 통과되자 많은 국가가 미국에 보복성 관세 조치를 채택해서 미국의 수입과 수출액은 모두 50% 이상 곤두박질쳤다. 그 바람에 1929년부터 1934년까지 세계 무역 규모는 약 66%나 축소되었다. 또 '스무트-홀리 관세법'이 통과된 직후 미국의 실업률은 7.8%였으나 1931년에는 크게 뛰어올라 16.3%가 되었으며 1933년에는 25.1%까지 치솟았다. 2008년 미국 금융위기가 일어났을 때 세계 각국은 최대한

[08] 미국의 내수 기반이 붕괴되자 재계와 의회는 수입의 제한을 위해 높은 관세를 매기도록 정부에 압력을 가했다. 이에 리드 스무트(Reed Smoot)와 윌리스 홀리(Willis Hawley) 의원이 주도해 '스무트-홀리 관세법'을 제정했다. 이 법은 관세율을 100년 내 최고치인 59%로 인상했으며 전 세계에 보호무역주의 연쇄 효과를 일으켰다.

온힘을 다해 버텼지만 결국 보호무역주의를 채택할 수밖에 없는 지경에 이르렀다. 2001년에 시작된 도하개발어젠다(Doha Development Agenda : DDA)는 사실상 파장에 이르렀고 중국을 겨냥한 반덤핑 소송이 줄을 이었다. 브라질 대통령 지우마 호세프(Dilma Rousseff)는 "지금의 국제적 금융위기에 맞설 수 있는 무기는 국내 시장을 확장하고 보호하는 것뿐이다."라고 선언했다.

표면적으로 통화전쟁은 국가와 국가 사이에 일어나는 것이지만 그 근원은 국내의 정치적 압박에서 찾을 수 있다. 이른바 통화전쟁은 국가가 외환

시장에 직접 간섭해서 환율을 조정하는 것을 가리키며 역사적으로 두 번의 큰 통화전쟁이 있었다. 첫 번째는 바로 제1, 2차 세계대전 기간으로 당시 각국은 서로 경쟁하듯이 '근린궁핍화정책'에 입각한 화폐 평가절하 정책을 채택했다. 가장 먼저 1921년에 독일이 마르크를 평가절하했고, 곧 독일 현대 경제 역사상 최초로 극심한 인플레이션이 발생했다. 1925년에 프랑스는 금본위제로 복귀하기 전에 프랑을 평가절하했다. 영국은 어떻게 해서든지 버텨보려고 했지만 결국 1931년에 금본위제를 폐지했고, 그러자 파운드의 가치는 30%나 떨어졌다. 미국의 루스벨트 대통령은 1933년에 취임하자마자 금 환수 정책을 선포하고 시장의 금을 사들여 달러의 평가절하를 추진했다. 당시의 통화전쟁은 각국 경제의 쇠퇴를 불러왔고 국제 금융 시장의 혼란을 가중시켰다. 두 번째 통화전쟁은 1970~1980년대에 일어났다. 당시 미국은 자국의 국제 수지 문제를 해결하기 위해 다른 국가에 화폐의 평가절상을 강요했다. 1967년의 영국의 파운드 위기 후, '브레튼우즈체제(Bretton woods system)'[09]는 이미 위태로운 상태였다. 더 이상 달러를 신임할 수 없게 된 국가들은 보유한 달러를 모두 금으로 바꾸고자 했고 미국이 보유한 금이 대량으로 빠져나갔다. 1971년 미국의 닉슨 대통령은 급기야 금 태환 중지와 10%의 수입과징금 실시를 선언했다. 얼마 후 선진 10개국 재무장관이 합의한 '스미소니언 협정(Smithsonian Agreement)'이 발표되었다. 그 주요 내용은 금에 대한 달러의 평가를 7.895% 절하한다는 것이다. 그러자 다른 화폐는 달러에 대해 가치가 3~8% 상승했고 일본의 엔은 그보다 훨씬 폭이 커서 17%까지 올랐다. 달러의 평가절하 후 미국 경제는 번영하지 못하고 1973~81년에 세 번 이상 쇠퇴를 거듭했으며 1980년대에 다시 한 번 무역적자를 걱정하는 상황을 맞았다. 이번에도 미국은 다른 국가들에 화폐의 평가절상을 요구했다. 1985년 10개국 재무장관회의(Group of Ten : G10)는 '플라자 합의(Plaza

[09] 국제통화제도 협정에 따라 구축된 국제통화체제. 제2차 세계대전 종전 직전인 1944년에 미국 뉴햄프셔 주 브레튼우즈에서 열렸다. 44개국 대표들은 미국 달러를 축으로 한 '조정 가능한 고정환율제도'를 도입하고 국제통화기금(International Monetary Fund : IMF)와 세계은행을 설립하는 데 합의했다. 그러나 1971년 닉슨 대통령의 달러화 금 태환 정지 선언으로 주요 선진국이 '변동환율제도'로 이행하면서 사실상 무너진 상태다.

Agreement)'를 이끌어 프랑과 엔화에 대한 달러의 평가를 각각 40%, 50%씩 절하했다. 마르크에 대해서도 20% 평가절하했다. 미국은 원래 이를 통해 제조업의 활성화와 실업률 하락을 기대했으나 1986년에 미국의 실업률은 7%대에 머물렀다. 통화전쟁의 역사를 살펴보면 화폐를 평가절하하는 방법으로 경제를 성장시키거나 실업률을 낮출 수 없음을 알 수 있다. 정치인들은 다른 방법을 찾아보려 하지만 결국 통화전쟁에 뛰어들고 만다. 최근 미국의 금융 위기가 일어난 후 세계에는 새로운 통화전쟁의 조짐이 보이기 시작했다. 실제로 2010년 9월, 브라질의 재정장관 귀도 만테가(Guido Mantega)는 "우리는 지금 통화전쟁 중이다."라고 말했다. 인민폐는 이 통화전쟁의 최대 피해자다.

각국 정부가 국내 경제를 보호하는 데 집중하는 동시에 세계 경제 협조 체제를 실현하는 것은 점차 어려워졌다. 그래서 양자간 협력과 협상보다는 다자간 협력이 중요해졌고 여기에서 바로 G20이 출범했다. G20은 세계 경제 현안을 논의하고 그 해결책을 모색하기 위한 것으로 선진국과 개발도상국, 채권국과 채무국, 자원수출국과 수입국이 모두 참여했다. 또 정상급 회담과 장관, 차관급 회의를 동시에 진행해서 효과적인 의견 교환과 결정이 가능해서 세계 경제 협조의 주요 무대가 되었다. 그러나 이런 노력에도 불구하고 미래는 그다지 낙관적이지 않다. 실제로 2008년에 리먼 브라더스(Lehman Brothers) 사태가 일어났을 때 선진국은 자국의 국내 시장을 보호하느라 정신없었고 개발도상국은 그저 사태를 방관하기만 했다. 선진국과 개발도상국은 모두 확장적 통화정책을 펴서 경제를 성장시키려고 했으며 그 결과 세계 경제 협조 체제는 유명무실해지고 말았다. 결국 G20이 추구해 왔던 강력하고 지속 가능하며 균형 있는 성장은 이제 물거품이 되었으며 국제 화폐 체제를 개혁하자는 제안은 더 이상 G20 협상 테이블에 올라오지도 않는다. 이후의 발전 의제는 더 이상 새롭거나 실질적이지 않았으며 개발도상국은 여전히 피동적인 입장일 뿐이다. 이제 G20에 기대할 것은 더 이상 나빠지지 않는 것뿐이다.

제3장

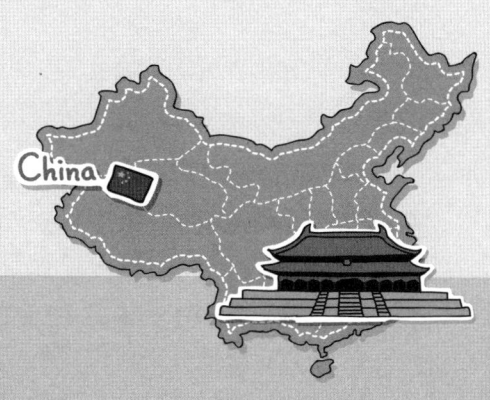

시장의 위기

> 인류 역사상 지금보다 더 물질적인 부에 집중한 적은 없었다. 사람들은 모두 다른 가치는 거들떠보지 않은 채 자신의 몸과 마음을 모두 부를 얻는 데 사용하고 있다. 만약 자신의 모든 지혜와 자원을 부의 생산과 향유에 쏟아붓는다면 더 큰 부를 얻을 수 있을 것이다.

중국 경제가 직면한 '경착륙'의 위험

우징롄(吳敬璉)
국무원 발전연구센터(國務院 發展研究中心) 연구원

현재 중국 경제는 내수와 성장 동력의 부족, 인플레이션이라는 두 가지 문제에 직면하고 있다. 최근 몇 년 동안 거시경제에 관한 수많은 토론 역시 대부분 이 두 문제에 관한 것이다. 어찌되었든 내수가 부족한 상황에서 높은 성장률을 유지하고 싶다면 확장적 통화정책을 채택해 성장을 촉진해야 한다. 반면에 경기 과열과 인플레이션을 최소화하고 싶다면 긴축재정을 실행해야 한다. 이때 긴축의 정도가 부족하면 경기는 여전히 과열되고 부동산 가격도 내리지 않을 것이다. 또 긴축의 정도가 과하면 GDP 증가 속도가 너무 급하게 줄어들어서 경착륙으로 이어질 수도 있다.

중국이 장기적으로 발전하기 위해 시급한 일은 경제성장 모델의 단점을 해결하는 일이다. 중국은 개혁개방 이후 수출주도형 성장 모델을 채택해서 정책적으로 수출을 장려하고 대외무역을 확대했다. 이를 통해 장기적으로 지속적인 발전을 이루었고 이전의 경제적 어려움에서 벗어날 수 있었다.

중국의 수출주도형 성장 모델은 두 가지 긍정적인 효과를 가져왔다. 하나는 수출 가공업이 크게 발달해서 약 2억 5천만에 달하는 노동력이 고효율 가공업에 종사하게 되었고 도시 전체의 경제가 빠르게 발전한 것이다. 다른 하나는 큰 수출 수요로 부족한 내수를 보충해서 지속적인 경제 발전을 이루었다는 점이다. 1994년에 환율 개혁을 단행한 후 수출은 더욱 확대되었고 무역 잉여는 적자에서 흑자로 전환되었다. 또한 수출 수요의 지속적인 증가로 GDP가 10여 년에 걸쳐 고속 성장했다.

그런데 글로벌 금융위기 이후 유럽의 채무 상황이 급격히 나빠지면서 중국의 수출 수요도 크게 위축되었다. 이에 성장 모델을 전환하는 일이 시급해졌다. 성장 모델은 자원을 투입해 발전을 도모하거나 아니면 효율을 높여 발전을 추구하는 것이어야 한다. 우리는 하루 빨리 중국의 상황에 적합한 새로운 성장 모델을 찾아야 한다.

우리는 수출주도형 성장 모델을 성공적으로 실시했지만 몇 년 후 두 가지 문제에 직면했다. 하나는 미시적인 문제로 수출 기업이 정책적 혜택을 많이 받다보니 나태해져서 발전할 필요를 느끼지 못한 것이다. 또 다른 하나는 거시적인 문제로 수출이 증가하면서 외환 보유액이 많아지는 바람에 국제적으로 인민폐의 평가절상 요구가 생기고 무역마찰이 가중된 것이다. 일반적으로 이런 상황에서 대부분 국가는 중앙은행이 화폐를 발행해서 시장에 풀린 외환을 사들여 자국 화폐의 가치를 유지하는 방법을 선택한다. 그러나 이 경우 자산시장에 버블이 발생하고 CPI, 즉 소비자 물가지수가 상승할 가능성이 커진다.

현재 중국 경제는 내수와 성장 동력의 부족, 인플레이션이라는 두 가지 문제에 직면하고 있다. 최근 몇 년 동안 거시경제에 관한 수많은 토론 역시 대부분 이 두 문제에 관한 것이다. 어찌되었든 내수가 부족한 상황에서 높은 성장률을 유지하고 싶다면 확장적 통화정책을 채택해 경제 성장을 촉진해야 한다. 반면에 경기 과열과 인플레이션을 최소화하고 싶다면 긴축재정을 실행해야 한다. 이때 긴축의 정도가 부족하면 경기는 여전히 과열되고 부동산 가격도 내리지 않을 것이다. 또 긴축의 정도가 과하면 GDP 증가 속도가 너무 급하게 줄어들어서 경착륙으로 이어질 수도 있다.

그렇다면 위에서 언급한 여러 정책 중 도대체 어떤 것을 선택해야 할까? 우리는 우선 미시적이고 단기적인 정책으로는 근본적인 문제를 해결할 수 없다는 사실을 깨달아야 한다. 중국이 장기적으로 발전하려면 경제성장 모델을 전환해야만 한다. 경제 발전을 지속하려면 국제 상황에 민감하고 번뜩이는 선구안으로 안정적이며 건실한 거시경제정책을 채택해야 한다. 그래서 경제의 안정적인 성장을 유지하는 동시에 항상 장기 발전의 문제에 주의를 기울이는 것이 중요하다.

중국 경제에 대해 이미 '연착륙' 했다고 말하는 사람도 있고, 곧 '경착륙' 할 가능성을 제기하는 사람도 있다. 어느 쪽이든 반드시 경착륙의 위험을 없애고, 30여 년에 걸쳐 이룬 경제 발전을 바탕으로 제도적 조건과 기본을 갖춘 안정적인 성장을 유지하도록 해야 한다.

가장 정확한 정책은 바로 장기적인 문제와 단기적인 문제를 함께 고려하고 해결할 수 있는 것이다. 그러므로 전체적으로 긴축 거시경제정책을 채택하되 충분히 융통성을 발휘해야 한다. 조금이라도 주의력이 흐트러지거나 신중하지 않으면 이전의 성공이 모두 물거품이 될 수도 있다.

지금 부족한 것은 무엇인가?

리다오쿠이(李稻葵)
중국 중앙은행 통화정책위원회 위원, 칭화대학(淸華大學) 중국세계경제연구센터(CCWE) 주임

지금 세계 경제는 새로운 전환점을 마주하고 있다. 투자를 해도 이익이 발생하지 않고, 수지가 맞지 않으며 금융시장은 혼란하고 소득 격차는 날로 벌어진다. 이러한 사회경제적 문제를 마주하고 해결하려면 완전히 새로운 경제적 사유가 필요하다.

현재 국제 금융시장에 자금이 풍족하다는 것은 명백한 사실이다. 이는 선진국들이 양적완화(quantitative easing) 정책을 채택하면서 대량의 자금이 금융시장에 풀린 결과다. 통계에 따르면 미국의 다국적 기업들에만도 거의 2조에 달하는 현금이 있다. 문제는 이런 자금이 실제 투자로 전환되지 않는 것이다. 중국을 비롯한 신흥공업국 역시 자금이 풍부하다. 현재는 확실히 돈이 부족한 시대는 아니다.

그런가하면 기술이 부족한 것도 아니다. 기술의 발전이 새로운 세계를 이끌 것이라고 예언하는 사람도 있지만 사실 이미 많은 기술이 완성되어 투자를 기다리고 있는 중이다. 어쩌면 탄소나노튜브(carbon nanotube) 같은 새로운 소재가 세상을 완전히 바꾸어 놓을지도 모른다. 도로 위의 차들은 앞으로 10년 안에 인공지능으로 자동 주행할 수 있을 것이다. 생명과학 분야에서는 기관 복제, 유전자 치료, 줄기세포 등과 관련된 기술이 마치 날개를 단 듯 빠르게 발전하는 중이다. 인터넷 기술은 이미 인류의 교제 방식을 완전히 변화시켰다.

그렇다면 자원이 부족한가? 대답은 'No'다. 통계에 따르면 미국은 셰일가스(shale gas) 개발로 3년 안에 자원의 자급자족을 실현할 수 있을 뿐 아니라 수출도 가능하다. 인도네시아, 남아프리카, 칠레, 러시아 등에는 아직도 개발을 기다리는 자원이 많다. 그들은 오히려 공급이 수요보다 많아져서 자원의 가격이 낮아지는 것을 걱정하고 있다. 또 아시아의 몽고, 아프리카의 짐바브웨와 모잠비크 등도 수많은 광산을 탐사해 놓고 외국의 투자자들이 와서 개발하기를 기다리고 있다.

인재 역시 충분하다. 중국, 미국, 유럽연합에는 매년 수천 만 명에 달하는 청년이 고등교육을 받고 다양한 분야에 뛰어들어 일하고 있다. 세상을 이끄는 새로운 생각 역시 스티브 잡스(Steve Jobs), 빌 게이츠(Bill Gates), 마크 주커버그(Mark Zuckerberg) 같은 사람에 의해 주도되고 있다.

지금 전 세계적으로 부족한 것은 바로 좋은 공공정책, 더 구체적으로는 글로벌 금융위기 후 발생한 각종 국제적 상황에 대한 대책이다. 이 분야에서 조금이라도 발전이 있는 국가는 국제 사회와 자본시장에서 환영받는다. 예를 들어 영국은 GDP 대비 재정적자 규모가 6% 이상이지만 여전히 과거 200여 년 동안 가장 낮은 수준의 금리를 유지해 많은 투자를 유치했다. 반면에 중국은 여전히 많은 자금이 은행에 고이 모셔져 있을 뿐이다. 이전에 중국 경제의 고공 발전 중에 엄청난 수익을 얻은 민간투자자들은 정부가 내놓을 공공정책의 방향조차 가늠할 수 없기에 공공투자를 꺼린다.

좋은 공공정책 및 관련 정책이 갖추어야 하는 조건은 무엇일까? 그 근본은 바로 새로운 경제적 사유(思惟)다. 지금 우리는 과거에 그러했던 것처럼 거대한 벽에 부딪혔고 우리는 이 벽을 뚫을 수 있는 새로운 경제적 사유가 필요하다. 벽을 뚫을 수만 있다면 세계 경제는 곧 회복되어 다시 10~20년 동안 번영할 것이다.

역사를 돌이켜보면 산업혁명 이후 인류 사회는 몇 번의 거대한 벽에 부딪혔고 그때마다 새로운 경제적 사유로 돌파구를 찾았다. 예를 들어 19세기 말 산업혁명 후에 영국은 노동운동과 계급 간 갈등이 나날이 극심해졌다. 이런 상황에서 귀족 계층인 상원의원들은 적극적으로 사회복지 정책의 개혁을 추진했고 기존 복지제도에 주택, 노동, 의료 제도까지 더한 종합적인 사회복지 정책을 내놓았다. 이 제도 개혁은 극한에 다다른 사회 갈등을 해결했고 안정적인 경제 발전의 바탕이 되었다. 엥겔스(Engels)가 자신의 저서 「영국 노동자계급의 상태(Die Lage der Arbeitenden Klasse in England)」에 예언한 것 같은 '혁명'은 일어나지 않았다.

1901년에 미국은 경제가 크게 번영했지만 건국 이래 빈부격차가 가장 극심한 때였다. 이에 시어도어 루스벨트(Theodore Roosevelt) 대통령은 독점기업에 세금을 신설하는 등 '반재벌' 정책을 펴며 '강도귀족'들과 타협하지 않겠다는 태도를 분명히 했다. 그의 이러한 조치는 지속적 경제 발전의 기초가 되어 이후 미국이 경제 대국으로 발돋움하는 데 큰 영향을 미쳤다. 1929~33년에 미국에 불어 닥친 '대공황'은 프랭클린 루스벨트(Franklin Roosevelt)를 압박했다. 그는 사회복지, 사회보장, 금융 감독 등 몇몇 영역에서 개혁을 단행하고 전쟁 후 미국이 경제 번영을 이룩할 수 있는 기틀을 세웠다.

최근에 생겨난 새로운 경제적 사유는 1980년대의 것이다. 미국의 로널드 레이건 대통령이나 영국의 마거릿 대처 총리는 모두 이른 바 '공급측 경제학(supply-side economics)' [01] 이라는 새로운 경제적 사유를 제시하고 지지했다. 그들은 정부의 간섭을 감소하고 세수를 줄였으며 그 결과 세계 경제는 20여 년에 걸쳐 매우 빠르고 크게 발전했다. 이후의 세계화와 투자화

[01] 경제활동 가운데 수요측면보다 공급측면을 중시하는 사고방식을 말한다. 기업과 개인에 대한 세금 감면과 규제축소를 통해서 기업이 생산을 늘리도록 장려한다.

대 역시 모두 이때의 발전을 바탕으로 한다.

지금 세계 경제는 새로운 전환점을 마주하고 있다. 투자를 해도 이익이 발생하지 않고, 수지가 맞지 않으며 금융시장은 혼란하고 소득 격차는 날로 벌어진다. 이러한 사회경제적 문제를 마주하고 해결하려면 완전히 새로운 경제적 사유가 필요하다.

글로벌 금융위기의 잔재는 여전히 존재하고 자본시장에 대한 신뢰는 급격히 떨어진 상태에서 국제 사회에는 여전히 중국의 경제에 대해 이러쿵저러쿵 말이 많다. 우리가 할 일은 바로 능력을 집중하고 온 힘을 기울여 성장 모델을 전환하는 것이다. 여기에는 중국의 미래를 결정할 세 가지 조건이 있다. 바로 비즈니스 모델의 업그레이드, 과학기술 개발, 그리고 높은 수준의 국제화다.

비즈니스 모델이란 어떤 제품 혹은 서비스를 어떠한 방식으로 소비자에게 제공하고 어떻게 마케팅해서 돈을 벌겠다는 아이디어를 가리킨다. 비즈니스 모델의 업그레이드는 지속적인 경제 발전을 이루는 데 필수 과정이다. 예를 들어 알리바바 그룹(Alibaba Group)의 회장인 마윈(馬雲)은 고급 과학기술과 서비스업을 결합한 새로운 비즈니스 모델을 제시해서 많은 중국인의 비즈니스 모델과 소비 모델을 바꾸는 데 영향을 미쳤다. 그가 중국 사회에 제시한 전자상거래는 인터넷의 발전과 맞물려 인터넷 예약 및 구매, 온라인 결제 등으로 점차 확대되었다. 이는 전통적인 물류업과 현대의 인터넷이 고도로 결합된 완전히 새로운 비즈니스 모델이었다.

완다(萬達) 그룹의 왕젠린(王健林) 회장 역시 주택의 인테리어를 도시 전체의 면모를 바꾸는 일로 확대한 새로운 비즈니스 모델을 제시했다. 이후 그는 부동산업과 문화산업을 결합해 영화관 및 종합 오락시설을 지었는데 이는 중국 서민들의 여가생활에 대한 수요를 정확히 만족하는 것이었다.

과학기술 개발에 대한 예는 많다. 중국의 인공위성 유도 시스템인 '베이더우싱(北斗星)'은 이미 중국인의 생활을 바꾸었다. 몇 년 안에 위성 항법 시스템은 모두 베이더우싱으로 전환될 것이다.

　마지막으로 국제화는 가장 오랫동안 이야기한 것이지만 높은 수준의 국제화는 이제야 비로소 시작되었다고 할 수 있다. 전 세계은행 부총재 린이푸(林毅夫)는 새로운 사상과 중국의 경험을 결합한 독창적 이론을 펴서 해외의 저명한 경제학자들의 지지를 얻었다. 또 중국의 거시경제 관리 이론을 발전시켜 아프리카 국가들에 제시했으며 그들이 중국의 경제발전 모델을 채택하도록 했다. 이외에 동남아시아의 화교 기업가인 정쉐녠(鄭鶴年)은 중국의 경제, 물류 및 호텔 서비스를 더욱 높은 수준으로 끌어 올렸다. 이러한 예들은 모두 높은 수준의 국제화를 보여준다.

　비즈니스 모델의 업그레이드, 과학기술 개발, 그리고 높은 수준의 국제화, 이것은 중국이 미래 발전을 위해 거쳐야 할 필수 단계다.

시장경제체제는 과학기술 발전으로 완성된다

리우지(劉吉)
중구국제공상학원(中歐國際工商學院) 원장

과학기술을 발전시키고 그 응용속도를 높이면 경제위기의 기간을 줄이고 경제 성장의 속도와 수준을 높여서 시장경제체제를 완성할 수 있다. 또 금융 관리, 신용 대출, 유동성 관리의 허점처럼 지대가 발생할 수 있는 공간을 개선하고 새로운 관리 방법을 건립해야 한다. 국제 사회에서 주요 경제체로 살아남기 위해서는 끊임없이 새로운 질서를 만들고 규칙을 개선하는 것을 게을리해서는 안 된다. 이 모든 것이 과학기술의 발전을 의미한다.

서방 경제학이 자본, 노동력 및 과학기술의 발전으로 이루어진 것은 주지의 사실이다. 나는 예전에 마르크스주의의 기본 구조에 대해 "생산력=(노동대상+노동수단+노동력+관리)×과학기술"의 공식을 도출한 적이 있다. 즉 양쪽 모두 과학기술의 발전이 무척 중요한 요소라 할 수 있다. 여기서 말하는 과학기술이란 비단 자연과학뿐 아니라 경제, 행정, 기업관리 등 사회과학의 내용까지 모두 포함한다. 역사적으로 인류의 과학기술은 모두 개인의 의지나 기업 R&D[02]에 따라 발전했으며 현재는 생산 또는 경제 발전과 거의 같은 개념이 되었다. 과학기술은 이제 경제번영에 큰 영향을 미치는 요소인 동시에 경제 위기와 회복과도 불가분의 관계다. 현대 사회는 주로 과학기술이 생산력을 향상시켜서 경제 성장과 번영을 이끈다. 그리고 경제가 번영하면 정부, 기업, 사회는 많은 자본을 과학 연구 개발에 투입해서 더 많은 성과를 거둘 수 있도록 한다. 그러나 경제의 장기적인 번영은 오히려 과학기술 연구와 개발이 생산력으로 전환되는 것을 방해하기도 한다. 그 원인은 다음의 두 가지다.

[02] 연구와 실험 발전(Research and Development)의 약자로, 우리말로 '연구 개발'이라 한다. 연구(Research)는 기초연구와 그 응용화 연구, 개발(Development)은 연구 성과를 기초로 제품화까지 진행하는 개발업무를 가리킨다.

첫 번째 원인은 한 가지 새로운 과학기술 생산품이 탄생할 때 연구, 실험, 대량생산에 들어가는 비용의 비율이 1:10:100이라는 데 있다. 기업의 입장에서 장기적으로 호황일 때는 굳이 새로운 상품을 만들 필요를 느끼지 못한다. 옛 기술로 만든 상품이라도 시장이 있고 이익이 생기며 돈이 벌리기만 하면 되는 것이다. 어쩌면 고객들은 지금의 상품에 익숙해져서 새로운 상품을 내놓아 봤자 구매하지 않을 수도 있다. 새로운 상품의 생산라인을 건설하려면 엄청난 돈이 들고 이전 상품의 생산라인을 폐기하는 데도 많은 돈이 든다. 그러니 아무리 기술적으로 발전했더라도 경제적인 관점에서 새로운 상품을 출시하는 것을 꺼린다.

두 번째 원인은 경제가 번영할 때 기업이 많은 이익을 얻는 데 있다. 이 때문에 원래 개척정신으로 무장했던 기업가들도 점점 나태해지고 보수적으로 변한다. 특히 '창업 공신'들은 거의 종신(終身)에 가까운 지위에 만족하며 더 이상 새로운 것에 도전하려는 마음가짐이 없다. 그들이 퇴직한 후 자리를 이어 받은 사람들도 현재의 이익을 지키는 데만 신경 쓰며 더 이상 새로운 기술을 개발하고 투자해서 생산품을 개발하는 데 관심이 없다. 그래서 새로운 기술, 새로운 생산품이 상품화되지 못하는 것이다. 이것은 인력과 자본의 낭비며 생산력의 발전을 저해한다. 이런 상황은 에너지 산업에서도 확인할 수 있다. 풍력과 원자력은 이미 일반인에게 익숙한 기술이며 태양열 역시 이미 항공과 군사 기술에 응용되고 있다. 연료전지나 리튬전지 역시 생소한 것이 아니다. 예를 들어 미국의 캐터필러 트랙터 컴퍼니(Caterpillar Tractor Company)는 이미 반세기 전에 25마력의 연료전지 트랙터를 생산했다. 그러나 이 새로운 동력 및 생산품은 모두 상품화되지 않았다. 석유와 내연기관이 독점한 시장에서 연료전지가 시장을 확장하는 과정은 상대적으로 너무 고생스럽고 큰 이윤도 발생하지 않기 때문이다. 이와 같은 이유로 새로운 기술, 새로운 생산품, 새로운 기업은 모두 발전하기가 어려우며 경제 발전의 걸림돌이 되어 나아가 경제위기를 발생시킨다.

경제위기에 부딪혔다면 시장의 모든 상황을 점검하고 새롭게 거듭나야 한다. "위기는 곧 기회다."라는 말은 경제위기에도 적용된다. 그러나 기억해야 할 것은 불량 산업, 불량 기업, 불량 직원은 반드시 없애야 하는 '병폐'며 우수 산업, 우수 기업, 우수 인재만이 기회가 될 수 있다는 점이다. 적어도 '일반적인 수준'이기라도 해야 위기를 기회로 바꿀 수 있다. 여기서 말하는 '불량 직원'은 인격적인 모독이 아니며 단지 공정한 경쟁에서 뒤처진 것을 의미한다. 이런 사람들은 계획경제 시대의 불공정한 경쟁에서는 능력보다 특권을 이용해서 높은 자리에 오를 수 있었다. 그래서 기업의 노동 구조를 악화시키고 우수한 인재가 재능을 발휘할 기회를 박탈한 것이다. 그 결과 해당 기업은 경쟁력을 잃고 '열등 기업'이 되는 경우가 비일비재했다. 공정한 경쟁을 통해 우수한 인재가 승리하는 사회 구조는 사회 자체를 우수하게 만들고 경제 발전을 촉진한다. 경쟁에서 뒤처진 직원들은 스스로 계발하고 사회나 국가에서 제공하는 훈련을 받아 시장 경쟁력을 높인 후 다시 경쟁에 뛰어 들어 자신에게 가장 적합한 직장을 찾으면 된다. 여기에서 국가가 할 일은 적당한 실업 보장이다. 경쟁에서 낙오된 실업자들이 최저 생활을 유지할 수 있도록 하고 그들에게 무상으로 교육과 훈련을 제공해야 한다. 현재 미국의 실업률은 10%까지 치솟았지만 사회는 비교적 안정적이다. 이것은 미국의 탄탄한 사회보장 덕분이다. 경제가 위기에 처했을 때 어느 정도의 실업은 그렇게 나쁜 일이 아니다. 이를 통해 기업의 노동 구조를 향상시키고 사회 인력 자원의 효과적인 활용이 보장되기 때문이다. 국가가 시장경제 규칙을 무시하고서 계속 불량 산업, 불량 기업, 불량 지원을 싸고돈다면 이는 새로운 경제성장의 기회를 그냥 흘려보내는 것과 마찬가지다. 그러면 결국 더 깊은 위기 속으로 빠져들어 절대 빠져나오지 못할 것이다.

위기가 닥쳤을 때는 객관적으로 기업과 노동 구조를 살피고 문제를 파악한 후 기업의 현재 상태를 구분해야 한다. 기업의 상태는 다음의 여섯 가지로 나눌 수 있다.

첫째, 우수 산업 분야에서 창업 중인 우수 기업이다. 정부는 이런 기업에 반드시 정책적, 자원 방면의 지원을 함으로써 한계를 넘어 우수함을 발휘할 수 있도록 도와야 한다.

둘째, 우수 산업 분야에서 성장 중인 우수 기업이다. 이런 기업은 자본, 자원, 인재가 조화되는 상황이므로 위기를 기회로 만들 수 있다. 그러므로 정부는 별다른 간섭을 할 필요가 없으며 정부의 경제 정책이 기업에 해가 되지 않도록 주의해야 한다.

셋째, 일반 산업 분야의 우수한 기업이다. 만약 일시적인 문제, 예를 들어 자금 조달의 어려움이 있다면 정부가 적극적으로 나서고 도와서 어려움을 극복하도록 해야 한다.

넷째, 일반 산업 분야의 일반 기업이다. 정부는 이런 기업들이 스스로 필요한 개혁을 단행하는지 확인한 후 우수 기업으로 거듭나는 기미가 보이면 필요한 지원을 해야 한다.

다섯째, 일반 산업 분야의 불량 기업이다. 이런 기업은 경제위기에서 반드시 도태되어야 하므로 정부는 함부로 지원을 해서는 안 된다. 오히려 도태되도록 하는 것이 정부의 임무다.

여섯째, 불량 기업이다. 이 또한 경제위기 속에서 저절로 도태될 것이 분명하니 정부는 별다른 간섭이나 지지를 해줄 필요가 없다.

정부가 과학기술 발전에 최선을 다해야 하는 것은 당연하다. 기업 역시 경쟁력을 높여 도태되지 않으려면 반드시 기술 발전에 공을 들여 우수한 산업, 우수한 기업으로 거듭나야 한다. 경제위기가 닥치면 오히려 우수한 인재를 선택할 수 있는 공간이 넓어진다. 또 임금이 내려가서 과학기술 개발에 투입할 수 있는 자금이 확보된다. 시장에서 내쫓긴 불량 산업, 불량 기업, 불량 직원들은 껍질을 깨고 새로워져야 한다. 이것이 바로 위기를 기회로 바꾸는 방법이다.

한 가지 더 강조하자면 정부는 수중에 있는 돈이 반드시 납세자의 것이라는 점을 명심해야 한다. 그것은 국민이 노동을 통해 벌어들인 것이니 함부로, 예를 들어 곧 무너지려 하는 불량 기업을 구조하는 데 써서는 안 된다. 사회에서 반드시 사라져야 하는 불량 산업과 불량 기업을 구하겠다고 '식물인간'에 돈을 쏟아붓는다면 사회 전체에 큰 부담을 안길 수 있다. 이는 곧 국민을 수탈하는 행위다! 정부의 임무는 우수한 것을 살리고, 불량한 것을 도태시켜 산업 구조, 기업 구조, 노동 구조를 우수하게 만드는 일이다. 그래야만 비로소 위기에서 벗어날 수 있으며 그것을 기회로 삼아 더 높은 성장을 실현할 수 있다.

여기서 중요한 것은 기업이 정부로부터 받은 지원을 반드시 되돌려 주어야 한다는 것이다. 정부 지원의 본질은 위기에 처한 기업이 낙관에서 벗어나도록 돕는 것이기에 기업은 위기에서 벗어난 후 즉시 받은 것을 반납해야 한다. 정부 역시 즉시 손을 떼야지 이전의 지원을 빌미로 국유화하는 등의 행동을 해서는 안 된다! 또한 반드시 평등하고 공정한 경쟁을 거쳐 지원할 기업을 선정해야 한다.

과학기술의 발전은 시장경제체제를 완성시킨다. 위기에 처한 경제는 금융 관리, 신용 대출, 유동성 관리의 허점 같은 지대가 발생하는 공간 등을 개선하고 새로운 관리 방법을 건립해야 한다. 국제 사회에서 주요 경제체로 살아남기 위해서는 끊임없이 새로운 질서를 만들고 규칙을 개선하는 것을 게을리해서는 안 된다. 이 모든 것이 과학기술의 발전을 의미한다.

이러한 과학기술의 발전과 응용이 정체되거나 심지어 그 수준이 하락하는 것은 곧 위기가 다가온다는 신호일 수 있다. 과학기술을 발전시키고 그 응용속도를 높이면 경제위기의 기간을 줄이고 경제 성장의 속도와 수준을 높여서 시장경제체제를 완성할 수 있다. 실제로 최근의 글로벌 금융위기에도 새로운 자원과 에너지 사업 분야가 크게 부상하며 미래 경제 발전의 방향과 수준을 결정하고 있다. 미국의 '태양열 산업협회'는 올해 4월에 발표한 연보에 미국의 2009년 태양열 발전 규모는 481조 와트며 그 총량이 2,108조 와트에 달하지만 여전히 독일, 이탈리아, 일본에 이어 세계 제4위라고 밝혔다. 그래도 미국의 태양열 발전 산업이 2009년에 40억 달러에 달하는 수익을 얻었고 이는 2008년에 비해 35% 증가했다는 점에 큰 의미가 있다고 언급했다.

정리하자면 경제위기는 경제가 장기적으로 번영하는 중에 발생하는 반시장행위와 나태함 때문에 출현한다. 경제위기에서 벗어나려면 반드시 시장경제 규칙에 의거해서 일을 처리해야 하고 동시에 최선을 다해 과학기술을 발전시켜야 한다. 이를 바탕으로 불량 산업, 불량 기업은 도태되고 불량 노동력 역시 개선될 것이다. 살아남은 우수 산업, 우수 기업, 그리고 우수 인재들에 개선된 시장경제체제까지 결합되면 반드시 위기에서 벗어날 수 있다.

이상의 내용을 종합했을 때 시장경제체제 위기의 본질은 자본주의 멸망이 아니며 '파도 속에서 전진'하며 발전하는 것임을 알 수 있다. 위기를 부정적으로만 받아들일 필요는 없다. 당황하지 말고 그것을 더욱 객관적으로 잘 들여다보고 정확하게 대응한다면 더 나은 수준의 경제 발전을 이룩할 수 있다.

'먼저 부유해진 일부'와 '그렇지 않은 대다수'가 바라보는 부

왕딩딩(汪丁丁)
베이징대학 중국경제연구센터 교수, 저장대학(浙江大學) 사회과학연구센터 학술위원회 회장

'먼저 부유해진 일부'와 '그렇지 않은 대다수'가 생각하는 가치의 중요도는 분명히 다르다. 이렇게 서로 다른 가치의 중요도 및 그것이 이끄는 정치적 논쟁과 충돌은 미래 중국의 사회 발전을 이끄는 주된 역량이 될 것이다.

중국 경제의 고속발전은 대부분 중국인의 가치의 중요도를 바꾸어 놓았다. '먼저 부유해진 일부'와 '그렇지 않은 대다수'가 각자 생각하는 가치의 중요도는 분명히 다르다. 이렇게 서로 다른 가치 중요도 및 그것이 이끄는 정치적 논쟁과 충돌은 미래 중국의 사회 발전을 이끄는 주된 역량이 될 것이다.

현재 중국 사회는 정치, 문화, 경제 방면에서 모두 전환기를 맞이했다. 이

중에서 정치와 문화 방면의 전환은 권위적·전통적이던 것이 이성적·객관적으로 전환되는 것을 의미한다.

이러한 전환의 과정에서 중국인이 생각하는 가치의 중요도에 커다란 변화가 생겼으며 이에 따라 윤리와 행위 규범도 크게 달라졌다. 전통적인 가치가 와해되면서 20세기 후반에 의식형태화된 가치 요구가 생겼고 여러 가치가 서로 뒤엉켜 혼란이 발생했다. 그 결과 사람들은 결국 각종 가치에 환멸을 느끼고 말았다. 문화대혁명이 끝났을 때도 중국인은 대부분 이러한 '정신적 허무함', '가치의 진공 상태'에 빠졌다. 그러나 당시에 그저 허무감에 빠진 채 아무런 행동도 하지 않았다면 우리는 어떠한 새로운 가치도 만들어 내지 못했을 것이다.

그래서 적어도 개혁개방의 초기와 중기에는 막스 베버(Max Weber)가 말한 '가치중립'이 중요하게 작용했다. 하지만 이때 개혁개방을 지지하던 사람들의 마음가짐은 이미 100년 전에 불었던 '중체서용(中體西用)'의 개혁 움직임과는 완전히 다른 것이었다. 특히 '중체', 즉 '중국의 것을 본질로 삼는 것'은 이미 반세기 전에 부정된 것이었다.

사회가 물질이익을 추구하는 것에 집중하면 경제의 효율과 그 가치가 상대적으로 높이 평가되기 마련이다. 일반적으로 사회행동은 정치 지도자들이 사회 변혁의 공동의식을 실현할 사람들을 동원하기에 충분한 정치적 표현을 찾아낼 수 있을지 없을지에 결정된다. 아주 우연하게라도 이런 정치적 표현을 찾아낸 정치 지도자 및 그들의 지지자들이 만약 물질이익을 높게 평가한다면 반대로 물질이익의 가치를 낮게 평가하는 정치 지도자들은 원하는 사회 변혁을 성공시킬 수 없다.

사회에서 '중요한' 사회 구성원들은 사회를 변혁해서 새로운 공동의식을 형성할 수 있다. 기층민들은 이 공동의식이 사실 그들의 현실 생활에 '그다지 중요하지 않더라도' 이전 사회에 대한 반발과 거부의 표현으로 지지하는 입장을 표한다. 이것이 바로 중국의 사회 변혁 메커니즘이다. 중국의 사회 변혁을 이끄는 세력은 기층민이지만 그들의 마음가짐과 '일부 엘리트'의 정치적 태도는 전혀 다르다.

시간이 흐르면서 사회의 중요 구성원 집단과 그들의 공동의식 역시 변화한다.

서로 다른 사회 구성원의 물질이익과 그 개선 정도는 현저한 차이를 보인다. 예를 들어 중국과 인도처럼 면적이 큰 나라는 지역에 따라 물질이익의 차이가 크다. 이러한 차이는 각각의 사회 구성원이 생각하는 가치 중요도, 사회에서 차지하는 역할, 사회의 공공정책 등에 따라 결정된다.

수많은 공공업무 영역에서 사회 구성원들 중에는 '공평'의 가치를 중요하게 생각하는 사람도 있고, 반대로 '효율'의 가치를 중요하게 생각하는 사람도 있다. 이러한 '공평 우선' 혹은 '효율 우선'에 대한 생각의 차이가 서로 다른 정책을 이끌어 내기도 했다.

'공평'과 '효율'에 관해서 매우 여러 가지 정의가 존재하는데 공공업무 영역에서는 특히 '공평'의 정의가 '효율'의 정의보다 다양하다. 한자 '公平'도 영어의 '공정(fairness)'과 '평등(equality)'의 의미를 모두 포함하고 있다.

'정의(正義)'의 개념에 기초해서 우리는 '공평'을 크게 두 가지로 나누어 볼 수 있다. 바로 '과정의 공평'과 '실제적 공평'이다. 후자는 특정한 상황에서 모든 사회 구성원의 특정한 수요가 만족되는지 혹은 대부분이라도 만족되는지를 의미한다. 반면에 전자는 모든 사회 구성원이 어떠한 특정한 상황이 발생했을 때, 특히 과정에서 동등한 권리를 누리는지, 그리고 그것에 상응하는 권리와 의무가 주어지는지에 주목한다.

최근 교육 제도와 공공위생 관리 체계를 둘러싸고 발생한 일련의 정책적 논쟁에서 '30년 개혁'에 대한 매우 상이한 평가들이 쏟아졌다. 이러한 서로 다른 평가는 '공평 우선'과 '효율 우선' 사이에 '정치적 보상'이 있어야 함을 의미한다.

정치적 충돌을 완화하기 위해 정치적 대화, 논쟁에 참여했다고 해서 우리가 상상하는 아름다운 사회를 건설할 수 있을까? 이는 대화 참여자가 상상하는 사회에 따라 결정되는데, 통상 서방 사회의 정치를 배경으로 하기 때문에 중국인의 정신 혹은 정서와 완벽하게 결합할 수 없다.

특권이 판을 치는 시장은 '장애물'일 뿐이다

장웨이잉(張維迎)
베이징대학 광화관리학원 교수

특권이 판을 치는 사회에는 진정한 시장경제체제가 뿌리내릴 수 없으며 '사상 시장'이 없는 경제는 진정한 시장경제가 아니다. 시장경제의 세 가지 기초는 자유, 재산권, 기업가 정신이다. 언론과 출판, 창업 등의 자유를 충분히 누릴 수 없고, 법률로 사유 재산이 보장되지 않으며, 기업가 정신을 효과적으로 발휘할 수 없는 사회는 진정한 시장경제를 건립할 수 없다! 서방 세계가 과거 200여 년에 걸쳐 발전할 수 있었던 까닭은 전통 사회에서 소수의 사람이 누리던 특권을 일반 대중의 기본 권리로 전환했기 때문임을 잊지 말아야 한다.

몇 년 전, 우잉(吳英)이라는 여성이 친구 열한 명에게 투자금 7억 위안을 불법으로 모집했다는 이유로 사형에 처해진 사건이 있었다. 이런 종류의 평결이 서방 시장경제 사회에서도 가능할까? 현재는 불가능하겠지만 과거에는 가능했다. 17세기 프랑스 루이 14세 시대에는 기업가 16,000여 명을 한꺼번에 사형에 처한 일이 있었다. 그들의 죄는 면직물을 수입 혹은 제조한 것으로 이는 당시 재정부 장관인 콜베르(Colbert)의 산업 정책을 위반하는 행동이었다. 이 두 가지 사건을 보았을 때 중국이 완벽한 시장경제 사회가 되려면 아직 멀었음을 알 수 있다. 많으면 300여 년, 적으면 200여 년 후에나 가능하지 않을까? 이는 중국 경제가 권리가 아닌 특권의 기초 위에 건립되었기 때문이며 이것은 곧 우리가 시장경제의 기초를 세우지 못했음을 의미한다.

그렇다면 시장경제의 기초란 무엇일까? 나는 이를 자유, 재산권, 기업가 정신이라고 생각한다. 자유는 인류가 행복을 추구할 때 반드시 필요한 기본적인 인권이며 생명과도 같다. 이는 정당하고 공정한 과정 없이 수탈당할 수 없고 사람은 자유가 없으면 살아가지 못한다. 자유의 유일한 한계는 오로지 타인의 권리를 침해할 수 없는 것뿐이다. 자유는 넓은 의미로 국민이 자신의 지혜, 지식, 기술, 노동을 통해서 자주적으로 결정하고 생활을 개선하고 자신의 꿈을 실현하는 것이다. 좁은 의미로는 타인으로부터 구속받지 않고 자신의 이익을 보호할 권리를 가리킨다.

그래서 모든 사람이 충분한 자유를 누리는 사회 안에서 사람과 사람이 자유롭게 협력함으로써 교역을 완성할 수 있다. 모두 자신을 위해 부를 창조하고, 자신을 위해 행복을 추구한다. 이것이야말로 진정한 '시장의 논리'다. 이러한 자유가 있어야만 경쟁이 있고 경쟁이 있어야 스스로 발전을 멈추지 않는다. 구성원이 개인적인 발전을 멈추지 않아야만 사회도 발전할 수 있다. 이런 의미에서 자유는 시장경제에서 가장 기본적인 요소며 시장경제를 옹호하면서 개인의 자유를 제한해야 한다고 말하는 것은 모순일 뿐이다. 사회에 자유가 없다면 그것은 일부의 사람이 다른 사람을 강제적으로 부리고 수탈할 수 있음을 의미하기 때문이다. 이것은 일종의 '강도의 논리'다. 자유가 없으면 할 수 있는 일은 투쟁뿐이며 중국인은 계획경제 시대에 여러 번 투쟁했다. 그러나 경쟁이 없는 투쟁은 그저 재물을 훼손하는 것에 불과하며 경쟁이 있는 투쟁만이 재물을 창조할 수 있다.

자유는 기본적인 권리라는 점을 강조하고 싶다. 이것은 결코 특권이 아니다. 이른바 권리란 어디에서나 누릴 수 있는 것이며 모두 평등하게 소유한 것이다. 반면에 특권은 일부 사람만 소유한 것이다. 권리는 박탈당할 수 없는 것이지만 특권은 타인에게 줄 수도 있고 또한 박탈당할 수도 있다. 고대 그리스나 고대 로마 공화국 사람들이 말하는 '자유'는 사실 특권이지 권리가 아니었다. 그들이 말하는 자유는 일부에 해당하며 노예는 절대 누릴 수 없는 것이었기 때문이다. 특권이 난무하는 나라는 진정한 시장경제를 건립하는 것이 불가능하다. 당신이 어떤 회사를 세워서 어떤 제품을 생산할지, 제조업에 뛰어들지 아니면 금융업에 뛰어들지, 어떤 재단, 어떤 대학을 세울지는 모두 국민의 자유로운 권리여야 한다. 그러나 중국에서 이런 문제들은 모두 특권이 개입한다. 예를 들어 당신이 창업을 할 때는 수많은 심사 과정이 기다리고 있다. 이 심사 과정을 다 거쳐서 성공하는 사람은 극히 일부분이며 대부분 사람은 실패한다. 특히 중국의 산업정책은 많은 기업가, 혹은 창업을 꿈꾸는 사람들의 불만을 불러일으키고 있다. 인맥이 있는 사람만이 심사를 통과할 수 있으며 인맥, 이른바 '관시(關係)'가 없는 사람은 심사를 받지도 못하는 일이 비일비재하다. 얼마 전 정부가 150억 위안을 들여 영세기업을 지원한다는 발표를 했다. 애초에 국민이 자유롭게 창업하고 경영하도록 했다면 150억 위안의 지원금이 필요했을까? 나는 그렇지 않다고 생각한다. 또 그 150억 위안을 손에 쥐는 것 자체도 일종의 특권일 뿐 권리가 아니다. 또 현재 중국은 비영리기구를 세우는 것 역시 자유롭지 못하다. 예를 들어 당신이 재단을 하나 세우려고 할 때 당신의 의도가 어떠하든 관련 정부기관을 수없이 찾아가야 할 것이다. 중국에서는 당신이 좋은 일을 하고 싶다고 해서 할 수 있는 것도 아니다. 심사를 받았는데 합격하지 못했다면 아무리 좋은 일이라도 할 방법이 없다.

심사 과정, 필요한 절차를 무시해야 한다는 것이 아니다. 내가 강조하고 싶은 것은 이런 것들이 반드시 누구에게나 차별 없이 적용되어야 한다는 점이다. 당신의 집안, 출신, 직장, 학력 등과 관계없이 말이다. 그러나 안타깝게도 중국은 그렇지 못하며 여전히 특권이 존재한다.

나는 여기서 '사상(思想) 시장'의 중요성에 대해 말하고 싶다. '사상 시장'은 인간의 지혜와 이성을 심도 깊게 탐색하는 시장이며 누구나 참여하고 구경하고 또 거래할 수 있다. 이것은 또한 시장경제에서 없어서는 안 되는 중요한 요소다. 미국이 초강대국이 된 이유가 무엇일까? 그것은 바로 미국이 국교(國敎)가 없으며, 어떠한 법률로도 언론의 자유, 출판의 자유를 제한할 수 없다고 규정하기 때문이다. 그러나 중국의 언론은 어떠한가? 또 출판은 어떠한가? 여전히 권리가 아닌 특권이 존재한다.

만약 당신이 출판사를 차리거나 잡지를 창간하고 싶다면 반드시 정부의 허가를 받아야 한다. 이것은 당신에게 특별한 '관시'가 있지 않다면 매우 어려운 일이다. 알다시피 과거 10여 년 동안 중국의 뉴스, 신문, 출판 시장은 크게 확대되지 않았으며 학술 단체 역시 세워진 바 없다. '사상 시장'이 없는 시장경제는 진정한 시장경제라 할 수 없다.

시장경제의 기초 중 두 번째인 재산권 역시 일종의 인권이며 자유에 대한 보장이다. 만약 사회가 사유 재산을 보호하지 못한다면 사회 구성원의 자유 역시 보장받지 못한 것과 다름없다. 재산권은 또한 사회 질서의 기초이기도 하다. 현재 중국 사회에 일정한 질서가 있는 까닭은 바로 국민이 상대방의 재산권을 존중하기 때문이다. 만약 슈퍼마켓에 가서 물건을 함부로 집어 들고 나올 수 있다면 사회는 곧 혼란해지고 말 것이다.

재산권은 또한 도덕의 기초다. 도덕의 기본은 바로 타인에게 해를 입히지 않는 것이다. 개인의 권리를 존중하면서 자신을 위한 가치와 이익을 창조함으로써 비로소 도덕적인 인간이 될 수 있다. 재산권을 존중하지 않는 사회가 도덕성이 높을 리는 만무하다. 현재 중국 사회에 도덕이 밑바닥까지 떨어진 까닭은 바로 개인의 권리와 재산을 존중하지 않은 데 있다. 재산권은 사회 신용의 기초이기도 하다. 재산권이 없으면 기업은 넓은 시각으로 사업을 전개하는 것이 불가능하며 사회에 사기, 유괴, 편취 등 불법적인 행위가 넘쳐날 것이다. 재산권은 또한 발전의 기초다. 기업가, 특히 자신감과 모험심으로 가득한 기업가라면 수년, 아니 수십 년이 걸려도 더 새로운 것을 생산하기를 바란다. 이때 중요한 것이 바로 무형자산에 대한 권리다. 현재 중국에서 논의되는 것은 대부분 눈에 보이는 재산에 관한 것이며 무형자산에 대한 보호는 형편없는 수준이다.

신학자 윌리엄 해밀턴(William Hamilton)은 다음과 같이 말했다. "사유 재산권은 주권에 우선한 법률 권리다. 통치자라도 통치하는 재산을 수탈할 수 없으며 정부의 주요한 임무 중 하나는 바로 사유 재산을 보호하는 것이다." 13세기 로마의 대주교 자일스(Giles) 역시 "권력의 의무는 정의를 보호하는 것이며 그 누구도 타인의 신체와 재산권의 안전을 침해하는 것을 허락하지 않는다. 모든 사람은 자신의 부를 누릴 수 있어야 한다."고 말했다. 징세의 범위와 규모에 대한 제한 역시 개인의 재산권을 보호하기 위한 것이다. 영국은 1215년에 마그나카르타(Magna Carta)로 국왕의 징세권을 제한했다. 현재 중국 정부는 국유기업에 많은 세금 혜택을 주고 있다. 국유기업에서 받아야 할 세금을 민영기업, 혹은 국민으로부터 받아 보충하고 있으니 이 역시 국민의 재산권을 침해하는 것이라 할 수 있다.

시장경제의 세 번째 기초는 바로 기업가 정신이다. 기업가는 시장의 정수(精髓)며 영혼이다. 시장은 기업가가 끊임없이 창조하고 발전하면서 운영되고 그들이 없으면 단순한 상품의 교환 외의 진정한 시장경제가 성립할 수 없다. 진정한 기업가는 예민하고 진취적이며 발전을 추구하며 발전을 위해 기꺼이 고생을 감수하고 위험을 무릅쓸 줄 안다. 기업가들이 자신의 정신과 능력을 얼마나 효과적으로 발휘하느냐에 따라 사회의 발전 속도, 부의 증가 속도가 결정된다.

과거 200년 동안 인류 사회가 이룬 창조와 발전은 기업가의 능력과 정신이 이끌었다고 해도 과언이 아니다. 그러므로 기업가를 방해하고 저지하는 정책은 모두 반 시장 요소라 할 수 있다. 계획경제의 가장 큰 특징이 바로 기업가 정신의 발휘를 가로막는 것이다. 기업가의 활동을 방해했을 때 가장 큰 피해자는 누구일까? 바로 일반 소비자다. 중국 정부가 구글(Google)의 중국

진출을 허가하지 않았을 때 가장 큰 피해를 받은 쪽은 구글이 아니라 바로 수억에 달하는 중국의 네티즌이다. 만약 사회에 자유가 없고, 재산권을 보호 받지 못하며, 특권이 판을 치고 정부가 대부분 자원을 장악했다면 기업가의 활동은 소비자의 가치 창조가 아니라 지대에 의해 결정될 것이다. 물론 기업 가라고 불리는 모든 사람이 부를 창조하는 것은 아니다. 특권이 판을 치는 사회에는 '강도'와 다름없는 기업가가 출현할 것이며 이들은 부를 창조하기 는커녕 사회의 부를 수탈한다. 우리는 중국의 기업가들이 기득권을 누리는 사람들이 되지 않도록 해야 한다. 어떠한 제도 아래에서 성공을 거둔 사람은 그 제도를 개혁하기 보다는 보호, 유지하려 하기 때문이다.

정리하자면 시장경제의 기초는 자유, 재산권, 기업가 정신의 세 가지다. 언론과 출판, 창업 등의 자유를 충분히 누릴 수 없고, 법률로 사유 재산이 보장되지 않으며, 기업가 정신을 효과적으로 발휘할 수 없는 사회라면 진정한 시장경제를 건립할 수 없다!

개혁의 길은 아직 멀다. 계획경제는 근본적으로 '강도의 논리'였지만 중국은 과거 30년의 개혁을 통해 '강도의 논리'를 '시장의 논리'로 전환하고 있다. 20년 전 덩샤오핑은 왜 남순강화(南巡講話)를 했을까? 아마도 중국인이 더 많은 창업의 자유, 돈 버는 자유를 누리고, 기업가 정신을 발휘하도록 하기 위해서였을 것이다. 이를 통해 중국 경제는 1992년 이후 빠른 속도로 크게 발전할 수 있었다. 그러나 안타깝게도 우리의 시장경제는 권리가 아닌 특권의 기초 위에 건립되었으며 특권이 권리에 우선한다. 서방 세계가 과거 200여 년에 걸쳐 발전할 수 있었던 까닭은 전통 사회에서 소수의 사람이 누리던 특권을 일반 대중의 기본 권리로 전환했기 때문임을 잊지 말아야 한다.

제4장

중국의 가치관은 무엇인가?

지금 중국 사회에는 오직 두 종류의 행동이 존재한다. 하나는 강요받은 이타적 행동이며 다른 하나는 권력에 기대어 타인을 구속하는 행동이다. 사실 이런 현상은 중국뿐만 아니라 전 세계에서 공통적으로 나타나고 있다. 아우슈비츠 수용소의 입구에는 "노동은 사람을 자유롭게 한다."라고 쓰여 있다. 또 다른 유대인 수용 시설에는 "타인이 나를 위해 일하며, 나도 타인을 위해 일한다."라고 적혀 있다. 이런 글귀들은 언뜻 들으면 좋은 말 같지만 인간의 구속받지 않을 권리와 부딪혔을 때 무시무시한 악랄함으로 변할 수 있다.

핵심가치관과 미래 중국

판웨이(潘維)

베이징대학 국제관계학원 교수

　　오늘날 중국 사회가 직면한 가장 심각한 문제는 바로 핵심가치관이 사라졌다는 것이다. 핵심가치관은 도덕관, 과학관, 집단관, 사회관, 정치관, 민족관, 국제정세관을 가리키며 이는 순서대로 동심원 구조를 이루고 있다. 핵심가치관의 붕괴는 보통 가장 바깥쪽의 국제정세관부터 시작되어 안쪽을 향해 도미노처럼 연이어 발생한다. 사회에서 핵심가치관이 사라지면 구성원 간의 화합을 이끌어 낼 수 없다. 이것을 다시 세우려면 사회 지식엘리트 계층의 공동의식이 관건이다.

　　인간은 동물과 달리 관념이 있다. 가치관은 옳고 그름에 대한 관념을 말하며 인간의 생존과 발전에 매우 중요한 요소다. 가치관이 있기에 인간은 비로소 인생의 달고, 쓰고, 맵고, 짠 맛을 느낄 수 있으며, 치욕과 명예를 구분하고 미래를 꿈꿀 수 있다.

　　정치학자로서 필자는 현대 민족국가의 화합을 불러올 수 있는 관념에 집중할 것이다. 아울러 사회 응집과 관련 있는 가치관을 현대 사회의 핵심가치관이라고 부르겠다.

사회 가치관이 사회 관계에 미치는 영향을 강조하는 것으로 이 글을 시작해 보자.

개인의 행위준칙을 세우려면 사회 안에서의 신분, 즉 '나는 누구인가?'를 먼저 정해야 한다. 예를 들어 다음과 같은 식이다. "나는 남자다. 그러므로 '반드시' 여성을 보호해야 한다.", "나는 노인이다. 그러므로 클럽에 가서 춤을 추면 '안 된다.'", "나는 정부 관료다. 그러므로 도박을 해서는 '안 된다.'", 또는 "나는 중국인이다. 그러므로 미국식으로 옳고 그름을 따질 '필요가 없다.'"

사회 신분을 명확하게 확정하면 그것으로부터 나온 행위준칙도 공공의 동의를 받게 되며 이는 사회 구성원 간의 화합에 큰 영향을 미친다. 예를 들어 자녀라면 응당 부모에게 효도해야 한다. 부모라면 응당 자녀를 교육해야 한다. 상인이라면 응당 돈을 벌어야 하고, 교수라면 응당 학생들을 가르치고 연구해야 한다. 또 관료라면 응당 사람들을 위해 봉사해야 한다. 이렇게 자신이 확정한 신분과 행위준칙에 따라 자신의 자리에서 열심히 임무를 수행할 때 비로소 사회 화합이 이루어진다.

이와 반대로 사회 신분을 제대로 확정하지 못하면 행위준칙은 바로 서지 않고 사회에는 모순과 갈등이 발생할 것이다. 예를 들어 남성이 자신을 여성으로 인식하는 것, 교사가 자신을 장사꾼으로 생각하는 것, 관료가 자신을 기업가로 생각하는 것, 거꾸로 기업가가 스스로 관료라고 생각하는 것 등이다. 이렇게 되면 행위준칙에 큰 혼동이 발생해서 사회에 점차 기이한 행위들이 난무할 것이다. 예를 들어 권력을 손에 쥐었으며 자신을 기업가로 인식하는 관료는 관료사회의 도덕을 망각한 채 돈을 벌고자 할 것이다. 그러면 서민들은 관료에 수탈당하고 사회 곳곳에서 불만과 항의가 터져 나온다.

사회 관계가 안정적이면 사회의 핵심가치관도 안정적이지만 사회 관계가 불안정하면 핵심가치관도 불안정해져서 혼란이 발생할 수 있다. 이 글은 사회의 핵심가치관과 그 변화, 그리고 사회 관계와의 연관성에 관한 것이다.

핵심가치관의 구조

사회 관계는 사회의 '골격'과 같아서 이것이 무너지면 사회도 곧 붕괴되고 만다. 사회 관계는 총 일곱 가지로 나뉜다. 개인과 타인의 관계, 개인과 자연의 관계, 개인과 집단의 관계, 집단과 사회의 관계, 국민과 정부의 관계, 국민과 민족국가의 관계, 민족국가와 국제 사회의 관계다.

이 사회 관계들 안에서 시시비비를 가리는 기준이 바로 핵심가치관이며 각각의 사회 관계마다 모두 달라서 핵심가치관 역시 일곱 가지다. 이 일곱 가지 핵심가치관은 동심원 구조를 이루며 안에서 바깥 방향으로 도덕관, 과학관, 집단관, 사회관, 정치관, 민족관, 국제정세관이 자리한다.

첫 번째 동심원 : 개인과 타인의 관계-도덕관

사회의 가장 기본적인 행위준칙은 사람과 동물을 구분하는 '보편타당한 도덕' 여섯 가지로 구분할 수 있다. 우리는 '사람'이므로 다음과 같은 행동을 해서는 안 된다. ① 살인(근거 없이 감금하거나 무고한 사람을 죽이는 것), ② 강탈(농민의 토지를 강제로 점령하거나 노동자에게 초과근무를 강요하는 것), ③ 절도(타인의 연구 성과를 가로채거나 공동 소유물을 사사로이 소유하는 것), ④ 사기(언행의 불일치, 신뢰할 수 없는 말과 행동을 일삼는 것), ⑤ 유기(노인이나 노동 능력이 없는 사람을 방치하는 것), ⑥ 성범죄(강간 및 만14세 미만의 미성년자와 성관계를 하는 것)

아마 이 여섯 가지 보편타당한 도덕에 대해 반대하는 사람은 없을 것이다. 하지만 중국에 시장경제체제가 들어선 후 유행한 물질주의(materialism),[01] 이성주의(rationalis-

01 돈을 삶의 가장 중요한 가치로 여기고 모든 것을 돈과 연관해서 생각하거나 지나치게 돈에 집착하는 태도. 황금만능주의 또는 물질만능주의라고도 한다.

mus)⁰² 등은 종종 도덕과 종교계의 비판의 대상이 되었다. 사실 부를 추구하는 것은 인간의 본능이다. 그래서 아주 오래전부터 농부는 생산량을 높이기 위해 최선을 다해 농사를 짓고, 상인들은 더 많은 돈을 벌려고 열심히 장사했다. 이런 일은 어느 시기에나 매우 자연스러운 일이었으며 부를 추구하고 향유하려는 심리는 인류 발전의 원동력이 되었다.

02 이성과 논리적 타당성에 근거해서 사물과 생활의 모든 것을 인식하고 판단하는 태도. 비이성적이고 우연적인 것을 인정하지 않으며 '합리주의'라고도 한다.

이렇게 부를 추구하는 것은 인간의 본능일 뿐 가치관이 아니다. 가치관은 본능과 엄연히 다르며 사회 관계에 대한 관념을 가리킨다. 그래서 인간은 본능적으로 부를 추구하는 동시에 '타인의 이익을 침해해서는 안 된다'는 가치관을 따라야 한다. 본능은 '주의(主義)'가 되는 순간 반사회적 행위가 되고 만다. 예컨대 부를 추구하는 이성이 '물질주의'가 되거나, 개인의 이성을 중시하는 태도가 '이성주의'가 되어서는 안 된다. 본능은 이기적이지만 가치관은 이타적이어서 물질주의와 이성주의가 비난 받은 것이다. 인류 사회는 오랜 세월 동안 힘겹게 축적한 보편타당한 도덕과 행위규범을 따라왔다. 이것은 '정의(正義)' 혹은 '기본법(基本法)'으로 불리며 인류의 영혼과 생활 속에 깊이 뿌리내렸다.

바로 이러한 '인성(人性)'이 인간을 동물과 구분하고 더욱 우월하게 만들었다. 만약 사람들이 자신을 '인간'으로 인식하지 않고 약육강식의 자연법칙 아래에서 누리는 '자유'를 찬미하고 추구한다면 사회는 보편타당한 도덕을 잃고 동물세계와 다를 바 없어질 것이다.

두 번째 동심원 : 개인과 자연의 관계-과학관

산, 강, 평원, 바다, 공기, 동물, 식물 등으로 이루어진 자연은 인간이 생존하고 발전하는 데 기본적인 조건이다. 모든 사람은 자연과 깊은 관계를 맺으며 살아가기 때문에 개인과 자연의 관계도 사회 관계 중 하나로 생각할 수 있다. 또 자연에 대한 관념은 사람 사이의 관계에 영향을 미칠 수도 있어서 매우 중요하다.

  그렇다면 자연에 대한 관념에는 어떠한 것들이 있을까? 근대 이후 지식층은 자연 만물에 영혼이 있다는 관념, 즉 미신이나 '천인합일(天人合一)' 같은 현학적인 관념을 모두 버렸다. 그리고 체계적이고 과학적인 호기심과 태도로 자연을 해석하고 끊임없이 "왜?"라는 질문을 던졌다. 스스로 '현대인'이라고 인식한다면 개인과 자연의 관계에서 과학을 존중하는 것을 시대의 핵심가치관으로 삼아야 한다. 이것은 현대 학교 교육의 근본이며 사회 발전의 기초이기도 하다. 만약 사회를 주도하는 지식엘리트들이 자신을 '현대인'으로 인식하지 않는다면 개인과 자연의 관계를 '미신'으로 규정하고 그것으로 다른 모든 사회 관계까지 해석하려 들 것이 분명하다. 그러면 사회는 곧 '기이한 힘과 잡다한 신'으로 가득할 것이다.

세 번째 동심원 : 개인과 집단의 관계—집단관

  집단을 떠나서 살 수 없는 생물의 경우 집단을 개체보다 우선시한다. 또 그 안의 구조가 얼마나 복잡한가에 따라 생존 능력이 결정된다. 인간 역시 사회에 속해 있으므로 개인의 신분은 사회가 부여하거나 사회, 즉 집단 속에서 싹을 틔워 수확한 것으로 볼 수 있다. 요컨대 인간이든 동물이든 집단 안에서 인정받지 못하는 개체는 자유가 있어도 집단의 '쓰레기'와 다름없는 존재다. 그래서 개인의 자유와 창조력은 사회의 생존과 발전에 공헌했을 때 비로소 빛을 발한다. 이러한 집단관은 대체로 보편타당성이 상당히 높은 편이다. 그러나 현재 중국 사회는 집단관의 혼란이 가중되고 있다. 집단이 먼저인가, 아니면 개인이 먼저인가?

  일반적으로 서방 사회는 개인의 자유를 최우선 가치로 여긴다고 알려졌지만 이는 몇몇 지식엘리트가 '수박 겉 핥기' 식으로 서방 문화를 공부한 결과다. 실제로 서방 사회는 고대 그리스 로마 시대부터 중세기 후까지 줄곧 집단주의를 강조했다. 산업화 시대에는 기율과 규칙이 더욱 강조되었으며 사회는 이를 통해 노동자들을 아주 촘촘히 엮고 구속해서 발전의 동력으로 삼았다. 당시 서방 사회에는 계급, 기율, 복종, 권위, 공동의식 같은 단어들이 유행했으며 이것은 모두 서방 사회를 구성하는 '요소'가 되었다.

반면에 전통 중국 사회는 개인과 가정을 최상의 가치로 삼았다. 전통 사회에는 '공공', '국민' 등의 인식이 거의 없었으며 아주 극소수의 지식엘리트들만이 '공공'의 개념을 어렴풋이 이해하는 수준이었다. 이렇듯 '모래알처럼' 뿔뿔이 흩어져 살아온 4억 5천만 중국인은 20세기가 되었을 때 겨우 2만 명의 서양 군대에 패하고서 4억 5천만 냥의 은전을 배상해야 했다. 이는 인구 1명당 은전 1냥 꼴이었다. 만약 당시 중국인이 '공공', '국민'이라는 인식을 갖춰 하나로 단결했다면 모두 한 번씩 침을 뱉기만 했어도 침략자를 쫓아낼 수 있었을 것이다.

일반적으로 개발도상국의 집단관은 선진국만큼 견고하지 않다. 그래서 개발도상국의 현대화는 '집단의식을 강화하는 과정'이라고 해석할 수도 있다. 실제로 아시아의 개발도상국에서 선진국의 대열에 진입한 일본, 싱가포르, 한국은 그 과정에서 국민의 집단의식을 키우는 데 가능한 모든 역량을 투입했다. 또 현대 중국 사회에서는 '사회주의'가 집단의식을 강화하는 중요한 수단이 되었다.

네 번째 동심원 : 집단과 사회의 관계-사회관

현대 사회에서 벌어지는 시장경쟁은 모두 그 안의 작은 집단을 중심으로 이루어지므로 집단들은 언제나 서로 경쟁관계다. 다시 말해, 마을과 마을, 기업과 기업, 단체와 단체 사이에는 항상 경쟁이 존재한다. 여기에도 적자생존의 자연법칙이 적용되지만 자연 상태와 완전히 똑같지는 않다. 현재 우리 사회에서 집단의 개념은 점점 확대되고 있다. 작은 집단들이 뭉쳐 큰 집단을 만들고 큰 집단들이 모여 거대한 중화민족이 있으며 중화민족 밖에는 국제사회라는 더 큰 집단이 존재한다. 한 개인이 속한 집단은 가족, 촌락, 지역사회, 더 큰 지역사회, 국가로 끊임없이 확장되는데 이때 가장 필요한 것이 '공민의식'이다. "나는 공민이다."라는 생각이 있으면 자신이 속한 집단, 즉 사회에 해를 끼치지 않기 때문이다.

사회 안에 있는 작은 집단들 사이에 벌어지는 시장경쟁은 계급과 이익의 투쟁이어서 사회 전체의 이익에 악영향을 미친다. 그러므로 사회관은 시장경제체제와 사회 전체의 이익을 중요하게 여기는 것이어야 한다.

다섯 번째 동심원 : 국민과 정부의 관계-정치관

국민은 사회를 구성하고 정부는 사회를 관리한다. 이런 구조 속에서 국민과 정부의 관계, 특히 정부 관료의 선출 방식, 정부의 감시감독 체계 등에 집중하는 것이 정치관이다. 역사적으로 뛰어난 문명은 모두 저마다 독특한 정치문명을 갖췄으며 이것은 정치체제로 응집되어 드러난다. 정치체제는 정치문명과 사회구조가 결합한 것이어서 각국의 정치체제는 비슷해 보여도 사실은 크게 다르다.

러시아는 보리스 옐친(Boris Yeltsin) 시대에 자유민주주의를 도입했으나 당시 러시아 사회의 실제 모습은 콜롬비아의 무장게릴라나 시칠리아의 마피아에 더 가까웠다. 일본 역시 자유민주주의를 표방하나 실제로는 서방의 자유민주주의와 크게 다르다. 예를 들어 의회 의원의 절반 이상이 정치인 집안 출신이고, 장관의 아들과 손자가 대대손손 장관 자리를 물려받는 일이 비일비재하다. 또 자민당(自民黨) 당원 700여 명이 선출하는 일본 총리는 실제로 정권을 완벽하게 장악하지 못한다.

러시아와 일본의 지식엘리트, 정치엘리트들은 왜 자국의 사회구조와 맞지도 않는 정치체제를 그대로 가져다 쓰려고 했을까? 바로 그들의 정치관 때문이다. 하지만 그렇다고 해서 그들이 지지하는 정치관이 과하게 서방화되었거나 현실과 맞지 않는다면 국민과 정부의 관계가 심하게 왜곡되어 결코 사회 화합을 이룰 수 없었을 것이다.

현대에 들어 전 세계에서 가장 유행하는 정치관은 선거, 특히 직선제와 다수결의 원칙이다. 이것은 국민이 여러 개의 '이익집단'으로 나뉘어 그 대표가 권력을 손에 넣어서 자신이 속해 있는 이익집단을 보호하고 더 많은 이익을 추진하는 것이다. 그래서 정치는 일종의 '정권 경매장'이 되고 여기에서 더 많은 국민의 지지를 확보하는 쪽이 승리하는 구조다. 대부분 선진국은 두 개, 혹은 그 이상의 당들이 서로 경쟁해서 계급 전쟁을 마무리 지었다. 그런데 중국에서는 두 개나 혹은 그 이상의 당들이 오히려 계급 전쟁을 촉발하고 나라 전체를 혼란에 빠뜨렸다. 사실 중국은 오랜 역사를 통해 독특한 정치문명을 쌓아 왔기에 외부에서 무언가를 도입할 필요가 없었다. 전통적으로 중국 정치는 유교엘리트 집단이 주도했고 지금은 중국 공산당 지도부가 이끌고 있다. 이 두 가지의 사회구조와 정치가치의 전승 방식은 확연히 다르지만 하나의 정치엘리트 집단이 국가를 지휘한다는 점은 같다.

현재 서방의 자유민주주의는 다시 한 번 심각한 '합법성'의 위기에 직면했으며 정치에 대한 국민의 실망, 냉소, 거부의 감정이 나날이 증가하고 있다. 2006년에 미국 중간선거의 투표율이 거의 20%에 불과했다는 사실이 대표적인 예다. 서방의 선거 역시 '합법성'의 위기에 봉착했다. 선거철이 되면 각종 밀실정치와 거리정치가 난무하고 '표의 인질'이 된 정치인들은 하루가 멀다 하고 사분오열하고 있다.

중국인이 자신만의 정치관을 형성하지 못하면 중국의 독특한 사회구조에 적합한 정치문명을 형성하지 못할 것이다. 이것은 큰 뜻을 품었으나 아무 것도 거두지 못하는 것과 마찬가지다.

여섯 번째 동심원 : 국민과 민족국가의 관계-민족관

개인, 집단, 그리고 사회는 모두 민족국가 안에 존재하며 국제 사회에서 벌어지는 경쟁과 충돌은 민족국가를 기본 단위로 벌어져 왔다. 그런데 오늘날 교통과 통신이 발달하면서 국제 사회의 경쟁과 충돌이 잦아졌으며 이로 말미암아 민족국가의 발전과 패망도 빈번해졌다. 이에 민족국가들은 도태되지 않기 위해 서로 뭉쳐 집단을 형성하기 시작했다. 유럽 대륙에는 유럽연합(European Union : EU)이 건립되었고 현재 세계 곳곳에서 중소형 국가들이 지역을 기반으로 하는 '연합' 혹은 '협력' 등을 추진 중이다.

민족국가란 '현대 민족'을 기초로 하는 국가를 일컫는다. 여기서 '현대 민족'이란 미국인, 중국인처럼 정치적인 개념으로 동일한 국가 행정영역 안에 있는 사람들을 가리킨다. 이와 달리 '전통 민족'은 종교, 인종, 언어, 문화, 지리 등으로 구분되는 개념이다. 20세기 초, 우리는 엄청난 혼란과 전쟁을 겪고 현대 사회주의 민족국가를 건립했다. 흔히 이야기하는 '애국심'이란 중국을 사랑하는 것이며 '민족주의'란 다른 민족국가와의 관계에서 중화민족의 이익을 가장 중요하게 생각하는 것을 의미한다. 스스로 중국인이자 중화민족이라고 생각한다면 애국심은 당연한 가치관이자 불변의 진리다.

일곱 번째 동심원 : 민족국가와 국제 사회의 관계-국제정세관

민족국가로 구성된 세계는 일종의 '무정부 상태'로 각국은 군사력을 이용해서 자신을 보호하고 안전을 유지해야 한다. 현대 국제 사회의 기본 법칙 중 하나는 '약육강식'으로 여기에는 언제나 '압제하는 쪽'과 '압제받는 쪽'이 존재한다. 이도저도 아닌 쪽은 양쪽을 연결하는 중간 지대의 역할을 담당한다. 국제 무역과 금융은 세계의 부가 '압제하는 쪽'으로 몰리는 합법적인 '통로' 역할을 한다. 이렇듯 언뜻 보기에 상당히 공평한 것 같은 국제 무역과 금융 체계는 사실 매우 불공평하며 거의 모두 '압제하는 쪽'이 장악하고 있다.

그래서 압제받는 나라들은 같은 처지의 다른 국가들과 동맹을 맺고자 한다. 이런 나라들은 처음에 국제 문제의 시시비비를 가리는 데 함께 참여하면서 서로 문화적, 심리적 유대를 형성한 후 동맹을 추진한다. 문화적 유대를 바탕으로 국가들이 동맹을 맺을 때 그들의 공동 목표는 어디까지나 이익이지 문화가 아니다.

'압제하는 쪽'은 언제나 자신을 변호하는 말을 내세우고 '압제받는 쪽'은 반박한다. 이때 한 국가가 '압제하는 쪽'의 말을 옹호한다면 두 국가는 금세 우호적인 관계를 쌓을 수 있지만 이것이 동맹으로 발전할지는 이익에 따라 결정된다. 가장 비참한 경우는 '압제하는 쪽'의 국제정세관에 찬성하고 지지하면서도 압제받고 있기 때문에 항거해야 하는 상황이다. 예를 들어 이라크는 원래 미국에 전혀 반감이 없었으며 오히려 냉전 말기에는 미국의 주요 동맹국이었다. 미국이 이라크를 공격하기 전날 밤에도 텔레비전에서 할리우드 영화가 방영되었다. 그러나 석유와 지리적 조건 때문에 압제받는 국가가 되다 보니 이라크는 항거할 수밖에 없었다. 사실 지금도 이라크의 대부분 정치인과 군사 지도자들은 미국에 항거하려는 의식과 의지가 별로 없으며 오히려 가까운 미래에 미국의 동맹국이 되는 꿈을 꾸고 있다. 이러한 상황에서 이라크 사회 내부는 더욱 분열되고 혼란스러워졌다.

위와 같은 이유로 국민들, 특히 지식엘리트는 국제 사회의 정세와 국제 관계에 대해 더욱 명확하게 인식해야 한다. 지금 국제 사회의 본질은 '상호 의존'인가, 아니면 '압제와 피압제'인가? 중국은 '압제하는 쪽'인가 아니면 '압제받는 쪽'인가? 다른 민족국가를 '압제하는 쪽'을 가만히 내버려 두어야 하는가?

정리하자면 핵심가치관이란 일곱 가지 사회 관계의 시시비비를 가리는 기준이다. 이 일곱 가지 핵심가치관은 현재 중국 사회의 논쟁의 중심이며 사람들은 어떤 것이 주류인지 가늠하기도 힘들 정도로 수많은 의견을 내놓고 있다. 이는 곧 핵심가치관의 실종으로 이어졌다.

핵심가치관의 '도미노 현상'

사람들은 흔히 핵심가치관의 실종을 도덕관념의 실종으로 착각한다. 하지만 도덕이란 인류 사회를 지탱하는 것이자 인류의 가장 중요한 가치관이며 인간이라면 모두 갖추고 있는 것인데 어떻게 실종될 수 있겠는가?

소련이 붕괴된 후 1990년대 내내 러시아인들은 마치 도덕의식을 잃은 것처럼 보였다. 10여 년이라는 짧은 기간에 러시아에서는 살인과 강도 사건이 급격히 늘어났고 마피아의 활동이 활발해졌다. 그러나 이를 제지하는 사람도 없고 제지할 방법도 없었다. 이슬람교를 믿는 이라크인은 원래 가진 것에 만족하고 법을 지키며 살아가는 민족이다. 그런데 민주 정부가 수립되면서 사회에는 갑자기 폭도들이 들끓고 절도, 강도, 살인, 위협 등이 성행했다. 같은 시대에 같은 지역에서 산 사람들이 어떻게 하루아침에 이렇게 바뀐 것일까?

가치관은 사회 관계의 영향을 받고 그것의 변화를 반영하므로 사회 관계가 변하면 가치관도 달라진다. 예를 들어 유고슬라비아가 해체되면서 유고슬라비아인은 나라를 잃고 가치관의 혼란을 겪었다. 하지만 일반 가치관과 달리 핵심가치관은 매우 독립적이어서 그 자체에 변화의 논리가 있다. 이것은 사회 관계의 변화에 영향을 받지 않으며 오히려 사회 관계의 변화를 일으키는 지렛대 역할을 한다. 그래서 핵심가치관이 변화하면, 정책이 바뀌고 사회가 새롭게 변화한다. 이것을 다시 유고슬라비아의 역사에 적용해 보면 애초에 유고슬라비아인의 민족관이 붕괴되었기 때문에 유고슬라비아가 해체된 것이라 할 수 있다.

앞에서 일곱 가지 핵심가치관을 설명했는데 지금부터는 이 핵심가치관 간의 관계를 통해 러시아나 이라크에서 발생한 도덕관의 갑작스러운 실종에 대해 이야기하고자 한다. 필자가 다음의 분석을 통해 얻어낸 결론은 동심원 중 바깥쪽 핵심가치관이 무너지면 마치 도미노처럼 안쪽으로 하나씩 무너진다는 것이다. 그 결과 가장 안쪽의 보편타당한 도덕관까지 무너진다. 다시 말해 핵심가치관 체계의 붕괴는 일반적으로 가장 바깥쪽, 바로 국제정세관이 붕괴되면서 시작된다.

국제정세관이 가장 쉽게 무너진다

　국제정세관은 사실 일반 사람들의 생활과 큰 관련이 없다. 국제 관계에 관해 판단하는 사람들은 대부분 국가의 지식엘리트이기 때문이다. 따라서 그들의 국제 관계에 대한 생각이 변하면 그에 따라 사회 전체의 국제정세관도 변화한다.

　미국은 중동 지역 문제에 대해 앞으로 이스라엘이 무슨 행동을 하든지 무조건 지지할 것이며 이슬람 국가를 단죄하는 데 조금도 주저하지 않겠다고 선언했다. 현재 미국의 전체 인구에서 유대인은 겨우 2%도 채 되지 않는다. 그러니 미국에서 이 정책을 기반으로 이익을 얻는 사람은 거의 없다. 또 이스라엘은 산유국이 아니며 교통의 요지에 자리한 나라도 아니다. 오히려 과격한 정책 탓에 미국 국내를 불안하게 만들고 있다. 그럼에도 불구하고 미국은 왜 이런 정책을 채택했을까? 그것은 바로 대다수 미국인이 국제 관계에 대해 관심이 없는 탓에 미국의 중동 지역 정책의 연구, 채택, 선포, 집행이 모두 유대계 지식엘리트들에 의해 좌우지되기 때문이다. 그들은 매우 조직화되어 성공적으로 미국 내 여론을 이끌었고 중동 정책 반대, 반유대주의(antisemitism)를 마치 나치즘(nazism)과 같은 종류로 취급했다.

　중국의 상황도 이와 다르지 않다. 중국인의 절대 다수가 국제 관계에 대해 잘 모르고 관심이 없다. 중국의 국제 관계에 대한 판단은 거의 모두 지식엘리트들로부터 나온 것이다. 만약 그들이 미국의 국제 정책에 동조하고 미국을 중심으로 하는 국제 사회 건립에 찬성했다면 중국은 아마 지금쯤 미국이 선정한 '불량 국가'와 전쟁 중일 것이다. 실제 국제 상황에 타협하는 것과 국제정세관을 유지하는 것은 다른 일이므로 매우 신중해야 한다. 로마제국은 로마인과 게르만인의 구분이 모호해지면서 곧 멸망했다. 중화민족과 오랑캐의 구분이 없었다면 중화제국도 지속되지 못했을 것이다. 1975년에 소련은 이전 몇 년 동안 경제적으로 크게 발전해서 자신감이 무척 커진 상태였다. 같은 해 열린 유럽안보협력회의(Conference on Security and Cooperation

> **03** 미국과 동서 유럽국가 등 35개국이 주권존중, 전쟁방지, 인권보호를 핵심으로 체결한 협약

in Europe : CSCE)에서 소련은 '헬싱키 협약(Helsinki Accord)'[03]에 서명했다. 이것은 서방 세계의 국제정세관에 무장해제한 것과 다름없었다. 이후 소련의 지식엘리트들은 국제 관계에 새롭게 인식하기 시작했으며 곧 소련의 핵심가치관 체계가 바깥쪽에서 안쪽으로 무너지기 시작했다. 그리고 얼마 후 소련은 붕괴되었다.

국제정세관이 무너지면 민족관이 무너진다

미국이 이끄는 국제체제가 정의이자 진보라면 여기에 저항하는 국가는 큰 잘못을 저지른 것이다. 또 그 국민의 애국심은 '극단적 민족주의'이므로 제재를 받아 마땅하다. 현재 중국의 일부 지식엘리트들은 중국이 현재의 국제체제를 제대로 이해하지 못해서 중미 갈등이 발생했다고 생각한다. 그러고서 중국인의 애국심을 '극단적인 민족주의'의 탓으로 돌린다. '압제하는 쪽'의 국가들은 '압제'의 국제주의(internationalism)[04]와 애국심을 같은 것으로 보았다. 예컨대 미국인은 국경일에 집집마다 국기를 높이 내걸며 축하했다. 마찬가지로 '압제받는 쪽'에 있는 국가들도 '반압제'의 국제주의와 애국심을 하나로 생각했다. 예를 들어 마오쩌둥 시대에 중국의 '반

> **04** 국가와 민족, 국경을 초월하여 민족, 국가 간의 협조나 연대를 통해서 어떤 목적이나 가치를 추구하는 사상이나 운동을 가리킨다.

압제'의 국제주의는 애국심과 떼려야 뗄 수 없는 관계였다.

그런데 '압제하는 쪽'의 내부에서 '반압제'의 국제주의를 주장하는 사람들이 나타나면서 애국심과 충돌을 일으켰다. 미국의 언어학자인 노암 촘스키(Noam Chomsky)가 대표적인 인물이다. 마찬가지로 '압제받는 쪽'의 내부에서도 '압제'의 국제주의가 애국심과 크게 충돌했다. 실제로 지금 중국 사회에서는 국제정세관이 무너지면서 민족관과 애국심까지 붕괴되고 있다.

미국이 주도하는 지금의 국제체제를 거부하는 사람들은 마오쩌둥 시대에 중국은 '대장부'의 면모를 갖췄는데 지금의 중국은 미국의 '둘째 부인'이

되려고 한다고 비아냥거린다. 반대로 지금의 국제체제를 신봉하는 사람들은 여기에 중국이 '이성적으로 융합' 해야 한다고 주장하며 '극단적인 민족주의자' 들을 비판한다. 주류 매체와 교육계는 양쪽에게 모두 '공평' 한 기회를 제공한다고 말하면서도 애국심을 흐리는 여론을 형성하고 있다. 심지어 학교의 역사 교과서 내용조차 민족과 국가에 대한 의식을 모호하게 만든다. 이러한 여론의 혼란과 교육의 변질로 중국의 민족관은 날로 붕괴되고 있다.

민족관이 무너지면 정치관이 무너진다

민족관이 붕괴되면 해당 민족은 고유의 정치 문명까지 잃는다. 그런 후 자국의 독특한 사회구조에 적합할지 생각해 보지도 않고 '보편적인 정치관' 을 소리 높여 찬양할 것이다.

정치관은 반드시 국가의 이익을 가장 큰 목표로 삼아야 하며 '보편적인 정치관' 에 자리를 내주어서는 안 된다. 도덕관은 보편적이지만 정치관은 예나 지금이나 보편적일 수 없다. 각 민족은 서로 다른 사회구조 속에서 다양한 정치관을 창조했기 때문이다. 예를 들어 중국의 민본주의(民本主義)는 서방의 민주주의와 다르다. 또 고대 로마의 정치관은 제국을 오랜 기간 유지할 정도로 훌륭했으나 중국 한(漢) 시대의 정치관과 달랐다. 왜냐하면 두 국가의 사회구조가 판이하게 다르기 때문이다. 만약 소농(小農)의 나라인 중국이 고대 로마의 정치관을 따랐다면 위대한 중화문명은 형성되지 못했을 것이다. 마오쩌둥이 고수한 정치관은 이른바 '세계의 조류' 와 맞지 않았으며 덩샤오핑 역시 '세계의 조류' 에 구애받지 않고 중국만의 독특한 정치관을 세웠다. 반대로 소련의 미하일 고르바초프(Mikhail Gorbachyev)는 이른바 '세계의 조류' 에 휩쓸려 쓰러졌고 그 결과 중국과 소련의 운명은 완전히 뒤바뀌었다.

서방 세계에서 자란 쑨원(孫文)은 원래 서방의 정치관을 받아들였으나 고국인 중국이 제국주의의 침략에 쇠락하는 것을 목격하고 회의를 느꼈다. 이후 그는 중국에 가장 적합하고 당면한 어려움을 해결할 수 있는 정치관을 세우고자 노력했다. 그의 사상적 핵심은 민족의 이익을 최우선으로 고려한 민족주의, 즉 애국심이었다. 자주성과 주권이 없는 민족이 어찌 민주주의를 말하겠는가? 중국 사회는 과거에도 그랬고 지금도 무척 독특해서 대만, 홍콩, 싱가포르와 모두 구별된다. 특히 민족과 지역에 따라 투표권을 나누어 주기 때문에 다수결 제도가 오히려 사회를 분열시킬 가능성이 크다. 어떠한 정치관이든 우리가 그것을 선택하는 유일한 기준은 바로 '중화민족의 이익'이어야 하는 점을 잊지 말아야 한다. 거지가 투표용지 한 장을 받았다고 해서 갑자기 부유해질 수는 없다. 아마 그에게 투표용지는 술 한 잔 가치도 안 되는 종이쪼가리에 불과할 것이다.

현재 중국에서 벌어지는 핵심가치관에 관한 다양한 논쟁 중에서 가장 치열한 것이 바로 정치관이다. 수많은 지식엘리트와 정치엘리트는 각자 저마다의 생각과 이론을 쏟아내며 그 옛날 '백가쟁명(百家爭鳴)' 식의 논쟁을 계속하고 있다. 주요 내용은 다음과 같다. 관료를 선발할 때 다수결 제도를 도입해야 할까 아니면 중국의 전통에 따라 '능력 우선'을 원칙으로 해야 할까? 정책결정자는 국민의 이익을 대표하는가 아니면 집단의 이익을 대표하는가? 정부에 대한 감시와 감독은 다수결로 결정해야 하나 아니면 현재의 '분권'과 '법치'를 유지할까?

현재 중국의 정치관이 바로 서지 않고 혼란스럽다는 사실은 관료들의 반응에서도 엿볼 수 있다. 예를 들어 미국으로부터 중국에는 자유가 없고 비민주적이라는 비판을 들으면 중국의 관료들은 이를 열심히 '해명'하려고 한다. 그러나 사실은 이런 해명 자체가 미국의 '보편적인 정치관'에 대해 인정하는 것이며 중화문명의 정치관을 부끄러워하는 것이다.

정치관이 무너지면 사회관이 무너진다

정치관은 국민과 정부의 관계에 관한 것으로 사회관, 즉 사회 '공동체 의식'과 큰 관련이 있다. 중국에는 "관리(官吏)가 관리(管理)한다."는 말이 있다. 다시 말해 정부가 사회를 관리한다는 뜻이다. 그렇다면 사회는 왜 정부의 관리를 필요로 할까? 그것은 바로 사회 화합을 이루고자 하기 때문이다. 물론 정부가 사회를 관리한다고 해서 반드시 화합하는 것은 아니지만 정부의 관리 없이는 절대 화합할 수 없다.

정부의 사회 관리는 정치관의 영향을 받는다. 그러므로 구조가 서로 다른 사회는 정치관이 다른 동시에 사회관계를 처리하는 방법도 달라 '공동체'를 형성하고 유지하는 방법이 천차만별이다. 그래서 정치관에 혼란이 발생하면 곧 사회관에도 혼란이 발생하고 '공동체 의식'을 형성하는 것이 불가능하다. 이렇게 사회 공동체를 유지하는 방법을 잃거나 찾아내지 못하면 사회 화합을 이룰 수 없다.

중국인의 '공동체 의식'은 전통 사회에서 가장 취약했고 마오쩌둥 시대에 가장 뚜렷했다. 이후 정치관이 붕괴되면서 곧이어 사회관까지 함께 붕괴되자 집단 간의 이익경쟁이 극에 달하고 사회는 점점 도를 넘은 악성 경쟁에 빠져들었다. 사회에는 집단의 이익을 위해서라면 아무 거리낌 없이 도리에 어긋나는 행동을 하고 악행을 저지르는 일이 만연했다. 예를 들어 자신이 경영하는 회사의 이익을 위해 서민의 재산을 수탈하거나 불법으로 강, 호수, 바다 등을 오염시키는 일이 발생했다. 또 지방정부가 이익을 얻기 위해 법률과 중앙의 정치 지도를 무시하고 다른 대상에게 잘못을 떠넘기는 일도 있다. 이 때문에 현재 중국 사회는 규범에 의거한 집단 간 경쟁이 거의 불가능하다.

사회관이 무너지면 집단관이 무너진다

사회관이 무너져서 공동체의식이 사라지면 집단에 대한 신뢰가 떨어지고 결과적으로 이익을 창출하기 어려워진다. 예를 들어 한 집단의 지도자와 지식엘리트들이 공공의 이익을 마음대로 사사로이 취한다면 어느 구성원이 그 집단을 소중히 생각하겠는가? 이것이 바로 집단관의 붕괴다. 소위 '전문 경영인'이라 불리는 자들은 종종 큰 문제가 없던 기업을 맡아 경영하다가 나태함과 잘못된 결정으로 파산에 이르게 한다. 그런데 이들은 다른 '전문 경영인' 혹은 경제학자들의 말을 곡해해서 모든 일이 '재산권이 명확하지 않았기 때문'이라고 변명한다. 그들이 말하는 '재산권'은 '개인의 재산권'이다. 하지만 그의 말대로라면 교사는 학교에 대한 재산권이 없으니 열심히 가르칠 필요가 없고, 군인은 군대에 대해 재산권이 없으니 죽음을 무릅쓰고 전쟁에 나갈 필요가 없다. 또 지도자는 국가에 대한 재산권이 없으니 열심히 일하지 않아도 된다.

집단관이 붕괴되어도 개인의 이익을 창출하거나 확대할 수 있지만 결국 남는 것은 '작디작은 개인'일 뿐이다. 사회에 개인주의만 팽배한다면 우리가 얻을 수 있는 것은 그저 '반사회적' 의식뿐이며 사회는 결국 '모든 사람과 모든 사람'의 전쟁에 돌입하게 될 것이다. 나는 우리 중국 사회의 집단관이 바로 '(지역사회 범위의)사회주의'라고 생각한다. 즉 강한 자가 약한 자를 돕고, 부유한 자가 가난한 자를 돕고, 노인을 부축하고 아이를 돌보아서 한 배를 타고 함께 발전하는 것이다.

집단관이 무너지면 과학관이 무너진다

개인은 매우 무력하고 약한 존재이기에 문제가 발생했을 때 대부분 이런저런 신들에게 제발 '기적'을 내려달라고 간절히 기도한다. 다시 말해 개인에게는 신앙이 과학적 지식보다 우선한다. 일반적으로 과학적 지식은 집단의 계획 혹은 사회와 인류의 협업을 통해서만 채택된다.

과학적 지식과 과학정신을 중요하게 생각하지 않는 사회는 각종 '요술'로 가득해서 고대 사회와 다를 바가 없다. 최근 15년 동안 중국 사회 곳곳에서 전통 미신과 각종 서양 종교의 변종들이 뒤섞여 활개를 쳤다. 이런 풍조에는 소위 지식엘리트들까지 동참했다. 시안(西安)에 있는 중국과학기술원은 개원 첫 해에 학생을 모집했는데 겨우 200여 명밖에 되지 않았다. 고심하던 학교 관계자들은 얼마 후 강의동 1층의 부원장 사무실에 커다란 제단을 만들고 무당을 불러 각종 의식을 올렸다. 다음 해에 지원자는 600여 명이었고, 지금은 약 1,500명으로 대폭 늘어났다. 학교 관계자들은 이것이 제단을 설치하고 무당을 불러서 밤낮으로 열심히 기도드린 덕이라고 철석같이 믿고 있다. 매년 과학기술자 수천 명을 배출하는 과학기술원에서 이런 일이 일어났다니 정말 놀랍지 않은가! 보도에 따르면 중국 서부에는 커다란 제단이 설치된 지방정부 건물도 많다고 한다. 현재 중국에는 비단 특정한 기관뿐 아니라 많은 관료와 상인이 신을 위해 향을 피우고 절을 하며 승진이나 성공을 빌고 있다. 일반 건물에도 '불길하기 때문에' 4층, 13층, 14층이 없고 차량 번호나 문패에도 가능하면 '8'이나 '6'이 들어간 숫자를 고르려고 한다.05 이런 상황에 각종 사이비 종교가 유행하지 않는 것이 더 이상하다.

> **05** 숫자 '8(八)'의 중국어 발음은 '바(ba)'로 '돈을 벌다'라는 뜻의 '發'의 발음인 '파'와 유사하다. 또 숫자 '6(六)'의 중국어 발음은 '류(liu)'로 '흐르다'라는 뜻의 '流'의 발음과 같다. 이에 중국인은 돈을 많이 벌고, 모든 일이 물 흐르듯이 진행되기를 바라는 마음에서 숫자 '8'과 '6'을 좋아한다.

과학관이 무너지면 도덕관이 무너진다

집단관의 붕괴에 이어 과학관까지 무너지면 사회는 사실상 텅 빈 것과 다름없다. 그리고 곧이어 보편타당한 도덕관마저 사라져서 과학적 신념을 잃고 집단에 속하지 않은 개인만 남는다. 도덕관을 상실한 사람들은 동물적 본능에 의지해서 행동한다. 이런 사람들이 모여 사는 사회가 화합을 이루는 것은 불가능하다.

국제정세관, 민족관, 정치관, 사회관, 집단관, 과학관은 모두 도덕관과 상관관계가 있으며 이 일곱 가지는 현대 사회의 핵심가치관 체계를 구성한다. 그중에서 동심원의 가장 안쪽에 있는 도덕관의 보편타당성이 가장 높고 견고하다. 보편타당성은 동심원의 바깥쪽으로 갈수록 낮아지는데 그럴수록 붕괴되기 쉽다. 이중에서 정치관은 사람마다 크게 다르고 뚜렷하게 구별되기에 보편타당성의 분수령이라 할 수 있다. 또 그 바깥쪽 동심원인 민족관은 현대 민족국가가 생존하기 위해 반드시 건립해야 하지만 그 역사가 긴 것이 200~300년, 짧은 것은 겨우 20~30년밖에 되지 않으니 그다지 견고하거나 보편타당성이 높지 않다. 마지막 동심원인 국제정세관은 각 국가의 국제적 지위가 모두 다르니 보편타당할 수 없으며 이 때문에 핵심가치관 체계 '도미노'의 첫 번째 블록이 된다.

정리하자면 핵심가치관의 동심원 일곱 개는 바깥쪽에서 안쪽으로 붕괴되며 안쪽으로 들어갈수록 붕괴되기 어렵다. 이중에서 보편타당성의 분수령인 정치관이 사회 안에서 다원화되면 그 사회의 핵심가치관 체계가 크게 흔들리고 있다는 의미다. 또 동심원 중 가장 안쪽의 핵심가치관, 즉 도덕관이 무너지기 시작한다면 사회는 곧 큰 혼란을 마주할 것이다. 만약 전쟁을 벌이지 않고 한 사회를 무너뜨리고 싶다면 그 핵심가치관을 공격하는 것이 가장 효과적인 방법이다. 이 공격은 가장 약하고 논쟁이 많은 바깥쪽에서부터 시작해 서서히 안쪽으로 들어가야 한다. 소련의 해체와 이후의 상황은 한 사회의 핵심가치관 체계가 무너지는 상황을 가장 잘 드러내는 예다. 중국의 핵심가치관 붕괴 또한 국제정세관으로부터 시작할 터이니 이것을 견고하게 하는 데 집중할 필요가 있다. 그러므로 우리는 국제 전략의 방향을 꼼꼼히 점검하고 확인한 후 '事秦謹, 與諸侯信(사진근, 여제후신)'[06]의 '연횡(連橫)'[07]을 버리고 다른 국가들과 연합해서 패권을 억제하고 국제 사회가 균형을 이루도록 '합종(合縱)'[08]해야 한다.

[06] 제(齊)는 '사진근(事秦謹)', 즉 "진나라를 섬긴다."는 원칙을 채택해서 주변의 5개국이 모두 진나라에 망하는 것을 수수방관했다. 이후 제나라는 싸워보지도 못하고 진나라에 항복해야 했다.

[07] 중국 전국시대의 정치가인 장의(張儀)가 주장한 것으로 진(秦)의 동쪽 여섯 나라를 가로로 연결하여 강국인 진을 섬기게 하려 한 정책이다.

[08] 중국 전국시대의 정치가인 소진(蘇秦)이 주장한 것으로 남북으로 위치한 한(韓), 위(魏), 조(趙), 연(燕), 초(楚), 제(齊)의 여섯 나라가 연합해서 강국인 진에 맞서게 한 정책이다.

사회 지식엘리트의 책임

사회의 정체성을 유지하려면 핵심가치관을 확립하고 견고하게 만들어서 그것이 사회 주류의 인정과 동의를 얻게 하는 것이 가장 중요하다. 현대 중국처럼 다양한 가치관이 넘쳐나는 국가에서 이를 실현하려면 어떻게 해야 할까? 중국과 외국의 역사와 사례를 살펴보면 핵심가치관이 사회의 공인을 얻어 주류 가치관이 되는 과정과 방법은 크게 다음과 같이 나누어 볼 수 있다.

지식엘리트가 핵심가치관을 인식한다

핵심가치관은 사회의 지식엘리트가 결정한다. 지식엘리트란 크게 ① 주요 대학의 인문학, 사회과학 교수, ② 주요 정당의 지도자, 정부의 중간급 및 고위급 관료, ③ 주류 매체의 관리자와 직원들, ④ 대형 기업과 기관의 관리자를 일컫는 말이다. 이들은 집단을 이루고 서로 공격과 수비를 번갈아가며 사회의 주류 가치관을 형성한다.

사상 논쟁을 통해 사회의 공인을 얻는다

지식엘리트 집단은 설령 자신이 선택한 가치관에 확신이 없더라도 본능적으로 다른 가치관을 거부하며 치열한 사상 논쟁을 벌인다. 하지만 그 과정에서 각각의 가치관과 체계는 변화와 발전을 겪고 서로 비판을 주고받으며 더욱 논리의 구조를 갖추고 새로워진다. 사상이나 가치관 및 그 체계는 행정적인 수단으로 탄압할 수 없는 것이다. 그러므로 행정 수단을 이용해서 상대방의 가치관을 억누르려고 하는 것은 그만큼 사회가 발전하지 못하고 경직화되고 있음을 의미한다. 행정 수단을 이용하지 않더라도 상대방의 가치관을 일방적으로 압박하고 비난하는 것은 오히려 자칫 그것을 더욱 돋보이게 하는 역효과를 낼 수 있다. 왜냐하면 대중은 본능적으로 '약자'에 더 큰 관심을 보이기 때문이다. 기독교는 로마제국의 야만적인 압제를 받았을 때 오히려 수많은 '순교자'와 수만 명에 달하는 '신도'가 생겼다. 그 결과 로마의 다신교는 기독교로 대체되었다. 한(漢) 초에 유교를 탄압한 일은 이후 유교가 중국에서 '독존(獨存)'의 지위를 확립하는 데 유리하게 작용했다. 또 근대 국가들의 사회주의에 대한 배척과 탄압 역시 그것이 전 세계에 파급되는 데 큰 역할을 했다.

사상이나 가치관 체계의 건립 혹은 파괴의 도구로 행정 수단을 사용하는 것은 무척 '낡은' 방법이다. 통신 기술이 발달한 현대 사회는 그것보다 조금 발전된 형태, 예를 들어 '언론 탄압'이 주로 사용된다. 이런 방법을 사용하는 국가들은 자국의 지식엘리트들과 대중의 판단 능력을 못 미더워하거나 의심하면서 그들이 핵심가치관에 대해 논쟁하는 것 자체를 허락하지 않는다. 중국의 사회주의 주류 가치관은 수많은 민중의 뜻을 기초로 한다. 그러나 행정 수단이 언론을 지나치게 탄압하는 바람에 주류 가치관과 지식엘리트들마저 주변화되는 부작용을 낳았다. 심지어 몇몇 관료는 그 정도가 지나쳐 주류 가치관마저 탄압해서 인터넷에서 논쟁거리가 되기도 했다. 중요한 것은 사상 논쟁을 허락하지 않으면 얼마 지나지 않아 주류 가치관이 힘을 잃는다는 사실이다.

지식엘리트와 대중의 소통이 핵심가치관의 전파를 결정한다

하나의 핵심가치관이 사회에서 자리 잡을 수 있을지 여부를 결정하는 요소는 지식엘리트와 대중의 교류 능력이다. 지식엘리트는 더 참신하고 쉬운 언어로 핵심가치관을 표현하고 설명해서 그것을 대중의 마음에 자리 잡을 수 있도록 해야 한다. 또한 질문에 명확하게 답변하고 대중이 느끼는 현실 문제를 외면해서는 안 된다.

'당의 강령' 식으로 해석된 핵심가치관은 절대 대중 속에 뿌리내리지 못한다. 사람들은 '열심히 학습해야 하는' 문건 따위는 보고 싶어 하지 않을뿐더러 봐도 잘 모른다. 미국과 일본의 보수주의(Conservatism)나 이슬람 원리주의(Islamic fundamentalism)가 그렇게 빠른 시간 안에 대중 속에 자리 잡을 수 있었던 까닭은 현실 문제에 대한 해결 방법을 내놓았기 때문이다. 이런 의미에서 마오쩌둥은 '대중의 언어'를 사용해서 그들을 설득하는 데 무척 능숙한 사람이었으며 이를 바탕으로 중국의 지도자가 되었다고 해도 과언이 아니다. 그는 국민당 선전부장 대리이던 1927년 3월에 발표한 '후난농민운동고찰보고(湖南農民運動考察報告)'에서 "악덕 지주 마님의 크고 아름다운 침대를 밟아 버리자!"고 써서 "잘못된 것을 반드시 고쳐야 그렇지 않으면 절대 제대로 될 수 없다."고 주장했다. 과거에 중국 공산당은 새로운 가치관을 대중에게 심어주기 위해서 민심에 호소할 수 있는 통속적인 구호를 많이 만들어 냈다. 예를 들어 "지주를 두들겨 패고 논밭을 나눠 갖자!"라는 짧고 통속적인 구호는 당의 강령을 정확하게 드러내는 동시에 당시 고통 받던 소작농들의 마음을 움직였다. 이후 '오강사미삼열애(五講四美三熱愛)'[09]가 시작되면서 당과 정부의 문건에서 '대중의 언어'가 점점 줄어들자 정치적 구호는 더 이상 대중의 마음을 사로잡지 못했다. 정부 기관에서 일하는 뛰어난 인재들은 책상 앞에 머리를 싸매고 앉아서 서너 글자, 많으면 대여섯 글자로 된 새로운 구호를 만들었다. 이 구호들에는 관료 사회의 분위기가 물씬 풍기는 '전면적인', '완전한', '온힘을 다해', '충분히', '심화해서', '강화하여', '건전한', '추진' 같은 단어가 자주 등장했다. 그리고 이것은 곧 대중의 웃음거리가 되었다.

[09] 1980년대 초에 실시한 국민교육 운동으로 문명, 예절, 위생, 질서, 도덕을 중요시하고(五講), 마음, 언어, 행동, 환경을 아름답게 하며(四美), 조국, 사회주의 제도, 당을 깊이 사랑하는 것(三熱愛)을 주요 내용으로 한다.

핵심가치관은 기구, 집단, 장소를 통해 전파된다

지식엘리트와 대중의 소통이 충분하다면 이제 필요한 것은 '기구, 집단, 장소'다.

여기에서 말하는 기구란 주요 대학(일류 대학, 당정 간부 배출 기관, 민족학원, 행정학원, 정법학원 등), 정부기관(입법, 행정, 사법기관), 인문사회과학 연구

기관 및 주요 매체(서방 세계에서는 교회도 중요한 매체 중 하나다)다.

집단이란 국민, 대학생, 언론인, 화이트칼라 청년층, 여성 단체 및 최빈곤층을 모두 포함한다. 중국의 도시에서는 농민공이 산업 노동자의 대부분을 차지하는데 왜 농민공이 아닌 최빈곤층을 포함시켰을까? 그것은 핵심가치관이 사회 최빈곤층의 요구를 무시하거나 빈곤문제를 해결할 방법을 내놓지 못한다면 주류 가치관으로 자리 잡을 수 없기 때문이다. 실제로 종교적 가치관은 최빈곤층을 돕고 지원함으로써 사회에 빠르게 전파되고 있다.

장소란 대중이 모일 수 있는 곳을 말한다. 예를 들어 영화, 연극, 소설 및 인터넷 공간, 도시 안에 있는 단체 활동 장소 및 각종 민간 사회단체의 활동 장소다.

핵심가치관은 특정 기구, 집단, 장소를 장악함으로써 비주류 가치관을 배척하고 주류로 자리 잡을 수 있다. 이를 통해 사회에 주류 핵심가치관이 뿌리내리면 유기적이고 생동감 넘치는 분위기 속에서 사회 화합이 가능할 것이다.

일곱 가지 핵심가치관은 모두 각각을 상징하는 '부호'가 있다. 피라미드는 이집트 정부를 상징하며, 중국 전역에 있는 공자묘(孔子廟)는 전통 정치집단을 상징하는 부호다. 스파르타와 아테네의 부호는 영웅 오레스테스(Orestes)와 테세우스(Theseus)다. 수많은 순교자의 희생은 천주교의 부호가 되었으며 워싱턴 기념탑(Washington Monument)과 제퍼슨 기념관(Jefferson Memorial)은 워싱턴의 중심부에 우뚝 솟아 소련의 가치관을 무너뜨린 미국의 부호가 되었다.

이처럼 핵심가치관은 부호를 통해서 대중에 전달되며 그 뒤에 숨겨진 이야기는 반드시 사실에 근거해야 한다. 사실이야말로 사람의 마음을 더욱 감동시키며 인류와 민족의 정신적 유산이 되고 인문 교육의 핵심이 될 수 있기 때문이다. 대중은 이를 통해 인간의 존엄, 과학적 탐구, 사회 전체의 단결과 이익, 정치적 의의, 조국의 안전 등을 위해 노력해야 하며 설령 희생이 따른다 해도 그 자체로 가치 있다고 믿게 될 것이다. 또 다음 세대에 핵심가치관을 상징하는 부호를 전달하는 것이 얼마나 중요한지 알고 그것을 위해 노력할 것이다.

지금 중국에서는 노동자들의 피땀 어린 노동으로 거둔 이익이 일부 기업인과 상인의 손으로 들어가면서 사회의 핵심가치관이 흔들리기 시작했다. 허강시(鶴崗市)는 국가의 재산을 보호하느라 불구가 된 왕룽(王榮) 여사를 방치해 그녀가 불행한 노년을 보내게 했다. 얼마 전 창저우시(常州市)에서는 한 도둑이 자신을 잡은 노인을 '남의 일에 간섭한다'는 이유로 마구 구타한 일이 있었다. 수백 명에 달하는 시민이 이 모습을 보았으나 두 사람을 둘러싸고 구경했을 뿐 누구 하나 도움의 손길을 건네지 않았다고 한다. 노인은 결국 그 자리에서 사망했다. 왜 이런 일이 발생한 것일까? 그것은 바로 중국 사회의 핵심가치관이 흔들리고 있기 때문이다.

지식엘리트들은 이른바 '이성'을 들먹이며 중국의 현대 사회제도를 비판하고 사회주의 운동, 특히 애국심을 강조하는 일을 거부한다. 그러면서 중국이 20세기에 사회 혁명을 통해 거둬들인 성과를 애써 저평가하고자 한다. 그들의 이런 생각은 2006년에 개정된 상하이시(上海市) 중학교 역사 교과서의 기본 뼈대가 되었는데도 주요 매체는 모두 침묵으로 일관하고 있다. 과거가 없는 민족은 미래 또한 없으며 정신의 수탈을 주장하는 '이성'은 우리 아이들을 영혼이 없는 좀비처럼 만들 것이 분명하다. 정신문명이 없는 민족이 어찌 국제 사회에 우뚝 설 수 있겠는가? 우리의 핵심가치관 체계라고 할 수 있는 정신문명을 견고하게 다지려면 그것을 전달할 수 있는 부호들을 잘 보호해서 후대에 물려주어야 한다. '의용군행진곡(義勇軍進行曲)'에서부터 '랑야산(琅琊山)의 다섯 용사',[10] '팔녀투강(八女投江)',[11] '황지광(黃繼光)',[12] '탄짠(坦贊)' 철로에 묻힌 노동자' 같은 부호는 우리의 국제정세관, 민족관을 담은 저장장치이자 기초석이다.

> [10] 1941년 항일(抗日) 전쟁 중 팔로군(八路軍) 소속 병사 다섯 명은 일본군에 끝까지 저항하다가 최후의 순간 절벽에서 뛰어내려 장엄한 최후를 맞았다.
>
> [11] 항일 전쟁 시기에 둥베이(東北) 항일연합군 소속 여군 여덟 명이 일본군에 맞서 싸우다가 전투 중에 강에 뛰어들어 순국했다.
>
> [12] 항미(抗美) 원조군 소속 군인으로 한국 전쟁에서 몸으로 기관총을 막아 전우들의 목숨을 살렸다는 일화가 전해진다. 이 일로 중국 특급영웅의 칭호를 받았다.

사회 화합을 향하여

장웨이잉(張維迎)

베이징대학 광화관리학원 교수

사회 화합은 '대다수 구성원이 인정하는 핵심가치관', 핵심가치관과 부합하는 '행위규범', 마지막으로 '사회 조직'을 갖춰야 이룰 수 있다. 사회 화합의 필수 요소인 핵심가치관은 근대 100여 년, 특히 최근 20여 년의 개혁을 통해 비로소 완성 단계에 도달했다.

사회 화합은 인류가 유사 이래 쉬지 않고 추구해 온 목표다. 나는 사회 화합이 세 가지 요소, 즉 '대다수 구성원이 인정하는 핵심가치관', 핵심가치관과 부합하는 게임의 규칙, 즉 '행위규범', 마지막으로 '사회 조직'을 갖춰야 이룰 수 있다고 생각한다. 고대 유교 사상이 이끌어낸 사회 화합의 경우 핵심가치관은 '인(仁)'과 '의(義)', 행위규범은 '예(禮)'였다. 또 고대 유교 사회는 '가정'이라는 사회 조직을 통해 유교의 핵심가치관을 숭상하고 행위규범을 지켜나갔다. 이 때문에 유교 사회에서는 사회질서의 유지와 관련해서 가정의 중요성을 크게 강조했다.

대다수 구성원이 인정하는 핵심가치관

　이것은 사회 화합에 매우 중요한 요소다. 이것이 없으면 우리는 옳고 그름을 판단하는 기준을 잃고 혼란에 빠질 것이 분명하며 이런 상황에서는 당연히 사회가 화합하기 어렵다. 이것은 교사들이 정해진 기본 원칙에 의거해서 학생들을 가르치는 것과 같은 것이다. 모든 교사가 '1 + 1 = 2'임을 인정해야지 그렇지 않고 일부 교사가 '1 + 1 = 3'이라고 생각한다면 더 나은 교육을 위한 토론 자체가 불가능하지 않겠는가.

　그러므로 사회 화합을 완성하려면 핵심가치관을 정확히 세우고 구성원의 동의를 얻는 일이 우선이며 그러려면 개인의 기본권을 존중해야 한다. 특히 재산권은 인간의 기본권일 뿐만 아니라 자유의 기초이기에 이를 존중하는 것은 무척 중요하다. 사회에 개인의 재산권에 대한 법률적 보호가 부족하고 보호하려는 의지조차 없다면 그 사회의 구성원들은 곧 타인의 재산을 빼앗는 데 열중할 것이다. 그러면 사회는 갈등과 충돌로 가득할 것이며 사회 화합은 당연히 불가능하다. 전 세계 역사를 살펴보아도 개인의 재산권을 존중하지 않으면서 사회 화합을 이룬 예는 없다.

　기업가와 그의 활동을 존중하는 것도 재산권 존중의 일종이다. 확실하지 않은 미래를 마주하고 위험을 무릅쓰며 불확실성에 맞서는 행위는 그 자체로 보상받을 만하다. 그래서 기업가가 미래를 내다보고 투자하며 사업을 벌이는 행위 역시 존중 받아야 하는 것이다. 기업가를 존중하지 않는 사회의 구성원들은 '어떻게 부를 창조할 것인가?'에 집중하지 않고 '얼마만큼의 자원을 투입해야 사회의 부를 내 것으로 가져올 수 있을까?'에만 집중한다. 이러한 기업가들만 있는 사회는 결코 화합할 수 없다.

　실제로 기업가의 활동은 매우 위험하다. 똑같이 일하지만 그중 일부만 성공할 수 있다고 가정해 보자. 그런데도 사람들이 이 일을 하게 만들려면 성공한 사람이 얻을 수 있는 보상이 그들이 투입한 총자본보다 반드시 많아야 한다. 예를 들어 열 명이 100만 위안씩 투자하는데 그중 단 두 명만 성공할 수 있는 일이 있다. 즉, 성공률이 20%인 것이다. 이때 성공한 두 명 중 한 명이 얻을 수 있는 보상은 최소 500만 위안이어야 한다. 여기에 위험에 뛰어든 것에 대한 보상까지 더한다면 적어도 600만~700만 위안은 되어야 할 것이다. 대신 나머지 성공하지 못한 여덟 명은 100만 위안을 투자하고도 얻는 것이 없다. 이처럼 분배는 불공평하다. 하지만 일이 시작되기 전에는 모두에게 똑같은 기회가 있으며 순전히 본인의 선택에 따라 위험을 무릅쓰기 때문에 공평하다고 할 수 있다. 만약 기회 균등의 전제 아래에서 얻은 분배 불균형의 결과가 사회에서 받아들여지지 않는다면 사회 구성원들은 기회 균등에 대한 존중 역시 거부할 것이다.

　이외에 사회 화합을 위해 핵심가치관은 반드시 '사회 변혁'에 관한 내용을 포함해야 한다. 즉, 한 사회에서 변혁을 추진할 때 이 때문에 손해 보는 사람이 없어야 하고 전부는 아니더라도 이익을 얻는 사람이 반드시 있어야 한다는 점이다. 변혁은 이 점이 보장되어야만 사회 안에서 합리성과 동력을 얻어 추진될 수 있다. 그렇지 않으면 어떠한 변혁도 발생하지 않을 것이며 나아가 사회도 발전할 수 없다. 또 자발적이고 자유로운 교역과 계약이 보장되지 않는 사회는 타인에 대한 강권과 압박을 허락하는 것과 마찬가지이므로 역시 화합할 수 없다.

　이상에서 설명한 사회 화합을 위한 핵심가치관 건립은 사상가와 학자들로부터 시작된다. 유교의 핵심가치관 건립은 공자와 그 제자들로부터 시작되었으며, 현대 서방 사회의 핵심가치관 건립은 문예부흥과 계몽운동을 이끈 학자들이 시작했다. 이것은 현재 중국학자들의 사명이기도 하다.

합리적인 행위규범

　핵심가치관이 이익 충돌을 해결하고 구성원 간의 협력과 화합을 이끌어내기 위해서는 이에 상응하는 '행위규범'이 필요하다. 옛사람들이 중시했던

'군군신신부부자자(君君臣臣父父子子)'가 바로 구체적인 행위규범의 대표적인 예다. 만약 합리적이고 명확한 행위규범이 없다면 우리는 구체적인 상황에서 대처 혹은 해결 방법을 모른 채 당황해서 허둥대다가 혼란에 휩싸일 것이다.

합리적인 행위규범은 크게 두 가지, 즉 법규범과 사회규범으로 나눌 수 있다. 법규범, 즉 법률이 긍정적인 효과를 발휘하려면 반드시 합리성을 갖추어야 한다. 나는 이 합리성이 '대중의 가치판단'에서 나온다는 점을 강조하고 싶다. 그렇지 않은 법은 '악법'일 뿐이며 악법이 존재하는 사회는 결코 화합할 수 없다.

법규범의 중요성을 인정하지 않는 사람은 없다. 반면에 사회규범의 중요성에 대한 인식은 아직 부족한 편이다. 하지만 사회가 무척 복잡하고 변화가 많은 탓에 모든 상황에 대입 가능한 법규범을 제정하는 것은 현실적으로 불가능하다. 이 때문에 법률 외에 성문화되지 않았으나 사회 구성원의 합의를 얻은 행위규범으로 사회 구성원의 구체적인 행위를 조정할 필요가 있다.

합리적인 것이 합법적이고, 합법적인 것이 합리적인 사회가 가장 이상적이다. 하지만 안타깝게도 현재 우리 사회는 합리적이지만 합법적이지 않은 것이 무척 많으며 심지어 합법적인 것이 불합리를 조장하는 경우도 있다. 그러므로 우리는 체제 개혁에 더욱 박차를 가해서 이 문제를 해결해야 한다. 그래야만 합리와 합법이 충돌하는 상황이 발생했을 때 어떻게 해야 할지 몰라 당황하는 일을 피할 수 있다. 상상해 보자. 합리적이지만 합법적이지 않은 일을 마주했을 때 당신은 그것을 해야 할까? 아니면 하지 말아야 할까? 사회적 책임의 측면에서 볼 때는 해야 하지만 사회적 위험의 측면에서 볼 때는 하면 안 된다. 반대로 합법적이지만 불합리한 일을 마주했을 때는 어떻게 할까? 이 일을 한다면 법률적인 책임을 져야 할 필요는 없지만 아마도 이 일에 관련된 사람들 혹은 사회 전체에 해를 끼칠 수도 있다.

그러므로 이러한 상황을 줄이기 위해 사회는 끊임없이 행위규범을 수정해서 합리적인 것과 합법적인 것을 최대한 일치시켜야 한다. 이것이야말로 사회 화합을 이루는 일이다.

사회 조직의 보장

앞에서 언급한 것처럼 유교 사회의 화합은 '가정'이라는 사회 조직이 상당히 큰 역할을 담당했다. 그 시대의 가정은 구성원에 대해 연대 책임을 지며 가정 내부의 행위규범을 통해 전통 사회의 질서가 유지되도록 했다.

현대 사회에서도 가정은 중요한 사회 조직이지만 이보다 더 중요한 조직이 있다. 바로 기업이다. 낯선 사람에게 물건을 살 때 품질이나 가격에 대해 의심한 적이 있을 것이다. 그러나 사회에서 인정받고 신용도가 높은 기업의 물건을 살 때는 비교적 안심할 수 있다. 이렇듯 현대 사회에서 기업, 특히 대기업은 신뢰할 수 있는 대상이 되었다.

현대 시장사회의 질서는 대기업이 주도하고 있으며 대기업은 중소기업을 감독한다. 예를 들어 소비자는 대형 마트에 진열된 상품을 생산한 수많은 기업과 공장을 일일이 확인하거나 감독할 수 없다. 대신 대형 마트가 이 일을 대신하며 소비자는 그것을 믿고 상품을 구매한다. 만약 이러한 역할을 맡는 대기업이 없다면 시장은 무척 혼란해질 것이다.

이렇게 시장사회의 질서를 유지하는 임무를 맡은 대기업의 경영자는 신용과 명예의 가치를 중요하게 생각하고 연관된 중소기업에 대해 책임감을 느껴야 한다. 즉 마치 전통 사회에서 가족의 잘못에 연대 책임을 지는 가장과 같은 역할을 맡아야 하는 것이다. 그렇지 않다면 시장질서는 곧 무너지고 말 것이다. 그러면 앞에서 이야기한 재산권을 효과적으로 보호할 수 없고 결과적으로 사회 화합은 요원한 일일 뿐이다.

이외에 현대 사회에서는 비정부 기구 혹은 비영리 기구의 역할도 무척 중요하다. 사회의 모든 일을 오로지 영리를 추구하는 기업 혹은 정부가 해결할 수는 없으며 어떤 일은 비정부 기구나 비영리 기구가 맡아서 하는 것이 더 효과적일 수 있다. 또 이러한 조직들은 민심을 드러내는 데도 무척 효과적이어서 비정부 기구나 비영리 기구가 활발히 활동하는 사회는 화합을 이룰 가능성이 높다.

개인가치는 어떻게 사회가치로 통합되는가?[13]

친후이(秦暉)

칭화대학 인문사회과학학원 역사학과 교수

사회 가치관은 문화가 아니라 제도적인 문제이며 개인의 자유를 기초로 해서 자연적으로 통합될 것이다. 이 통합의 관건은 국가 안에서 개인, 소공동체, 대공동체의 관계, 국가와 국가 사이의 관계에 유효한 규칙을 건립하는 데 있다.

🦋 이타와 이기

판웨이 교수의 글은 무척 중요한 내용인 동시에 그만큼 논쟁할 만한 부분이 많다. 예를 들어 그는 핵심가치관 중에서 도덕관에 대해 말하면서 '이타(利他)'는 '좋은 것'이며 '이기(利己)'는 '해서는 안 되는 것'으로 설명했다. 하지만 나는 그와 같은 '이타는 선(善), 이기는 악(惡)'이라는

[13] 이 글은 판웨이 교수가 쓴 글을 조목조목 따져가며 저자의 생각을 쓴 글이다. 하지만 판웨이 교수의 글이 제4장의 첫 챕터 글이 아니어서 오히려 독자들의 혼란을 불러올 수 있을 것 같다. 아마도 잡지에 실렸을 때 같은 호에 발표된 글인 듯 싶다.-역자 주

생각이 반드시 '자발적'이라는 전제를 갖추어야 한다고 생각한다. 이타는 언제나 '자발적'이어야 하며 '강요된 이타'는 오히려 악의 근원에 가깝다. 노예 제도나 아우슈비츠 수용소가 바로 강요된 이타의 대표적인 예라고 할 수 있다. 자선 활동 역시 반드시 스스로 원해서 한 선택일 때 의미가 있다.

오랫동안 역사의 굴곡을 겪은 민족들은 대부분 이타주의(altruism)를 부르짖는다. 서방 사람들이 이기주의(egoism)를 추구했다면 그들은 예수가 아닌 유다를 숭배했을 것이다. 예수는 인류를 위해 십자가에 못 박혀 죽었다. 이는 정말 바보스러울 만큼 이타적인 행동이지 않은가! 중국에는 "사람이 사람 같지 않으면 하늘이 비난하고 땅이 멸할 것이다."라는 말이 있다. 생각해 보면 좀 더 '사람 같은' 쪽은 오히려 유다가 아닐까?

굳이 동서양의 문화를 비교하거나 역사적 사실을 들추어 보지 않더라도 상식이 있는 사람이라면 이기적인 행동을 무조건 악이라고 단정할 수 없다는 것에 동의한다. 실제로 모든 사람이 이타적인 사회는 소설에나 등장할 뿐이다. 이런 사회에는 물건 값을 깎아달라는 고객도 없으며 반대로 가격을 올리는 상인도 없다. 하지만 이렇게 '착한 사람들'이 사는 사회에서는 매매 자체가 성사되지 않는다. 그러므로 다른 사람이 당신을 통해 이익을 얻었다고 해서 그것을 악으로 단정할 수는 없는 일이다.

타인에게 이타적인 행동을 강요하는 것이야말로 가장 큰 악이며 이렇게 이루어진 이타적인 행동 역시 선이라고 할 수 없다. 강요와 위협에 못 이겨 이타적인 행동을 한 사람은 존경받을 수 없다. 그는 그저 악의 희생물일 뿐이니 얻을 수 있는 것이라고는 동정어린 시선뿐이다. 이와 같은 이유로 나는 핵심가치관, 특히 도덕관에 대해 이야기하기 전에 강요와 위협 탓에 이타적인 행동을 하는 사람에 대해 생각해 볼 필요가 있다고 생각한다.

이타적인 행동을 한 사람에게 선택의 여지가 있었다면 그를 드높이 찬양해도 전혀 문제될 것이 없다. 서방 사람들이 인류를 구원하기 위해서 십자가에 못 박혀 죽은 예수를 신성시하는데 우리가 레이펑(雷鋒)¹⁴처럼 이타적인 행동

14 일곱 살에 고아가 된 레이펑은 1960년에 인민해방군에 입대하고 같은 해 11월에 중국 공산당에 가입했다. 그는 열심히 공

부하고 이웃과 동료를 돕는 데서 즐거움을 얻었다. 또 재해 지역이나 빈곤층 사람들을 위해 사비를 아끼지 않았으며 쉬는 날에도 아이들을 가르치는 봉사를 하며 보냈다. 일생을 근검과 절약, 봉사와 희생정신으로 살았던 그는 1962년 22세의 나이로 순직했다. 이후 마오쩌둥은 "레이펑 동지에게 배우라!(向雷鋒同志學習!)"고 말했으며 레이펑은 중국의 각종 신문이나 교과서에 수없이 인용되며 우상으로 떠받들어졌다.

을 한 사람을 숭배하지 않을 이유는 없다. 그러나 여기에 또 하나의 전제가 있는데 바로 타인에게 존경과 숭배를 강요할 수 없다는 것이다. 미국의 웨스트포인트 사관학교 (West Point Academy)에는 레이펑의 동상이 있다. 이는 그의 이타적인 행동이 수천 년 동안 기독교를 신봉해 온 서양인들까지 감동시켰다는 의미다. 이렇듯 스스로 원해서 선택한 이타적인 행동은 동서고금을 막론하고 누구에게나 존경받을 만한 일이다.

이제 중국의 현실을 생각해 보자. 솔직하게 말해서 오늘날 중국 사회에는 선택이든 강요든 이타적인 행동 자체가 너무 부족하다. 지금 중국 사회에는 오직 두 종류의 행동이 존재한다. 하나는 강요받은 이타적 행동이며 다른 하나는 권력에 기대어 타인을 구속하는 행동이다. 사실 이런 현상은 중국뿐만 아니라 전 세계에서 공통적으로 나타나고 있다. 아우슈비츠 수용소의 입구에는 "노동은 사람을 자유롭게 한다."라고 쓰여 있다. 또 다른 유대인 수용 시설에는 "타인이 나를 위해 일하며, 나도 타인을 위해 일한다."라고 적혀 있다. 이런 글귀들은 언뜻 들으면 좋은 말 같지만 인간의 구속받지 않을 권리와 부딪혔을 때 무시무시한 악랄함으로 변할 수 있다. 스스로 정당하다고 생각한다면 이타적이든 이기적이든 어느 쪽의 행동을 하든지 관계없다. 단, 두 가지 모두 다른 사람에게 강요할 수 없으며 그의 권리나 이익을 침범하지 않아야 한다. 우리는 '정당하다'고 해서 반드시 선은 아니라는 점을 기억해야 한다.

일반적으로 서방 세계는 이기적인 것을, 동양은 이타적인 것을 중시한다고 생각한다. 이에 관해 나는 반드시 그렇다고 할 수는 없지만 서양인보다 중국인의 마음에 '선한 마음'이 더 크고 깊이 자리 잡았다고 말하고 싶다.

개인영역과 공공영역

판웨이 교수는 청 말의 사상가 옌푸(嚴復)가 존 스튜어트 밀(John Stuart Mill)의 「자유론(On Liberty)」을 「군기권계론(群己權界論)」으로 번역한 것을 언급하며 개인의 권력과 집단의 권리를 반드시 구분해야 한다고 지적했다. 이는 매우 중요한 부분이다. 중국이든 서방이든, 집단주의를 중요시하는 사회든 개인주의를 중요시하는 사회든 반드시 개인과 집단을 구분해야 한다.

현재 중국의 집단관은 순수한 중화문명이 아니며 20세기에 사회주의를 제창한 결과물이라 할 수 있다. 사회주의든 민주주의든 무엇이 좋고 나쁘고를 떠나서 모두 서방에서 온 것이다. 공익사업, 공공복지를 중시하는 것, 다시 말해 '복지국가'로의 이행은 대부분 서방 국가들이 중국보다 잘하는 분야다. 2005년 이래로 중국의 의료 개혁이 별다른 성과를 거두지 못하자 사람들은 미국 의료체제를 따르는 바람에 일이 이렇게 되었다며 차라리 유럽의 의료체제를 따르자고 말했다. 하지만 미국이든 유럽이든 모두 서방의 것 아닌가? 서방의 것이 좋다는 의미가 아니다. 오히려 서방 세계는 중세기에 크게 쇠락해서 문명 발달이 중국보다 뒤졌다. 그들이 중국보다 뛰어난 것은 단 하나, 개인의 권리와 집단의 권리를 구분하는 것뿐이다.

이 문제는 복잡하게 말하면 한없이 복잡해지지만 아래와 같이 간단하게 말할 수도 있다.

첫째, 개인영역에 속하는 행동은 국가의 공적인 권리가 절대 간섭할 수 없다.

둘째, 공공영역에 속하는 행동은 반드시 공익에서 출발하고 민주적인 방식으로 진행되어야 하며 개인에게 전가될 수 없다.

이 두 영역은 한데 섞이거나 뒤바뀌어서는 안 된다. 그러면 개인의 의지가 공공영역을 넘어서고 공적인 권리가 개인영역을 침범할 수 있기 때문이다.

그렇다면 개인영역과 공공영역이란 정확히 무엇일까? 일반적으로 사상의 자유, 언론의 자유, 납세 후 재산 소유의 자유 등이 모두 개인영역에 속하고, 정부의 업무와 입법 등이 공공영역에 속한다. 이 두 가지의 구분은 한두 사람이 이야기하고 끝낼 수 없으며 가능한 한 많은 사람이 함께 토론해야 할 문제다. 우선 결론부터 말하자면 일반적인 상황에서는 구분하는 것이 크게 어렵지 않다. 그런데 모호한 부분, 즉 일종의 회색지대가 존재해서 대체 어느 쪽인지 구분하기 애매한 것들이 있다. 예를 들어 중국은 마오쩌둥 시대에 기본적으로 공유제를 실행했지만 그렇다고 타인이 가진 것을 빼앗는 것은 허락하지 않았다. 이는 어느 정도 사유재산을 보호한 것이다. 또 자유방임을 신봉하는 국가라고 해도 징세하지 않는 곳은 없다. 징세, 즉 세금을 거두는 것은 국가가 개인 재산의 일부분을 가져가는 것이므로 개인영역의 사유재산을 공공영역에서 처리하겠다는 의미다. 일상생활에서도 이렇게 애매한 일이 꽤 있다. 예를 들어 어떤 사람이 당신의 바로 옆에서 폭죽을 쏘았다면 당신은 분명히 짜증이 날 것이다. 왜냐하면 그가 당신의 권리, 즉 조용하게 있을 수 있는 권리를 침범했기 때문이다. 만약 사회에서 다수결 원칙으로 '타인의 주변에서 폭죽을 터트릴 수 없다'고 결정했더라도 역시 애매하기는 마찬가지다. 2킬로미터 밖에서 터진 폭죽 소리가 들린다고 해서 쫓아가 따질 수는 없는 노릇이기 때문이다. 이 문제에서 당신의 개인영역은 어디까지 일까? 2미터? 10미터? 이것에 대해 명확하게 말할 수 있는 사람은 없다.

 회색지대가 존재하기 때문에 개인영역과 공공영역을 구분하는 것이 쉽지는 않지만 가능한 한 명확하게 구분할 필요가 있다. 그래서 인류는 오랜 세월 동안 이 두 가지에 대해 '민주의 원칙'을 적용할지 아니면 '자유의 원칙'을 적용할지를 토론하고 가장 합리적인 모델을 찾아내고자 노력했다. 이에 관해 사람들은 저마다 자신의 견해와 주장, 그리고 그것을 뒷받침하는 근거를 내세우며 열띤 논쟁을 벌였다. 예를 들어 징세는 정부의 업무이므로 공공영역에 속한다. 그런데 어떤 사람은 세금을 줄이기를 원하고 또 어떤 사람은 세금을 많이 내야 한다고 주장한다. 대체 얼마를 징수해야 합리적일지는 한두 사람의 말 몇 마디로 결정될 수 없으며 되도록 많은 사람이 참여하는 공정한 토론을 벌여 결정해야 한다. 사회당이 권력을 장악한 스웨덴의 경우 개인 재산의 80%가 증여세로 징수된다. 그러나 이것은 사회당이 단독으로 우겨서 그렇게 된 것이 아니며 스웨덴 국민이 시간을 들여 민주적인 토론을 거친 끝에 내놓은 선택이다. 실제 토론에는 복지국가로의 발전 방향을 지지하며 고액 징수를 찬성하는 사람이 훨씬 많았지만 자유방임을 지지하며 고액 징수를 반대하는 사람에게도 주장을 펼 기회가 공평하게 제공되었다.

국가 간 관계

또 판웨이 교수는 글에서 국가주의(statism)[15]에 관해 언급했는데 이 문제 역시 집단의 문제로 귀결할 수 있다. 나는 그가 말한 개인, 집단, 국가의 관계를 개인, 소공동체, 대공동체라는 집단의 문제로 해석하고자 한다.

한 국가 안에서 개인, 소공동체, 대공동체의 관계를 해석하고 규명하는 방법은 꽤 명확하고 구체화된 편이다. 하지만 국가 밖에서, 즉 국가와 국가 사이에서는 아직 적당한 방법을 찾지 못한 탓에 국제 사회에는 '약육강식'이라는 자연법칙이 존재한다. 판웨이 교수 역시 국가와 국가 사이의 문제는 조금 특별하다고 언급했으며 나도 여기에 동의한다.

[15] 국가를 최고의 조직으로 보고 국가 권력을 사회생활 전 영역에 걸쳐 광범위하게 적용해서 사회 전체를 지배하려는 사상이나 정치 원리. 국가 이익을 개인의 이익보다 절대적으로 우선시한다.

국가 사이의 관계는 어떻게 해석하고, 또 어떻게 처리해야 할까? 나는 세 가지 방면에서 분석해 보고자 한다.

국가 이기주의

이기심을 없애는 것은 정말 어려운 일이다. 하지만 내 말은 어렵다는 것이지 이기적이어야 한다는 뜻이 아니다. 마오쩌둥은 "잠깐 좋은 일을 하는 것은 어렵지 않지만 평생 좋은 일을 하는 것은 무척 어려운 일"이라고 말했다. 요컨대 이기적이지 않을 수는 없지만, 그렇다고 반드시 이기적이어야 하는 것은 아니다. 이것은 국가와 국가의 관계에도 적용 가능하며 바로 이 점에서부터 정책 결정을 시작해야 한다.

다른 국가와의 관계를 설계할 때는 반드시 자국의 이익을 고려해서 정책을 채택해야 한다. 사회주의 국가와 자유민주주의 국가가 평행선 위에 서서 서로를 마주보고 있다는 의식형태로는 아무 문제도 해결할 수 없으며 혼란만 가중될 뿐이다. 예를 들어 최근 한반도 문제에 대한 중국의 반응과 행동은 중국 정부가 드디어 과거의 이념에 사로잡힌 의식형태에서 벗어나서 마침내 실용주의에 집중하고 중국의 이익을 고려하기 시작했음을 보여준다.

국가 이익의 형성

그렇다면 국가의 이익은 어떻게 만들어야 할까? 이것은 어떻게 해야 개인의 이익이 국가의 이익으로 총합되는가에 관한 것이므로 해당 국가의 국내 체제를 살펴보아야 한다. 일반적으로 국가의 이익을 창출하고 그것을 지키기 어려운 까닭은 국민 개인의 이익을 모두 합해서 국가의 이익으로 재탄생시킬 수 있는 시스템이 없기 때문이다. 이런 경우 개인 이익의 총합은 통치자 개인의 이익이 될 때가 많다. 여기에는 두 가지 형태가 있는데 하나는 내가 '나라를 사랑하지 않는 사람의 애국행위, 민족은 사랑하지만 사람을 사랑하지 않는 행위'로 부르는 것이고, 다른 하나는 근대 이래에 흔히 찾아볼 수 있는 매국 행위다. 이 두 가지는 통치자에 유리하기만 하다면 서로 빠르게 전환되기도 한다. 예를 들어 청 말기에 정부는 산동의화단(山東義和團)이 외국에 선전포고를 하도록 부추겨서 의화단 운동을 살육전으로 만드는 잘못을 저질렀다. 이 일로 청 정부는 결국 불평등조약을 맺어야 했다. 이와 같은 이유로 만약 국가의 이익을 창출하고 싶다면 우선 국가의 이익을 형성하는 시스템이 있는지 살펴야 한다. 그리고 국민 개인의 이익을 보호하는 동시에 그것이 국가의 이익으로 총합되는 시스템을 건립하는 데 힘을 쏟아야 한다.

국제 질서의 건립

앞에서 국가와 국가의 관계에 의식형태가 아니라 실용주의, 즉 국가의 이익에 따라 정책을 결정해야 한다고 이야기했다. 현재 대부분 국가는 내부에 민주와 헌정 제도가 있지만 국제 사회에는 이와 유사한 제도가 없다. 물론 국제법이 있기는 하지만 다분히 추상적이며 해석하는 입장에 따라 달리 해석될 여지가 많다. 이런 상황에서 우리는 고지식함을 버리고 융통성을 발휘해서 실용주의 원칙을 고수해야 한다. 동시에 전 세계 국가와 국제 문제들에 모두 적용 가능한 국제 사회의 규칙을 건립할 수 있도록 최선을 다해야 한다. 물론 이에 관해서 지금도 수많은 논쟁이 있으며 대체적으로 다음과 같다.

하나는 전쟁에 관한 논쟁이다. 이제 전쟁은 침략을 할 수 있느냐 없느냐의 문제가 아니다. 왜냐하면 우리는 이미 핵전쟁의 시대에 들어섰고 만약 이 전쟁이 일어난다면 인류는 다시 야만의 시대로 돌아갈 것이 분명하기 때문이다. 국제 관계에 계속 약육강식의 자연법칙을 적용하면 결국 전쟁이 발발하고 말 것이다.

다른 하나는 민족주의자들이 유교의 도를 내세우며 국제 문제를 해결하려 드는 것이다. 이들은 국가 이기주의를 포기하고 양해와 양보로 국제 문제를 처리해야 한다고 주장한다. 이는 아주 이상적인 생각이며 실제로 이렇게만 된다면 더할 나위 없이 좋겠지만 현실은 그렇게 낙관적이지 않다. 당신이 아무리 양보하고 싶어도 상대방이 당신의 양보를 허락하지 않는다면 어떻게 하겠는가? 만약 양해와 양보가 생각만큼 잘되지 않는다면 어떻게 해야 할까? 이 문제에 관해서 나는 국제 사회가 두 가지 조건을 갖추어야 한다고 생각한다.

첫째, 국제 사회에는 반드시 서로를 견제해서 균형을 이루도록 하는 힘이 있어야 한다. 국제 사회가 건강하게 발전하려면 다원화되어 유럽연합과 미국의 세력 균형처럼 상호 견제해서 균형을 이룰 수 있는 힘이 있어야 한다. 이것은 나 같은 자유주의자가 건강한 민주사회에는 반드시 사회당이 있어야 한다고 생각하는 것과 같은 이치다.

  둘째, 국제 사회에서 세력 균형을 유지하거나 다원화하려는 시도는 반드시 책임감이 동반되어야 한다. 다극사회가 단극사회보다 우수하다고 말할 수는 없다. 그렇다면 왜 베를린 장벽을 무너뜨리고, 일본이 투항하도록 만들었겠는가? 그들이 있으면 세계가 더욱 다원화되었을 텐데 말이다. 사실 히틀러와 일본의 군국주의가 팽배할 때도 국제 사회는 다극사회였다. 그래서 다극사회가 반드시 이상적이라고는 말할 수 없지만 각각 책임감을 느끼고 국제 사회의 평화를 위해 노력해야 한다.

흑백이 분명한 가치관은 실제에 적용할 수 없다

우자샹(吳稼祥)
정치학자, 자유기고가

옳고 그름, 압제와 피압제처럼 "검지 않으면 희다."라는 식의 이분법은 상당히 호전적인 사회가치관이다. 현대 사회의 가치관은 가치의 다원화를 인정하므로 이른바 '사회 화합을 위한 핵심가치관' 역시 다원화되어야 한다. 그래야만 정치적으로 관용적인 태도, 협조와 협상이 가능하다.

나는 판웨이 교수라는 사람보다 "민주주의에 대한 잘못된 믿음을 깨부수어야 한다."는 그의 주장을 먼저 알았다. 나는 중국에서 자유민주주의 사상이 고조되었던 1980년대에 줄곧 신권위주의를 주장한 탓에 학계에서 크게 비판받았다. 또 자유민주주의가 더 이상 매력적이지 않은 지금은 거꾸로 '자유와 민주로 가는 길'을 모색하고 있다. 그래서 나는 항상 학계에서 '주변화'되어 있다. 하지만 판웨이 교수는 나와 다르다. 그는 전 세계에 자유민주주의 열풍이 불었지만 중국 내부에서는 별다른 움직임이 없었을 때 "민주주의에 대한 잘못된 믿음을 깨부수어야 한다."고 주장해서 당시 수많은 청장년층의 갈채를 받았다. 자칭 '민주주의의 수호신'인 미국에서 정치학 박사학위를 받은 판웨이 교수가 이런 주장을 한 것은 결코 쉬운 일이 아니며 아마 대단한 용기와 의지, 독립적인 사고가 필요했을 것이다. 나는 판웨이 교수의 글이 학계에 좋은 화두를 제시했다고 생각하지만 솔직히 말하면 결론은 유감이다. 또 결론까지 도달한 그의 논증 방법 역시 썩 좋지 않았다고 생각한다. 내 생각에 판웨이 교수가 글에서 제시한 소위 핵심가치관은 사회 화합을 위한 가치관이 아니며 오히려 '호전적인 사회의 가치관'이다.

흑백 논리의 가치관은 실제와 다르다

판웨이 교수는 이른바 현대 사회의 핵심가치관이 '옳고 그름을 판단하는 기준'이라고 말했다. 다시 말해 흑과 백이 분명하며 그 둘을 아우르는 중간지대가 없다는 것이다. 그러나 이런 논리는 과학이나 종교 세계에 적합한 것이지 실제와 무척 다르다.

과학은 진리를 탐구하는 학문이기에 옳고 그름의 구분이 명백하다. 종교 역시 오직 신의 뜻만 옳으며 신의 뜻이 아닌 것은 옳지 않다고 명확하게 구분한다. 과학과 종교의 이러한 가치관을 실제 사회에 적용한다면 정치는 진리를 탐구하고 신앙을 공고히 하는 과정이 되고, 사회는 종교 재판소로 변할 것이다. 내가 생각하는 사회는 구성원들이 저마다의 이익 창출을 위해 협동하는 영역이지 진리를 탐색하거나 교조를 받드는 곳이 아니다. 서방에서 옳고 그름이 가장 명백했던 사회는 아마도 중세기 기독교 사회였을 것이다. 중국에서는 문화대혁명 시기의 계급투쟁 사회가 그러했다. 이 두 사회는 모두 화합과 거리가 멀며 서방 전통 사회와 사회 충돌을 각각 상징한다.

나는 인류의 가장 기본적인 가치가 '진(眞), 선(善), 미(美)', 즉 '지성, 의지, 감성'이라고 생각한다. 판웨이 교수의 글은 그중에서 의지와 감성은 묵

살하고 지성만 남은 꼴이다.
 현대 사회의 가치관은 가치의 다원화를 인정해야 한다. 그러므로 이른바 사회 화합의 핵심가치관 역시 가치 다원화나 이익 다원화 등으로 다원화되어야 한다.

중국-아프리카 협력포럼의 의미

 판웨이 교수는 개인에서부터 국제 관계까지 일곱 개의 동심원 가치체계를 제안했다. 그의 말에 따르면 집단은 개인에, 사회는 집단에, 민족은 사회에, 국가는 민족에, 정부는 국민에 그리고 국제 관계는 국내 상황에 각각 우선한다.
 또 그는 현재의 국제 관계에 대해서 '압제하는 쪽'과 '압제받는 쪽'의 관계로 해석했다. 그리고 국내의 핵심가치관 동심원 체계가 국제 관계관으로부터 시작되므로 국내의 가치체계를 바로잡고 싶다면 국제 관계부터 바로잡아야 한다고 주장했다. 하지만 국제 관계의 문제를 해결하려면 미국이 다른 나라를 압제하는 것부터 반대해야 하지 않을까?
 판웨이 교수가 언급한 국제체계에 대한 관점으로는 최근 중국이 추진한 '중국-아프리카 협력모델'을 해석할 수 없다. 나는 이 협력모델이 사회 화합을 국제관계에 적용시킨 것이라고 본다. 이것은 국제 사회에 압제나 배척이 아닌 새로운 외교모델, 즉 '호혜(互惠)'를 만들어 냈다.
 중국이 고대부터 지금까지 실천한 외교모델은 크게 다음과 같다.
 첫 번째는 '조공(朝貢)모델'로 황제가 통치하던 시기에 성행한 것이다. 이것은 불평등과 부분성을 특징으로 하며 상대 국가가 중국 황제의 지위를 인정하고 예를 갖추어야만 외교 관계가 발생하는 것이다. 그러다보니 중국은 역사적으로 선택 가능성이 많았으며 조공을 바친 국가와만 외교 관계를 맺었다. 이번 중국-아프리카 협력모델에서처럼 48개국과 한꺼번에 교류하는 일은 없었다.

　두 번째는 마오쩌둥 시대의 '혁명모델'로 의식형태를 기반으로 했으며 상당히 배타적이었다. 이 시대에는 중국의 이념을 인정한 국가하고만 외교 관계를 맺었으며 주로 제3세계에 혁명을 전파했다. 이 역시 불평등 외교로 사회주의 진영의 큰 형님과 작은 형님의 아래에 동생들이 줄을 선 모양새에 불과했다.

　상술한 두 가지는 모두 경제적 이익이 아닌 정치적 이익이 우선 고려된 외교모델이었다.

　세 번째 외교모델은 바로 최근 중국과 아프리카의 협력에서 드러난 '호혜 외교모델'이다. 여기에 참여한 국가들은 모두 평등하며 국가의 체제나 의식형태는 큰 문제가 되지 않는다. 경제 발전 외에 다른 특별한 전제나 조건이 없으며 세계 어떠한 나라든지 여기에 참여해서 중국과 외교 관계를 맺을 수 있다. 현재 중국은 여전히 경제 발전을 추진 중이며 아프리카 대륙의 여러 국가 역시 마찬가지다. 그러므로 양측은 서로에게, 특히 아프리카에 더욱 적합한 경제 발전모델을 만들어 함께 발전의 길을 걷고자 한 것이다. 중국과 아프리카가 함께 길을 걸어가는 것, 이것이 바로 호혜 외교모델이며 여기에 압제와 피압제의 관계는 존재하지 않는다.

🌸 엘리트 정치는 이상에 불과하다

　판웨이 교수의 민주에 대한 질의는 엘리트 정치 이념에 건립된 것으로 이에 관해 나는 다음과 같은 질문을 던지고 싶다.

　사실 엘리트 정치는 아주 오래전부터 전해 내려온 개념이다. 중국 유교학자들의 내성외왕(內聖外王)[16]에서부터 플라톤 사상까지, 마르크스와 베버, 그리고 슘페터(Schumpeter)는 모두 대중 민주주의(mass democracy)에 대

16 자신을 수양하여 안으로 성인(聖人)의 경지에 오르고, 밖으로는 이를 바탕으로 임금의 지위에 오른다는 의미다. 유가가 추구했던 궁극적인 목적이라 할 수 있다.

해 의심스러운 눈길을 보냈다.

하지만 동서고금을 막론하고 엘리트 정치는 모두 근본적인 도전을 받았다. 즉 엘리트는 어떠한 사람이고, 엘리트 집단은 어떠한 집단이며 이 집단은 반드시 전지전능하고 지극히 선하다고 가정해야 하는 것이다. 하지만 우리가 꿈꾸는 그런 엘리트는 지구상에 존재하지 않을 것이며 당연히 이상적인 엘리트 집단도 없다. 그래서 엘리트 정치는 영원히 이상에 불과하다.

사회가치관의 해체와 붕괴

황지쑤(黃紀蘇)
중국 사회과학 잡지사 '국제사회과학잡지' 부편집장

집단주의, 영웅주의, 이타주의의 사회가치관은 중화민족의 역사와 운명에 큰 영향을 미쳤다. '린뱌오 사건' 후 개인주의, 이기주의 그리고 경쟁주의가 사회의 주류 가치관이 되었고 중국 내부는 큰 상처를 입었다. 우리는 이타주의를 더욱 강조해서 빈곤구제를 위한 인도주의를 사회가치관으로 삼아야 한다. 중요한 것은 경쟁주의를 유지하면서 쉬지 않고 이기주의와 이타주의의 균형을 찾는 것이다.

❊ 백년의 가치-집단주의, 영웅주의, 이타주의

1840년, 중화민족은 아편전쟁이라는 역사상 최대 위기에 부딪혔다. 그 후 100년 동안 중국은 내우외환에 시달렸고 중국 대륙과 중화민족이 흘리는 눈물과 피는 멈추지 않았다. 나라가 패망의 위기에 처하자 사회는 애국주의로 물들었다. 뜻있는 사람들은 가진 재산을 모두 국가에 내놓았고, 애국 열사들은 죽음을 각오하고 몸을 던져 싸웠다. 당시의 중국 사회는 집단주의, 영웅주의, 이타주의가 최고의 가치관이 되었다. 거의 맹목적이었다고 할 수 있는 이러한 가치관들은 중화민족의 역사와 운명에 큰 영향을 미쳤다. 사실 나라가 망해서 민족이 노예가 될 처지에 놓였는데 경제학자 같은 사람들이 '지성인'이랍시고 냉정하게 손익을 따지고 비교하기는 어려웠을 것이다. 이런 일은 현대에도 쉽게 찾아볼 수 있다. 지금 이스라엘에 알 아크사 순교자 여단(Al Aqsa Martyrs Brigades)이 벌이는 자살 테러 탓에 매일 밤낮없이 폭발 소리가 울리는 것이 대표적인 예다. 신중국이 건국된 후에 대부분 국민은 가난에 시달렸으며 호랑이와 사자 같은 강국들이 우리를 둘러싸고 호시탐탐 기회를 엿보았다. 이런 상황에서 빠르게 안정을 찾고 경제를 발전시키려면 집단주의, 영웅주의, 이타주의를 더욱 강조할 수밖에 없었다.

❀ 이상주의에 대한 환멸, 이기주의의 시작

집단주의, 영웅주의, 이타주의는 문화대혁명 시기에 최고조에 올랐다가 순식간에 무너진 후 다시는 힘을 쓰지 못했다. 이후 전면에 나선 가치관이 바로 개인주의와 이기주의다. 이런 상황은 문화대혁명 말기에 그동안 불렀던 혁명 노래를 개사해 부른데서 쉽게 엿볼 수 있다. 예를 들어 '지도자를 따라 큰 바다를 항해하자!'의 첫 두 구절은 원래 '지도자를 따라 바다로 나아가자. 만물이 태양을 따라 자라는 것처럼'이다. 그런데 사람들은 이것을 '나를 따라서 큰 바다로 나아가자. 레이펑이 모는 차를 타고 가야지!'라고 바꾸어 불렀다. 위대한 지도자 마오쩌둥을 직접적으로 비난할 수는 없어도 이전의 가치관을 대변하던 레이펑을 자신의 '운전기사'로 희화한 것이다. 이렇듯 당시에 중요한 것은 이제 '영웅'이 아니라 '나'가 되었다.

이렇게 조금씩 기미를 보이던 사회가치관의 전환은 '린뱌오(林彪) 사건'[17]

17 린뱌오는 마오쩌둥과 함께 대장정에 참여했고 항일전쟁에서 큰 활약을 했다. 이후 그는 마오쩌둥 정책을 지지하고 개인숭배를 주도해서 후계자로 지목되었으나 권력 투쟁 과정에서 마오쩌둥 암살 계획을 세웠다. 계획이 실패하자 가족들과 함께 비행기를 타고 소련으로 망명하려 했으나 몽골 지역에서 비행기가 추락하는 바람에 사망했다.

이 발생하면서 사회 전면에서 확연히 드러났다. 사람들은 이제 다른 사람이 이타적인 행동을 해야만 이타적인 행동을 했다. 예전처럼 맹목적으로 남을 위해 봉사하고 헌신하는 일은 없었다. '린뱌오 사건' 이후 지도자 집단에서도 권력 투쟁이 최고조에 달했으며 이제 중국 사회 어디에서도 이상주의는 찾아볼 수 없었다.

이어진 변화는 바로 중국의 대학 입시 제도인 가오카오(高考)의 도입이었다. 이것은 이제 사회 경쟁에서 살아남기 위해 필요한 것은 어려운 시기에 숭상하던 '도덕'이 아니라 '지식'임을 공표하는 사건이었다. 나의 먼 친척은 젊었을 때 학업을 포기하고 국가를 위해서 군대에 들어갔다. '애국' 하기 위해 중앙대학과 서남연합대학에 들어갈 수 있는 기회를 버린 것이다. 그는 지금 그 때 대학에 들어가지 않고 군대를 따라 옌안(延安)으로 간 것이 크게 후회된다고 고백했다. 또 한 여성은 자신이 마오쩌둥 시대에 유행했던 '겸손'과 '양보'를 행동에 옮겼으나 나중에 사람들은 그녀의 낮은 직급을 칭찬하기는커녕 능력이 없다고 생각하더라고 말했다. 그녀는 서운하다 못해 스스로 처량하게 느껴지기까지 했다고 털어놓았다. 최근 공연된 연극 '우리는 큰 길을 걷네!'는 다양한 인물들의 30년에 걸친 심리 변화를 그린 작품이다. 극중에 등장하는 한 우파 인사는 억울한 누명을 벗은 후 이렇게 탄식한다.

"한 평생 우파로 살았던 탓에 고생했는데 지금은 다들 칭찬하는군. 오히려 자식들은 왜 더 적극적으로 활동하지 않았느냐고 한다네."

1980년대 중반 이후 상품경제가 발전하면서 '돈을 벌고 잘 굴리는 재능'이 각광받기 시작했다. 논을 벌고 잘 굴리는 쪽으로 전이했다. 또 한 분야를 잘 알면서 관련분야까지 폭넓은 지식을 갖춘 사람을 일컫는 'T형 인재'라는 말이 등장했다. 이 시기는 좋게 말해서 이성이 도구화되고 사람의 재능이 더욱 다원화되었으며 사회는 나날이 평등해진 때였다. 또 나쁘게 말하자면 수단과 방법을 가리지 않고 오로지 이익만 추구했으며 사회가 더욱 일원화된 시기였다. 다음은 연극 '우리는 큰 길을 걷네!'의 대사다.

> 네가 '성실'하다는 것은 칭찬이 아니며, 네가 '사기꾼' 같다는 것은 욕이 아니란다.
> 네가 '본분에 충실하다'는 것은 칭찬이 아니며, 네가 '나선다'는 것은 비난이 아니란다.
> 네가 '믿을 만하다'고 하는 것은 돈 문제에 있어서 너는 믿을 수 없다는 말이고,
> 네가 '나쁜 놈'이라고 말하는 것은 앞으로 너와 어울리겠다는 뜻이지.
> 세상이 바뀌니 돈 버는 방법을 아는 사람들이 활개를 치는구나!

'천안문 사건'의 근본적인 원인은 '지식층의 불만'이었고 그 결과는 '관료 세계의 공황'이었다. 당시 공공기관에서 일하던 한 친구는 이렇게 말했다. "정말 이상하지. 직책이 어느 정도까지 오르면 어느 날 갑자기 끌려가서 총살당하는 일도 그런가보다 하게 돼. 나 같은 사람도 어느 날 동료의 말 한 마디에 뒤통수를 맞을지도 모르는 거지." 이러한 공황 상태는 사회주의에 대한 신앙을 잃어버린 것과 같았다. 더 큰 문제는 그들이 정권에 대한 자신감을 잃었다는 점이었다. 일부 관료는 공허한 마음으로 버티다가 결국 도피하기로 마음먹었다. 사회를 이끌어 나가는 배의 좌현, 즉 좌파들은 하나둘씩 외국으로 떠났고 남은 사람들만이 배의 좌현을 지켰다. 하지만 오히려 우현, 즉 우파들은 더 심각한 상태에 놓였다. 우파 관료들은 체제 개혁을 부르짖으며 배를 '민영화'라는 항구에 정박시키려고 했다. 하지만 항구는 안개에 휩싸여 명확히 보이지 않았다.

이러한 상황은 우리 사회를 '옛 것이 사라지고 새로운 것도 없게' 만들었다. 그저 개인적이고 이기적이며 경쟁적인 사회만 남고 말았다. 우리 사회는 이제 '없다'의 사회가 되었다. 신의가 없고, 기준이 없으며, 도덕이 없고, 심장도 없고, 폐도 없는 사회가 된 것이다. 이전의 집단주의, 영웅주의, 이타주

의도 많은 것이 '없는' 사회였지만 이보다는 나았다.

🌸 지금 우리의 가치관은 무엇인가?

개인주의, 이기주의 그리고 경쟁주의가 만들어 낸 문제들을 해결하려면 어떻게 해야 할까? 중국은 근대 역사 160년 동안 자본주의 사회의 길을 걸어왔으며 아직 목적지에 도달하지 못한 상태다. 이 길을 끝까지 걸어서 목적지에 도착하려면 '강한 자는 이기고 약한 자는 진다'는 우승열패(優勝劣敗)의 가치관이 필요한 것은 분명한 사실이다. 그래서 현재 중국에서 전통적인 유교의 가치관도 있지만 우승열패의 가치관 역시 존재한다. 문제는 홉스나 다윈이 말한 법칙이 중국 사회에서 어느 정도를 차지하느냐다. 만약 아무런 제약 없이 자유방임이나 적자생존의 법칙을 적용한다면 사회는 곧 야생의 동물 세계와 같은 상황이 될 것이다. 또 이런 상황은 대외 경쟁에서도 불리하게 작용할 수 있다. 국내가 극도로 혼란할 때 국제 사회에서 제 목소리를 내기 어려운 것은 당연한 일이다.

현재 중국은 이미 오류를 보완하고 수정하는 단계에 들어섰다. 나는 우리가 이타주의를 더욱 강조해서 빈곤구제를 위한 인도주의를 사회가치관으로 삼아야 한다고 생각한다.

전환이란 끊임없이 고치는 과정이다. 여기에서 중요한 것은 바로 역사적 실수, 즉 하나의 극단에서 반대쪽 극단을 오고가는 실수를 반복하지 않아야 한다는 점이다. 그러므로 우리는 경쟁주의를 유지하면서 쉬지 않고 이기주의와 이타주의의 균형을 찾아야 한다. 내부적으로 경쟁과 포용력이 부족한 사회는 혹독한 국제 사회에서 버틸 수 없다.

사회가치관의 전환은 시간이 필요하다

사회가치관은 인간의 영혼과 관념에 관한 것이기에 그 전환은 매우 느리고 세밀한 작업이다. 여기에 커다란 도끼나 수술 칼을 들이대면 거칠고 조악한 작품만 만들어질 뿐이다. 그러므로 국가는 무슨 나무를 깎아서 어떻게 다듬을 것인가에 대해서 매우 신중하게 생각해서 진시황이 저지른 잘못을 되풀이하지 말아야 한다. 사회 화합을 위한 가치관을 세우는 것은 언제나 자연적이고 능동적이어야 함을 잊지 말아야 한다.

새로운 역사 해석으로 핵심가치관을 건립하라

왕후이(汪暉)
칭화대학 인문사회과학학원 중문과 교수

사회의 핵심가치관은 얼마든지 새로워질 수 있으나 언제나 역사적인 배경이 필요하다. 중국인은 거의 100여 년에 걸쳐 끊임없이 핵심가치관을 찾는 중이다. 그러나 근현대 제국주의가 주입한 환각을 깨부수지 않으면 역사적 경험을 새롭게 해석할 수 없으며 나아가 새로운 가치관마저 건립할 수 없다. 그러므로 핵심가치관을 새로 세우려면 기존의 틀을 버리고 새로운 개념으로 우리의 역사적 경험을 해석해야 한다.

지금 우리 사회는 전환의 과정에 놓여 있기에 핵심가치관은 언제나 논쟁을 불러일으킨다.

근대 이후 우리는 끊임없이 핵심가치관을 찾았다

판웨이 교수의 글을 읽었을 때 나는 청나라 말기에 량치차오(梁啓超)가 쓴 '십종덕행상반상성의(十種德行相反相成義)'라는 글을 떠올렸다. 이 글 역시 중국 사회의 핵심가치관에 관한 것으로 당시에 큰 반향을 불러일으켰으며 지금 읽어도 고개를 끄덕이게 된다. 그의 글은 모두 서로 대립하거나 보완하는 열 가지 영역에 대해 해설하는 방식이다. 이중에는 판웨이 교수의 글과 겹치는 부분도 있고 그렇지 않은 부분도 있다. 중요한 것은 량치차오는 개인과 국가를 나누지 않았으며 항상 개인과 국가의 융합을 강조했다는 점이다.

근대 초기에는 사회의 핵심가치관 토론과 함께 종교에 관한 토론 역시 활발하게 벌어졌다. 당시에는 정치, 경제, 문화의 각 영역에서 서방을 배우는 것이 유행이었다. 이런 상황에서 어떠한 종교적 가치가 사회와 인간의 영혼을 안정시킬 수 있을지 탐구한 것이다. 량치차오의 스승인 캉유웨이(康有爲)는 이 문제에 관해 많은 글을 썼다. 그는 공자를 숭상해서 국가의 종교로 삼고자 하는 공교(孔敎) 운동을 주도하기도 했다. 물론 이 때문에 '5·4운동' 시기에 비판받기도 했지만 국교(國敎) 건립을 생각한 사람은 그 혼자가 아니었다. 같은 시대에 장타이옌(章太炎)은 '종교 건립에 관하여(建立宗敎論)'라는 글을 발표해서 불교를 국교로 하자고 주장했다. 두 사람은 비록 서로 다른 종교를 내세웠지만 결국 국교를 세워 중화민족의 정신을 진작시키려는 의도는 같았다.

이런 의미에서 사회의 핵심가치관 건립에 관한 토론은 그 역사가 근대 100여 년에 달한다고 할 수 있다. 이렇게 기나긴 역사 속에서 다양한 가치관이 떠올랐다가 다시 가라앉고, 가라앉았다가 다시 떠오르기를 반복했다. 예를 들어 캉유웨이의 공교는 신해혁명 후에 사라진 것처럼 보였지만 지금 중국인들은 중요한 일이 있을 때 공자에 제를 올리곤 한다.

역사적 경험은 새롭게 해석해야 한다

　핵심가치관은 얼마든지 새로워질 수 있으나 언제나 역사적인 배경이 필요하다. 판웨이 교수는 국제 관계를 약육강식으로 표현한 반면 우자샹은 중국-아프리카 협력포럼을 과거의 조공모델과 비교해서 설명했다. 그러나 나는 역사적 경험을 좀 더 새롭게 해석해야 한다고 생각한다. 현재 국내외 학계에서는 중국의 최근 30여 년에 걸친 실천을 과거 중국의 조공모델에서 해석하는 것이 일반적이다. 예를 들어 사회학자 페이정칭(費正淸)은 중국의 조공모델이 자아 중심적이고 불평등하다고 말했다. 그의 주장은 이후 많은 영향을 미쳤지만 이것은 근대 식민주의 지식의 산물에 불과했다. 1874년에 일본이 대만을 공격한 일에 대해 현재의 국제법을 적용하면 일본의 만행은 합법적인 일이 된다. 당시 일본의 류큐(琉球) 제도의 어민과 대만 주민 사이에 충돌이 발생했기 때문이었다. 가오산(高山) 주민이 류큐 제도의 어민을 살해하자 일본은 청 정부에 항의했다. 하지만 이홍장(李鴻章)은 청의 법률에 따라 가오산 주민을 처벌할 수 없다고 말했다. 이는 청 정부가 각 민족과 지역의 다양성을 인정하기 때문이었다. 그러자 일본인들은 이를 구실로 삼아 그렇다면 자신들이 가오산 주민을 공격해도 관여하지 말라며 대만을 공격했다. 하지만 이는 다양성을 인정하는 청의 법률을 곡해한 것이었다. 이처럼 청 정부는 다양성을 존중했다. 단순히 조공모델 하나만 보고서 자아 중심적이고 불평등하다고 말할 수 없다.

　최근 아프리카 국가들이 중국에 호감을 보이는 까닭은 그들 역시 19~20세기에 제국주의 국가들로부터 압제 당했기 때문이다. 그래서 양측은 서로 동병상련을 느끼고 제국주의에 대해 강한 거부감을 느낀다. 그러므로 중국과 아프리카의 관계를 냉전 시대의 그것으로 보아서는 안 된다. 중국과 아프리카의 새로운 관계는 다른 나라에도 중요한 영향을 미쳤다. 예를 들어 한국은 중국-아프리카 협력포럼에서 착안해 아프리카의 27개국 장관과 5개국의 국가 원수를 한국에 초청해서 '한국-아프리카 협력포럼'을 개최했다. 이러한 움직임은 미국의 단일 패권주의를 무너뜨리는 일종의 변혁이다.

근현대 제국주의가 주입한 환각을 깨부수지 않으면 역사적 경험을 새롭게 해석할 수 없으며 나아가 새로운 가치관마저 건립할 수 없다. 그러므로 핵심가치관을 새로 세우려면 기존의 틀을 버리고 새로운 개념으로 우리의 역사적 경험을 해석해야 한다. 이런 과정이 없으면 창조적인 결론을 내릴 수 없다. 나는 판웨이 교수의 글에서 사회가치관 건립과 역사를 결합한 것에 대해 매우 찬성하는 바다. 그러나 역사는 반드시 더욱 깊이, 더욱 새롭게 연구되어야 한다.

가치관과 사회체제

현재 중국 사회는 전환의 과정에 놓여 있기에 단순한 가치관으로는 전체 사회에 적용할 수 없다. 그러므로 우리는 반드시 포용성 있는 핵심가치관을 건립해야 한다. 그래서 사회가 융통성을 갖추어야 비로소 진정한 화합을 이룰 수 있다.

가치관을 형성하려면 일정한 사회적 역량이 필요하다. 사회주의 계획경제 시대에는 공산당이 그 역량을 담당했다. 그렇다면 지금의 사회적 역량은 무엇인가? 판웨이 교수는 이것을 국가로 보았다. 하지만 국가의 행동은 실제 상황과 종종 모순된다. 그 역시 중국 공산당 선전부나 인민일보가 현실에 부합하지 않는 것에 대해 비판한 적이 있다. 이러한 오류와 모순을 없애려면 상황을 객관적으로 명확하게 파악하고 국가의 역할 및 구조에 대해 새롭게 인식해야 한다.

우리는 사회의 핵심가치관을 건립하는 것이 사회체제와 크게 관련 있다는 사실을 잊어서는 안 된다. 다시 말해 실제와 가치관이 분리되어서는 안 된다. 예를 들어 지금 우리가 토론하고 있는 가치관과 경제생활은 어떠한 관계가 있을까? 경제학자들은 그들의 임무가 객관적인 경제 현상과 행위를 연구하는 것이라고 말한다. 그들은 윤리학자가 아니기 때문이다. 하지만 경제학 연구를 통해 만들어지는 법칙은 실제 시장경제 사회에서 생활의 규범이 된다. 그러므로 여기에는 반드시 윤리, 즉 '비윤리의 윤리'가 존재한다. 그러므로 사회의 핵심가치관은 반드시 사회체제와 연관해서 연구하고 사회화합을 이끌 수 있는 것으로 건립되어야 한다.

중국의 가치,
문명을 지켜라

천라이(陳來)
칭화대학 국학연구원(國學研究院) 원장

'중국의 사상'에 대해 이야기하려면 중국문명과 중국문화를 언급하지 않을 수 없다. 문명이나 문화와 연계해서 해석하지 않는다면 가치의 보편타당성과 문화적 역량을 얻기 힘들기 때문이다. 한 국가의 가치관, 사회제도, 발전모델 등이 국제적 영향력과 호소력을 갖추려면, 다시 말해 문화적인 소프트파워를 기르고 싶다면 반드시 문명이라는 민족 근원의 힘을 빌려야 한다. 또 집권당과 사회 전체의 문화적 자각이 필요하다.

'중국의 가치' 혹은 '중국의 사상'에 대해 이야기하려면 중국문명과 중국문화를 언급하지 않을 수 없다. 문명이나 문화와 연계해서 해석하지 않는다면 가치의 보편타당성과 문화적 역량을 얻기 힘들기 때문이다. 그래서 한 국가의 가치관, 사회제도, 발전모델 등이 국제적 영향력과 호소력을 갖추려면, 다시 말해 문화적인 소프트파워를 기르고 싶다면 반드시 문명이라는 모체의 힘을 빌려야 한다. 중국문화가 근대에 많은 곡절을 겪기는 했지만 그렇다고 해서 이 문명의 발언권마저 잃었거나 그 가치의 의의가 사라진 것은 아니다. 중국의 가치를 외부에 알리려면 중국문화의 위대한 부흥을 시발점으로 삼고 추진해야 하는데 아직 준비가 부족한 편이다. 완벽하게 준비하려면 집권당과 사회 전체의 문화적 자각이 필요하다. 지금 중국 전체의 발전을 중국문명의 새로운 발전으로 보고, 중국의 현대 문화 발전을 중국문화 발전의 새로운 단계로 삼아야 한다. 그러나 안타깝게도 현재 우리의 가치관은 겉과 속이 다르다. 대외적으로는 중국문화의 우수성을 알리고자 하지만 사실 자신의 내부도 제대로 안정시키지 못한 탓에 위대한 중화문명의 계승자가 되지 못하는 상태다. 1990년대 후기에 "중화민족의 위대한 부흥", "중화문화의 부흥" 같은 구호가 자주 등장했다. 그러나 말로만 떠들 것이 아니라 집권당과 사회 전체가 반드시 이러한 마음가짐을 지녀야만 비로소 중국의 가치, 중국의 사상을 말할 수 있다. 중국문화를 마치 필요할 때만 꺼내서 세워 놓는 간판처럼 취급한다면 세계의 가치체계를 주도하기는 불가능하며 다른 국가로부터도 인정받지 못할 것이다.

근대 서방의 문명은 크게 두 가지로 드러났다. 하나는 아편전쟁을 시작으로 접촉하면서 드러난 외형으로 제국주의와 식민주의다. 이에 대해 도쿄대학 교수이자 중국사상사 연구의 원로인 미조구치 유조(溝口雄三)는 근대 서방문명과 중국문명은 서로 완전히 대립한다고 말했다. 서방 국가들이 동아시아 세계로 진출한 것은 약육강식의 자연법칙을 따른 것이다. 중국인의 눈에 이것은 동물의 세계에나 적용 가능한 법칙이지 절대 인간이 따라서는 안 되는 것이었다. 인간이 따라야 하는 것은 도덕 세계의 법칙이다. 이 때문에 중국인은 그러한 국제 상황이나 서방문명을 받아들이기 어려웠다. 그렇다면 일본은 어떻게 그렇게 빨리 받아들일 수 있었을까? 그것은 일본의 전통문명이 약육강식의 개념을 잘 이해하기 때문이다. 하지만 중국은 전통적으로 도덕문명이 발달했기 때문에 좀처럼 받아들일 수 없었으며 이는 인문(人文)의 세계가 아니라고 생각했다. 결국 제국주의는 중국인의 반감을 불렀고 이것은 서방의 외형에 대한 반응이었다. 서방의 내부 모습은 외형의 약육강식과 달리 민주, 인권, 자유 같은 것이었다. 사실 이런 것들은 무척 보편적인 가치였지만 국제 문제를 처리하는 기본 가치가 될 수는 없었다. 여기서 문제는 중국인들이 근대 100여 년에 걸쳐서 서방의 외형적인 모습만 접하고 그것에 대해서 저항했다는 사실이다. 이 때문에 대부분 중국인은 부정적인 시각으로 서방 세계를 바라보며 내적인 모습은 거의 무시했다. 사실 중국문명 역시 민주와 자유를 추구하는 등 서방의 내적인 요소와 상당히 유사하며 단지 표현 방식만 다를 뿐이다. 현대 서방 사회에서는 종종 정당이 국민을 선동하기도 하지만 그 뿌리를 찾아보면 역시 국민의 이익과 선택을 존중한 결정이다. 이런 것들 역시 중국문명이 국민을 대하는 태도와 일치한다.

그렇다면 우리 중국은 이제 어떤 가치를 강조해야 할까? 서방의 헌정법치, 민주, 자유도 좋지만 중국이 추구해야 할 것은 서방과 다른 가치다. 서방의 헌정법치, 민주, 자유는 중국 사회에 의의가 있으며 중국의 인애(仁愛) 역시 서방 사회에 의의가 크다. 지금 언급된 가치들이 모두 중요하며 다만 어느 것을 더 중요하게 생각하느냐의 차이가 있을 뿐이다. 중국의 사회가치 구조 안에서 민주는 몇 번째에 세우는 것이 좋을까? 이것은 역사와 문명의 모체 및 전통, 그리고 발전의 현실과 관련이 있다. 인권에 관한 문제도 마찬가지다. 중국은 결코 인권을 무시하는 것이 아니다. 그저 사회가치 구조 안에서 차지하는 순서가 서방과 다를 뿐이다. 정리하자면 동서양의 가치는 세계 어느 곳에서도 보편타당하지만 그 가치구조에서의 위치가 조금씩 다를 뿐이다.

현재 중국에는 핵심가치관 재건의 계기가 부족하다

주둥리(祝東力)
중국예술연구원(藝術硏究院) 연구원

개혁개방 이후 중국에서 발생한 모든 모순과 갈등의 근원은 핵심가치관의 문제와 연관이 깊다. 현재 중국에 부정부패가 만연한 것은 전통적인 중화문명의 정신세계가 무너지면서 외부의 유혹을 상쇄할 강대한 정신적 역량이 부족해졌기 때문이다. 이것은 또한 마르크스 레닌주의의 가치체계가 무너진 것과도 관련이 있다. 현재 중국은 핵심가치관 재건의 계기가 부족하다.

나는 핵심가치관에 대해 수년간 주목하고 2004년부터 이를 주제로 강의를 진행했다. 핵심가치관은 그 파급 효과의 폭과 깊이 때문에 철학, 사상사, 문화이론, 정치학, 사회학 및 경제학 등등 거의 모든 학문을 개별, 혹은 종합해서 연구해야 하는 분야다. 그런 의미에서 최근에 읽은 판웨이 교수의 '현대 사회의 핵심가치관에 관해서'는 주목할 만한 글이었다. 물론 일부 학자는 글을 두고 문제제기는 훌륭했으나 결론이 미흡하다고 비판했지만 나는 오히려 이 글이 논쟁을 불러일으켰다는 점에서 좋은 점수를 주고 싶다.

가치관 토론은 개혁개방에 관해 깊이 반성하는 과정이다

나는 판웨이 교수의 글이 최근 중국 학계에 유행 중인 '개혁개방 회고'를 더욱 깊이 다룬 것이라고 생각한다. 이 문제에 관해서 수많은 학자와 여론이 몇 가지 화두, 예를 들어 외자정책, 빈부격차, 수출지향 발전모델, 전략산업, 국가안전 등을 제시했다. 하지만 이렇게 구체적인 문제들보다 더 중요하고 본질적인 문제는 바로 핵심가치관에 관한 것이다. 나는 핵심가치관의 문제가 상술한 각 분야의 문제들의 근본이라고 생각한다. 예를 들어 정치의 부정부패, 국유기업의 비효율성은 모두 지식엘리트의 정신세계에서 문제가 생긴 탓에 발생했기 때문이다. 전통 중화문명의 정신세계가 무너지면서 외부의 유혹을 상쇄할 강대한 정신적 역량이 부족해지고 만 것이다. 그러므로 현재 중국에 출현한 모든 중대한 문제는 모두 정신적인 문제, 즉 핵심가치관 혹은 정신세계의 붕괴에서 그 근원을 찾을 수 있다.

마르크스 레닌주의 가치체계의 쇠락

중국의 역사를 간단히 돌아보면 중국은 2,000~3,000년 동안 거의 완벽한 핵심가치관 혹은 신앙 체계가 있었다. 예를 들어 인의예지신(仁義禮智信), 천지군친사(天地君親師)[18] 같은 생각이 역대 황조를 지탱했으며 중화민족이 3,000년 동안 계속되도록 했다. 또 이러한 중화문명은 세

> [18] 천지(天地)로 대표되는 신(神)을 공경하고, 군(君)으로 대표되는 사직(社稷)에 충성하며, 가정(親)을 중히 여기고, 사도(師道)를 존경한다.

계의 문명 중의 하나가 되었다.

　그러나 근대 이후 잦은 전쟁과 패배를 겪으면서 중화문명의 핵심가치관이 무너지고 말았다. '5·4운동'까지 중국의 지식엘리트들은 스스로 중화민족의 가치체계를 버렸으며 이후 중국 사회에 진화론이 등장했다. 하지만 이것도 얼마 지나지 않아 마르크스 레닌주의에 자리를 내주어야 했다. 이것은 이후 40~50년간 지속되어 1970년까지 중국의 핵심가치체계가 되었다. 현재 중국의 정신세계가 붕괴된 것은 마르크스 레닌주의를 핵심으로 하는 가치체계가 무너진 것과도 직접적인 관계가 있다. 그 과정은 구체적으로는 다음과 같다.

　첫째, 1971년의 '린뱌오(林彪) 사건'이다. 이 사건을 계기로 반세기 동안 이어진 혁명서술체계가 멈추기 시작했다.

　둘째, 1981년의 '문화대혁명' 부정이다. 혁명서술체계의 중단을 가속화했으며 20세기 중국의 혁명 논리에 대한 논쟁을 불러일으켰다.

　셋째, 1989년의 '천안문 사건'과 1991년 12월의 소련의 해체로 사회주의 혁명에 관한 지식엘리트의 신념이 무너졌다.

　홍콩 잡지 '해안선(海岸線)'에 실린 전(前) 윈난성(雲南省) 공산당위원회 서기 링좌안(슈抓安)의 글을 보면 소련의 해체가 중국 공산당 내부의 고위 관료 사회에 큰 영향을 미쳤으며 이후 부정부패가 만연하기 시작했다는 내용이 있다. 부정부패는 현실적인 유혹과 균형을 맞출 정신적인 힘이 부족하기에 발생한다. 만약 이것을 버텨낼 정신적인 힘이 존재한다면 사람들은 그 힘에 상응하는 문화와 가치관으로 돈이나 권력의 유혹에 대응할 것이다. 그러면 중국 사회가 지금처럼 부정부패로 골머리를 썩지는 않았을 것이다.

핵심가치관의 재건

　첫째, 판웨이 교수는 일곱 개의 동심원을 이루는 핵심가치체계를 제안해서 상호 작용하는 힘의 구조를 설명했지만 나는 그 일곱 개 아래에 더욱 근본적인 역량이 있다고 생각한다. 그것은 바로 한 사람이 자신에 대해 생각하는 것으로 바로 인생관과 세계관이다. 인생이란 무엇인가? 나는 왜 사는가? 내 인생의 최종 목표는 무엇인가?

둘째, 판웨이 교수가 말한 일곱 개의 핵심가치관은 다시 두 개로 나눌 수 있다. 바로 개체와 전체의 관계, 민족과 국가의 관계다. 다른 가치관은 모두 이 두 가지의 관계를 해석하는 데서 근원을 찾을 수 있다.

셋째, 일곱 개의 핵심가치관의 상호관계뿐 아니라 더욱 외재적인 것에 주의를 기울여야 한다. 왜냐하면 역사적 상황에 따라 관계가 크게 달라지기 때문이다.

넷째, 가장 중요한 것으로 판웨이 교수가 글의 마지막에서 언급한 핵심가치관의 형성에 관한 것이다. 이것은 단순히 지식엘리트들의 연구나 논쟁만으로 되는 일이 아니며 명확한 계기가 필요하다. 어떻게 하면 새로운 가치관을 형성하고 그것을 사회의 주류 가치관으로 만들 수 있을까? 핵심가치관이 형성되려면 어떠한 전제가 있어야 할까? 사회가 새로운 가치관을 인정하려면 어떠한 조건이 필요한가? 여기에 관해서 해당 민족의 역사적 경험이 본보기가 될 수 있다. 예를 들어 혁명가치관이나 신앙체계는 중국인이 몇 대에 걸쳐 대업을 완성하도록 했다. 이를 통해 중국은 독립했고 비교적 완전한 산업체계를 건립했으며 국제 사회에서 강국의 위치에 올랐다. 이런 것들은 모두 혁명가치관과 신앙체계의 지지를 받아 완성되었다. 하지만 혁명가치관과 신앙체계가 주류 핵심가치관이 될 수 있었던 계기는 바로 근대 이후의 잦은 전쟁과 패배, 망국(亡國)의 위기감이었다. '무술변법(戊戌變法)' 전에 청 말기의 사상가 담사동(譚嗣同)은 매우 합리적으로 중국 멸망 이후의 문제를 예측하기까지 했다. 그는 "나라가 망한 후의 일을 처리하다."라고 말하며 중국이 망한 후 후난성(湖南省)의 변화를 예로 들었다. 바로 이렇게 구체적인 사건, 상처와 고통이 깊은 역사적 현실을 마주하고서 새로운 핵심가치관이 자리 잡은 것이다.

이처럼 핵심가치관의 형성을 촉진할 때 반드시 필요한 조건을 커다란 국내외 환경 변화로 본다면 지금의 중국은 조건을 구비하지 못했다. 다시 말해 핵심가치관 재건의 계기가 아직 출현하지 않은 것이다.

제5장

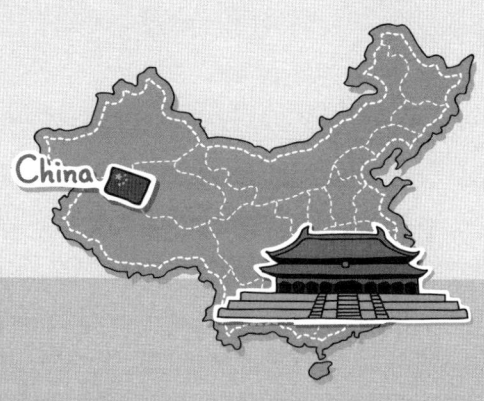

위험한 이웃들

> 미국이 생각하기에 소련의 해체는 자신들이 신봉하던 민주주의의 가치와 위대함을 증명하는 것과 다름없었다. 외부인이 보기에 러시아의 1990년대는 개혁과 진보의 시대였으나 정작 러시아인들은 치욕, 부패, 쇠락의 시대로 기억한다. 푸틴 대통령이 온힘을 다해 러시아를 다시 일으켜 세우려 할 때 미국은 그가 러시아를 귀족 통치시대로 후퇴시킨다고 비난했다. 하지만 푸틴의 지지자들은 러시아가 국제적 지위를 되찾는 것이 우선이라고 생각했다.

일본이 움직이고 있다

장원무(張文木)

베이징항공항천대학(北京航空航天大學) 전략문제연구센터 연구원

중국 학계의 일반적인 생각과 달리 얄타 체제는 아시아-태평양 지역에서 여전히 유지되고 있다. 미국이 이끄는 서방 세계는 소련과의 냉전을 끝냈지만 이는 전 세계 중 일부일 뿐 심지어 냉전 상태가 더욱 강화된 지역도 있다. 지금 일본의 우익 세력이 꿈꾸는 '대동아(大東亞)'라는 영화는 댜오위다오를 출발점으로 최고조에 이르렀다. 하지만 미국은 일본의 움직임을 짐짓 모른 척할 뿐 아니라 내심 일본이 중국의 힘을 약화시키기를 바란다. 미국의 이러한 정책은 일본으로 하여금 중국과 러시아를 억제하게 만들겠지만 이는 결국 미국을 향한 위협으로 돌아올 것이다.

자신이 저지른 악행을 똑바로 바라볼 용기조차 없는 나라는 결코 발전할 수 없다. 죄를 인정하지 않고 다른 민족의 감정을 상하게 하는 민족 역시 영원히 부상할 수 없다.

2005년, 일본의 외교 정책에 몇 가지 변화가 발생했다. 이에 대해 중국학자들이 내린 다양한 해석을 종합해 보면 하나의 결론에 도달한다. 바로 '일본이 무언가 다른 의도를 숨기고 있다'는 것이었다. 일본의 의도는 대체 무엇일까? 이것이 바로 이 글의 주제다. 글의 말미에 정확한 결론을 내리려면 우선 현재 일본 문제가 발생한 역사적 근원, 즉 소련 해체 후의 국제 정세에 관해 정확히 판단해야 한다.

소련 해체 후의 국제 정세

소련이 해체되었을 때 중국의 학자들은 대부분 '얄타 체제(Yalta System)의 해체', '냉전 시대의 끝' 등의 말로 국제 정세를 설명했다. 그러면서 이제 세계가 '평화와 발전'을 향해 나아갈 것이라고 희망적으로 생각했다. 그러나 현실은 전혀 그렇지 않았다.

아시아-태평양 지역에서는 여전히 얄타 체제가 존재한다

'얄타 체제'란 제2차 세계대전 말미에 미국, 영국, 소련, 중국이 종전 후의 문제, 평화 유지 등에 관해 테헤란 회의, 얄타 회의, 포츠담 회의 등 여러 차례의 회담을 가진 후 공동으로 형성한 협의와 양해를 의미한다. 여기에는 독일과 일본의 군국주의 부활을 금지하고 국제 평화 질서를 유지하자는 내용이 포함되어 있다.

종전 후에도 얄타 체제는 약간의 변화를 보였으나 독일과 일본의 군국주의 부활을 금지한다는 전체 기조와 이에 근거한 각각의 합의 사항은 그대로 유지되었다. 그러나 동독과 서독이 통일되고, 발트3국이 독립하면서 소련은 지역 강국으로서의 지위를 모두 잃었다. 또 동유럽 국가들을 '보호'하던 책임마저 손을 놓아서 그 나라들이 서방 세계에 속하도록 방치했다. 그 결과

1991년에 소련이 해체되었을 때 얄타 체제는 유럽에서 사실상 막을 내렸다. 하지만 유럽과 달리 아시아-태평양 지역에서는 '얄타 체제가 끝났다'고 말할 수 없었다. 왜냐하면 얄타 체제를 구성하는 기본 요소와 당시 강국들이 아시아-태평양 지역에서 얻었던 이권 및 영토의 소유권에 변화가 없었기 때문이다. 예를 들어 얄타 체제에서 소련은 참전조건으로 러-일 전쟁 이후 일본이 점령한 남사할린과 쿠릴열도(Kuril Islands)의 양도를 보장 받았는데 이는 소련 해체 후에도 러시아가 그대로 가지고 있다. 미국 역시 여전히 일본 오키나와에 주둔 중이며 중국이 보장 받은 대만에 대한 법률적 지위도 그대로다. 만약 아시아-태평양 지역에서 얄타 체제가 끝났다면 현재 아시아-태평양 지역에서 러시아의 쿠릴열도(일본명 북방4도) 점령, 미국의 오키나와 주둔 등은 모두 법리적 기초를 잃는다. 대만에 대한 중국의 지위도 흔들렸을 것이다.

여기서 짚고 넘어가야 할 것은 얄타 체제에서 대만에 대한 중국의 주권 보장에 서명한 것은 장제스(蔣介石) 정권, 즉 중화민국(中華民國)이라는 점이다. 그런데 1949년에 장제스 정권이 대륙에서 대만으로 이동하고 1972년에 유엔에서 제명된 후, 얄타 체제에서 결정한 중국의 권리, 특히 유엔 안전보장이사국으로서의 권리 및 대만에 대한 권리가 모두 대단히 자연스럽게 중화인민공화국으로 계승되었다. 이는 마치 소련이 얄타 체제에서 얻은 쿠릴열도에 대한 소유권을 러시아가 그대로 승계한 것과 마찬가지였다. 이러한 과정은 그 법리적인 기초가 튼튼할 뿐 아니라 유엔 및 중화인민공화국과 국교를 맺은 모든 나라가 승인 혹은 '충분히 이해하고 존중한 내용'이었다.

이상의 내용으로 판단하건대 아시아-태평양 지역에서 얄타 체제는 여전히 계속되고 있다.

냉전은 끝나지 않았다

이른바 '냉전(Cold War, 冷戰)'은 제2차 세계대전 종전 후 미국을 비롯한 서방 세계가 사회주의 국가에 대해 채택한 전면적 억제 정책을 가리킨다. 1946년 3월 5일, 영국 총리 윈스턴 처칠(Winston Churchill)이 미국 미주리 주(Missouri State) 풀턴(Fulton)의 웨스트민스터 대학교(University of Westminster)에서 명예 법학박사 학위를 받았다. 그는 수여식 후에 한 연설에서 '철의 장막(Iron Curtain)'이라는 용어를 사용했는데 이때부터 냉전의 서막이 정식으로 열렸다고 할 수 있다. 그동안 소련을 둘러싸고 벌어졌던 냉전은 소련이 해체된 후 끝나는가 싶었으나 오히려 러시아와 중국을 새로운 대상으로 해서 더욱 강화되었다. 이전에 처칠이 언급한 '발트 해의 슈체친(Szczecin)에서부터 아드리아 해(Adriatic Sea)의 트리에스테(Trieste)까지' 드리운 철의 장막은 분명히 유럽에서 사라졌다. 하지만 이 장막은 폴란드, 체코, 헝가리가 북대서양조약기구(North Atlantic Treaty Organization : NATO)에 가입하면서 동쪽으로 이동하더니 러시아를 압박하기 시작했다. 또 미국은 각종 조약과 협정을 통해 일본에서 호주까지, 그리고 필리핀에서 아프가니스탄까지 중국과 러시아를 겨냥한 'T'자 라인을 형성했다. 그러고서 20세기 말에 일본이 이 새로운 냉전의 선봉에 서는 것을 내버려 두었다.

동구권이 북대서양조약기구에 대항해 만든 바르샤바조약기구(Warsaw Treaty Organization)는 소련이 해체된 1991년에 곧 해체되었다. 만약 아시아-태평양 지역에서 냉전이 끝났다면 '미일방위협력지침(Guidelines for U.S.-Japan Defense Cooperation)', '대만관계법(Taiwan Relations Act)' 및 미국-필리핀 상호방위조약(Mutual Defense Treaty between the U.S. and the Republic of the Philippines)' 등이 모두 사라져야 할 것이다. 하지만 이것들은 모두 여전히 존재할 뿐만 아니라 오히려 강화되었다. 1999년 4월 6일, 미국의 국무장관 매들린 올브라이트(Madeleine Albright)는 브루킹스 연구소에서 한 연설에서 21세기 북대서양조약기구, 즉 나토의 핵심 사명은 침략에 저항하는 것으로 이것을 끝까지 관철시켜야 한다고 말했다. 그녀는 또 이 사명을 위해 나토가 보스니아-헤르체고비나(Bosnia and Herzegovina)와 코소보(Kosovo) 사태에 개입한 것처럼 앞으로도 지역을 가리지 않고 활동할 것이라고 선언했다. 다시 말해 냉전의 산물인 나토는 바르샤바조약기구가 해체되었음에도 불구하고 여전히 존재하며 오히려 그 행동반경을 확장한 것이다. 이는 냉전이 완전히 끝나지 않았다는 의미다. 달라진 점이라면 어제의 냉전은 미국과 소련의 힘이 균형을 이루었지만 오늘날의 냉전은 힘이 불균형하다는 것이다. 또 어제의 냉전은 미국과 소련의 대결이었으나 오늘날의 냉전은 미국과 그 동맹국들만 참여하고 있다. 실제로 20세기 초의 전쟁은 힘이 거의 비슷한 두 세력 사이에 일어났으나 21세기 초의 전쟁은 흡사 '늑대와 양의 대결' 같은 힘의 불균형 전쟁이었다. 지금은 군사, 경제, 정치, 어떤 영역이든 냉전의 저울이 모두 미국 쪽으로 크게 치우쳐 있다. 최근 몇 년 동안 미국 정부는 '향후 15년 간 중국은 예측 불가능한 요인으로 가득하다.'는 내용의 보고서를 국회에 제출하는 등 중국에 대한 경계를 늦추지 않고 있다. 보도에 따르면 현재 미국 정부는 매우 빠른 속도로 서태평양의 군사 배치를 조정하고 있으며 현재의 미국 태평양 사령부(United States Pacific Command : USPACOM)에서 분리해 따로 '동북아 사령부'를 만들려고 한다. 이 새로운 사령부는 미국 태평양 사령부의 3분의 2정도 병력으로 구성되며 한반도, 일본, 대만 해협에서 발생 가능한 충돌에 대응할 것이다. 이는 유럽에서 러시아를 억제하는 데 성공한 미국이 이번에는 냉전의 중심을 아시아–태평양 지역으로 이동하려는 시도가 분명하다. 또한 미국이 닉슨 시대에 중국의 부상을 지지한 외교 정책을 버리고 일본을 '내버려 둠으로써' 중국을 견제하려는 정책을 채택했음을 의미한다.

  미국이 중국을 억제하려 한다는 것은 몇몇 학자의 관점일 뿐 실제 정부가 채택한 정책이 아니라고 주장할 수도 있다. 그렇다면 미국 신보수주의(neo-conservatism)를 내표하는 인물인 로버트 케이선(Robert Kagan)이 쓴 「천국과 권력에 관하여(Of Paradise and Power)」를 보자. 다음은 그중 한 부분이다.

  "미국 정부는 냉전이 끝난 것을 '전략적 휴지(休止)'로 보지 않는다. 아버지 부시부터 클린턴까지 미국의 전략과 병력 배치 역시 이러한 생각에 기초한 것이다. 미국은 서로 다른 지역에서 동시에 두 개의 전쟁을 치를 것이며 반드시 모두 승리해야만 한다. 기준이 모호하기는 하지만 정치인이든 군인이든 미국의 지도자들은 모두 한반도와 페르시아 만의 전쟁을 동시에 준비해야 한다는 점에 기본적으로 동의한다. 포스트 냉전 시대에 미국의 병력은 지구 구석구석 어디에나 존재하며 언제든지 전쟁을 일으킬 수 있다. 이는 역사를 통틀어 전례가 없는 일이다."

9·11테러 이전에 미국의 전략은 중국을 정조준하고 있었지만 두 나라 사이에 전쟁이 발발할 것이라고 생각하는 사람은 없었다. 대만 문제만 아니라면 말이다. 그러나 사람들은 중국의 군사력이 확대되고 미국의 국제적 야심이 커진다면 앞으로 20년 내에 '충돌'이 발생할 것이라고 예측했다. 미국 정부 역시 이렇게 생각하고 미국 국가 미사일 방어 체계(United States National Missile Defense : USNMD/NMD)를 추진했다. 클린턴 시대에 형성된 '미국의 전략적 상대는 중국'이라는 관점이 아들 부시 시대에 확고해진 것이다. 그는 중국을 미국의 전략적 동반자가 아닌 전략적 경쟁자로 보았으며 이러한 관점은 임기 내내 바뀌지 않았다.

이처럼 소련이 해체된 후에도 미국은 중국을 경쟁자로 삼아서 냉전을 계속하고 있다. 이와 관련해서 덩샤오핑은 매우 통찰력 있는 전망을 내놓은 적이 있다. 그는 1989년 11월 23일, 탄자니아 혁명당 주석 줄리어스 니에레레(Julius Nyerere)를 접견하면서 이렇게 말했다. "나는 냉전이 끝나기를 바라지만 동시에 안타까움을 느끼고 있습니다. 냉전이 끝나면 또 다른 두 개의 냉전이 다시 시작될 테니까요. 하나는 제3세계를 노리는 것이고, 다른 하나는 사회주의 국가를 겨냥한 것이겠지요."

덩샤오핑의 말은 정확했다. 10여 년 후 서방 세계는 소련과 대치하던 냉전을 끝냈지만 중국과 제3세계를 대상으로 하는 냉전을 벌이고 있다. 아들 부시 대통령은 첫 번째 임기에 '악의 축(an axis of evil)', 두 번째 임기에 '독재의 종식(ending tyranny)'이라는 정책 목표를 내세우며 냉전을 더욱 강화했다. 우리가 이를 정확하게 인식하지 못한다면 국제 정세에 대해 잘못된 판단을 내려서 올바른 대외 정책과 전략을 수립할 수 없을 것이다.

정리하자면 소련이 해체된 후 국제 정세는 다음과 같다.

1. 얄타 체제는 유럽에서는 끝났지만 아시아-태평양 지역에서는 끝나지 않았다.
2. 서방 세계와 소련의 냉전은 끝났지만 세계적으로 보았을 때 냉전은 완전히 끝나지 않았으며 오히려 강화되었다.

현재 중국 학계에서 유행하는 '얄타 체제의 종식', '냉전 종결' 등의 해석은 분명히 국제 정세를 잘못 판단한 것이다. 이러한 잘못된 판단 때문에 날로 심해지는 '일본 문제'에 대해 정확하게 인식하고 대처하지 못하는 것이다.

잘못된 판단을 내린 원인

왜 이런 잘못된 판단을 내리게 된 걸까?

이 문제는 상당히 복잡하다. 가장 큰 원인은 얄타 체제와 냉전이 매우 가까운 시기에 연이어 발생한 탓에 두 가지를 같은 것으로 생각했기 때문이다. 제2차 세계대전의 종반에 미국, 영국, 소련의 정상들은 얄타에 모여 전후 독일 문제와 국제 문제들을 해결하기 위해 의견을 나누고 여러 가지 문제에서 합의를 도출했다. 냉전은 여기에서 합의를 이룰 수 없었던 몇 가지 의견 차이로부터 시작된 것이다. 양측은 각자의 동맹국들과 한 개 혹은 그 이상의 조약을 맺었으며 각기 나토와 바르샤바조약기구를 조직해 대립했다. 즉 강국들의 협력 체제인 얄타 체제가 건립된 지 얼마 지나지 않아 서로 첨예하게 대립하는 냉전이 발생한 것이다. 그러면서 얄타 체제에서 이미 합의를 도출한 독일의 분배, 대만에 대한 주권 및 종전 후 일본의 지위 등이 '다시 해결해야 할 문제'로 떠올랐다. 1970년대에 미국과 소련의 대립이 최고조에 달하자 사람들은 세계의 강국들이 협력해서 군국주의를 물리친 위대한 성과인 얄타 체제를 잊고 냉전 체제만 기억하게 되었다. 1980년대 말부터 1990년대 초에 동유럽에 변화의 바람이 불면서 동독과 서독이 통일되고 바르샤바조약기구가 해체되었다. 당시 국내외 몇몇 학자들은 흥분된 목소리로 "양 진영이 냉전의 종식을 선포했다. 얄타 체제는 완전히 와해되었다."고 단언했다.

하지만 냉전을 상징하는 나토와 바르샤바조약기구는 모두 해체되지 않았을 뿐더러 나토는 오히려 그 세력을 확장하고 강화되었다. 그런데 어떻게 "양 진영이 냉전의 종식을 선포했다."고 말할 수 있는가? 물론 동유럽에 급격한 변화가 발생하기는 했지만 아시아-태평양 지역에는 전혀 변화가 없는데 "얄타 체제가 완전히 와해되었다."고 말할 수 있을까?

무엇보다 얄타 체제와 냉전은 그 내용이 서로 완전히 다르며 단지 연이어 발생한 것뿐이다. 독일과 일본의 군국주의의 부활을 금지하는 얄타 체제가 먼저 생겼고 미국과 소련이 서로 패권을 차지하기 위해 대립한 냉전이 나중에 일어났다. 끝난 시점도 독일의 통일을 시작으로 유럽에서만 '부분적으로' 얄타 체제가 먼저 해체되었으며 미국과 소련의 냉전 종식이 나중에 일어났다. 여기서 말하는 냉전 종식은 '미국과 소련 두 나라에 한정된 것'으로 세계적으로는 여전히 냉전이 존재한다는 사실을 기억해야 한다. 오히려 냉전의 대상을 소련에서 중국, 러시아 그리고 제3세계로 전환해서 더욱 강화한 것이 현재의 국제 정치 상황이다.

나는 미국과 소련의 냉전이 역사상 '유일하거나 특별한 것'이 아니라는 점을 강조하고 싶다. 19세기 초에 나폴레옹이 패전하고 빈 체제(Wiener System)가 건립된 후 얼마 지나지 않아 1815년~1907년에 영국과 러시아 사이에 거의 백 년에 가까운 냉전이 출현했다. 양국은 서유럽의 크림 반도(Krym Pen.)부터 중앙아시아의 아프가니스탄에 이르는 지역에서 긴장 상황을 조성하고 서로 대립했으며 이 기간에는 크림전쟁(Crimean War, 1853~1856) 외에 어떠한 국가 간 전쟁도 일어나지 않았다. 이 냉전은 1907년 '영국-러시아 협상'을 통해 끝났다. 이후 제1차 세계대전이 끝나고 전후 문제를 해결하기 위해 연합국과 독일이 베르사유 조약(Treaty of Versailles)을 맺었다. 또 얼마 후 10월 혁명으로 소비에트 정권을 수립한 러시아가 중공업과 전자기계화를 대표로 하는 산업 영역에서 크게 부상하자 서방 세계와 러시아 사이에 다시 냉전이 발생했다. 영국, 프랑스, 이탈리아, 미국은 소비에트 정권을 무너뜨리기 위해 베르사유 체제를 희생하는 대가를 감수하고 독일과 일본의 무장을 눈감아 주었다. 그 결과 제1차 세계대전이 끝나고 겨우 21년 후에 제2차 세계대전이 발생한 것이다. 이것은 사실 19세기 영국과 러시아의 냉전이 계속 이어진 것이었다.

제2차 세계대전이 끝나고 소련, 미국, 영국, 프랑스, 중국 등 주요 전승국은 독일, 일본, 이탈리아의 군국주의 부활을 저지하기 위해 협력했으며 그 결과 얄타 체제가 출범했다. 역사의 흐름에 따라 정리해 보자면 19세기에 빈 체제가 불안정해지면서 영국과 러시아의 냉전이 시작되었고, 베르사유 체제가 무너지면서 서방 세계와 러시아의 냉전이 출현했으며, 마찬가지로 얄타 체제가 건립되었으나 미처 안정되기 전에 미국과 소련의 냉전이 시작된 셈이다. 1946년 3월 5일에 열린 처칠의 풀턴 연설에서부터 소련의 고르바초프 정권까지 냉전은 거의 50년 동안 계속되었다. 미국과 소련의 냉전은 규모가 크고 무척 첨예하게 대립했지만 그래도 얄타 체제를 통해 건립한 국제 협력 시스템을 무너뜨리지는 않았다. 고르바초프는 1985년에 정권을 잡은 후 냉전 종결을 시도했다. 그는 우선 아프가니스탄의 병력 철수를 선포했고(1986년), 곧이어 나토의 해체를 요구하지 않으면서 먼저 바르샤바조약기구를 해산했다(1991년). 또 냉전과 얄타 체제를 같은 것으로 본 그는 냉전을 끝내는 동시에 얄타 체제가 소련에게 부여한 권리와 의무를 포기했다. 그래서 동독과 서독의 통일에 동의했고(1991년), 독일, 동유럽, 몽고 등지에서 병력을 철수시켰다. 또 1991년 4월에 직접 일본을 방문해서 '일본-소련 공동 성명'에 합의하고 쿠릴열도 문제에 관해 '상호 타협'하기로 합의했다. 그리고 같은 해 8월~9월에 발트3국(에스토니아(Estonia), 라트비아(Latvia), 리투아니아(Lithuania))이 독립하는 것을 묵인했다. 이렇게 고르바초프가 먼저 나서서 소련이 얄타 체제에서 받은 권리와 의무를 포기하자 유럽의 얄타 체제가 흔들리기 시작했다. 1999년에 나토는 코소보 사태에 개입해서 승리한 후 세력 범위를 예전 소련의 세력 범위였던 발칸 반도까지 확장했다. 같은 해에 폴란드, 체코, 헝가리가 나토에 가입했다. 상술한 사건들은 모두 유럽에서 얄타 체제가 끝났음을 의미하는 것이다.

사실 고르바초프가 정말 끝내고 싶었던 것은 미국과의 냉전이지 얄타 체제가 아니었다. 하지만 그는 냉전과 얄타 체제를 하나로 착각하는 치명적인 실수를 저질렀고 그 바람에 일이 틀어지고 말았다. 그는 유럽에서 얄타 체제를 종식시키면 냉전이 완전히 끝난다고 생각했으며 이것이 도리어 국제 정세의 불균형을 초래할 것이라고는 꿈에도 생각하지 못했다.

❖ 일본의 움직임

2005년, 일본은 '주변사태'의 범위를 크게 확장하고 외교 정책의 방향을 수정했다.

- 2005년 1월 31일, 일본은 미국과 '미일방위협력지침'을 수정했으며 여기에는 대만 해협에서 충돌이 발생했을 때 미국과 일본이 어떤 방식으로 연합할 것인지에 대한 내용이 포함되었다. 미국과 일본은 '대만 위기'를 '미일방위협력지침'에 포함시켜서 일본이 대만 문제에 개입할 수 있는 '법률적 근거'를 마련하고자 했다. 2월 19일, 일본과 미국의 안전협상위원회가 대만 문제를 공동 전략 목표로 삼은 성명을 발표했다.
- 4월 8일, 일본과 미국의 외교부, 국방부 인사들이 하와이에서 회담을 열고 몇 가지 합의에 도달했다. 일본은 이 회담에서 한반도와 대만 해

협 등 주변 지역에서 예측하지 못한 사태가 발생했을 때 미군이 일본의 공항, 항구 등 민용 시설을 우선적으로 사용하는 것을 허가했다.

> 01 동중국해 배타적 경계수역(EEZ) 분쟁과 관련해 일본이 주장하는 경계선으로 오키나와 제도와 중국 본토의 중간선을 가리킨다. 그러나 중국은 오키나와 해구까지 자국의 대륙붕이 연결되어 있으므로 이를 배타적 경계수역의 기준으로 삼아야 한다고 맞서고 있다. 양측이 주장하는 경계선 사이에 있는 센카쿠열도(尖角列島, 중국명 댜오위다오)의 영유권 문제와도 관련이 있다.

- 4월 13일, 일본 정부는 민간 기업에 중일중간선(中日中間線)01 동쪽의 석유 시굴권을 주겠다고 선포했다. 그리고 7월 14일에 일본데이코쿠석유(日本帝國石油)에 시굴권을 허가했다. 8월 9일, 일본 규슈(九州) 경제산업국 국장 마쓰이 테츠오(松井哲夫)는 기자회견을 열고 일본데이코쿠석유가 약 1,000만 엔의 등기세를 지불했으며 시굴권과 관련된 각종 수속을 모두 끝냈다고 발표했다. 그는 또 일본데이코쿠석유의 시굴권이 8월 3일에 광업 개발 등기서류에 등재되었다고 말했다. 8월 26일, 일본데이코쿠석유는 아마도 중국의 반대와 항의가 있겠지만 정부가 안전을 보장한 만큼 시추 탐사를 끝까지 물러서지 않고 진행할 것이며 이를 위해 현재 열심히 준비 중이라는 입장을 발표했다. 또 회장 다카이(高井)는 도쿄에서 열린 기자 간담회에서 "(중국의) 간섭을 걱정한다면 우리는 영원히 시추 탐사를 할 수 없을 것입니다. 우리는 (일본 정부가 제공한) 시굴권을 얻었으므로 응당 어느 정도의 어려움을 극복해야 합니다."라고 말했다.
- 4월 15일, 일본의 중의원 헌법 조사 위원회는 현재의 평화헌법 개헌을 주장했다.
- 5월 16일, 일본, 독일, 브라질, 인도로 구성된 'G4'는 유엔 안전보장이사회 개혁에 관한 결의 초안을 발표했다. 그 주요 내용은 안전보장이사회의 상임이사국을 지금의 4개국에서 6개국으로 늘리고 거부권을 확대하자는 것이다.
- 6월 14일, '자위대법 개정안'이 일본 중의원에서 통과되었다. 7월 22일, 참의원도 전체 회의를 열고 큰 표 차이로 '자위대법 개정안'을 통과시켰으며 수정안은 이날로부터 정식으로 효력이 발생했다. 이로써 일

본은 2006년 말부터 실전 배치될 미사일 공격 체계의 법률적 기반을 완성했다. 이 수정안에 따르면 일본을 향해 날아오는 탄도 미사일의 위험이 현저할 경우 방위청 장관이 총리의 승인을 받아 현장 지휘관에게 직접 명령을 내릴 수 있다.

- 7월 1일, 일본 도쿄재단의 중국정책연구팀이 4월에 있었던 중국의 반일시위에 관해 '일본의 중국 정책에 관한 건의'를 발표했다. 그 내용은 다음과 같다. "일본 정부는 역사적 자책감을 벗어 던지고 현실주의에 입각해 대 중국 외교 방침을 수정할 필요가 있다. 일시적으로 충돌이 있더라도 과감하게 맞서면서 뒤로 물러나는 일이 없어야 하며 하루 빨리 중국과 일본의 갈등을 해결해야 한다." 또 이 보고서는 다음과 같이 건의했다. "일본은 동아시아 국가, 태평양 국가 및 해양 국가로서의 면모를 드러내야 한다. 현재 일본은 이미 동북아뿐 아니라 태평양과 기타 지역을 넘어선 명실상부한 해양 강국이기 때문이다. 그러므로 미국과의 동맹을 기초로 서태평양의 여러 나라와 교류를 확대하고 해양 강국으로서 동중국해와 인도양을 넘어 중동의 해상교통로까지 진출해야 한다. 앞으로 일본은 중국 시장에 대한 의존도를 줄이고 미국과의 동맹 및 유럽과의 전통적 관계를 강화하며 경제 협력을 확대해야 한다. 또 해상교통선의 주요 국가인 인도 등과 관계를 발전시켜서 중국의 위협을 극복해야 한다." 도쿄재단의 이 보고서는 전(前) 국무대신 아이치 가즈오(愛知和男)와 전 법무대신 나가노 시게토(永野茂門), 하라구치 카즈히로(原口和宏) 및 전·현직 국회의원 스물다섯 명의 공식적인 지지를 받았다.

이 보고서는 실제로 일본의 외교 정책에 영향을 미쳤다. 10월 23일, 일본 외상 마치무라 노부타카(町村信孝)는 "오래 전에 중국을 침략한 탓에 일본은 줄곧 중국에 '저자세'를 취했다. 그러나 이제 평등한 외교 관계를 발전시킬 때가 되었다. 우리가 믿는 것을 옳다고 말할 수 있어야 한다."고 말했다.

• 11월 22일, 집권당인 자민당(自民黨)은 건당(建黨) 50주년 축하 행사에서 정식으로 수정헌법 초안을 제시하고 1947년에 제정된 '평화헌법'의 '자위대'라는 명칭을 '자위군'으로 변경했다.

이러한 작은 변화들을 통해 어느 정도 미래를 예측할 수 있다. 소련이 해체된 후 일본의 행보를 살펴보면 그들이 다시 한 번 '대동아(大東亞)'[02]라는 한 편의 영화를 찍으려 한다는 것을 어렵지 않게 눈치챌 수 있다. 이 영화는 아마 일본 우익 단체들의 엄청난 지지를 받을 것이며 그 첫 장면은 바로 아시아-태평양 지역 정치의 핵심인 댜오위다오(釣魚島)일 것이다.

> [02] 동아시아와 동남아시아 지역을 함께 부르는 말로 1940년 7월에 일본이 국책으로 '대동아 신질서 건설'을 내세우면서 처음 사용했다.

지도를 보면 댜오위다오가 일본이 말하는 이른바 '주변사태'의 범위 안에서 가장 중요한 위치, 특히 일본과 대만 사이에 절묘하게 위치했다는 것을 알 수 있다. 일본 정부가 민간 기업에 동중국해의 석유 시굴권을 준 위치 역시 댜오위다오와 무척 가깝다.

지역 강국으로 부상하려면 우선 자원을 장악해야 한다. 여기서 말하는 자원은 일반적인 생활 자원이 아니라 전 인류에게 부족한 자원을 가리킨다. 일본은 경제가 발달한 반면 자원이 부족한 국가이기에 일본의 우익세력은 자원을 찾아 남쪽으로 확장하려는 야욕을 절대 포기하지 않을 것이다. 일본이 선언한 '주변사태'의 범위는 주로 대만과 동남아시아 일대로 19세기 메이지 유신부터 1930년대 조선과 중국에 침략 전쟁을 일으켰을 때 장악한 지역 범위와 거의 같다. 다시 말해 일본이 말하는 '주변사태'는 그들이 1940년대에 주장하던 '대동아공영권(大東亞共榮圈)'[03]이며 그 핵심은 바로 대만이다. 그리고 일본의 입장에서 댜오위다오는 대만을 장악할 수 있는 최전방 기지와 마찬가지다. 1887년에 일본의 참모부가 쓴 '청나라 징벌책'의 초고에는 "가이핑(盖平) 남쪽의 랴오둥(遼東) 및 산둥성의 덩저우(登州), 저우산군도(舟山群島),

> [03] 제2차 세계대전 당시 일본이 아시아의 여러 나라를 침략하며 내세운 정치 슬로건이다. 1940년 8월 1일에 당시 일본 외상이던 마쓰오카 요스케(松岡洋右)가 사용한 말로 그는 아시아 민족이 일본을 중심으로 대동아공영권을 결성해서 아시아 지역에서 서양 세력을 몰아내야 한다고 주장했다.

펑후열도(澎湖列島), 대만과 장강(長江) 양안에서 십 리 이남 지역을 점령한다."라는 부분이 있다. 여기서 가이펑은 지금의 랴오닝성(遼寧省) 가이현(盖縣)을 가리킨다. 1895년에 해상에서 중국과의 전쟁에 승리한 일본이 가장 먼저 한 일은 바로 '시모노세키 조약(下關條約)'을 내세워 대만과 펑후열도를 점령하는 것이었다. 그 후 1940년대로 접어들면서 일본은 '대동아공영권' 전략을 실현했다. 다시 말해 대만을 누가 장악하느냐에 따라 이 지역의 강국이 결정된다고 할 수 있다. 1945년에 태평양 전쟁 중이던 미국 역시 "태평양의 목표는 대만이다."라고 선언하기도 했다. 이렇듯 대만과 그 주변의 도서 지역은 아시아-태평양 국가들이 지역 강국으로 부상하는 '관문'과 같은 존재다.

지도를 보자. 일본에서 대만까지의 형태가 마치 동중국해에서 출발해서 남중국해로 헤엄쳐 가는 악어 같아 보이지 않는가? 악어의 꼬리는 러시아가 점령한 쿠릴열도, 즉 에토로후(擇捉), 시코탄(色丹), 구나시리(國後), 하보마이(齒舞)며 몸통은 홋카이도(北海島)부터 규슈까지의 일본 본토, 악어의 목은 류큐 군도, 머리는 대만이다. 그러니까 댜오위다오는 이 악어의 경추라고 할 수 있다. 일본의 입장에서 댜오위다오를 잃는다면 이는 곧 대만에 대한 영향력을 잃는 것인 동시에 지역 강국으로 부상할 수 있는 기회를 놓치는 것이다.

그러므로 일본이 민영 기업에 중일중간선 동쪽의 석유 시굴권을 준 것은 일종의 전략적 행위라고 볼 수밖에 없다. 일본 정부는 이에 관해 '민영 기업'임을 강조하며 어떠한 정치적 의도도 없다고 주장하지만 말이다. 일본은 19세기 메이지 유신 초기에 "해외에서 국위를 떨치자!"라는 구호 아래 1870년대부터 1890년대까지 끊임없이 대만을 침략하고 점령했다. 이후 20세기가 되어서 벌어진 '대동아공영권' 전쟁에서는 당시의 '민간인', 즉 낭인(浪人)이 가장 선두에 서서 침략 전쟁을 일삼았다. 그러므로 현재 동아시아 문제에서 일본이 내세우는 '민영 혹은 민간'의 개념에 속아 넘어가서는 안 된다.

일본이 곧 국제 정치의 강국이 될 것이라고 말하는 사람도 있다.

하지만 이는 강국에 대해 잘 알지 못하고 떠드는 말일 뿐이다. 강국이란 무엇인가? 맹자는 "무력으로 인을 가장하는 자는 패자(覇者)일 뿐이며 패자는 큰 나라를 가진다."고 말했다. 제2차 세계대전 후, 특히 21세기에 일본은 자신이 저지른 죄를 부인하고 책임에서 발뺌했을 뿐만 아니라 아시아 국가들의 강력한 항의와 반대에도 아랑곳하지 않으며 야스쿠니 신사 참배를 계속했다. 이는 곧 일본이 맹자의 말처럼 힘은 있으나 인의(仁義)가 없고, 인의가 없으니 큰 나라를 가질지언정 결코 강국은 될 수 없음을 의미한다. 강국으로 부상하는 데는 물질적인 부유함보다 국제적으로 특정 지역에서 영향력 있는 국가임을 인정받는 것이 더 중요하다. 지금 일본이 부족한 것은 힘과 물질이 아니라 국제 사회, 특히 아시아 국가들의 인정이다. 인정이 어렵다면 적어도 묵인이라도 받아야 하는데 그것마저도 어려운 상황이다. 20세기 태평양 전쟁 중 일본은 동아시아의 대부분 국가, 즉 한반도, 중국의 둥베이(東北), 화베이, 화둥 지역 및 동남아시아 국가들을 침략하고 괴뢰 정부를 세워서 식민지화했다. 또 서태평양까지 장악하려고 온갖 만행을 저질렀으나 결국 얄타 체제에 의해 저지당했다. 대만의 주권은 중국에 돌아갔고, 조선은 독립했으며, 일본 남쪽의 오키나와 섬과 쿠릴열도는 각각 미국과 소련이 장악했다. 얄타 체제에 참여한 미국, 소련, 중국은 일본을 북에서 남까지 겹겹이 둘러싸서 그들이 재무장할 가능성을 완전히 차단했다. 그 결과 일본은 경제를 비약적으로 발전시켰으나 동아시아에서 그에 상응하는 영향력을 전혀 갖출 수 없었다.

일본의 야욕

20세기 초에 그러했던 것처럼 일본은 21세기 초에 다시 한번 큰 경제 발전과 약한 지역 영향력의 괴리에 부딪혔다.

태평양 전쟁에서 일본에 최후의 일격을 날린 스탈린은 1945년 12월에 장징궈(蔣經國)가 "일본이 다시 입지를 다질 수도 있다."는 문제를 제기하자 다음과 같이 말했다. "물론 가능하겠죠. 일본은 인구가 많고 그들은 보복을 좋아하는 민족이니까요. 분명히 다시 일어서려고 할 것입니다."

소련 해체 후, 미국과 소련 사이의 냉전은 끝났지만 미국은 중국의 부상을 견제하며 새로운 냉전을 벌이고 있다. 한국, 베트남, 이라크에서 전쟁을 벌인 후 국내외에서 발생한 각종 문제들을 해결하는 데 골머리를 썩였던 미국은 아시아-태평양 지역에서 충돌이 일어나지 않기를 바라기에 더더욱 중국을 억제하려 한다. 그래서 미국은 일본의 움직임을 짐짓 모른 척할 뿐 아니라 내심 일본이 중국을 억제하기를 바란다.

1996년 일본의 임시 총리이던 하시모토 류타로(橋本龍太郎)와 미국의 클린턴 대통령은 '미일안전보장공동선언(U.S.-Japan Joint Declaration on Security, Alliance for the 21st Century)'을 발표하고 양국 간 동맹의 필요성과 중요성을 확인했다. 이 '공동선언'의 정신에 근거해 세워진 미일 안전보장협의위원회(U.S.-Japan Security Consultative Committee)는 1997년 9월에 뉴욕에서 '신(新)미일방위협력지침'을 발표해서 미일 동맹의 새로운 시대를 열었다. 같은 달 두 나라는 1978년의 '미일방위협력지침' 역시 수정했는데 이는 미국이 일본의 정치군사 강국의 야심을 묵인하는 것과 다름없었다.

미국의 유럽 지역 전략 역시 큰 변화가 있었다. 1999년 초에 미국이 이끄는 나토는 코소보 사태에 개입했으며 그 해 4월 6일, 국무장관 올브라이트는 브루킹스 연구소에서 한 연설에서 나토는 21세기에도 계속해서 침략에 저항할 것이며 이 사명에 지역적 제한은 없다고 말했다. 이와 관련해 일본의 중의원은 4월 27일에 '신미일방위협력지침'의 관련 법안인 '주변사태법', '자위대법 개정안', '미일 물품역무상호제공협정(Acquisition and Cross-Servicing Agreement)'을 한꺼번에 통과시켰다. 이 법안들은 5월 24일에 일본 국회에서 정식으로 통과되었다. 일본 정부는 '일본의 평화 안전에 대해 중요한 영향이 있다면' 전력을 다해 미국과 협력하겠다고 밝혔다. 그리고 얼마 후 7월 27일, 일본 방위청은 연간 보고에서 '자위권'의 발동을 촉구했고 21세기 초, 드디어 아프가니스탄과 이라크에 자위대를 파병했다. 2003년 6월, 위급 시에 총리가 국회의 동의를 거치지 않고 바로 군사 행동을 명령할 수 있다는 내용의 '유사삼법(有事三法)'이 통과되었다. 같은 해 12월 9일, 일본 정부는 안전보장회의와 임시 내각회의를 거쳐 다시 한번 이라크에 자위대를 파견하기로 결정했고 이로써 일본은 해외에서 미국과 어깨를 나란히 하고 작전을 수행하는 군사 동맹국이 되었다.

문제는 일본의 이러한 외교 정책을 미국이 지지한다는 사실이다.

소련이 해체되고 유럽에서 얄타 체제가 끝났다. 그러자 미국은 일본을 억제하는 책임과 의무에서 벗어나게 되었고 오히려 일본을 이용해서 중국, 러시아 등과 냉전을 벌이기로 결정했다. 이것은 제1차 세계대전 후 영국 총리 네빌 체임벌린(Neville Chamberlain)의 '도박'과 다를 바가 없다. 당시 그는 소련을 견제하기 위해 베르사유 체제를 포기하고 독일이 소련을 자극하는 것을 내버려 두는 실수를 저질렀다. 그 결과 유럽에는 다시 한 번 전쟁의 불씨가 타올랐다. 최근 몇 년 동안 미국은 중국을 억제하기 위해 아시아-태평양 지역에서 '판도라 상자'를 열려고 한다. 이런 행동은 전 세계에서 얄타 체제를 완전히 와해시키려는 일본의 야욕에 불을 붙이는 것과 같다.

1890년 12월 6일, 일본 내각 총리대신 야마가타 아리토모(山縣有朋)는 "이익선(利益線)을 보호한다."는 '국정 방침'을 발표하며 다음과 같이 말했다. "국가의 독립, 자주, 방위를 지키는 길은 두 가지다. 하나는 주권선(主權線)을 수호하는 것이고 다른 하나는 이익선을 보호하는 것이다. 주권선이란 무엇인가? 바로 국경이다. 그렇다면 이익선이란 무엇인가? 그것은 주권선의 안위와 밀접한 관계가 있는 지역을 말한다. 현재 열강들 사이에서 국가의 독립을 유지하려면 주권선 수호만으로는 부족하며 이익선까지 함께 보호해야 한다." 이에 따라 일본은 1940년대에 아시아-태평양 지역을 샅샅이 훑고 다니며 침략과 수탈을 일삼다가 전쟁에서 패한 후 하는 수 없이 이른바 '주권선'으로 물러났다. 1999년의 '주변사태법'은 야마가타 아리토모가 제시한 '이익선 보호' 정책의 100년 후 버전이라고 할 수 있다.

스스로 해양 강국이라 자부하는 일본은 국가 이익 확장의 방향과 목표를 동남아시아 일대로 설정하고 이를 위해 우선 대만 및 그 주변 도서를 장악하려고 한다. 그들은 1999년의 '주변사태법'에서부터 2005년에 개정을 시도했던 '평화헌법'까지 아시아-태평양 지역에서 얄타 체제를 무너뜨릴 수 있는 법률적 기반을 거의 모두 마련했다. 아마도 다음 행동은 바로 일본에 대한 얄타 체제의 제재를 거부하는 일일 것이다.

하지만 일본은 절대 공개적으로 '정치군사 강국'이 되려는 야심을 인정하지 않는다. 일본의 전 총리 고이즈미 준이치로(小泉純一郎)는 2005년 5월 6일에 러시아 매체와의 인터뷰에서 일본은 제2차 세계대전이 끝난 후 언제나 '군사 강국이 아닌 경제 강국이 되는 것'을 목표로 삼았으며 무력이 아닌 평화적인 수단이야말로 모든 문제를 해결할 수 있는 무기라고 말했다. 하지만 얄타 체제에서 일본의 재무장을 엄격히 금지했으므로 '군사 강국이 되지 않는 것'은 사실 그들의 선택이 아니라 의무였다. 그런데 1990년대부터 이 의무마저 저버린 것이다.

고이즈미의 말은 일본이 당연히 해야 할 일을 마치 선택인양 이야기해서 국제 사회에서 정치군사 강국으로 거듭나려는 야욕을 숨긴 것뿐이다. 실제로 그는 "북쪽의 영토 문제는 일본과 러시아 사이의 장애물이다."라며 실질적인 행동을 취하기도 했다.

일본의 전략은 이미 실행되고 있으며 그 중심에는 대만이 있다. 21세기 초에 일본의 우익 집단과 대만 독립주의자들이 긴밀하게 연계되어 있음이 밝혀졌는데 일본은 이를 통해 대만 문제에 대한 개입의 정도와 규모를 키우고자 한다. 리덩후이(李登輝)를 비롯한 대만의 독립주의자들은 중국의 댜오위다오 영유권을 부정하면서 일본과 손잡고 아시아-태평양 지역에서 지위를 확립하고자 한다. 만약 그렇게 된다면 일본이 말하는 '주변사태'의 범위는 대만을 넘어 남중국까지 확대될 것이다. 이를 위해 일본은 대만을 장악해야 하고, 그러려면 우선 댜오위다오의 영유권을 차지해야 한다. 이런 의미에서 댜오위다오 및 대만은 아시아-태평양 지역 평화의 중요한 열쇠라 할 수 있다.

일본과 아시아-태평양 지역의 평화

세계 인구의 5분의 4가 전쟁의 소용돌이에 휘말렸고 무려 5,000여만 명이 사망한 제2차 세계대전은 군국주의를 뿌리 뽑으려는 국제 사회의 노력과 협력으로 끝났다. 전쟁의 종반에 미국, 영국, 프랑스, 소련, 중국은 공동으로 얄타 체제를 건립했으나 지금 미국은 일본의 움직임을 방관하고 있다. 이는 일본이 대 중국 냉전의 선두에 서기를 바라기 때문이며 이를 위해 미국은 아시아-태평양 지역에서 얄타 체제가 끝나길 바란다.

이는 동아시아의 '판도라의 상자'를 여는 것과 다름없는데 문제는 이 상자를 대체 '얼마만큼 열 것인가?' 다. 쿠릴열도, 자위대 확대, 유엔 상임이사국 진입, 대만 독립주의자들과의 연합 등의 문제에서 미국은 모두 일본의 입장을 지지 혹은 묵인하고 있다. 이를 통해 중국, 러시아에 힘의 균형을 유지하려는 의도지만 일본의 부상은 자칫 미국을 타격할 수도 있음을 알아야 한다.

이상의 분석에 따르면 미국의 대 일본 '유화정책'은 아시아-태평양 지역에서 얄타 체제를 무너뜨리는 빌미가 되고 있다. 더욱 놀라운 것은 미국이 이러한 뜻을 조금씩이지만 공개적으로 드러내고 있다는 점이다. 2005년 5월, 제2차 세계대전 승전 60주년 경축 전야 행사에서 러시아의 푸틴 대통령은 이렇게 말했다. "승리는 우리 것이다. 우리의 아버지 세대는 전쟁을 겪었지만 1945년의 승리를 누리지 못했고 이는 지금도 마찬가지다. 반 히틀러 연합의 국가들과 독일의 반 군국주의자들만이 승리를 누렸다." 그는 또 얄타 체제에 관해 "그것은 미국의 대통령, 영국의 총리와 소련의 지도자가 상황을 고려해 함께 내린 결정이었다. 당시는 나치의 잔당을 완전히 뿌리 뽑지 못했고, 유럽의 피해가 특히 극심했기에 우선 유럽의 정치와 경제를 부활시켜야 했다."고 말했다. 이에 반해 미국의 아들 부시 대통령은 소련이 거의 반세기 동안 동유럽을 지배한 것을 비난하면서 이것이 얄타 체제의 치명적인 문제며 미국 역시 여기에 책임을 통감한다고 말했다. 그러더니 이러한 '얄타의 유산을 매장' 해야 한다고 덧붙였다.

대체 어떠한 '얄타의 유산'을 '매장' 하겠다는 것일까? 설마 명실상부한 '얄타의 유산'인 유엔을 없애겠다는 말일까? 아니면 20세기 말에 고르바초프와 아버지 부시 대통령이 유럽에서 얄타 체제를 끝냈으니 21세기 초에 자신은 아시아-태평양 지역에서 '얄타의 유산'을 '매장' 하겠다는 것일까? 문제는 미국이 아시아-태평양 지역에서 얄타 체제를 끝내고 중국을 억제하려는 시도가 곧 일본 외교 정책의 출발점이라는 데 있다. 일본이 말하는 '주변', 즉 1890년에 일본 내각 총리대신 야마가타 아리토모가 말한 '이익선'이 어디까지 확장되느냐에 관해 미국도 정확히 아는 바가 없다. 어쩌면 시어도어 루스벨트가 일본에 유화정책을 채택하고 20년 후 일본의 이익선이 진주만까지 확장된 것과 비슷한 일이 생길지도 모르는 일이다.

평화란 국제법의 기초 위에서 국제 사회가 협력을 통해 유지하는 안정적인 상태를 의미한다. 현재 아시아-태평양 지역의 평화는 얄타 체제로 만들어진 것이며 일본이 전쟁 야욕을 포기하고 평화로운 발전의 길로 들어선 것도 모두 얄타 체제의 제재하에 있었기 때문이다. 이는 강제한 것이 아니며 일본 스스로 받아들인 결과다.

1943년의 '카이로 선언(Cairo Declaration)'에는 다음과 같이 규정되어 있다. "중국, 미국, 영국 세 나라는 일본이 1914년 제1차 세계대전 이후 태평양 지역에서 점령한 모든 도서 지역에 대한 권리를 박탈한다. 일본이 점령한 중국 영토인 만주, 대만, 펑후군도 역시 모두 중화민국으로 귀속된다. 일본은 무력으로 빼앗은 모든 영토에서 축출되어야 한다. 또한 세 나라는 조선인들이 노예와 같은 대우를 받는 것에 대해 매우 비통하게 생각하며 조선을 독립시킬 것을 결정했다."

또 1945년 7월 26일에 발표된 '포츠담 선언(Potsdam Declaration)'에는 일본을 향한 다음과 같은 경고가 포함되어 있다. "무책임한 군국주의가 세상에서 사라지지 않는다면 평화, 안보, 정의가 보장되는 새로운 질서는 불가능하다. 그러므로 일본 국민이 세계 정복을 꿈꾸도록 이끈 당사자와 그 세력은 영원히 제거되어야 한다."(제6절), "일본 영토의 요충지를 장악한 후 그러한 신질서가 확립되면 전쟁을 일으킨 일본이 격퇴되었다는 사실이 입증될 것이다."(제7절), "'카이로 선언'은 반드시 이행되어야 하며 일본의 주권은 혼슈 섬, 홋카이도 섬, 규슈 섬, 시코쿠 섬 및 우리가 합의를 이룬 몇몇 작은 섬들로 제한된다."(제8절)

같은 해 8월 10일, 일본은 미국, 영국, 소련, 중국 정부를 향해 "일본 정부는 1945년 7월 26일에 미국, 영국, 중국, 그리고 이후에 소련이 서명한 포츠담 선언에 열거된 내용을 받아들일 준비 중이다."라고 명확히 뜻을 밝혔다. 이는 곧 포츠담 선언을 수락하고 항복할 것이라는 의미였다.

다음은 일본이 1946년 11월 3일에 공포한 '일본국헌법'의 제9조다. "일본 국민은 온 마음을 다해 정의와 질서에 기초한 국제 평화를 모색할 것이다. 그리고 영원히 전쟁, 무력 위협, 혹은 무력 행사 등을 국제 분쟁 해결 수단으로 삼지 않겠다. 이를 실천하기 위해 일본은 육, 해, 공군 및 기타 군사력을 모두 유지하지 않을 것이며 국가 간 교전권을 인정하지 않는다."

다시 말해 위의 내용은 모두 일본이 스스로 받아들인 것이며 현재 아시아-태평양 지역의 평화를 유지하는 얄타 체제의 기초다. 얄타 체제가 계속 유지되고 일본이 당시의 약속을 준수한다면 사실상 일본은 영원히 강국이 될 수 없다. 거꾸로 말해서 일본이 강국이 되려면 반드시 아시아-태평양 지역에서 얄타 체제를 무너뜨려야만 한다. 1999년의 '주변사태법'과 2003년의 '유사삼법' 등은 일본이 유럽에서 끝난 얄타 체제를 이제 아시아-태평양 지역에서도 무너뜨리려 한다는 증거다. 얄타 체제가 아시아-태평양 지역에서 끝나는 날, 제2차 세계대전 후 반 군국주의 연합국이 만들어 낸 평화가 지구상에서 완전히 사라진다.

얄타 체제에서 대만의 주권을 중국에 귀속한 것은 현재 세계 각국이 인정하는 '하나의 중국'의 법리적 기초이자 유엔이 대만의 가입을 거부하고 중화인민공화국을 인정한 법리적 기초이기도 하다. 중요한 것은 현재의 대만 문제는 냉전 탓이지 얄타 체제가 일으킨 것이 아니라는 점이다. 일본은 1945년 전후에 국제 사회에 얄타 체제와 그것이 형성하는 평화를 지키겠다고 약속한 것을 지키고 이행할 의무가 있다. 그러므로 평화 헌법을 준수하고 군국주의를 다시 실행하려고 하거나 군대를 구성해서도 안 되며 반드시 평화 발전의 길을 채택해야 한다. 무엇보다 대만 문제에 대해 개입해서는 안 된다.

사실 일본보다 더 큰 문제는 미국이 중국을 견제하려고 체임벌린 식의 외교 노선을 선택한 것이다. 미국은 '대서양 헌장(Atlantic Charter)', '연합국 공동선언(Declaration by United Nations)', '테헤란 회담 선언', '카이로 선언', '얄타 선언', '포츠담 선언' 등에서 전 세계인에게 약속한 평화에 대한 기대를 멈추지 말고 실현해야 한다. 그런데 미국은 러시아, 중국 및 아시아-태평양 지역 국가들과 함께 아시아-태평양 지역 평화를 유지하기는커녕 무책임하게도 일본에 유화정책을 펴며 '얄타의 유산을 매장' 하겠다는 표현을 거리낌 없이 내뱉고 있다. 이것은 중국과 러시아에 대항하라고 일본에 사인을 보내는 것과 다름없다. 현재 일본은 우선 댜오위다오에 대한 영유권을 차지한 후 대만에까지 진출해서 중국을 견제하고자 한다. 이밖에 일본의 우익 정치가들은 러시아에 쿠릴열도를 내놓을 것을 요구하는 한편 정부에 하루 빨리 평화헌법 제9항을 수정할 것을 촉구하고 있다. 심지어 극동국제군사재판(International Military Tribunal for the Far East, Tokyo Trial)의 판결을 부인하는 여론이 점점 힘을 얻고 있다. 이는 일본의 우익 세력이 경제 대국으로 만족할 생각이 없음을 보여준다. 이 같은 일본의 도발적인 행동들은 아시아 각 국가의 민족 감정뿐 아니라 얄타 체제의 법리적 각도에서도 반드시 억제해야 하는 것이다.

미국은 중국의 손을 잡아야 한다

20세기 100년의 역사를 살펴보면 중국과 미국의 관계가 좋아야 아시아-태평양 지역에 평화가 유지된다는 사실을 알 수 있다. 1895년의 갑오전쟁, 1905년의 러일 전쟁이 끝난 후 일본이 동북아 지역에서 부상했다. 이후 일본은 조선과 중국의 동북부 지역을 점령하고 미국의 무관심 속에 1930년대 말에 중국 침략 전쟁을 일으켰다. 그러더니 급기야 1940년대에는 동남아 지역을 관통해 영국과 미국의 세력 범위에까지 진출해서는 진주만을 공습해서 결국 태평양 전쟁을 시작했다. 다급해진 미국은 중국에 도움을 요청했고 두 나라는 연합해서 일본을 물리치고 얄타 체제를 통해 일본을 다시 메이지 시대로 돌려놓았다. 생각해 보면 태평양 전쟁의 원인 중 하나는 미국이 일본에 '무관심' 했던 탓도 있다. 진주만 공습 한 달 전, 그러니까 1941년 11월에 루스벨트는 '일본과 연합해서 태평양 지역의 평화를 지킬 방법'을 고민했다. 그랬던 그가 한 달 후에 일본의 공격을 받고 '또 다른 적수' 라고 여겼던 중국을 향해 함께 일본을 견제하자고 요청한 것이다. 태평양 전쟁에서 승리한 미국이 전쟁의 상처를 치료하고 서서히 고통을 잊을 즈음인 1950년대 초기에 한반도 전쟁이 발발했다. 미국과 중국의 관계는 다시 극도로 악화되었으며 1950~54년에 미국에는 극단적인 반 공산주의 매카시즘이 출현했다. 1959년 9월에 미국 대통령 아이젠하워(Eisenhower)와 소련의 공산당 서기장 흐루시초프(Khrushchyov)는 회담을 열고 서로의 요구를 들어주며 이른바 '캠프 데이비드 정신' [04]을 형성했다. 하지만 1960~70년대에 미국은 소련에 밀려 거의 인도양까지 내몰리는 상황이 되었다. 그러자 '골수 반공주의자'인 미국의 닉슨 대통령은 자존심을 버리고 1972년에 직접 중국에 와서 도움을 구했다. 이때 미국은 중국과 다시 한 번 전략적 협력관계를 형성한 후 아시아-태평양 지역에서 소련을 억제해서 결과적으로 소련 해체를 이끌었다.

[04] 이 회담에서 미국은 소련이 줄곧 요구해 오던 핵실험 금지 회담 개최에 동의했으며 소련 역시 베를린을 자유 도시로 만들자는 미국의 요구에 대해 유연성을 보였다. 이때 회담에 감돌았던 평화롭고 따뜻한 분위기를 '캠프 데이비드 정신' 이라고 한다.

20세기 초에 시어도어 루스벨트가 그랬던 것처럼 지금 미국의 젊고 경험이 부족한 지도자가 중국을 견제하기 위해 얄타 체제를 포기하며 일본을 내버려 두고 있다. 아마 그 결과는 그다지 낙관적이지 않을 것이다. 미국이 붙인 들불은 미국인이 원하는 방향으로 번지지 않을 수도 있다. 들불이 바람을 타고 어디로 번질지는 아무도 모르는 일이다. 만약 아시아-태평양 지역에서 일본의 군국주의가 부상한다면 미국은 다시 한번 중국을 향해 도움을 구하는 손짓을 할까?

20세기 100년의 역사를 통해 우리는 또한 미국이 아무리 강국이어도 아시아-태평양 지역을 안정시키고 싶다면 다른 강국, 특히 중국과 협력해야 한다는 점을 알 수 있다. 고대 로마에서부터 대영제국까지의 역사를 살펴보면 아무리 거대한 제국이라도 단독으로 전 세계를 다스린 적은 없다. 미국도 마찬가지다. 20세기의 태평양 전쟁, 한반도 전쟁, 베트남 전쟁, 미국과 소련의 냉전 및 21세기에 중동, 중앙아시아에서 벌인 전쟁에서 미국이 전 세계 정치를 모두 장악할 수는 없음이 증명되었다. 따지고 보면 근현대 아시아 국가들 중에서 미국에 선전포고하고 공격한 나라는 지금 미국이 '동맹국'이라고 부르는 일본뿐이다. 그래서 미국과 일본의 동맹은 불안하기만 하다. 반대로 중국과 미국은 역사적 해석과 경험이 있기에 상대적으로 안정적인 전략적 협력 관계가 될 수 있다. 만약 미국이 아들 부시 대통령이 퇴임한 후 추락한 국력을 효과적으로 끌어 올리고 싶다면 반드시 중국과 손을 잡아야 한다. 또 손을 잡을 때는 반드시 '닉슨의 방법'을 따라야 할 것이다.

'위험한 이웃'에 대처하는 법

린즈보(林治波)
인민일보(人民日報) 평론부 주임

최근 중일관계가 악화된 근원은 일본과 미국에 있으며 그 마지노선은 무력 충돌이다. 이 마지노선을 지키려면 앞으로 10~20년 안에 상대방이 감히 도전할 생각을 하지 못하고 스스로 뒤로 물러날 정도까지 국력을 향상시켜야 한다.

🌸 일본과 미국이 조성한 중일 긴장 관계

중국 정부의 입장에서 일본과의 관계는 흡사 가시 박힌 손가락과 같아서 심지어 미국과의 관계보다 더 골치 아픈 문제가 되었다. 이런 긴장과 경색 국면은 모두 일본의 도발적인 대 중국 정책에서 비롯되었다. 일본의 우익 정치인들은 불순한 의도를 품고 중국인의 감정을 건드리는 발언과 행동을 일삼는다. 거의 히스테리에 가까운 그들의 행동은 온건한 중국인들마저 혐오

감이 들게 만들 정도다.

　중국과 일본은 모두 아시아 국가지만 근본적으로 확연히 다르다. 두 나라 중에서 항상 분란을 일으키고 침략을 일삼으며 상대방을 못 잡아먹어서 안달인 쪽은 언제나 일본이다. 물론 중일관계에서 중국이 문제였던 적은 없다고 단언하기는 어렵다. 중국은 거의 수천 년에 걸쳐 일본에 우수한 과학기술과 문화를 전해 주며 발전을 도왔다. 근현대에 중국을 이끈 쑨원, 마오쩌둥, 저우언라이(周恩來), 덩샤오핑, 후야오방, 후진타오(胡錦濤) 같은 지도자들 중에서 일본과 우호적인 관계를 맺는 것을 거부한 사람은 없었다. 최근 중국 사회에서 반일 감정이 격화되는 것은 결코 정부의 의도가 아니며 애국주의 교육의 결과도 아니다. 현재 중국인이 느끼는 반일 감정은 근거가 충분하며 일본 정부의 정책과 언행에 대한 정상적인 반응이라고 할 수 있다. 그러므로 엄밀히 말해서 이것은 모두 일본, 특히 일본의 우익 세력이 일으킨 것이다. 만약 그들이 생각을 바꾸어 중국에 우호적인 정책을 채택한다면 중국 사회의 반일 감정 역시 자연스럽게 사라질 것이다. 문제는 우익 세력이 주도하는 일본 정부가 극도로 자기중심적이며 상대방을 고려하지 않아서 중일 관계에 전혀 도움이 되지 않는다는 데 있다. 동아시아에서 고대의 강국은 중국이었으며 근현대의 강국은 일본이다. 그런데 지금 중국이 다시 강국으로 부상하고 있다. 다시 말해 역사적으로 단 하나의 강국이 존재했던 동아시아에서 처음으로 두 개의 강국이 공존하는 구조가 형성되는 중이다. 그래서 일본의 우익 세력은 온갖 수단과 방법을 동원해서 중국의 부상을 저지하고자 한다. 그들의 생각과 행동은 언제나 다른 이는 아랑곳하지 않고 오로지 자신에게 유리한 것만 찾는 식이다. 정리하자면 '부상하는 중국과 이를 부정하는 일본'의 갈등이 현재의 중일 긴장 상황을 만들었으며 그 책임은 온전히 일본에 있다. 중국의 발전과 부상이 잘못이라면 잘못이겠지만 그것이 문제라면 더 이상 할 말이 없다.

　좀 더 근본적인 원인은 미국이 일본의 우익 세력을 부추기기 때문이다. 제2차 세계대전 후에 미국은 공산 진영을 견제하기 위해 전범인 일본을 억제하기는커녕 반 소련, 반 중국 정책을 은근히 지지하는 입장을 취했다. 미국은 지금도 일본 우익 세력의 도를 넘는 행위, 예를 들어 야스쿠니 신사 참배, 역사 교과서 개정, 난징 대학살 부인, 침략 역사의 왜곡 등에 대해서 묵인하며 관망하는 입장을 취하고 있다. 제2차 세계대전 당시 미국이 추구했던 이념과 가치관을 생각해 보면 지금 일본의 언행을 내버려 두는 것은 상상할 수도 없는 일이다. 그러나 미국 정부와 학계는 일본 우익 세력의 도를 넘는 행동과 중일 양국의 갈등을 강 건너 불구경하듯이 방관하고 있다. 이는 아마도 일본의 우익 세력이 겨냥한 것이 중국이지 미국이 아니기 때문이며(적어도 지금은 그렇다) 중국을 억제하고 싶은 미국의 의도와 정확히 맞아떨어지기 때문일 것이다. 지금 미국은 국가의 기본 가치로 민주, 자유, 인권을 내세우는 반면 이처럼 옳고 그름, 선과 악이 분명한 문제에 대해 이도저도 아닌 태도를 취함으로써 그 이중성을 고스란히 드러내고 있다. 실상 미국의 대외 정책을 살펴보면 그들이 원하는 것은 이익일 뿐 결코 이치나 도리가 아니다. 그들이 말하는 민주, 자유, 인권은 자신을 아름답게 포장하거나 다른 나라의 잘못을 꼬집고 비난할 때 사용하는 도구에 지나지 않는다. 일본의 우익 세력이 이처럼 당당하게 중국을 적대시하는 것은 중국에 대한 공포와 극단적인 민족주의가 교차되어 나온 결과인 동시에 미국의 보이지 않는 지지가 있기 때문이다.

나는 일본의 우익 세력이 중일관계를 악화시키려는 의도를 두 가지로 본다. 하나는 일본 국민을 선동해서 반 중국 정서를 조성한 후 평화헌법을 개정해서 정치군사 강국으로 거듭나려는 것이고 다른 하나는 중국이 지역 강국으로 완전히 자리 잡기 전에 깔아뭉개려는 것이다. 만약 참지 못한 중국이 무력 행동을 벌이면 일본은 미일 군사 동맹 관계를 근거로 미국을 끌어들일 것이다. 이것은 일본의 입장에서 중국과 미국의 국력을 동시에 약화시킬 수 있는 최상의 시나리오다.

최근 미국에는 일본 우익 세력의 겉과 속이 다른 행동 뒤에 숨은 의도를 찾으려는 움직임이 일고 있다. 그들은 특히 중일관계의 긴장 국면에 주시하고 있다. '뉴욕타임즈(The New York Times)', '워싱턴포스트(The Washington Post)', '크리스천 사이언스 모니터(The Christian Science Monitor)' 등 미국의 주요 언론매체에도 드물기는 하지만 일본을 비판하는 목소리가 실리기 시작했다. 부시 대통령은 일본 NHK와의 인터뷰에서 "아시아 친구들에게 역사 인식을 극복하려면 큰 힘과 용기가 필요하지만 더 나은 미래를 위해서 반드시 과거를 극복해야 한다고 알려주고 싶군요."라고 말했다. 미국 하원의 국제관계위원회 위원장 헨리 하이드(Henry Hyde) 역시 고이즈미의 야스쿠니 신사 참배를 비판하면서 주미 일본 대사관에 항의 서한을 보내고 이렇게 말했다. "야스쿠니 신사는 태평양 전쟁을 벌인 군국주의의 상징입니다. 그럼에도 불구하고 일본 정부의 주요 인사들이 계속 참배하는 것에 매우 유감스럽게 생각합니다." 부시는 중국 방문 하루 전 열린 기자 간담회에서 중국, 일본, 한국의 기자들에게 중일 관계가 개선되기 바란다고 분명히 말했다. 그러나 나는 그의 말이 반은 진심이고, 반은 거짓이라고 생각한다. 아마 그는 중일 관계의 긴장이 더욱 강화되기를 바라지도 않고 그렇다고 개선되는 것도 원치 않을 것이다. 정확히 지금만큼의 긴장 상황이 유지되기를 바랄 것이다.

최악의 시나리오

상술한 것과 같이 중국은 평화 외교를 추구하며 결코 일본과 적대 관계가 되기를 바라지 않는다. 중일관계에서 중국은 언제나 평화로운 쪽이며 전쟁을 일으킨 적도 없다. 또 중일 관계의 발전 방향은 일본뿐 아니라 미국에 달려 있다. 일본의 우익 세력이 아무리 전쟁을 꿈꿔봤자 현재 일본은 단독으로 무력 행동을 일으킬 힘도 없고 무엇보다 그만큼 대담하지도 않다. 그래서 그들은 항상 미국을 끌어들이려 한다.

미국은 중일 관계의 개선을 바라지도 않지만 그렇다고 양국 사이에 무력 충돌을 바라는 것도 아니다. 여기에는 세 가지 이유가 있다. 첫째, 중국은 전통적인 강국으로 현재 무서우리만치 빠르게 발전하고 있으며 무엇보다 핵무기 보유국이다. 한국 전쟁에서 중국과 정면으로 충돌해 교전을 벌였고 당시 적지 않은 타격을 입은 미국은 절대 중국을 가벼이 보지 않는다. 둘째, 현재 미국이 중동 지역에서 전개하는 전략과 외교 정책이 큰 효과를 거두지 못했다. 미국은 군사적 우세를 바탕으로 이라크 전쟁을 시작했지만 시간이 흐를수록 여러 방면에서 한계가 드러나고 있다. 특히 이란에서 강경파가 정권을 잡으면서 미국의 입지와 영향력은 예전만 못하다. 셋째, 현재 미국 정부는 각종 국내 문제, 뚜렷한 하락세를 보이는 지지율 등 해결해야 할 일이 너무 많다. 이 세 가지 이유 탓에 미국은 동아시아, 특히 중국에서 무력 충돌이 일어나지 않고 적어도 가까운 미래에는 안정을 유지하기 바란다. 그래서 미국에서 가장 강경한 매파 인물이라고 할 수 있는 도널드 럼즈펠드(Donald Rumsfeld), 딕 체니(Dick Cheney), 폴 올포위츠(Paul Wolfowitz) 등도 중국 문제에서 만큼은 온건하고 신중하게 접근하는 편이다. 미국이 대만의 독립주의자들에게 거듭 우려의 뜻을 표하고 그들의 경거망동한 행동에 경고하는 것은 대만에서 문제가 발생했을 때 개입해야 하는 상황을 피하고 싶기 때문이다. 미국은 일본의 우익 세력이 중국을 과하게 자극해서 양국 사이에 갈등이 격화되어도 미일동맹 탓에 어쩔 수 없이 개입해야만 한다. 그러면 미국은 중동과 아시아에서 동시에 문제를 해결해야 하는 상황에 처한다. 그래서 이런 상황만은 최대한 피하고자 하는 것이다. 이와 같은 이유로 최근 수년간 미국은 일본과 대만이 중국을 과하게 자극하지 못하도록 경계했다. 동시에 일본, 대만과 전략적으로 협력해서 중국의 무력 행동을 억제했다. 이렇듯 중국과 대만, 중국과 일본이 서로 견제하도록 해서 대륙 너머에 멀찍이 앉아 마치 연극 관람하듯이 관망하고 있는 것이다.

대응방안

그렇다면 앞으로 중일관계는 어떻게 전개될까? 또 중국은 이에 어떻게 대응해야 할까? 나는 '중국의 부상과 이에 대한 일본의 견제' 탓에 양국 관계에 실질적인 개선이 발생하기 어려울 것이라고 생각한다. 이것은 일본 정치가 20여 년에 걸쳐 우경화된 결과며 그들이 반 중국 정책을 채택하는 상황에서 중국이 더 이상 양보할 이유가 없다. 그러므로 중국은 이제 '중일 우호'라는 실현 불가능한 정책을 버리고 현실을 직시한 후 강경한 태도로 일본의 도발에 대응하는 동시에 양국 간 군사적 충돌을 피해야 한다.

이러한 대응은 일본을 자극하려는 것이 아니다. 자칫 일본을 자극했다가는 우익 세력을 부추겨서 반 중국 정서와 정책이 확대될 수 있기 때문이다. 하지만 타협이나 양보 같이 과도하게 우호적인 자세를 취하는 것 역시 큰 효과가 없을 뿐더러 도리어 상황을 악화시킬 수도 있다. 반 중국 정책을 내세우는 일본의 우경화는 오랜 세월 계속되었고 앞으로도 계속될 전망이다. 이런 상황에서 중국 혼자서 우호 관계를 추진하는 것은 아무런 의미가 없다.

일본의 도발적인 반 중국 정책을 마주한 중국은 더 이상 물러날 곳이 없다. 일본은 역사 인식, 배타적 경계수역, 대만 문제, 댜오위다오와 충즈냐오자오(沖之鳥礁)(일본명 오키노토리 섬) 문제 등에서 상당히 도발적인 자세를 취했다. 그러나 중국 입장에서 이런 문제들은 모두 원칙에 직결되는 쟁점이거나 영토, 영해의 주권과 핵심 이익에 관련되므로 타협이나 양보의 여지가 없다.

현재 일본 경제의 중국 의존도가 나날이 증가하는 상황 역시 강경 대응에 힘을 실어 준다. 그 구체적인 내용은 다음과 같다.

첫째, 중국의 무역총량에서 대일 무역이 차지하는 비중이 계속 하락하고 있다. 중일무역이 꾸준히 증가하고 있지만 중국의 무역총량 증가 속도가 워낙 빠른 탓에 비중이 하락한 것이다. 1985년에 23.6%로 가장 높았으며 1995년에도 20.5%였으나 2000년에 17.5%로 내려가더니 2003년에는

15.7%까지 하락했다. 또한 대일 수출이 중국의 수출총량에서 차지한 비중은 겨우 13.6%로 미국과 유럽연합보다 낮다.

둘째, 일본의 대 중국 투자 비중이 하락했다. 일본의 대 중국 직접투자는 2000년에 32.2%, 2001년에 43.6%, 2002년에 22.2%, 2003년에 65%씩 증가했다. 하지만 외국자본의 대 중국 투자 증가가 이보다 크기 때문에 상대적으로 비중이 줄어든 것이다. 실제로 중국에 투자된 외자총액 중 일본 자본이 차지한 비중은 1990년에 14.4%였는데 2002년에 7.9%까지 크게 떨어졌다.

셋째, 일본의 대 중국 개발원조가 줄곧 감소 추세를 보이다가 2008년에 거의 중단되었다. 일본은 2000년에 2144억 엔에 달하는 개발원조를 제공했으나 이후 대폭 감소해서 2003년에는 967억 엔까지 줄어들었다. 현재 일본의 개발원조가 중국 경제에서 차지하는 비중은 거의 의미가 없어서 이를 빌미로 중국을 압박할 수 없게 되었다.

넷째, 중국 경제가 일본 경제 회생의 동력이 되었다. 중국 경제가 날로 발전하면서 시장 수요가 왕성해졌고 이에 일본의 대 중국 수출이 28.2%까지 증가했다. 2002년에 일본 수출총액은 2.6% 포인트 상승했는데 그중 2.2% 포인트가 대 중국 수출액 증가로 거둔 것이었다. 이는 수출총액 증가의 무려 84.6%를 차지하는 것으로 만약 대 홍콩 수출까지 포함한다면 더 커질 것이다.

다섯째, 일본 경제에서 중국 시장의 중요도가 커지고 있다. 양국의 경제 관계는 점차 중국이 적자, 일본이 흑자를 얻는 방향으로 발전하고 있다. 1990년에 일본의 수출총액에서 대 중국 수출이 차지하는 비율은 2.1%에 불과했으나 2000년에 6.3%, 2003년에는 12.2%까지 올랐다. 중국의 대일 무역 적자는 2002년에 50여억 달러이던 것이 2003년에는 140여억 달러로 상승했고 2004년에는 200억 달러를 넘었다. 이 같은 추세는 앞으로도 계속될 것으로 보인다. 또한 일본 기업의 대 중국 직접투자 역시 활발해지고 있다. 2003년에는 일본의 대외 직접투자가 전년도에 비해서 9.2% 감소했음에도 불구하고 대 중국 직접투자는 65% 가량 증가하기도 했다. 이는 일본 기업들이 대 중국 투자로 큰 이익을 기대한다는 의미다. 최근 일본은 통계 방식에 자잘한 눈속임을 해서 대 중국 무역의 실상을 애써 숨기고 있다. 이는 일본 경제에서 중국 시장이 얼마나 중요한지 감추려는 의도지만 바로 이 점에서 일본이 이 문제를 얼마나 민감하게 생각하는지 알 수 있다. 일본이 무슨 수를 쓰든지 일본 경제에서 중국 시장의 중요도는 날로 증가하고 중국 경제에서 일본의 중요도가 하락한다는 사실은 분명하다.

이와 같은 이유로 일본의 반 중국 정책이 경제 분야에 영향을 미칠 경우 불리한 쪽은 일본이다. 물론 중일 긴장관계는 중국에도 어느 정도 타격을 주겠지만 일본이 치러야 하는 대가가 더욱 클 것이다. 게다가 유엔 상임이사국인 중국은 국제 사회에서 영향력이 나날이 커지고 있다. 일본 정부는 중국에서 유럽, 미국, 한국의 제품이 일본 제품을 대체할 경우 받을 수 있는 타격에 대해 우려할 필요가 있다. 중국 역시 과감하게 저력을 드러내고 일본의 대 중국 정책에 반응할 필요가 있다. 때로는 실력뿐 아니라 필요할 때 과감하게 실력을 드러내겠다는 태도 자체가 상대방을 위축시킬 수 있는 법이다.

중일 평화의 마지노선

일본에 강경하게 대응하는 것은 결코 감정적인 반응이 아니며 이성을 갖고 선택해 현실적으로 행동한 것이다. 중국은 종합 국력을 끌어올릴 시간과 환경이 필요한데 그러려면 우선 반드시 중미관계를 안정시켜야 한다. 그렇게만 된다면 일본이 단독으로 무력을 행사하는 일은 절대 발생하지 않을 것이다. 또 중국 정부는 일본의 반 중국 정책에 강경하게 대응하면서 압박하는 동시에 일본 고위층과의 교류를 유지하는 것이 좋다. 그래야만 일본이 대화를 거절하지 못하며 중국 역시 자신의 입장을 명확히 드러낼 수 있기 때문이다. 이를 통해 긴장 국면이 더 이상 격화되지 않을 뿐 아니라 완화될 수도 있다.

이러한 외교적 대응방안보다 더 중요한 것이 바로 중국의 국력을 향상시키는 것이다. 평화는 강국이 비폭력 질서를 세우고 지킬 때 유지되는 것이다. 그러므로 세계 평화의 주도권은 강국의 수중에 있다고 해도 과언이 아니다. 최근 몇 년 동안 일본은 군사대국으로 거듭나겠다는 야욕을 숨기지 않고 있다. 현재 일본의 군비(軍費) 지출은 미국에 이어 세계2위로 그 규모가 방어 수준을 이미 넘어섰다. 또 일본은 미국 및 대만 독립주의자들과 매우 활발하게 군사적 교류를 벌이고 있다. 뿐만 아니라 군사 관련 법안 10개를 연속으로 통과시켜서 해외 파병이나 중국 내정 간섭에 대한 법률적 기초를 다졌다. 일본은 중국을 '잠재적인 적'으로 규정하고 대만 문제를 미일군사동맹이 간여할 문제에 포함시켰다. 이러한 행태는 매우 중요한 변화, 바로 일본이 제2차 세계대전 후의 평화주의를 버리고 호전적인 신군국주의 국가로 전환하고 있다는 사실을 증명한다. 이렇게 위험한 국가와 마주한 중국은 반드시 고도의 경계 태세를 유지하는 동시에 최선을 다해서 국력, 특히 국방의 힘을 키워야 한다. 국력이 상대를 넘어서거나 적어도 균형을 이루어야 무력 충돌을 피할 수 있기 때문이다. 앞으로 10~20년은 중국 경제 발전의 기회일 뿐 아니라 국방 산업 발전의 기회다. 현재 중국은 생산력이 과잉되고 고용이 부족하며 산업구조 개선이 필요하다. 만약 과학 기술과 국방 산업을 결합해서 지원한다면 생산력 과잉을 해소하고 취업을 촉진하며 산업구조를 개선할 수도 있다. 그러므로 이처럼 좋은 환경과 기회를 잘 활용해서 국방 산업이 국민경제의 증가 속도보다 더욱 빠르게 발전하도록 해야 할 것이다.

이외에 중국은 일본의 외교 방침에 주의를 기울여야 한다. 일본은 미국과 군사 동맹을 맺은 동시에 러시아, 한국, 몽골, 인도와 동남아 국가들까지 끌어들여 중국을 억제하고 고립시키고자 한다. 여기에서 특히 중요한 것이 바로 일본의 대 한국 정책이다. 일본 우익 세력의 역사관과 태도 및 언행은 중국인과 한국인을 모두 분노하게 한다. 하지만 일본은 중국과 한국을 명확히 구분해서 정책을 채택하고 있으며 앞으로도 계속 그럴 것으로 보인다. 이는 역사 인식 문제에 있어서 중국을 고립시키려는 의도인데 여기에 대응하려면 한국과 협력할 필요가 있다. 왜냐하면 민족 감정이나 실제적인 이익을 고려할 때 한국이 일본과 손을 잡을 가능성은 무척 낮기 때문이다.

정리하자면 최근 중일관계 악화의 근원은 일본과 미국에 있으며 그 마지노선은 무력 충돌이다. 이 마지노선을 지키려면 중국은 대일 정책을 다변화해서 여러 각도로 접근해야 한다. 특히 앞으로 10~20년 안에 상대방이 감히 도전할 생각을 하지 못하고 스스로 뒤로 물러날 정도까지 국력을 향상시키는 것이 중요하다.

21세기 중국의
최대 경쟁국은 인도다

황야성(黃亞生)

MIT 슬론 경영대학원(MIT Sloan School of Management) 국제관리학 교수,
중국-인도 연구센터 주임

    인도 경제의 우수함은 중국식 모델과 비교했을 때 확연히 드러난다. 한 국가의 경제가 지속적으로 성장할지는 주로 미시적 토대에 달려 있기에 나는 인도의 경제가 꾸준히 발전할 것이라고 확신한다. 사실 미시적 통계 자료를 분석해 보면 인도가 앞으로 중국을 넘어설 것인가는 더 이상 논쟁의 주제가 될 수 없다. 이미 넘어섰기 때문이다.
    인도의 이러한 성과는 그들이 민주주의를 강화했기 때문이다. 권위주의 체제를 고수해서는 결코 경제 발전을 유지할 수 없다.

🌸 중국을 앞지르는 인도

    단순히 중국의 GDP가 인도보다 높다는 이유로 사람들은 중국식 발전모델이 인도에 비해 성공적이라고 생각한다. 하지만 나는 여기에 동의하지 않는다.

그 근거는 다음의 두 가지다.

첫째, 중국과 인도의 GDP 차이가 계속 줄어드는 추세다. 1980년대부터 1990년대 초기까지 중국과 인도의 발전 속도는 2:1이었으나 지금은 거의 1.2:1이다. 또 현재 중국의 GDP 대비 투자율은 50%이고 인도는 25%로 거의 절반까지 쫓아왔으며 성장률 역시 중국의 80%에 근접했다.

중요한 것은 중국은 GDP 대비 에너지소비량이 매우 높은 반면 인도는 거의 일본 수준 정도로 낮다는 사실이다. 자본생산성 역시 인도가 훨씬 높다. 사실 미시적 통계 자료를 분석해 보면 인도가 앞으로 중국을 넘어설 것인가는 더 이상 논쟁의 주제가 될 수 없다. 이미 넘어섰기 때문이다. 한 국가의 경제가 지속적으로 성장할지는 주로 미시적 토대(micro foundations)에 달려 있기에 나는 인도의 경제가 꾸준히 발전할 것이라고 확신한다.

발전 잠재력이 크면 성장 속도도 빠르다. 중국의 경우 1960년대가 이른바 '암흑의 10년'이었음에도 불구하고 꾸준히 3~4%의 경제 성장률을 유지했는데 이는 발전 잠재력이 무척 컸기 때문이다.

반면에 인도는 발전 잠재력이 중국에 미치지 못하는데 가장 큰 원인은 바로 지리적 위치다. 인도는 면적의 대부분이 열대 지방이다. 제2차 세계대전 후에 발달한 국가들은 싱가포르를 제외하면 거의 모두 온대 혹은 아열대 지방에 있다. 지리적 위치와 경제 발전 사이에 큰 연관이 있음을 증명하는 연구 결과 역시 무척 많다. 그 중에는 '지리가 운명이다(Geography is Destiny)'라고 단언한 논문도 있다. 이와 같은 이유로 인도의 지리적 위치는 발전에 상당히 불리한 요소라 할 수 있다.

거꾸로 생각해 보면 이렇게 불리한 지리적 위치에도 불구하고 이만큼 발전한 것은 정말 대단한 일이다. 다시 말해 인도는 중국보다 발전 잠재력이 낮은데도 불구하고 성장률이 중국에 근접한 것이고 반대로 중국은 발전 잠재력이 더 크지만 발전 속도가 인도와 비슷한 셈이다. 현재 중국과 인도의 경제 발전에 대해 이야기할 때 중국이 더 성공적이라고 하는 사람도 있고 인도가 곧 발전 잠재력의 문제를 극복할 것이라고 말하는 사람도 있다. 인도를 배경으로 한 '슬럼독 밀리어네어(Slumdog Millionaire)'라는 영화를 본 적이 있는가? 백만장자가 되는 것은 누구에게나 엄청난 일이지만 빈민굴 출신이 백만장자가 되는 것은 더 어렵고 대단한 일이다. 마찬가지로 인도가 수많은 장애물이 있음에도 불구하고 체제의 지원 아래 그토록 큰 성장을 이룬 것은 정말 대단한 일이라 할 수 있다.

❦ GDP와 개인소득이 함께 증가하는 인도 경제

내가 2003년에 하버드에 있을 때 한 인도 출신 동료가 학계에 "인도가 중국을 넘어설 수 있을까?"라는 화두를 던졌다. 하지만 당시 중국의 학계, 정계, 언론 매체는 인도에 대해서 전혀 관심을 보이지 않았다. 중국인이 인도에 대해서 아는 것이라고는 고작 1971년의 인도 영화 '카라반(Caravan)'뿐이었다. 나 역시 중국의 유수한 경영대학에서 학생들을 조직해 함께 인도를 방문하고 교류하는 행사를 여러 차례 계획했으나 돌아오는 것은 언제나 예의를 갖춘 거절뿐이었다.

하지만 이제 상황이 달라졌다. 중국과 인도의 경제는 최근 몇 년간 국제 경제학계에서 그야말로 '핫 이슈'가 되었다. 나는 여기에 다음과 같은 원인이 있다고 본다. 첫 번째 원인은 바로 인도의 튼튼한 경제구조다. 인도는 글로벌 금융위기가 전 세계를 강타할 때에도 특별한 영향을 받지 않았다. 또 인도 정부의 경기부양책 규모가 그다지 크지 않다. 이전 정권의 경기부양책 규모는 40억 달러와 감세 정책 정도였고 현 정부의 경기부양책 규모 역시 그리 크지 않다. 4조 달러에 달하는 중국의 경기부양책에 비하면 무척 미미한 수준이다. 게다가 인도는 2009년 11월에 "내수가 튼튼해 경기부양책이 필요 없다."고 말하며 시중에 풀린 자금을 거둬들이겠다고 선언했다.

세계은행은 현재 7% 정도인 인도의 GDP 증가율이 계속 상승해서 2011

년에 9%대에 진입할 것이라고 전망했다. 사실 정부의 경제부양책이 거의 없는 상황에서 7% 증가율을 유지한다는 것 자체가 무척 대단한 일이며 이는 내수가 튼튼하지 않으면 불가능한 일이다. 실제로 인도의 경제 성장은 주로 내수, 즉 가계 소비를 바탕으로 하고 있다. 또 세계은행에서 발표한 여러 연구 결과를 보면 인도가 주요 국가 중 글로벌 금융위기의 영향을 가장 적게 받은 나라임을 알 수 있다.

두 번째 원인은 경제의 투명성이다. 중국은 매년 휘황찬란한 경제성장 수치를 보여주지만 사실 많은 투자자와 학자의 우려와 의문을 일으키는 것이 사실이다. 그러나 인도는 모든 것, 심지어 경제 구조의 문제점까지 한 눈에 드러나 보인다. 이렇게 자국의 문제점까지 여실히 드러내는 나라에 더욱 신뢰가 가는 것은 당연한 일이다. 내가 미국의 MIT에서 비교경제학을 강의했을 때 중국의 경제 통계발표와 각종 지표에 대해 의문을 품고 질문하는 학생은 있어도 인도 경제에 관해 의심하는 사람은 없었다. 중국 경제가 고속성장을 계속할 때는 이러한 불신이 그다지 큰 문제가 되지 않았다. 그러나 글로벌 금융위기가 출현한 후 우리는 한 국가의 투명성과 신뢰성이 얼마나 중요한지 다시 한 번 깨달을 수 있었다.

세 번째 원인은 경제 성장을 통해 받을 수 있는 혜택에 관심이 커졌기 때문이다. 중국의 개혁은 크게 두 단계로 나뉜다. 첫 번째 단계는 1978~93년으로 이때의 경제 성장은 중국 국민에게 커다란 복지를 제공해서 빈곤층이 줄어들고 농촌 개혁도 매우 활발히 이루어졌다. 당시의 경제 성장은 그 규모와 질적인 면에서 모두 현재의 인도를 크게 뛰어넘는 수준이었고 지금까지도 '경제 기적'으로 불린다. 두 번째 단계는 1993년 이후부터 현재까지다. 이 기간에 중국은 투자를 중시하고 소비를 경시했으며 정부의 세수와 기업의 흑자에 너무 몰두한 나머지 개인과 가계 소득을 등한시했다.

인도 경제의 우수함은 이른바 중국식 모델과 비교했을 때 확연히 드러난다. 중국식 모델과 인도 모델의 차이는 바로 개인 소득이다. 2010년 2월 9일, '환구시보(環球時報)'에 국제 인력자원 컨설팅 업체인 ECA 인터내셔널

이 45개 국가를 대상으로 조사한 결과가 실렸다. 이에 따르면 인도인의 소득 증가가 가장 높으며 앞으로도 연평균 약 12%의 증가율을 보일 것으로 전망되었다. 인플레이션을 고려하면 실제 증가율은 아마 7% 정도가 될 것이다. 하지만 중국인의 실질 소득은 인도인과 무척 큰 차이가 있다. 왜냐하면 중국인은 개인 소득의 상당 부분으로 교육, 의료 등 복지의 빈틈을 메워야 하기 때문이다. 나는 복지 증대가 없는 GDP 증가는 아무 의미가 없다고 생각한다.

물론 인도 경제에도 많은 문제가 있다. 하지만 인도 정부는 GDP 증가와 개인 소득이 같은 보폭으로 걸어가도록 하는 정책을 채택했다. 중국의 GDP 대비 임금 수준은 1983년에 57%이던 것이 2005년에 37%까지 떨어졌으며 지금까지 계속 이 수준에 머물러 있다. 인도 경제에서는 이 같은 GDP 증가와 개인 소득의 불일치를 찾아볼 수 없다.

나는 이 글에서 크게 두 가지 문제를 제시하고자 한다. 첫 번째 문제는 중국의 기초설비 건설 능력이 인도에 비해 크게 앞서는 데 이것이 과연 중국 경제에 이득인지에 관한 것이다. 대부분의 학자들, 관료, 기업가는 이득이라고 여기지만 나는 반대 입장이다. 기초설비 건설이 뛰어나다고 경제가 발전할 것 같으면 과거 400년 동안 세계 경제를 좌지우지한 것은 서방이 아니라 만리장성과 운하를 건설한 중국이나 피라미드를 세운 이집트여야 하지 않겠는가?

두 번째 문제는 인도의 정치체제와 경제 발전의 상관관계다. 중국학자들은 일반적으로 인도의 민주 정치제도가 경제 발전의 발목을 잡는다고 생각하지만 나는 여기에도 찬성하지 않는다. 왜냐하면 인도 정치가 가장 비민주적일 때 경제 발전이 가장 저조했으며 가장 민주적일 때 경제가 가장 크게 발전했기 때문이다.

민주정치는 경제 발전의 장애물이 아니다

인도의 정치체제는 세 가지로 분석할 수 있다. 첫째는 법치로 이것이 경제 발전에 유리하다는 것은 주지의 사실이다. 일반적으로 법치를 '법으로 나라를 통치하는 것'이라고 해석하지만 나는 이것이 '법에 의거해서 제한하는 것', 다시 말해 명확한 법률 조항에 근거해서 국민과 기업, 정부를 제한하는 것으로 본다. 이런 의미에서 중국은 아직 법치를 완성하지 못했다.

두 번째는 금융체제다. 나는 2003년에 쓴 글에서 중국의 경제 개혁이 인도보다 십수 년을 앞섰지만 금융 개혁만큼은 인도가 앞섰다고 주장했다. 당시 나의 생각에 동의하는 사람은 그다지 많지 않았다. 미국의 경영컨설팅 회사인 맥킨지앤드컴퍼니(McKinsey&Company)는 "인도의 금융체제는 반드시 중국을 본받아야 한다."는 주제의 보고서를 발표하기까지 했다. 그러나 지금은 대부분 학자가 인도의 금융체제가 중국보다 더 효율적이라는 데 동의한다.

마지막으로 민주주의다. 중국에는 민주주의가 오히려 경제 발전을 방해한다고 생각하는 학자가 많다. 그러나 인도의 과거와 현재를 비교해 보면 그렇지 않음을 알 수 있다.

1950년대부터 80년대 전반까지 인도의 경제 성장률은 계속 2~3%에 머물렀고 경제학자 K.N. Raj는 이를 '인도 발전 속도'라 불렀다. 1990년대가 되면서 인도는 점점 '동아시아 발전 속도', 즉 7~8%에 근접했다. 어떻게 이렇게 변화할 수 있었을까? 정답은 바로 정치 개혁이다. 경제가 '인도 발전 속도'에 머문 1960~80년대에 인도는 최초의 여성 총리인 인디라 간디(Indira Gandhi)와 그 가족의 통제하에 있었다. 이때 인도는 민주주의였으나 실체는 없는, 그러니까 언론인 파리드 자카리야(Fareed Zakaria)의 말처럼 이른바 '자유롭지 않은 민주주의 국가'였다. 인디라 간디는 1975년에 선거를 취소하고 비상사태 체제를 선포했다. 이외에도 그녀는 여러 번 선거를 연기하거나 취소했으며 언론을 통제해서 모든 텔레비전 방송국을 국유화했다.

또한 지방 정부의 자치권을 박탈하고 중앙집권식의 강권정치를 폈다. 인도 헌법 제356조는 긴급한 상황이 발생했을 때 중앙 정부가 주(州) 정부의 권리를 넘겨받아 해당 지역을 직접 관리할 수 있다는 내용이다. 인디라 간디의 첫 번째 임기인 1966년부터 1976년에 이 헌법은 36차례나 시행됐고, 두 번째 임기인 1980년부터 1984년에는 13차례 시행됐다. 이렇게 인도 역사상 가장 권위적인 시대에는 경제 역시 가장 발전하지 못했다.

인도가 '동아시아 발전 속도'에 진입했을 때 정치 영역에는 다음과 같은 변화가 있었다.

첫째, 1990년대 초기에 인도 정부는 사유화 정책을 채택했다. 그러자 전통 공업을 비롯해 거의 모든 기업뿐 아니라 텔레비전 방송국을 포함한 모든 언론 매체가 사유화되어 정부를 감독, 감시하는 역할을 했다.

둘째, 인도 정부는 여러 법령을 개정해서 국민에게 더 많은 '알 권리'를 부여했다. 1997년에 타밀나두(Tamil Nadu) 주와 고아(Goa) 주에서 인도 최초로 '알 권리 법안'이 통과되었으며 얼마 후 2000년에 다른 몇몇 주에서도 이 법안이 통과되었다. '알 권리 법안'은 정부와 정부 기관이 국민에게 정보를 공개할 책임이 있음을 의미했다. 인도 국회는 2005년에 전국적인 규모의 '알 권리 법안'을 통과시켰다.

셋째, 1992년에 헌법을 개정해서 향촌 자치를 확대했다. 지방 정부에 더 많은 자치권을 주어서 판차야트 라즈(Panchayat Raj)라는 분권화된 지방 자치 형태를 완성했다. 각 마을에는 촌장 다섯 명으로 구성된 '그람사바(Gram Sabha)'라는 기구를 세워 행정을 담당하도록 했다.

중국의 학자들 중에는 인도의 GDP가 중국보다 낮은 이유로 민주주의를 꼽고 그것이 인도의 경제 발전을 방해한다고 주장한다. 그러나 이는 사실이 아니며 근거도 없이 그저 중국의 정치체제를 옹호하려는 발언에 지나지 않는다. 금융위기의 타격을 받아서 전 세계적으로 경제가 쇠락하는 가운데 인도가 특별한 경기부양책을 채택하지 않았는데도 이만한 성과를 거둔 것은 실로 대단한 일이다. 이는 모두 인도가 1990년대 초에 사유화와 금융 개혁을 추진했고 세계화의 물결을 받아들이며 시장 경쟁을 촉진한 결과다. 중국은 세계적으로도 유례없는 대규모 경기부양을 추진했다. 그러나 나뿐만 아니라 많은 사람이 중국 경제의 지속적인 발전에 대해 우려하고 있다. 반면에 인도 경제의 지속 성장 가능성을 걱정하는 사람은 극히 드물다.

인도의 발전은 주로 잘 보이지 않는 제도적 영역, 예를 들어 사유화와 금융 개혁으로부터 시작하기 때문에 드러나지 않아 저평가되기 쉽다. 그러므로 중국의 학자와 관료들은 인도를 관찰하고 분석할 때 그 제도적 측면, 정치체제와 경제 발전의 상관관계를 근원에서부터 분석해야 한다.

동아시아의 권위주의 체제도 성공한 경우가 있는가 하면 실패한 경우도 있다. 예를 들어 대만은 경제 발전을 이루었지만 미얀마의 독재 정부는 경제 발전에 실패했다. 또 북한의 경제는 계속 뒷걸음질 쳤지만 싱가포르의 강권정치는 성공했다. 이것은 권위주의 체제뿐 아니라 민주주의도 마찬가지다. 전 세계 국가들을 살펴보면 경제 발전에 성공한 민주주의 국가가 있는가 하면 실패한 국가도 있다. 그러나 전체적으로 보았을 때 민주주의 체제가 경제 발전에 더 유리하다는 것은 부인할 수 없는 사실이다.

경제적 양보로 정치적 지지를 얻어라

리샹양(李向陽)
중국사회과학원 아시아태평양연구소 소장, 연구원

강국으로 부상하려면 다음 요건을 갖추어야 한다. 첫째, 주변 국가와 협력해야 한다. 둘째, 정치적으로 독립해야 한다. 셋째, 시장 규모를 키우고 내수주도형 발전모델을 채택해야 한다. 넷째, 지역적 영향력을 확대해야 한다. 즉 경제적인 양보와 합의를 통해 약소국의 정치적 지지를 얻어야만 한다. 다섯째, 알맞은 협력 파트너를 찾아야 한다.

지역협력 전략의 특징은 무엇일까? 무엇이 그 성공과 실패를 판가름하는가? 나는 세 가지 예를 통해 이 문제를 분석해 보려고 한다. 첫 번째 예는 가장 성공한 사례로 유럽연합과 함께 강국으로 부상한 프랑스와 독일이다. 두 번째는 실패의 예인 일본이다. 그리고 마지막으로 현재 지역협력 전략을 시행 중인 브라질이다.

EU, 즉 유럽연합은 유럽석탄철강공동체(European Coal and Steel Community: ECSC)로부터 시작했다. 이 기구를 만든 목적은 어느 국가가 강국으로 떠오르는 것이 아니라 독일이 다시 전쟁을 일으키는 것을 막는 것이었다. 1970년대가 되면서 유럽의 강국들은 서로 협력해서 세계의 강국으로 부상하려는 전략을 채택했다. 그래서 유럽석탄철강공동체를 기반으로 하나가 되기 위해 수많은 협의를 하고 단일시장을 구축했으며 단일통화인 유로화를 만들었다. 그러면서 이 과정을 이끈 프랑스와 독일이 세계 강국으로 부상했다.

유럽연합이 성공한 데는 두 가지 이유가 있었다. 첫째, 프랑스와 독일이 지역협력과 유럽 통일에 대한 합의를 이끌어내는 데 주도적인 역할을 했다. 둘째, 이 두 나라가 지역 내 강국답게 경제적 이익을 어느 정도 양보해서 다른 국가들의 신뢰를 얻은 것이다. 그 결과 프랑스와 독일이 단독으로는 미국에 대항하기 어렵지만 그들이 주도하는 유럽연합은 미국의 가장 큰 경쟁자가 되었다.

이와 반대로 일본의 지역협력 전략은 실패했다. 일본이 1980년대에 세계 2위의 경제대국으로 급부상하자 대부분 학자와 전문가들은 곧 미국과 일본으로 구성된 'G2'가 세계 경제를 이끌 것이라고 생각했다. 그러나 일본은 결국 실패했다. 더 중요한 것은 그들이 세계 금융 상황에 단 한 번도 중대한 영향을 미친 적이 없다는 사실이다.

일본은 왜 실패했을까? 여기에는 두 가지 원인이 있다. 첫째, 냉전 시대에 일본은 미국과의 동맹을 대외 전략의 기초로 삼았다. 그러다보니 대부분 대외 정책은 미국을 따를 수밖에 없었고 국제 사회에서 자신의 목소리를 내는 것이 어려웠다. 둘째, 수출주도형 발전모델을 채택했기 때문이다. 그 결과 일본은 세계2위의 경제 대국으로 부상했지만 국제 사회에 시장을 제공하지는 못했다.

일본은 1980년대에 동아시아 지역협력 전략을 채택하고 추진했다. 그러나 정치적으로 미국의 반대에 부딪혔고 경제적으로는 수출주도형 발전모델에 발목을 잡혀서 실패하고 말았다. 또 동아시아 지역의 강국인 중국, 한국과 협력하지 않았기 때문에 단일시장을 구축할 수 없었다.

브라질은 현재 개발도상국이지만 강국으로 발돋움하려고 노력 중인 나라다. 군부정권이 퇴진한 후 브라질은 곧 남미 지역의 경제협력을 추진했다. 그 결과 1991년 브라질, 아르헨티나, 파라과이, 우루과이 4개국이 '아순시온 조약(Tratado de Asunción)'을 체결하고 남미공동시장(Mercosur)의 건립을 공포했다. 1995년 1월 1일, 남미공동시장이 정식으로 출범하고 관세동맹이 효력을 발휘하기 시작했다. 이 과정에서 브라질과 아르헨티나의 협력이 큰 역할을 했다. 두 나라는 1970년대에 국경 분쟁으로 군사적 충돌 직전까지 간 적이 있으나 해묵은 감정을 버리고 경제 발전을 위해 손을 잡았다. 바로 이런 모습을 통해 브라질은 남미 지역의 주요 국가가 될 수 있었다.

위의 세 가지 사례에서 우리는 다음의 내용을 확인할 수 있다. 첫째, 제2차 세계대전 후 뚜렷한 강국도, 전쟁도 없는 국제 사회에서 강국으로 부상하고 싶다면 반드시 주변 국가와 협력해야 한다. 둘째, 정치적 독립은 강국으로 부상하기 위한 필수 사항이다. 셋째, 경제 대국이 되려면 시장 규모가 크고 내수주도형 발전모델을 채택해야 한다. 넷째, 지역협력 과정에서 강국으로서의 면모를 보이고 전략을 수립해야 한다. 즉 경제적인 양보와 합의를 통해 약소국의 정치적 지지를 얻어야만 한다. 다섯째, 알맞은 협력 파트너를 찾아야 한다.

중국이 진정으로 '화평굴기', 즉 국제 사회에서 평화롭게 부상하고자 한다면 지역협력 전략을 고려해야 한다.

미국과 러시아, 서로 다른 역사적 배경

헨리 키신저(Henry Kissinger)
전(前) 미국 국무장관

현재 미국과 러시아의 관계는 모순과 갈등으로 가득해서 무척 염려스러운 수준에 이르렀다. 이런 상황은 모두 19세기에 양국이 영토를 확장하는 과정에서 형성된 역사적 특성에서 시작된다. 개인주의와 자유주의로 무장한 미국은 개인의 성과를 추구한 반면 러시아는 신성한 군주, 차르를 중심으로 하는 국가관과 무력 확장 방식을 선택했다. 지금 전략적으로 볼 때 미국과 러시아의 관계는 양국 모두에게 매우 중요하다. 그러므로 두 나라는 각자의 역사적 개성과 차이점을 이해하고 받아들여서 건설적인 관계를 구축해야 한다.

전망하기 어려운 양국 관계

미국과 러시아의 관계는 언제나 어려운 문제다. 러시아의 푸틴 대통령은 미국의 정책을 비판하지만 이와 동시에 러시아의 외교장관은 미국과 전략적 동반자 관계를 맺을 의향이 있음을 드러낸다. 또한 미국은 핵 확산 방지 등의 문제를 두고는 러시아와 협력하면서도 러시아 주변 지역에서 러시아가 보기에 '도발적인' 정책을 멈추지 않는다.

또 두 나라는 모두 급진적인 무슬림 세력의 위협, 환경오염, 기후 변화 등의 위험 요소를 안고 있다. 이런 문제는 양국의 협력을 통해서만 해결할 수 있다. 무엇보다 미국과 러시아는 모두 다시 냉전이 일어나기를 바라지 않는다.

현재 미국과 러시아의 지도자는 거의 동시에 취임했고, 또 거의 동시에 퇴임할 예정이다. 재미있는 것은 양국 관계에 비해 두 지도자의 개인적 관계가 꽤 우호적이라는 사실이다. 만약 두 사람의 개인적 신뢰가 정책 결정에까지 영향을 미친다면 양국 관계는 두 사람이 퇴임하기 전에 긴장 요소를 없애고 발전의 교두보를 마련할 수도 있다.

서로 다른 역사적 배경

최근 미국과 러시아의 긴장 관계는 어디에서 시작되었을까? 미국은 러시아가 이라크 핵 문제에 대해 소극적인 태도를 보이는 것에 무척 실망했다. 또 러시아는 미국이 국제적 문제에 대해 함께 논의하지도 않았으면서 마치 당연하다는 듯이 이것저것 요구하는 것에 무척 기분이 상한 상태다.

이런 상황을 해결하려면 우선 상대방의 역사적 배경에 대해 이해해야 한다. 19세기에 두 나라는 서로 다른 방식으로 국내 문제를 해결했고 끊임없이 영토를 확장하면서 독특한 역사적 특성을 형성했다.

미국의 역사적 특성은 개인주의로부터 시작되었다. 또 수많은 자유주의자가 19세기에 고향을 등지고 개척 정신을 발휘해서 영토 확장을 이루었다. 이것은 이후 미국 외교사 전체에서 엿볼 수 있는 고립주의(isolationism)[05] 외교정책으로 발전했다.

한편 러시아의 역사적 특성은 신성한 군주, 차르(tsar)의 국가관을 통해 생겨났다. 러시아는 표트르 1세(Peter I the Great) 시대부터 시작해서 슬라브 지역에서 중유럽까지 영토를 확장했고 태평양 해안 및 중앙아시아에도 진출했다. 이 과정에서 러시아는 원주민들을 모두 자국의 국민으로 흡수했다.

재미있는 것은 미국과 러시아의 역사적 특성이 모두 지리적 환경의 영향을 받았다는 사실이다. 두 대양 사이에 위치한 미국은 외부의 침략으로부터 상대적으로 안전했으며 이러한 '안전감(安全感)'은 9·11테러 이전까지 계속되었다. 이것은 미국이 국내의 정치 이념과 제도를 확립하고 끊임없이 다듬어나갈 수 있는 심리적 여유를 제공했다. 그러나 자연적인 국경이 없는 러시아는 안전감이 없었다. 국내 사회가 다극화될수록 러시아의 지도자들은 안전감을 느끼지 못하고 끊임없이 영토를 확장하고자 했다.

> **05** 자국의 이익이나 안보에 직접적인 관련이 없는 경우, 다른 나라와 동맹을 맺지 않고 개입을 피하는 외교 정책으로 개입주의(interventionism)와 반대되는 개념이다. 미국은 유럽 국가들의 내부 문제에 개입하지 않고 동맹을 체결하거나 국제기구로의 참가를 거부하는 등의 외교 정책을 유지하고 있다.

❦ 심리적 충돌

미국과 러시아의 서로 다른 역사적 특성을 살펴보면 최근 한 세기 동안 두 나라 사이에 발생한 심리적 충돌 역시 이해할 수 있다.

미국의 입장에서 소련의 해체는 자신들이 신봉하던 민주주의의 가치와 위대함을 증명하는 것과 다름없었다. 외부인이 보기에 러시아의 1990년대는 개혁과 진보의 시대였으나 정작 러시아인들은 치욕, 부패, 쇠락의 시대로 기억한다. 푸틴 대통령이 온힘을 다해 러시아를 다시 일으켜 세우려 할 때 미국은 그가 러시아를 귀족 통치시대로 후퇴시킨다고 비난했다. 하지만 푸틴의 지지자들은 러시아가 국제적 지위를 되찾는 것이 우선이라고 생각했다.

푸틴 대통령은 자신이 강력한 러시아 제국을 건립했던 표트르 1세와 예카테리나 2세(Ekaterina Ⅱ)의 전통을 계승한다고 생각한다. 그들은 18세기의 유럽 국가들의 눈에는 전제 군주에 가까웠지만 그들은 스스로 개혁가라고 생각했다. 그래서 사납고 고집스러운 민족으로 구성된 낙후한 러시아 사회의 근대화를 추진했다.

차이를 극복하라

전략적으로 볼 때 미국과 러시아의 관계는 양국 모두에게 매우 중요하다. 특히 러시아는 중국의 견제 탓에 아시아에서 부상하기가 쉽지 않을 것이므로 옛 역사적 지위를 회복하고 싶다면 반드시 미국과 협력해야 한다.

현재 두 나라가 긴장 관계에 놓여 있는 가장 큰 이유는 바로 러시아가 공공연하게 밝힌 '근린 정책' 때문이다. 러시아 주변의 신생 독립국가들은 과거에 모두 러시아 제국의 일부분이었다. 대부분의 러시아인은 그들을 '외국'이라고 생각하지 않기 때문에 미국이 영향력을 행사하는 것을 꺼리고 상당히 기분 나쁘게 생각한다. 그러나 미국의 입장에서 러시아 주변 신생 국가들의 독립을 존중하고 우호 관계를 쌓는 것은 전략적으로 무척 중요한 일이다. 바로 이런 차이가 미국과 러시아 사이에 건설적인 관계 구축을 방해하는 것이다.

러시아의 지도자는 미국인들이 그 역사적 특성 탓에 언제나 자유와 인권을 기초로 다른 국가와 사회를 판단한다는 사실을 기억해야 한다. 또 미국의 지도자는 러시아의 국내 정치가 역사적 경험에서 완전히 벗어날 수 없으며 그렇기에 서방에서 생각하는 민주주의가 건립되는 것이 어렵다는 것을 이해해야 한다. 그러므로 미국은 시각을 새롭게 해서 푸틴 대통령이 이끄는 러시아를 과도기적 단계로 바라봐야 한다.

현재 러시아는 과거에 비해서는 줄어들었다고 해도 여전히 중앙집권적이고 관료주의적인 성격이 강한 나라다. 그러므로 미국의 외교 정책은 반드시 러시아 정치가 민주주의를 향해 발전할 수 있도록 지지해야 한다. 또 미국인들은 러시아 정치의 변화가 러시아 국내에서 시작되는 것이지 외국에서 촉구한다고 해서 될 수 있는 일이 아님을 깨달아야 한다.

이와 같은 이유로 러시아 국내 정치에 과도하게 개입하는 것은 오히려 러시아의 중앙집권적 성격을 더욱 강화할 수 있다. 만약 두 나라가 각자의 역사적 특성과 차이점을 이해하고 받아들여서 건설적인 관계를 구축한다면 국제 사회의 평화와 발전에 크게 기여할 수 있을 것이다.

중국의 대 북한 원조를 다원화해야 한다

왕쥔성(王俊生)/선옥경(宣玉京)
중국사회과학원 아시아태평양 세계전략연구소 상임연구원/
한국인, 허난사범대학(河南師範大學) 부교수

지금 북한은 경제 쇠퇴와 국제적 압력에 맞닥뜨려 진퇴양난에 빠져 있다. 이렇게 정권과 사회가 불안정해지면서 북한 정부는 나날이 지대 수입에 의존하고 있다. 최근 북한 정권을 이어 받은 김정은처럼 나이가 어리고 경험이 부족한 지도자에게 지대 수입은 가장 쉽고 매력적인 유혹이다.

북한의 선택

'지대추구 국가(rentier state)'란 중동의 산유국처럼 '천연 자원을 수출해서 수익을 얻는 국가'라는 뜻이다. 이것은 특히 석유 수출로 벌어들인 외화, 즉 '지대 수입'을 통해 비민주적인 정치체제를 유지하는 국가들을 분석할 때 사용하는 용어다. 이후 원자재 수출이나 외부 원조 등을 주 수입원으로 하는 국가를 가리키는 말로 의미가 확대되었으며 그 안에 '부정 혹은 혐오'의 뉘앙스가 포함되어 있다.

그러나 이 글에서는 중립적인 의미로 사용하고자 한다. 그 이유는 첫째, 모든 정권은 유지와 보호를 최우선 가치로 두며 이는 국가의 본질과 크게 관계가 없기 때문이다. 둘째, 중국에는 "산속에 살면 산에서 나는 것을 먹고, 물가에 살면 물에서 나는 것을 먹어라"라는 속담이 있다. 마찬가지로 어떤 국가든지 주변의 자연 환경을 충분히 이용해서 경제 발전을 추진하는 것은 당연한 일이다. 셋째, 냉전이 끝난 후 북한이 수익을 올릴 수 있는 방법은 '지대 추구'뿐이었다. 1992년 이후 북한은 대외개방을 확대하는 내용으로 두 차례 헌법을 개정하고 내부 개혁을 통해 대외 경제협력을 추진하고자 했으나 결국 실패하고 말았다. 게다가 2005년 이후 국제 환경마저 변화하자 북한은 내부 개혁에 대해 점점 흥미를 잃었으며 결국 다시 보수적인 전략, 즉 주로 '지대 수입'으로 국가를 유지하는 전략을 채택하기 시작했다. 북한은 대체로 다음과 같은 '지대 수입'을 얻을 수 있다.

첫째는 원자재 지대이다. 2009년에 북한의 총수출액 중 광물 원자재 수출이 차지하는 비율은 42%에 달했다. 이외의 동식물, 목재, 귀금속 등도 역시 '처음에 생산된 그대로' 수출되었다. 수출품 중 일부는 약간의 가공을 거친 것도 있었지만 대부분 아주 조악하고 낮은 수준이었다. 만약 이런 상품까지 포함한다면 북한의 원자재 지대는 2009년의 총수출액 중 68.7%에 달한다.

둘째는 지리적 지대인데 전형적인 예로 '나선 경제특구'를 들 수 있다. '나선'은 나진항과 선봉항을 함께 부르는 말로 중국과 북한은 2011년에 북한 북동부의 나선 경제특구를 공동 개발하기로 합의했다. 합의의 내용을 살펴보면 북한은 어떠한 책임이나 위험도 감수하지 않으며 '앉은 자리에서 수익이 나기를 기다리는' 수준에 불과하다. 이외에 북한은 금강산과 개성을 관광 지역으로 개발해서 2010년부터 중국 여행객을 대상으로 관광 산업을 전개하기도 했다.

셋째는 전략적 지대로서 이것은 대규모 살상 무기 연구를 빌미로 외부 원조를 얻는 것을 가리킨다. 북한은 2012년 2월 29일에 열린 북미 고위급회담에서 북한이 핵실험과 장거리 미사일 발사 실험을 중지하고, 영변 우라늄 농축활동 임시 중단에 대한 국제원자력기구(International Atomic Energy Agency : IAEA)의 사찰을 받는 데 합의했다. 대신 북한은 미국으로부터 영양식품 24만 톤을 제공받기로 했다. 이처럼 북한은 1994년에 맺은 '제네바 합의(Geneva Agreed Framework)'를 무시하고 핵실험이나 미사일 발사 실험을 빌미로 국제적 원조를 요구하고 있다. 그들은 국제 사회가 제공하는 원조가 인도주의적 목적보다는 전략적 보상이라고 생각하기 때문에 이것은 전략적 지대에 해당한다.

넷째는 정치적 지대이다. 여기에는 인도주의 원조와 개발 원조가 모두 포함된다. 또 국제 적십자사와 몇몇 국가의 자선단체가 국제관례에 따라 제공하는 각종 원조를 의미한다. 하지만 국제 자선단체를 중심으로 수년간 계속되어 온 인도주의 원조는 북한의 인권 상황이 전혀 나아지지 않자 2010년 후반부터 눈에 띄게 줄어들었다. 이에 북한은 2011년에 몇몇 국가에 인도주의 차원에서 식량을 원조해 달라고 요청했으나 별다른 반응을 얻지 못했다.

다섯째는 이민 지대로 이것은 북한의 노동자들이 다른 나라에서 일해서 얻은 소득을 북한으로 보내고, 그중 대부분이 정부의 수익으로 귀속되는 것을 의미한다. 이것은 다섯 가지 지대 수입 중에서 비중이 그리 높지 않지만 정부가 얻는 수익 규모는 상당한 편이다. 2011년 한 해에만 북한은 약 6~7만 명에 달하는 노동력을 수출해 수억 달러를 벌어들였다. 특히 개성공단 및 황금평 경제특구에서 발생하는 이민 지대로 많은 수입을 거두고 있다. 2010년 말, 북한과 중국은 지린성(吉林省) 후이춘시(琿春市) 등지에 북한 노동력을 수출하는 문제에 대해 협의했다. 관련 보도에 따르면 북한은 앞으로 20만 명의 노동력을 중국 기업에 제공할 예정이며 그중 약 10만 명은 헤이룽장성(黑龍江省)에서 농업 생산 활동에 종사할 것이다.

포스트 김정일 시대, 북한의 발전 방향

　북한이 발전하기 위해서 아무런 노력도 하지 않은 것은 아니다. 위에서 밝혔듯이 냉전이 끝난 후 내부 개혁을 시도했으나 여러 가지 이유로 실패하자 하는 수 없이 지대 수입에 의존하게 된 것이다. 최근 몇 년간 김정일 시대의 정치 동향 및 경제 지표를 관찰해 보면 앞으로 김정은 시대에 과연 개혁을 단행할 것인지 조금이나마 전망할 수 있다. 하지만 현 상황에서 김정은이 북한의 내부 개혁을 실시할 가능성은 전혀 없어 보인다. 도대체 왜일까?

　첫째, 지대 수입에 의존하기 시작하면 거기에 익숙해진다. 개혁을 단행해서 국내 경제의 생산성을 높이는 일은 성공 여부가 불확실하며 자칫 큰 위험이 따를 수도 있다. 이 때문에 북한 정부는 아마 '익숙한 일'을 선택하려 할 것이다. 그러면 정부는 기득권을 계속 유지하는 동시에 국가의 수입을 대부분 장악할 수 있다. 또한 이러한 지대 수입은 생산 활동으로 얻는 것이 아니기에 생산에 따른 분배를 할 필요가 없으며 오로지 정치적인 목적에 따라 분배해도 무방하다. 이 과정에서 권위적인 정치권과 결탁한 이익 집단은 북한 정부가 더 많은 지대 수입을 추구하도록 자극하는 동시에 경제 개혁을 방해할 것이다. 이와 같은 이유로 이제 막 정권을 물려받은 김정은의 입장에서 가장 이상적인 선택은 바로 대외 지대 수입을 확대하는 것이다.

　둘째, 지대 수입은 또 다른 지대 수입을 부른다. 생산 이익으로 재생산을 추진할 수 있는 것처럼 지대 수입은 또 다른 지대 수입으로 점차 확대된다. 또 이것은 노동력, 과학기술 수준, 분배의 효율 등과 아무런 관계가 없기에 대부분 독재 정권 국가에서 꽤 매력적으로 느끼는 이윤 추구 방법이다.

　외부로부터 얻는 지대 수입에 의존해 정권과 사회를 안정시키는 국가는 반드시 안정적인 지대 수입의 근원을 확보해야 한다. 그렇지 않으면서 경제를 개혁하겠다는 의지조차 없다면 그 정권은 곧 힘을 잃을 것이다. 실제로 최근 중동 및 북아프리카에서 시위가 발생한 나라들 역시 모두 그동안 지대 수입에 근거해서 정권을 유지했다. 이 나라들은 서방 세계가 경제 제재를 발동하자 지대 수입의 근원을 잃고 설상가상으로 내부 개혁도 여의치 않자 국내외의 각종 불안정 요소가 연이어 폭발하면서 결국 엄청난 혼란이 일어났다. 그런데 북한의 지대 수입 근원에는 구조적 문제가 있다. 첫째, 지대 수입을 제공하는 국가는 대부분 정치적 동맹국인데 냉전이 끝난 지금 북한을 정치적 동맹국으로 생각하는 나라는 거의 없다. 또 러시아는 구 소련에 비해 국력이 크게 감소해서 미국이 구 소련의 동맹국이자 현재 러시아의 우호국인 유고슬라비아 연방 공화국(Federal Republic of Yugoslavia), 이라크, 리비아를 공격해도 제대로 대응하지 못한다. 무엇보다 북한과 러시아의 전략적 의존 관계는 이제 아무런 의미가 없다. 중국은 북한의 오랜 정치적 동맹국으로 그동안 북한에 엄청난 규모의 원조를 제공해 왔다. 그러나 최근 개혁개방이 성공하면서 서방 국가들과의 상호 의존도가 커졌기 때문에 북한 문제에 관해서 그들의 의중을 완전히 무시할 수 없게 되었다. 또한 중국 정부는 기본적으로 핵 문제를 북한 정부와 다르게 인식한다. 실제로 2006년 10월에 북한이 핵실험을 강행했을 때 중국은 국제 사회의 제재 조치에 동의했다.

둘째, 국제 사회, 특히 한국의 압박이 거세졌다. 물론 전략적 이유 때문이겠지만 미국은 김정은 정권이 들어선 후에 계속해서 식량과 물품을 제공하고 있다. 그러나 다른 한편으로는 매우 전문적이고 엄격한 핵 사찰, 원조 식량과 물품의 사용처에 대한 정확한 공개 등을 요구하고 있다. 영양제, 비타민, 분유, 단백질 비스킷 등이 영양 부족 상태에 놓인 아동과 취약 집단에 제대로 사용되는지 확인해서 이것이 북한 정부의 지대 수입이 되지 않도록 하려는 것이다. 한국의 경우 1998년 김대중 정부가 햇볕 정책을 실시하면서 반세기 동안 적대적이던 양국 관계에 변화가 싹텄다. 한국은 북한의 수출 대상국이 되었고 한국인들은 북한을 민족적인 정서로 바라보게 되었다. 그러나 이것은 사실상 북한 정부의 지대 수입 중 하나에 불과했다. 이후 이명박 정부가 들어서고 보수적인 대 북한 정책을 채택하면서 북한의 지대 수입은 눈에 띄게 줄어들었다. 그러자 한반도 정세는 지속적으로 악화되었으며 특히 2010년 3월에 천안함 폭침과 11월의 연평도 폭격 같은 군사적 충돌까지 발생했다. 이때부터 양국은 서로 적대시했고 국민감정 역시 악화되어 민간 교류도 감소했다. 이명박 정부는 2011년 김정일 사망 당시 조문 문제에 관해서도 보수적인 입장을 취했다. 한국 정부는 한반도 문제에 보여준 김정일의 노력과 그를 향한 북한 주민들의 감정을 전혀 고려하지 않은 채 소극적인 태도를 취했다. 이에 북한 주민들이 한국에 대해 느끼는 감정은 더욱 악화되었다. 이것은 다시 한국의 보수적인 대 북한 정책을 자극했으며 한반도 정세는 헤어날 수 없는 깊은 골짜기에 빠진 형국이 되었다. 이후 한국과 북한의 경제 협력이 줄줄이 중단되었고 한국은 북한에 제공하던 인도주의 원조를 모두 중지했다.

이명박 정부가 출범한 후 한국으로부터 얻을 수 있는 지대 수입이 줄어들자 북한은 하는 수 없이 러시아로 눈을 돌렸다. 2011년 8월, 김정일은 건강이 몹시 나빠졌음에도 불구하고 9년 만에 직접 러시아를 방문했다. 방문 목적은 북-러 경협, 즉 한국과 러시아를 잇는 송유관이 북한을 지나도록 해서 일정한 수익을 얻고자 하는 것이었다.

한 가지 더 주의해야 할 것은 북한이 새로운 지대 수입 근원으로 중국에 집중하려고 한다는 사실이다.

🌸 중국의 역할

이처럼 김정일 시대의 말기에 북한은 지대 수입을 확대해서 국가의 정치와 경제 안정을 유지하고자 했다. 김정일이 사망한 후 김정은이 정권을 잡자 한국과 북한의 긴장 국면은 더욱 심각해졌다. 이 때문에 현재 북한은 러시아뿐 아니라 중국으로부터의 지대 수입을 기대하고 있다.

사실 현 상황에서 북한의 안정을 유지할 수 있는 가장 효과적인 방법이 지대 수입을 확장하는 것임은 확실한 사실이다. 중국이 여기에 중요한 역할을 할 수는 있지만 그렇다고 계속 원조를 제공하면 오히려 김정은 정권이 북한 내부를 개혁하지 못하도록 돕는 꼴이 된다. 그래서 현재 북한의 가장 중요한 지대 수입 근원으로 부상한 중국은 북한의 발전 가능성에 대한 가장 중요한 열쇠를 쥐고 있다고 할 수 있다. 중국이 취할 수 있는 역할은 크게 두 가지로 나뉜다.

첫째, 중국은 원조를 통해 북한의 수명을 일시적으로 연장하는 '수혈자'가 아니라 개혁개방과 비핵화를 권하는 '조혈자'가 되어야 한다. 전통적인 북-중 경제협력 방식은 북한이 점차 지대 수입에 의존하고 내부 문제를 근본적으로 해결할 수 없도록 만들었다. 시장화되지 못한 북한이 이미 시장화된 중국과 장기적으로 경제협력을 추진하는 것은 불가능한 일이다.

둘째, 다른 국가들과 함께 북한을 둘러싼 국제 정치 환경을 개선해야 한다. 그렇지 않으면 달리 지대 수입을 얻을 곳이 없는 북한이 과도하게 중국에 의존하게 되고 중국은 너무 큰 경제적 부담을 떠맡게 된다. 또 중국과 북한의 투명하지 못한 경제 관계는 국제 사회의 비난을 불러올 수 있다. 중국의 입장에서 그야말로 '일은 일대로 하고 좋은 소리는 못 듣는' 상황이 발생할 수도 있는 것이다. 또 북한이 다양한 지대 수입의 근원을 확보하면 중국의 경제적 부담이 줄어들 뿐만 아니라 북한이 국제 사회의 일원이 되는 데도 유리하다. 그러므로 중국은 미국, 한국, 일본 등과 긴밀히 협조해서 그들이 대 북한 정책을 수정하도록 이끌어야 한다.

제6장

미래 중국의
위기

> 서방 세계는 자신들을 구출해 줄 새로운 사상이나 강력한 지도자를 찾지 못한 채 큰 혼란을 겪고 있다. 그들은 급격하게 자신감을 잃고 급기야 의심과 우려, 시기 섞인 눈길로 중국을 바라보고 있다. 중국이 국제 사회에서 부상하기 위한 최우선 과제는 이러한 의심과 우려를 불식시키는 것이다.

'조각화'를 벗어나라

주리자(竹立家)
국가행정학원(國家行政學院) 공공관리행정교육연구실 주임

앞으로 30년 동안 중국은 정치체제 개혁에 집중해야 한다. 이 개혁의 성공 여부는 사회주의 핵심 가치를 실현하는 데 지대한 영향을 미칠 것이다. 그러므로 우리는 개혁의 '조각화'를 지양하고 네 가지 전환, 즉 경제체제 개혁에서 정치체제 개혁으로의 전환, 현대화에서 현대성으로의 전환, 산업화에서 도시화로의 전환, 권력사회에서 시민사회로의 전환을 실현해야 한다.

이제 중국의 개혁은 단순히 눈에 보이는 모순과 갈등을 해결하는 것에서 벗어나 전체적인 전략을 변화해야 하는 단계에 접어들었다. 그동안의 개혁이 텍스트를 해석하는 수준이다 보니 불가피하게 '조각화'가 발생했다. 여기에서 '조각화'란 '할 일이 많아 이것을 해결하다가 저것을 못하는 상황'을 일컫는다. 실제로 지금까지의 개혁은 딱히 순서도 없고, 과정과 결과가 뒤죽박죽 섞인 혼란한 상태라는 인상을 피할 수 없었다. 그러므로 이제 우리는 역사, 국가, 민족에 대해 책임감 있는 자세로 새로운 '전략적 사유'를 통해서 미래 중국 개혁의 방향을 고민해야 한다.

여기서 전략적 사유란 일종의 '발전의 목적과 가치에 대한 사고'로 국가와 민족, 헌법의 원칙, 그리고 현실적 수요에 기초한다. 다시 말해 중국의 개혁과 발전을 완성하려면 역사의식을 갖추고 사회주의와 민족 발전을 위해 우리 세대가 할 수 있는 일을 생각해야 한다. 또 현실 의식을 바탕으로 지속적인 발전에 장애가 될 수 있는 모순과 갈등의 근원을 찾아 해결해야 한다. 이를 통해 우리는 개혁의 목적과 방향을 확정하고 국가의 안정적인 발전을 위한 기초를 쌓아야 한다.

지금까지 중국은 역사의 비바람 속에 매우 상반되는 '두 번의 30년'을 헤쳐 왔다. 첫 번째 30년은 1949년부터 1978년까지로 '정치를 중심으로 사회주의를 건설'한 시대다. 이때의 목표는 사회주의 정권의 건설 및 사회 안정과 발전이었다. 또 거의 모든 의식형태가 정치적 가치에 초점이 맞추어져 있었기에 사고의 방향이 상대적으로 명확했으며 모든 논리와 패러다임이 자본주의와 사회주의의 차이점과 대립에 관한 것이었다. 당시 중국의 지식인들은 모두 마르크스의 언어로 중국의 발전 방향을 토론했고 소련의 발전모델을 따랐다. 이후 문화대혁명 후반에 국제 환경의 변화, 특히 중국, 미국, 소련의 관계 변화에 따라 '삼개세계론' 01이 등장했다. 이때부터 중국은 그 동안 세계를 구분하던 '이분법'에서 '삼분법'으로 바꾸었다.

두 번째 30년은 1978년에서 2009년까지로 '경제를 중심으로 사회주의를 건설'한 시대다. 1990년대 이후 시장경제를 채택하면서 중국인들이 학습한 '텍스트'는 시장경제론, 특히 신자유주의였기에 이때부터 중국의 지식인들은 모두 신자유주의의 언어로 말하기 시작했다. 또 시장경

> **01** 1960년대 소련과 관계가 악화된 중국은 국제사회에서의 위치에 대해 고민하게 된다. 이 과정에서 1970년에 마오쩌둥은 처음으로 "아시아, 아프리카, 라틴아메리카는 제3세계다."라고 말했다. 이후 그는 1974년 2월에 잠비아 대통령을 접견하는 자리에서 다시 한 번 이렇게 말했다. "나는 미국, 소련이 제1세계고 일본, 유럽, 호주, 캐나다는 제2세계라고 생각한다. 우리는 제3세계다. 일본을 제외한 아시아 국가들은 모두 제3세계라고 할 수 있다. 이외에 아프리카, 라틴아메리카 역시 모두 제3세계다." 1974년 4월 덩샤오핑은 유엔 회의에서 마오쩌둥이 말한 '삼개세계론'을 거론하며 "중국은 현재 패권국이 아니며 앞으로도 패권국이 되지 않겠다."고 선언했다. 이로써 중국은 패권을 추구하는 미국과 소련(제1세계), 중간자적 입장을 취하는 선진국들(제2세계), 패권에 반대하는 개발도상국(제3세계)으로 '삼개세계론'을 완성했다.

제론과 사회주의라는 두 가지 논리와 패러다임으로 분석했으며 '선진국'과 '개발도상국'이라는 단어가 등장했다. 그런데 서방의 경제를 본떠 맹렬하게 개혁을 추진한 이 30년 동안 중국 내부에는 사회를 지탱할 만한 의식형태 또는 발전의 명확한 목적과 가치가 없었다. 이런 상황에 경제 개혁이 혼자 무섭게 치고 나가자 각종 사회문제가 쏟아져 나왔다. 이 30년 동안 중국에서 사용된 경제학 이론, 패러다임, 기본 개념, 어휘 체계는 대부분 신자유주의에서 가져다 쓴 것뿐이었다. 이 시기에 "어떻게 하면 시장경제와 사회주의를 결합할 수 있을까?", "이 결합을 통해 과연 중화 민족의 부상을 실현할 수 있을까?"를 고민한 지식인이 없었다는 것은 정말 비극이다.

2009년부터 세 번째 30년이 시작되었다. 나는 이제 중국이 '사회를 중심으로 사회주의를 건설' 해야 한다고 생각한다. 특히 사회구조를 개혁하고 사회 공동 관리를 실현하는 것이 개혁의 핵심이 되어야 한다. 바야흐로 사람을 근본으로 하고 사회 화합을 추구하는 '포스트 개혁 시대'에 진입한 것이다. 지금 우리에게 필요한 것은 확실한 의식형태와 명확한 발전의 목적과 가치다. 그러므로 아주 자잘한 기술적 문제, 세부적인 운영 수단에 대해 논쟁하느라 시간을 낭비하는 일을 지양해야 한다. 또 막무가내로 두드리고 부수는 식의 '조각화' 된 개혁이 아니라 장기적인 시각으로 문명과 사회 발전을 향해 개혁을 추진해야 한다. 사회주의 핵심가치를 실현하려면 현재 사회에 존재하는 모순과 문제들을 자세히 살펴본 후 새롭고 이성적인 방향으로 사고할 필요가 있다. 그러면 우리는 개혁 조각화를 벗어나서 '문제를 해결하는 개혁'이 아니라 '사회의 구조를 바꾸는 개혁'을 실현할 수 있다. 사회주의 핵심가치에 더욱 관심을 기울이고 헌법에 의거해서 더 깊은 수준의 개혁을 추진히는 것이 바로 우리가 해야 할 개혁이다. 이를 위해 마르크스주의와 신자유주의의 패러다임, 논리, 언어를 모두 내려놓고 이 시대 중국의 발전에 부합하는 새로운 논리와 패러다임을 건립해야 한다.

최근 몇 년간 발표된 각종 자료와 수치, 그리고 드러난 문제들을 분석한 결과 나는 현재 다섯 가지 문제가 사회의 화합을 방해하고 '체제 전복의 위기'를 만들어 낸다고 생각한다. 이 다섯 가지 문제는 빈부 격차, 삼농(三農) 문제,02 부정부패, 실업, 사회 신뢰도의 문제로 피하지 말고 반드시 해결해야 하는 것들이다. 이것은 수면 위로 드러날 때만 '언 발에 오줌 누기' 식으로 해결할 문제가 아니며 반드시 '사회구조의 개혁'을 통해서

> 02 농민, 농촌, 농업을 일컫는 말. 중국 지도부는 이 세 가지를 반드시 해결해야 할 핵심 사회문제로 제시했다.

만 해결해야 한다. 이 '사회구조의 개혁'이란 사회의 자원과 가치가 대중에게 공평하게 분배될 수 있도록 하는 것이며 체제와 가치에 대한 개혁인 동시에 사회 문제를 해결하는 가장 효과적이고 기본적인 개혁이다. 이를 실현하지 못하면 우리는 결코 앞으로 나아갈 수 없다.

사회구조의 개혁을 성실하게 추진하려면 우선 체제와 사회주의 핵심가치의 관점에서 그 돌파구를 찾아야 한다. 그중 체제에 관해서는 다음의 변화 네 가지를 실현해야 한다.

1. **경제체제 개혁에서 정치체제 개혁으로**: 중국의 경제체제는 개혁개방을 통해 이미 계획경제에서 시장경제로 전환했으며 기본적인 사회주의 시장경제체제가 건립된 상태다. 또 경제 개혁은 이미 '체제 개혁'에서 '기술 개혁'으로 전환되었다. 그러나 이에 반해 정치체제 개혁의 속도가 더딘 탓에 각종 모순이 발생했다.

   그러므로 앞으로 30년 동안 중국은 정치체제 개혁에 집중해야 한다. 이 개혁의 성공 여부는 사회주의 핵심 가치를 실현하는 데 지대한 영향을 미칠 것이다. 앞으로 10년 동안 우리의 1순위는 GDP 성장이 아니다. 물론 이것도 중요하지만 정치체제 개혁을 사회구조 개혁의 추진력으로 삼아서 민주 정치와 사회 화합을 실현하는 것이 1순위여야 한다.

2. **현대화에서 현대성으로**: 현대화는 불안정할 수 있지만 현대성은 안정을 의미한다. 다시 말해 앞으로 10년 동안 우리는 급격한 현대화에서 오는 불안정을 안정으로 바꾸어야 한다. 한 사회가 현대성을 얼마나 갖

추었는지 알아보려면 사회조직이 발달한 정도와 사회의 공동 관리가 실현되고 있는지 살펴보아야 한다. 그러므로 이제 중국은 각종 사회조직을 발전시키고 그동안 정부가 단독 관리하던 것을 사회 전체가 공동 관리할 수 있도록 전환해야 한다. 그러나 지금 중국에는 이 '공동 관리'에 대한 인식과 관련 제도가 무척 부족한 탓에 정부의 단독 관리가 계속되고 있다.

일반적으로 1인당 GDP가 6,000달러 이상이면 중진국으로 간주한다. 2010년 중국의 1인당 GDP는 4,000달러 정도로 앞으로 연평균 8%의 성장률을 유지한다면 2015년에 6,000달러에 도달할 것으로 보인다. 하지만 현재 중국의 정치행정체제로는 1인당 GDP 6,000달러 이상인 사회를 감당할 수 없는 수준이다. 그러므로 만약 지금 당장 사회구조를 개혁해서 사회 공동 관리를 실현하지 않는다면 빈부격차와 부정부패 같은 각종 사회문제가 더욱 심각해질 것이다.

3. **산업화에서 도시화로** : 현재 중국은 약 46% 정도의 도시화를 완성했으며 2020년에는 60%까지 완성할 것으로 보인다. 하지만 지금의 국가 관리 제도는 도시 인구가 총인구의 60%를 차지하는 사회에 적합하지 않다. 인류 문명의 발전 역사를 살펴보면 도시화가 확대되면 곧 '시민사회'가 형성되는 것을 확인할 수 있다. 특히 지금 같은 세계화, 정보화 시대에 시민사회의 형성은 문명사회의 보편적인 특징이다. 시민사회는 시민의 행복과 존엄 같은 '기본권'을 추구하며 사회주의 사회에서 기본권이란 선거권, 참여권, 알 권리, 표현권, 감독권을 가리킨다. 그러므로 도시화를 계속 추진하려면 이 다섯 가지 기본권을 반드시 실현해야 한다.

4. **권력사회에서 시민사회로** : 이것은 관료가 독점하던 권력을 시민에게 돌려주어서 정부가 관리형에서 서비스형으로 변화하는 것을 의미한다. 이것의 성공 여부에 따라 사회주의 시민사회 건립, 사회 화합의 실현 등도 결정된다. 현재 몇몇 기관과 조직의 공공권력은 대부분 관료의 사

적인 권한으로 변질되었다. 그들은 조직의 이름을 내세워 마음대로 정책을 결정하고 권력을 농단하며 자신의 뜻에 동조하는 사람만 발탁해서 무리지어 행동한다. 그러다보니 누구 하나 감히 대항하지 못하고 조직 내부에는 불만과 불안의 분위기만 쌓인다. 그렇게 조직 문화가 타락하다가 결과적으로 와해되고 마는 것이다. 이런 일이 계속되면 정부의 위신이 추락하고 국민의 불신이 커지는 것이 당연하다.

이른바 공공기관과 조직의 '1인자'가 저지르는 이런 행동은 반드시 근절되어야 한다. 옛말에 "사람을 다스리는 도는 가장 먼저 마음을 다스려야 한다."고 했다. 정부에 대한 신뢰는 기층 공공기관과 조직의 행동거지에 따라 결정되기에 공무원들의 무분별한 행동을 더 이상 두고 볼 수만은 없다. 이를 해결하지 못하면 중국의 사회주의 핵심 가치는 절대 실현되지 못할 것이다.

정리하자면 이제 중국의 개혁은 새로운 전략이 필요하다. 다시 말해 사회 안정을 실현하는 새로운 방법, 사회 발전을 도모할 새로운 모델이 필요한 것이다. 중국이 사회주의 핵심가치를 실현하려면 우선 '개혁의 조각화'를 방지하고 위에서 언급한 '네 가지 변화'를 이루어야 한다. 나는 '두 번째 30년'에 개혁과 발전을 추진하면서 중국 사회에 '민주, 민생, 공정, 화합'을 실현한 사회를 건립해야 한다.'는 공동의식이 생겼다고 본다. 이것이야말로 중국의 사회주의 핵심가치라고 할 수 있으며 우리가 '세 번째 30년'에 반드시 실현해야 하는 것이다.

발전의 관건은 공동의식이다

양쉐쥔(楊學軍)
중국 환경부 환경경제정책연구센터 전략실 주임

미래 중국은 경제적 실력과 영향력을 국제 사회에서의 지도력으로 전환할 수 있을까? 경제 성장에서 얻은 이익을 사회에 좀 더 공평하게 분배할 수 있을까? 지금 중국은 거대한 도전을 마주하고 있다.

이렇게 국내외에서 거대한 압박과 도전을 마주한 중국 사회가 가장 필요한 것이 바로 공동의식이다. 이것이 없으면 사회는 결코 화합을 이룰 수 없고, 초강대국이 되는 것은 한낱 꿈에 불과하다.

전 세계 인구의 5분의 1을 차지하는 대국이 현대화를 완성하려면 초강대국의 능력과 그에 따르는 지위를 갖추어야만 한다.

개혁개방 30년 동안 중국은 기적에 가까운 경제 발전을 이루었다. 그러나 지금 국내외에서는 중국의 미래에 대한 우려의 목소리가 들리고 있다.

선천적인 대국이 초강대국으로 거듭나려면 합당한 목표와 전략, 체제모델 등을 세우고 그것을 제도화해야 한다. 제도가 투명하면 그것을 통해 미래를 예측할 수 있기 때문에 위험을 줄일 수 있다.

중국의 능력과 지위

경제력 평가

중국의 경제총량은 2005년에는 영국을 앞질러 세계 4위에 올랐고, 2007년에는 독일을 넘어서 세계 3위에 올라 세계를 놀라게 했다. 그리고 2010년에 드디어 일본을 넘어서 세계 2위에 올랐다. 이러한 중국 경제의 발전 속도는 실로 대단한 것이어서 중국 스스로 놀랄 정도였다. 해외에서는 이를 '중국의 기적'이라고 불렀는데 사실 엄밀히 말하자면 '중국 경제의 기적'이라고 불러야 옳다.

중국이 세계 1위의 경제체가 될 수 있을까? 서방의 경제학자들은 2030년대 중반에 중국의 경제총량이 미국을 앞질러 세계 1위에 오를 것이라고 확신하고 있다. 좀 더 구체적으로 말하자면 중국이 앞으로 연평균 7%의 성장률, 미국이 연평균 2%의 성장률을 유지한다면 정확히 2033년에 중국과 미국의 순위가 뒤바뀐다. 이것은 환율 변화가 없다는 가정하의 이야기고 만약 인민폐를 연평균 2%씩 평가절상한다면 중국은 2028년에 미국을 넘어서 세계 1위의 경제체가 될 수 있다.

중국의 인플레이션 속도가 미국보다 빠르다고 계산하면 2025년 이전에도 가능하다. 심지어 2020년에 가능하다고 전망하는 학자도 있다.

물론 이러한 전망들이 실현되려면 여러 가지 환경과 상황이 뒷받침되어야 한다. 첫째, 지역 충돌이나 전쟁이 없어야 한다. 둘째, 세계 금융에 큰 부침이 없어야 한다(미국의 장기 불황도 여기에 속한다). 셋째, 중국 내부에 (개혁개방의 중단 같은) 큰 변화가 없어야 한다. 지금으로서는 이 세 가지 모두 발생할 가능성이 그리 높지 않다. 중국 정부 역시 여기에 주목하고 있다. 중국 공산당 제17기 5중전회는 중국의 국내, 국제 상황에 대해 "할 수 있는 일이 많은 중요한 전략적 기회를 맞이했다."고 평가했다.

종합국력 평가

현재 국제 사회는 중국 경제가 앞으로도 계속 발전할 것이라는 데에 대체로 동의하지만 종합국력에 관해서 만큼은 의견이 분분하다.

종합국력은 군사력, 과학기술력, 문화적 영향력, 국제 사회의 인정 등을 포함한다. 일부 학자는 미국은 '현재의 전지전능형 국가'로, 중국을 '잠재적 전지전능형 국가'로 본다. 여기서 '전지전능형 국가'란 하드파워와 소프트파워를 모두 갖춘 국가를 의미하는 것으로 '경제적 동물'이라고 불리는 일본은 전혀 해당되지 않는 개념이다.

하드파워는 눈으로 확인할 수 있으며 주로 통계 수치로 표현되는데 그중에서 가장 신뢰받는 것이 GDP, 바로 국내총생산이다. 중국의 GDP가 해마다 다른 국가를 앞지르고 있는 것은 중국의 하드파워가 그만큼 상승하고 있다는 의미다. 반면에 정치학자 조지프 나이(Joseph S. Nye)가 처음 사용한 말인 소프트파워는 통계 수치로 표현할 수 없다. 이것은 크게 국가의 핵심가치와 그에 상응하는 정치제도, 상품의 브랜드 같은 각종 문화적 흡인력, 전략적 효과의 세 가지로 나누어 볼 수 있다.

국내외 학자들은 중국의 하드파워에 관해서 대체로 의견을 같이 해서 고소비의 조방형 발전모델을 개선하지 않거나 경제 산업 구조를 바꾸지 않으면 시장 구조가 불안해질 수 있다고 경고한다. 그러나 중국의 소프트파워에 관해서는 의견이 분분하다. 과거의 경험에서 해답을 얻을 수 있지 않을까? 개혁개방 30년 동안 국내외의 수많은 지식인은 소프트파워가 약하기 때문에 중국이 곧 실패할 것이라고 전망했으나 결과는 정반대였다. 그들은 왜 이렇게 잘못된 전망을 내놓았을까? 첫 번째 이유는 소프트파워의 원칙과 기준이 모두 서방의 것으로 매우 단순하기 때문이다. 그들은 현대화로 가는 길이 서방 세계가 알고 있는 것 외에도 여러 가지가 있다는 사실을 간과했다. 두 번째 이유는 소프트파워의 핵심인 문화에 관한 단편적인 이해 때문이다. 실제로 중국의 전통 문화는 근대 100여 년 동안 거의 중단되거나 방치되었고 국내외 학자들은 이를 바탕으로 중국의 소프트파워가 약하다고 생각했다. 하지만 민간의 문화는 서양화되지 않고 일상생활에서 여전히 유교적인 도리와 인문 사상이 큰 영향력을 발휘하고 있다. 또 이것이 현대적인 경제체제, 행정제도와 만나 중국 사회 전체에 대단히 큰 작용을 했다. 중국뿐 아니라 다른 동아시아 국가의 부상 역시 이와 같은 이치라 할 수 있다. 중국의 유구한 역사와 문명, 광활한 영토, 10억이 넘는 인구, 시장경제, 전 세계를 무대로 활동하는 화교 네트워크 등은 중국이 '잠재적인 전지전능형 국가'임을 여실히 보여준다.

그렇다면 지금 우리에게 가장 필요한 것은 무엇일까?

중국 경제가 세계 2위의 자리에 오르자 국제 사회는 중국에 기후, 자원개발, 환경보호, 인민폐 평가절상, 내수확대, 지역안정, 인권 등 더 많은 문제에 대해 책임을 질 것을 요구했다. 이에 중국 지도부는 의도적으로 저자세를 취하며 때를 기다렸다. 또 중국인들은 국제 사회의 수많은 국제적 불공정 행위를 목격하고 분노했으며 이에 민족주의의 불씨가 다시 살아나 무조건 서방을 배우자는 풍조가 조금씩 바뀌기 시작했다.

이렇게 복잡한 국내외 환경 속에서 미래 중국은 경제적 실력과 영향력을 국제 사회에서의 지도력으로 전환할 수 있을까? 경제 성장에서 얻은 이익을 사회에 좀 더 공평하게 분배할 수 있을까? 지금 중국은 거대한 도전을 마주하고 있다. 이렇게 국내외에서 거대한 압박과 도전을 마주한 중국 사회가 가장 필요한 것이 바로 공동의식이다. 이것이 없으면 사회는 결코 화합을 이룰 수 없고, 초강대국이 되는 것은 한낱 꿈에 불과하다.

발전의 목표, 모델, 전략을 변화하라

미래에 중국은 어떻게 발전해야 할까? 국제 사회가 바라는 중국은 어떤 모습일까? 중국과 세계를 올바르게 인식하는 방법은 무엇인가? 중국의 공동의식은 무엇이고 어디에서 찾을 수 있을까?

발전 목표의 변화

2010년 10월 중순에 열린 중국 공산당 17기 5중전회에서는 '빠르고 균형 있는 경제 발전, 경제 구조의 전략적 조정, 도농 소득 증대, 사회건설 확대, 개혁개방의 심화' 등을 미래의 발전 목표로 제시했다. 또 이를 위해 경제구조를 개혁하고 과학기술 개발에 매진하며 민생을 개선할 것 등이 제안되었다. 이밖에 자원을 절약하고 환경 친화적 사회를 건설해서 개혁개방의 동력으로 삼을 것 등을 논의했다.

이러한 목표는 매우 복잡하고 해야 할 일이 많지만 절대 가벼이 생각하거나 포기해서는 안 된다. 사람이 경제 발전을 위해서만 살 수는 없는 일이다. 그러므로 GDP 지수만 쳐다보고 있거나 무조건 선진국을 따라하려는 자세에서 벗어나 민생에 신경을 쏟고 사회를 풍요롭게 해서 국민이 나라의 근본 역량이 되는 사회를 만들어야 한다.

이렇게 새로운 발전 목표가 제안된 것은 발전의 방향을 '대국'에서 '강국'으로 전환했기 때문이다. 대국과 강국은 한 글자 차이지만 그 의미는 완전히 다르다. 전통을 기초로 하는 대국은 혁신이 부족한 탓에 새로운 시대에 국제 사회에서 영향력을 떨치기 어렵다. 내부에서 공동의식을 만들어 내기 어렵고 외부에서 볼 때는 매우 불투명해서 의심을 부른다. 또한 외부 사회와 교류하고 우호적인 관계를 쌓는 데 서툴러 국가 이익에 손해가 발생할 수 있다.

물론 강국이 되는 것을 발전 방향으로 삼고 구체적인 목표를 세웠다고 하더라도 알맞은 발전모델이 없다면 아무 소용없다.

발전모델의 변화

강국이 되고 싶다면 정치, 경제, 과학기술, 안전, 사회, 문화, 환경 등의 모든 영역이 균형적으로 발전할 수 있는 모델을 채택해야 한다. 미국은 누구나 인정하는 강국으로 하드파워와 소프트파워가 서로 잘 어울려 국제 사회에서 영향력과 흡인력이 크다. 일본은 강국이 되고 싶었으나 하드파워와 소프트파워의 불균형 탓에 도중에 실패해 무너진 경우다. 구 소련과 독일도 정도는 다르지만 일본과 비슷하다.

그렇다면 중국은 어떠한가? 중국은 최근 30여 년 동안 수출주도형 발전모델을 채택했다. 일본과 한국도 이 모델을 선택했고 성공을 거두었다. 그러나 이는 그들처럼 작은 나라에 적합한 모델이며 중국 같은 대국에는 오히려 내수주도형 발전모델이 유리하다. 그렇다면 마오쩌둥 시대는 왜 내수주도형 발전모델에 실패했을까? 그것은 당시 내수의 중심이 군사 수요지 민간 수요가 아니었기 때문이다. 앞으로 중국이 수출주도형에서 내수주도형으로 발전모델을 전환해야 한다는 데에 반대하는 사람은 없다. 과연 이번에는 성공할 수 있을까?

최근 10여 년 동안 수많은 학자와 정치인이 내수 확대, 민생 중시를 강조했으며 어느 정도 성과를 거둔 것도 사실이지만 여전히 미미한 수준이다. 현재 중국이 발전모델을 전환하는 데는 몇 가지 걸림돌이 있다. 우선 사회구조가 장기간 도시와 향촌으로 이원화되었으며 도시화는 빠른 반면 농민의 시민화가 너무 느리다. 또 국가는 나날이 거대해지고 모든 역량이 집중된 반면 시민사회는 발전이 미미하고 기본적인 역량을 갖추지 못했다.

그렇다면 미래 중국이 선택해야 할 새로운 발전모델, 새로운 사회구조는 어떤 것일까? 중국 사회는 앞으로 중국 공산당 제17기 5중전회에서 제시한 구체적인 내용을 깊이 뿌리 내리고 그것을 추진해야 한다. 그러려면 국가가 집행하는 많은 일이 모두 투명한 계획과 규칙, 절차에 따라 추진될 수 있도록 해야 한다. 또 각 지방정부는 다른 지역을 본떠 발전을 도모하기보다는 지방의 특색을 살려 자주적·창조적으로 발전하려 해야 한다.

발전모델을 결정했다면 각 영역의 중요도를 확정하고 이에 따라 순서를 확정해야 한다. 그런 후 상응하는 전략적 조정을 통해서 복잡한 문제들을 해결해 나가야 한다.

발전 전략의 변화

강국이란 내부적으로 국민의 인정을 받고, 외부적으로는 국제 사회에서 역량을 드러내는 국가다.

발전 전략은 정치, 사회, 문화를 새로운 경제 발전모델과 잘 맞물리도록 만드는 데 중점을 두어야 한다. 특히 요즘에는 녹색 경제 발전이 중시되므로 환경과 생태, 자원을 보존하는 동시에 국제적으로 환경, 기술 협력을 추진하는 것이 필요하다.

중국의 10억 인구는 근대 500년 동안 거대한 풍파를 겪고 크나큰 대가를 치른 후 마침내 현대화의 길을 걷고 있다. 지금처럼 변화가 빠르고 복잡한 환경에서 13억 인구가 평화롭게 현대화를 완성하는 것은 정말이지 쉬운 일이 아니다. 하지만 그렇다고 다시 돌아갈 수도 없는 일이다. 그러므로 우리는 더욱 성실히 현 상황을 인식하고 새로운 발전 모델과 전략을 채택해야 한다. 중국 공산당 17기 5중전회에서 제시되고 논의한 수많은 내용은 우리 중국이 현재 공동의식을 도출하고 역량을 모으는 과정 중에 있음을 보여준다. 우리는 이를 바탕으로 더욱 구체적이고 고도로 세분화된 공동의식을 만들어 내야 한다.

미래 중국의 최대 위기: 식량, 석유, 금융

리다오쿠이(李稻葵)

중국 중앙은행 통화정책위원회 위원, 칭화대학(淸華大學) 중국세계경제연구센터(CCWE) 주임

식량, 석유, 금융의 위험은 국제 사회가 오랫동안 논의해 온 문제로 중국 국내에도 큰 영향을 미칠 수 있다. 현재 중국의 식량 수입 규모는 나날이 커지고 종류도 다양해지고 있다. 만약 국제 석유 시장의 공급 가격이 크게 요동치면 중국에 석유 위기가 발생할 것이다. 또 중국 경제는 오랫동안 금융 시스템의 문제를 겪어 왔다. 식량, 석유, 금융의 위험은 앞으로 10년 안에 중국의 경제에 커다란 타격을 줄 수 있으므로 반드시 이에 대비해야 한다.

앞으로 10년 안에 중국 경제는 어떠한 위험에 직면하게 될까? 나는 식량, 석유, 금융의 문제라고 생각한다. 이 세 가지는 국제 사회가 오랫동안 논의해 온 문제다. 그리고 앞으로 10년 안에 중국의 경제에 커다란 타격을 줄 수 있으므로 반드시 이에 대비해야 한다.

식 량

　중국의 식량 수요는 지속적으로 상승하고 있다. 여기서 말하는 식량은 단순히 먹는 수요를 만족하는 것뿐 아니라 다른 생활 용품의 중간 원자재로 사용되는 것을 모두 포함한다. 산업화와 도시화가 계속되면서 중국에서는 점점 많은 노동력이 필요해졌다. 이것은 경제가 발전하면서 발생하는 당연한 결과지만 문제는 이 때문에 농민과 국민 평균 경작지가 크게 줄어든 것이다. 중국의 식량 생산에 큰 불균형이 발생했을 때 해결 방법은 외국에서 식량을 수입하는 것뿐이다. 이후 중국의 식량 수입의 규모는 날로 커졌으며 종류도 무척 다양해지는 추세다. 그런데 식량 생산은 자연의 영향을 받아 결정되는 것이기에 어느 날 갑자기 자연 재해가 일어나 생산이 감소할 수도 있다. 만약 중국과 세계 주요 식량 생산 지역에 한꺼번에 이런 일이 발생한다면 전 세계에서 식량 부족 현상이 발생할 수도 있다. 그러면 식량 가격이 무섭게 치솟는 것은 불 보듯 당연한 일이다. 식량은 갑자기 수요를 줄이거나 늘릴 수 없으므로 가격의 상승은 전 세계에 혼란을 불러올 것이며 중국 경제에도 큰 영향을 미칠 것이다.

　이런 상황에 대비해서 우리가 할 수 있는 일은 무엇일까? 가장 확실하고 효과적인 방법은 정부가 농업 생산과 유통에 개입해서 국내의 식량 가격을 인위적으로 낮추거나 농민들에게 생산을 확대하도록 요구하는 것이다. 그러나 이런 정책들은 단기적으로 효과가 있겠지만 장기적으로는 도시화와 산업 생산의 자본을 상승시켜서 경제 구조 전체를 흔들 수 있다. 실제로 일본과 한국이 이러한 경험을 겪었으며 그들의 교훈을 잊어서는 안 된다. 그렇기에 중국의 대응 방식은 농업 생산 구조를 다각도로 개혁하는 것이어야 한다. 다시 말해 생산의 규모화와 산업화를 추진하는 동시에 적극적으로 과학 영농을 실시해서 농업 생산율을 높여야 한다. 또한 서두르지 않고 단계적으로 해외에 식량 생산 기지를 건립하는 것이 중요하다. 이것은 토지를 장기로 임대하거나 장기 수매 계약 등을 통해 식량 유통 경로를 확보하는 것을 가리킨다. 이 방법을 통해 자연 변화에 따른 위험을 분산시킬 수 있으므로 전 세계에 식량 부족 사태가 발생하더라도 대응할 수 있다. 성공적으로 운영한다면 중국뿐 아니라 전 세계 식량 공급 안정화에도 큰 공헌을 할 수 있다.

석 유

석유는 식량과 달리 공급 지역과 유통이 매우 집중된 자원이다. 최근 유럽연합이 장기 불황을 겪으면서 유럽 각국의 재정 상황이 극도로 악화되었다. 그들은 위기에서 벗어나기 위해 유동성 확대 정책을 채택했고 그 바람에 석유 가격이 빠르게 올랐다. 2007년에 배럴당 130달러를 조금 넘던 유가가 한때 300~400달러까지 치솟은 적도 있다. 만약 이런 상황에서 유럽과 미국 정부가 자국 경제를 보호하려는 의도로 대형 석유회사, 예를 들어 엑슨모빌(Exxon Mobil Corporation) 등에 공급 가격 제한을 요구한다면 전 세계 석유 시장은 곧 붕괴되고 말 것이다. 또 석유 시장의 공급 가격이 크게 요동치면 중국 경제에 위기가 발생할 것이 분명하다.

이에 대비하려면 우리는 무엇을 해야 할까? 간단하다. 석유 수입 의존도를 낮추고 위험을 분산시키는 것이다. 구체적으로 석유 공급 경로를 다원화해서 산유국과 장기 계약을 맺는 것도 방법 중 하나다. 또 원유 비축량을 높이는 것도 한 방법이다. 국가적인 차원에서 원유를 전략적으로 비축하고 민간의 힘까지 동원해서 비축량을 3개월 혹은 6개월 정도를 버틸 수 있을 정도로 올려야 한다. 그래야만 단기적으로 석유 파동이 일어나더라도 큰 영향을 받지 않을 수 있다. 이 문제에 관해서 가장 중요한 것은 지금 당장 시작해야 한다는 점이다.

금융

중국 경제는 오랫동안 금융 시스템의 문제를 겪어 왔다. 그 근본 원인은 과거 30년 동안 중국의 통화량이 꾸준히 증가했는데 그 속도가 GDP 증가 속도를 앞질렀다는 데 있다. 현재 중국의 광의통화량(M2)은 미국을 넘어서 10조 달러 이상이며 많게는 10조 5천억 달러까지 올랐다. 이것은 명목 GDP의 200%를 넘는 것으로 세계적으로도 드문 일이다. 이러한 상황은 가까운 미래에 다음과 같은 금융 위기를 초래할 수 있다. 첫째, 자산 가격 거품이다. 이 거품이 터지면 과거에 일본, 미국, 영국이 겪었던 금융 위기에 버금가는 엄청난 타격을 입을 수도 있다. 둘째, 유동성이 커져서 정부 금융기관의 정책이 유명무실해지며 신용확대가 빨라질 것이다. 이때 확대된 신용은 거품이 터진 후에도 계속되기 때문에 국가 경제 전체에 문제를 일으킬 수 있다. 가장 우려되는 세 번째 위기는 현재의 통화량이 갑자기 빠져 나가는 것이다. 그러면 유동성이 줄어들고 외환 보유액 역시 부족해질 것이다.

이런 일을 피하려면 어떻게 해야 할까? 우선 통화 정책에 좀 더 신중을 기해야 한다. 그래서 광의통화량의 증가 속도를 GDP 증가 속도와 맞추거나 낮게 하는 것이 좋다. 그리고 금융에 대한 관리, 감독 시스템을 강화해서 위험을 억제하고 자산 가격 거품이 형성되지 않도록 주의해야 한다. 마지막으로 현재 중국의 과도한 통화량을 밖으로 내보내야 한다.

무엇보다 중요한 것은 겉으로 드러나는 중국 경제의 발전 모습에 혹해 금융 시스템의 문제를 보지 못하는 잘못을 저질러서는 안 된다.

미래 중국이 맞닥뜨릴 수 있는 식량, 석유, 금융 방면의 위기에 대비하려면 반드시 시스템의 문제를 고려하고 근본적인 원인을 찾아서 점진적으로 해결해야 한다.

정치체제의 서방화를 피하라

판웨이(潘維)
베이징대학 국제관계학원 교수

현재 중국에는 '정치체제 서방화'가 유행하고 있다. 이를 주장하는 사람들은 다양한 이익집단이 참여하는 게임의 정치, 다수결 선거제, 다당제, 분권 감독을 지지한다.

우리는 정치적인 굴곡을 없애고 정치체제를 서방화하려는 유혹을 떨쳐버려야 한다. 그래야만 경제적으로 흔들리지 않고 국제적으로도 공정성을 유지해서 지금 우리가 꿈꾸는 미래를 실현할 수 있다.

10년 전 아시아에서 금융위기가 발생했을 때 중국은 아시아 경제 회생의 동력이 되었다. 그로부터 10년 후, 글로벌 금융위기가 발생하자 중국은 다시 세계 경제 회생의 동력이 되었다. 10년 전에 중국은 미국과 유럽에 세계무역조직(World Trade Organization : WTO) 가입을 부탁하는 위치였으나 그로부터 10년 후 무역액과 GDP에서 미국의 다음 자리를 차지했으며 몇몇 분야에서는 이미 미국을 앞지르고 있다. 지금 중국은 미국과 함께 세계를 이끌고 있다.

　이러한 성공과 발전은 중국 사회에 낙관주의를 형성했다. 하지만 단순히 GDP만 비교해도 현재 중국의 경제 규모는 5조 달러로 미국의 15조 달러에 한참 뒤졌다. 물론 지금까지의 발전 속도를 유지한다면 최대 20년 후에 미국을 앞질러 세계 1위에 오를 것으로 보인다. 거기에 10년을 더해 30년 후에는 경제 규모가 미국과 유럽을 합친 것보다 더 클 것으로 전망된다. 다시 30년을 더해 60년 후에는 1인당 평균 소득이 서방 세계를 앞지를 것이다. 이렇듯 중국은 60년 안에 세계 최고의 자리에 오를 것이며 2070년대에 중화민족은 그 옛날 한나라와 당나라처럼 전 세계에서 가장 부유하고 강한 민족으로 거듭날 것이다. 중국은 최첨단 과학기술을 주도하고 전 세계 최고의 인재들을 끌어들여 인문학과 사회과학의 성지가 될 것이다. 그러면 전 세계인은 19세기는 유럽이, 20세기는 미국이 주도했으나 21세기는 중국이 주도한다고 말할 것이 분명하다.

　하지만 이상의 내용은 성공과 발전에 도취된 사람들의 낙관적인 '희망사항'일 뿐이다. 그들은 중국이 전 세계의 물질문명과 정신문명을 이끄는 세력이 되기를 꿈꾼다. 근대 이후에 포르투갈, 스페인, 영국, 프랑스, 독일, 러시아, 일본, 미국 같은 강국들이 이끄는 세계는 위험천만했다. 곳곳에서 위기가 발생했고 거의 멸망에 가깝게 무너진 나라도 있었다. 과거 30년 동안 중국 역시 수많은 풍파와 곡절을 겪었고 사실 어떤 면으로는 지금도 마찬가지라고 할 수 있다.

　물론 정말로 낙관주의자들의 꿈과 희망이 실현될지도 모른다. 하지만 그러려면 다음의 세 가지 조건을 만족해야 한다.

꿈을 실현하는 세 가지 필요조건 : 동요하지 않기, 흔들리지 않기, 편들지 않기

첫째, 경제적 동요가 없어야 한다. 덩샤오핑도 "경제 개혁을 중심으로 하되 백 년 동안 동요하지 않아야 한다."고 말했다. 실제로 중국인은 과거 30년 동안 동요하지 않고 묵묵히 개혁개방을 추진했다. 그러니 다시 앞으로 30년 동안 이러한 자세를 견지한다면 세계 1위로 올라설 수 있고 만약 60년 동안 계속한다면 전 세계 인구의 5분의 1을 차지하는 중국인이 모두 풍족하게 살 수 있다.

둘째, 정치적으로 굴곡이 없어야 한다. 앞으로 60년 동안 중국 사회와 정치가 안정을 유지하려면 어떻게 해야 할까? 후진타오의 말을 빌리자면 '사회 화합'을 유지하는 것이 우선 과제다. 30년 전에 중국 대륙이 정치 운동에 빠진 동안 대만은 경제 건설에 주력해서 아시아 경제의 새로운 별이 되었다. 얼마 후 중국 대륙이 경제 건설을 시작했을 때 대만에서 정치적 문제가 터져 나오기 시작했다. 이후 대만은 거의 매년 한 번씩 발생한 정치 투쟁 탓에 경제 발전이 점점 더뎌지더니 결국 무려 10년이나 뒷걸음질 쳤다. 그동안 대륙의 경제는 안정적인 정치 상황을 기반으로 두 배 이상 발전했다. 대만뿐 아니라 정치적으로 굴곡이 있는 나라는 거의 모두 경제가 발전하지 못한다. 그러므로 중국 정치는 반드시 별다른 굴곡 없이 흔들리지 않고 안정을 유지해야 한다.

셋째, 국제적으로 어느 한 편에 치우치지 않고 공정해야 한다. 세계화 시대에 국제 사회에서 공정성을 잃고 편을 나누거나 혼자 고립되어 살 수는 없는 노릇이다. 중국 역시 국제 환경의 영향을 피할 수 없기에 글로벌 금융위기가 발생했을 때 다양한 대응 정책을 채택했던 것이다. 미국이 9·11 테러를 이유로 서방 세계를 이끌고 이슬람 세계로 진격해서 '신 십자군 전쟁'을 일으켰을 때도 중국을 포함한 전 세계가 크고 작은 영향을 받았다. 이후 국제 사회는 여러 가지 일을 겪고서 선진국, 개발도상국 할 것 없이 모두 '안정이 최우선'이라는 공동의식에 도달했다. 안정이 없으면 곧 번영과 발전도 없기 때문이다. 선진국과 개발도상국의 중간 단계라고 할 수 있는 중국은 중간자적 입장에서 양측을 잘 아울러야 하는 책임이 있다. 그러므로 중국은 북방의 선진국들이 정치, 경제, 사회, 사상, 군사 방면에서 남방의 개발도상국과 후진국들을 억압하는 것을 막아서 국제 사회의 안정을 유지해야 한다. 정리하자면 중국은 최선을 다해서 국내의 사회 화합을 이루는 동시에 외부의 평화와 안정을 이끌어야 한다.

위의 세 가지를 잘해낼 수 있을까? 변화무쌍한 국내외 상황에서 경제적으로 동요하지 않고 정치적으로 굴곡이 없으며 국제적으로 공평성을 유지한다는 것은 무척 어려운 일이다. 이것은 중화 정치문명의 변화와도 큰 연관이 있다.

중화 정치문명

중화인민공화국은 과거 60년 동안 변혁을 추구했다. 1919년부터 1949년까지의 첫 번째 30년 동안 흩어진 모래알 같던 중국인들은 사회 혁명을 통해 조직화되어 제국주의 세력을 내쫓고 독립과 자주를 획득했다. 1949년부터 1979년까지의 두 번째 30년에 중국은 사회주의의 깃발을 내걸고 강한 국가가 되기 위해 노력했으며, 1979년부터 2009년까지의 세 번째 30년에는 깃발을 개혁개방으로 바꾸고 국민을 부유하게 만들었다. 이 세 번의 30년 동안 중국은 끊임없이 변혁을 추구해서 '전쟁'과 '배고픔'이라는 큰 문제를 해결하고 현대화의 길을 걸었다.

지금 변혁의 단맛을 맛본 사람들이 새로운 변혁, 즉 정치체제의 변혁을 요구하고 있다. 그들은 중국의 정치체제가 전제적이어서 '세계의 조류'(유럽과 미국의 인구는 모두 8억이고 중국은 13억이다. 어떻게 8억이 '세계'일 수 있는가?)에 맞지 않다고 말한다. 이런 사람들은 현재 중국의 문제를 모두 정치체제의 탓으로 돌리면서 경제 개혁에 성공했으니 이제 정치 문제를 극복해야 한다고 주장한다. 하지만 자세히 들어보면 그들이 원하는 것은 결국 서방의 '헌정 민주체제'로 '자금성을 뜯어내고 그 자리에 백악관을 세우자는 것'과 다름없다.

과거 30년 동안 중국의 정치체제는 전혀 변화하지 않았을까? 그렇지 않다. 중국은 분명 무척 빠르고 큰 변화와 개혁을 겪었다. 아마 40대 이상인 사람들은 지금의 제도화된 정치체제가 30년 전의 혁명적 정치체제와 확연히 다르다는 데 동의할 것이다. 과거 30년 동안 중국의 정치체제는 급진적인 변혁과 점진적인 변혁이 동시에 발생했다. 중국은 하루아침에 국민의 80%가 종사하던 인민공사를 없앴으며 당과 정부 인사들의 종신제를 폐지하고 임기제를 도입했다. 그런가 하면 녹취 심사 제도와 중앙 기율위원회를 점진적으로 발전시켜 반 부패 기구로 성장시켰다. 또 오랜 기간에 걸쳐 행정과 사법 제도를 규범화·투명화했고 일국이체제(一國二體制)를 실현했으며 언론의 자유를 보장했다.

이러한 많은 변화에도 불구하고 중화 정치문명이라는 뿌리는 변화하지 않았다. 사실 이것은 지난 30년, 아니 60년 동안 변화하지 않았을 뿐 아니라 2,000여 년 동안 흔들림이 없었으며 지금도 중국의 정치체제는 매우 '중화적'이다. 중화 정치문명은 중화 문명의 핵심으로 매우 심오한 가치가 내포되어 있다. 정리하자면 2,000여 년 동안 중국의 정치는 '변화하지 않으면서 변화한 것'이다. 이것은 중화 문명이 전 세계에서 유일하게 명맥이 끊어지지 않은 문명이 된 원인이다.

그렇다면 중화 정치문명이란 구체적으로 무엇을 의미할까? 일반적으로 모든 정치문명은 국민과 정부의 관계에 대한 생각, 이 생각에 기초해서 만들어진 관료 선발 방식, 정치 기구 및 감독 시스템으로 구성된다. 중화 정치문명도 이 네 가지로 나누어 분석해 볼 수 있다.

첫째, 중화 정치문명은 국민과 정부의 관계에 관해서 '서방의 민주주의'가 아닌 '민본주의(民本主義)'를 추구한다. 이것은 3,000여 년에 걸친 중국의 유구한 역사와 함께한 주류 사상이다. 민본주의는 정부의 존재 의의와 책임을 '국민을 위한 복지 건설'로 본다. 여기에 실패한 정부는 아무런 의미가 없으며 곧 무너지고 만다. 다시 말해서 정부는 국민의 복지를 책임지는 기구이지 이익집단이 이익을 도모하기 위해 논쟁을 벌이는 장이 아니라는 의미다.

둘째, 중화 정치문명은 '메리토크라시(meritocracy)', 즉 능력주의를 따른다. 이것은 고대의 공훈제(功勳制)에서 시작된 것으로 2,000여 년 동안 계속되었다. 능력주의는 서방의 선거와 크게 다르다. 선거는 부분 이익을 대표하는 관료를 선발하는 것이기에 능력을 검증하기보다는 겉으로 드러나는 관계 등을 더욱 중요하게 생각한다.

셋째, 예로부터 중국은 하나로 통일된 정치집단이 공동의 정치이념을 바탕으로 나라를 통치했다. 대표적인 것이 바로 유교의 제자백가라고 할 수 있다. 지금의 공산당 역시 중국인 전체의 이익 발전을 도모하는 일종의 정치집단이라고 할 수 있다. 이것은 의회정치의 당과 다르며 사회 이익집단과도 구분된다.

하나로 통일된 정치집단이 없다면 어떻게 국가와 국민을 부유하게 만들고 현대화를 이룩할 수 있었겠는가? 통일된 정치집단이 없으면 혈연, 지연, 학연, 계파 등의 간섭을 물리치고 능력주의를 유지할 수 있었겠는가? 통일된 정치집단이 없다면 어떻게 전국의 행정을 통일하고 정치 강령을 하나로 일치시킬 수 있었겠는가? 통일된 정치집단이 없다면 어떻게 외세의 무력 도발을 방어할 수 있었겠는가? 통일된 정치집단이 없다면 어떻게 소수민족 분리주의를 근절하고 그들을 하나로 단결시킬 수 있었겠는가? 통일된 정치집단이 없다면 어떻게 중국 안팎의 각종 종교 세력이 사회를 분열하고 심지어 정부를 무너뜨리려는 기도에 대처할 수 있었겠는가? 만약 정치적으로 낙후한 비(非)서방 국가에서 상술한 여섯 가지 항목 중에 하나라도 문제가 발생한다면 그 나라의 경제는 곧 심하게 후퇴할 것이다.

넷째, 서방 정치체제의 특징이 '분권 감독'이라면 중화 정치문명의 특징은 '분업 감독'이다. 중국은 정치집단이 통일되었기 때문에 분권이 불가능하다. '분업 감독'은 진한(秦漢) 시대에 시작된 것으로 그 역사가 유구하며 서방의 분권 감독만큼 매우 정교한 제도다. 만약 감독이나 구속이 없었다면 고대 중화 문명이 발달하지 못했을 것이며 현대의 중국 경제 역시 지금과 같은 큰 성과를 거두지 못했을 것이다.

3,000여 년 동안 계속된 중화 정치문명은 뛰어난 학습능력과 적응력을 보이며 소련, 동유럽, 미국, 서유럽 등의 정치문명과 체제를 받아들이고 적용했다. 그래서 계획경제와 시장경제를 거치는 중에도 흔들리지 않고 중국 정치체제의 뿌리로 남을 수 있었던 것이다.

미래 중국의 최대 함정 : 정치체제의 서방화

현재 중국에 유행하는 '정치체제 서방화'의 주요 내용은 다음과 같다. 첫째, 전통적인 민본주의를 버리고 그것을 '서방 민주주의'로 대체해서 수많은 이익집단이 참여하는 게임의 정치를 시작한다. 둘째, 관료 선발 방식을 능력주의에서 다수결 선거제로 전환한다. 셋째, 하나로 통일된 정치집단을 버리고 다당제를 채택한다. 넷째, 분업 감독이 아닌 분권 감독을 시행한다.

만약 위와 같은 상황이 발생하면 정치인들은 권력 싸움을 벌이며 더 높은 자리를 차지하기 위해 국민을 선동할 것이다. 그러면 정치적으로 굴곡과 풍파가 끊이지 않고 결과적으로 경제와 민생을 핵심으로 하는 정책은 분명히 뒤로 밀리게 된다. 또 국제 문제에 대한 대응 방안 역시 여러 가지 의견으로 나뉘어 국제 사회에서 자주성을 지키지 못하고 결국 서방의 결정에 좌지우지될 것이다. 다시 말해 꿈을 이루기 위한 세 가지 조건을 모두 잃는 것이다.

이렇게 암담한 미래를 부를 수도 있는데 정치체제의 서방화를 주장하는 이유는 무엇일까? 첫 번째 이유는 지금의 중국 정치체제가 너무 구태의연한 모습을 보이며 전진할 동력을 잃었기 때문이다. 정치체제는 하나로 고정된 것이 아니며 쉬지 않고 시대의 흐름에 맞춰 끊임없이 조정해야 한다는 사실을 잊지 말아야 한다. 두 번째 이유는 바로 '비난' 때문이다. 외국인, 특히 서방 사람들은 중국의 정치체제가 '야만적이고 낙후되었다'고 줄곧 비난해 왔다. 그러다 보니 어느새 이것을 사실로 믿고서 중화 정치문명 아래에서 이룬 성공의 가치를 애써 폄훼하고 무시하며 자국의 정치체제를 욕하는 중국인들이 생긴 것이다. 그들의 눈에 비친 중국 사회는 '극복 불가능한 문제'만 가득하다. 그래서 '자금성을 뜯어 버리고 그 자리에 백악관을 짓자'는 식의 일종의 '자살테러'와 유사한 충동을 느끼는 것이다. 이는 다른 사람의 신발을 자신의 발에 맞추어 보고서 발이 기형이라고 말하는 것과 같은 이치다. 지금 중국의 문제들은 모두 경제의 고속발전이 만들어 낸 것이지 정치체제가 만든 것이 아니다. 그것이 아니라면 현행 정치체제에서 이룬 빠른 발전을 어떻게 설명할 수 있겠는가? 지금의 정체체제로는 중국의 부정부패, 빈부격차, 환경오염, 주택, 교육, 의료 등의 불평등을 해결할 수 없다고 생각하는 사람들도 있지만 만약 '자금성을 뜯어낸다면' 문제는 더욱 심각해질 것이다.

지금 우리는 '자금성을 뜯어내자'의 함정을 잘 피해서 구 소련의 잘못을 되풀이하지 않도록 해야 한다. 잘 알지도 못하면서 무조건 모방하다가 더 나쁜 결과에 이르는 것은 자살행위와 같다. 우리는 과거 60년 동안 역사상 유례없는 성공과 발전의 길을 걸었으며 '전쟁'과 '배고픔'의 문제를 해결했다. 나는 미래 30년 동안 중국이 다른 이의 '비난'에 위축되는 문제를 해결하기 바란다. 특히 스스로 자신에게 던지는 비난에 위축되지 않기 바란다.

정치적인 굴곡을 없애고 정치체제를 서방화하려는 유혹을 떨쳐버려야 한다. 그래야만 경제적으로 흔들리지 않고 국제적으로도 공정성을 유지해서 지금 우리가 꿈꾸는 미래를 실현할 수 있다.

물질주의 국가철학 :
중국 사회는 왜 정체되었나?

추평(秋風)
학자, 자유기고가

인류 역사상 지금보다 더 물질적인 부에 집중한 적은 없었다. 사람들은 모두 다른 가치는 거들떠보지 않은 채 자신의 몸과 마음을 모두 부를 얻는 데 사용하고 있다.

중국인과 중국 사회에 만연한 물질주의는 곧 중국의 국가철학이 되었고 개혁개방 전부터 많은 제도의 깊은 부분까지 파고들었다. 1980년대에 한 차례 전환점을 맞기도 했으나 근본정신에는 변화가 없었다. 정부는 물질주의 국가철학을 기초로 경제 정책을 추진했으며 국민의 물질주의의 윤리관과 생활방식을 촉진 혹은 묵인했다. 그 결과 지금 중국 사회의 곳곳에 물질주의가 팽배했으며 제도와 소득 분배에까지 몇 가지 우려할 만한 상황 및 윤리 문제가 발생했다.

🌸 원론적 물질주의 국가철학

　물질주의 국가철학은 국가가 경제를 직접 관리하는 것과 국가 전체의 부를 추구하는 것의 두 가지로 요약할 수 있다. 1980년대 이전의 중국은 전자의 대표적인 예였다.

　역사 유물주의에 따르면 역사란 '인간의 의지로 전해지지 않은' 객관적인 과정으로 생산력이 발달하면서 계속되어 온 것이다. 생산력의 변화는 생산관계의 변화를 부르며 국가 권력의 배치를 결정하고 최종적으로 인간의 운명과 행복까지 결정한다. 이런 철학은 1950년대 이후 중국의 주류 의식형태가 되었으며 중국 정부는 이를 바탕으로 자원을 직접 통제해서 국민의 물질 수요를 만족시키려고 했다. 그러나 1980년대 초에 여기에 변화가 생겼다.

　1980년대 이전의 물질주의 국가철학은 경제 발달의 기초가 있어야 그 위에 다른 것도 건설할 수 있다는 일종의 교조에 가까웠다. 이에 따라 국가는 통치 권력을 모두 물질을 창출하는 데 집중했다. 이 시대에는 국가가 사회의 부와 자원을 통제하고 관리하는 것이 헌법으로 보장되었으며 정부는 각종 헌법과 법률에 근거해서 영토 위의 모든 물질적 재산의 소유자가 되었다.

　이런 종류의 물질주의 국가철학을 내세우는 국가는 사유 재산이나 법치를 중요시하는 국가와 비교했을 때 이상하리만치 경제 성장에 주력한다. 경제적인 기초가 확보되어야 다른 것을 건립할 수 있고 고속성장을 통해서 국력을 튼튼하게 해야만 사회를 안정시킬 수 있다고 믿기 때문이다. 이런 국가들의 국력은 주로 중공업과 군사적 역량으로 드러나며 이를 바탕으로 국내외의 적들을 제압하려 한다. 물질주의 국가철학을 내세우는 국가들은 바로 이런 이유로 과도한 투자에 집중하고 생산할 수 있는 것에 대해 역량을 강화하며 중공업, 군수산업에 대한 투자를 계속한다.

　이런 국가들은 국민 역시 물질적인 존재로 여긴다. 국민은 '노동자'이며 국가의 동원에 따라 이리저리 움직여 다니는 대상으로 개인은 기계의 '작은 나사'와 같은 존재에 불과하다. 요컨대 말로는 아무리 '국민경제'라 해도 결국 이것은 '국가경제'일 뿐이다.

　이렇게 원론적인 물질주의 국가철학에 의해 만들어진 많은 제도는 일종의 '자기 살을 깎아먹는' 문제를 안고 있다. 국가가 자원과 사람을 전면적으로 장악하면 모든 경제 영역에서 효율이 저하되며 국가의 과도한 투자, 특히 중공업과 군수산업에 대한 투자는 경제 구조를 심각하게 왜곡할 수 있다. 실제로 1970년대에 이런 상황이 심각해지자 중국 정부는 "국민경제가 붕괴 직전까지 갔다."고 인정하고서 하는 수 없이 자발적으로 제도, 정책, 법률 등의 개혁과 혁신 등을 추진하고 이때부터 새로운 30년을 시작했다.

🌸 물질주의 국가철학의 전환

　중국은 1980년대 이후에도 여전히 물질주의 국가철학을 따랐지만 몇 가지 변화가 생겼다. 이전에는 국가가 모든 물질적 자원을 장악하고 그 이익까지 차지하던 것을 국민 개인의 물질적 이익으로 전환하기 시작한 것이다. 그래서 1950~79년의 구호가 '국가 건설'이었다면, 1980년대 이후의 구호는 '인민의 물질문화와 생활 수요를 만족하자!'로 바뀌었다. 그러나 실제로는 두 가지 구호가 병존했으며 물질주의 국가철학이 일원화에서 이원화된 것뿐이었다.

　이 시기의 지도자들은 여전히 경제적인 기초가 튼튼해야만 다른 것도 건립할 수 있다고 믿었으며 이를 위해 국가가 자산 및 중요 기업을 통제, 관리해야 한다고 생각했다. 바로 이 때문에 1990년대 중반 이후에 사유화 개혁이 정체에 빠진 것이다.

　1970년대 이전의 정치, 즉 계급투쟁과 노선투쟁 역시 따지고 보면 재산 통제권에 관한 투쟁이었다. 이것이 끝나면서 경제 영역이 더 두드러졌는데 사실 이것은 정치적 물질주의가 일반 사람들이 보기에 쉽게 이해할 수 있는 방식으로 드러난 것에 불과했다. 어찌되었든 1970년대 말에 계급투쟁이 끝나자 대부분 사람은 이제 드디어 경제건설에 집중할 수 있겠다고 생각했다. 하지만 경제건설은 그때나 그 이전이나 모두 국가의 일이었다. 차이점이라면 1970년대 말 이전에는 국가가 모든 정책을 결정하고 집행하는 국가통제, 국가경영이었다면, 1980년대 이후에는 국가의 관심이 생산력 향상에 집중되면서 어느 정도 민간경영을 허용한 것 정도였다.

사회의 부를 표시하는 데도 변화가 발생했다. 이전의 '철강 중심(以鋼爲綱)', '식량 중심(以糧爲綱)'은 이제 'GDP 중심'으로 바뀌었다. 이유는 간단하다. 국가경영을 실시할 때는 늘어나는 생산물에 대해 직접적으로 장악, 통제할 수 있었으나 1980년대 이후에는 민간영역까지 모두 관리하기가 어려워진 탓이다. 그래서 하는 수 없이 GDP의 개념으로 국가의 부를 표현하게 되었다.

이후 각급 지방정부는 GDP의 규모와 성장 속도를 경제 정책과 정책 실행의 목표로 삼았으며 이것은 관료 개인의 능력을 평가할 때도 사용되었다. 이는 1990년대 이후 각 지방정부의 경쟁이 극심해진 주요 원인이기도 하다. 지방정부의 관료들은 해당 지역의 경제성장률을 올리기 위해 투자를 유치하는 데 혈안이 되었다.

이러한 물질주의 국가철학 및 그에 상응하는 제도 아래 경제, 산업, 자산 등이 사회 핵심가치관의 가장 윗자리를 차지하게 되었다. 정부는 이와 관련된 모든 것에 관심을 보였다. 관료나 관료화된 학자들은 대학을 기업화했으며 이런 대학에서는 경제적 수익을 창출하는 교수가 좋은 평가를 받았다. 이런 상황은 점점 확대되더니 기업화해서는 안 되는 정치, 사회, 문화, 사상 영역에까지 모두 널리 퍼졌다. 정부는 이런 상황에도 큰 신경을 쓰지 않았을 뿐 아니라 오히려 더욱 권장하는 입장을 취했다.

물질주의 국가철학의 변화는 국가와 국민의 관계에도 큰 변화를 일으켰다. 이전에 국가는 국민의 물질적 수요를 철저히 통제했지만 1980년대 이후에는 국민의 물질수요를 만족시키는 데 주력했다. 또 국민이 스스로 물질적 수요를 만족하도록, 심지어 물질적인 욕망에 집중하도록 유도하기까지 했다.

물질주의 국가철학의 결과

1950년대부터 시작된 중국의 물질주의 국가철학은 1980년대에 새로운 전환을 맞았고 중국 경제가 급속도로 발전하는 데 큰 도움이 되었다. 세계적으로도 중국만큼 국가 전체의 역량을 집중해서 각종 자원을 동원하고 경제성장에 집중한 나라는 없다. 인류 역사상 지금보다 더 물질적인 부에 집중한 적은 없었다. 사람들은 모두 다른 가치는 거들떠보지 않은 채 자신의 몸과 마음을 모두 부를 얻는 데 사용하고 있다. 하지만 현대 중국 사회에 존재하는 각종 문제는 바로 이러한 물질주의 국가철학과 개인의 물질만능주의에서 시작된 것이다.

물질주의 국가철학은 사회의 윤리를 흐리게 할 뿐 아니라 심지어 없애버리는 결과를 낳았다. 이것은 도덕이나 종교 같은 개인 행위의 규범마저 제한해서 그것을 물질, 이익, 특권으로 바꾸었다. 물질주의 정치체제는 그것에 가장 적합한 생산력, 생산관계, 노동력을 필요로 했고 이에 정부는 국민들이 새로운 도덕, 가치, 생활 방식을 갖추기를 요구했다. 요컨대 물질주의라는 사상이 기묘한 변화를 거쳐 국가가 국민을 개조하는 정치사회운동이 된 것이다. 정부는 각종 매체와 교육을 통해 국민에게 물질주의를 주입시켰다. 그런데 전통적인 사상과 관념에 익숙한 국민들은 정부가 원하는 '새로운 국민'이 되는 것을 썩 내키지 않아 했다. 그러자 정부는 종교, 이념, 윤리, 도덕, 풍습, 사상을 망라한 거의 모든 전통적인 요소를 차례차례 비판하기 시작했다. 이렇게 장기적인 '개조작업'을 거쳐 중국인은 크게 변화했다. 도덕 규범이 구속력을 잃자 중국인의 삶의 최고 가치는 물질이 되었다.

사람들은 거리낌 없이 재물을 추구하거나 소비했다. 물질만능주의에 사로잡힌 사람들은 자신의 행동을 되돌아보지 않았고 당당하게 자신의 욕망을 모두 만족시키고자 했다. 그러므로 현재 중국 사회에 만연한 소비주의, 신뢰 부족, 가정의 위기 등 수많은 병폐가 모두 물질만능주의의 결과라고 할 수 있다.

이 모든 것의 근원인 물질주의 국가철학은 사회에 질서가 형성되는 것을 방해했다. 예나 지금이나 정부의 가장 중요한 기능은 바로 '보호'다. 다시 말해 국가는 국민 개개인이 저마다의 가치를 추구할 수 있도록 제도적 조건을 갖추어야 하는 것이다. 정부는 무언가를 국민에게 교육하거나 강요해서는 안 되며 어떤 행동을 하도록 격려하거나 유도해서도 안 된다. 정부의 기능은 그저 지도자의 모습을 한 '중재인'이어야 하며 게임의 법칙이 잘 운영되고 있는지만 확인하면 된다. 물론 절대 이 게임에 참여해서는 안 된다.

물질주의 국가철학이 불러온 정치와 사회의 모순을 해결하려면 더 많은 개혁이 필요하다. 이것은 권력과 권리를 구분하고 각종 이익을 분배하는 문제뿐 아니라 국가의 새로운 가치관 정립에도 관련되므로 무척 중요하다. 이 개혁은 많은 국민이 참여하는 현대적인 정치 과정을 통해야만 더 나은 결과를 얻을 수 있다.

하지만 개혁과 성장은 언제나 모순과 갈등이 발생하기 마련이며 지도자와 국민들은 둘 중에 하나를 선택해야 한다. 그동안 물질주의 국가철학을 신봉한 정부는 이 경우 조금도 주저하지 않고 성장을 우선 선택했다. 그 결과 1990년대 이후의 개혁은 대부분 경제 영역에만 국한되었으며 그중에서도 고성장을 실현하는 기술적인 조정에만 치중하게 되었다. 반면에 진정한 시장주의와 법치로 가는 제도적 개혁은 거의 전무하다시피 했다. 이것은 물질주의 국가철학의 필연적인 결과다.

결 론

정치학자이자 역사가인 토크빌(Tocqueville)은 "어떠한 국가든 물질주의는 가장 위험한 병폐다."라고 말했다. 물론 국가의 부든 개인의 부든 물질적 부는 중요하다. 특히 빈곤 상태에 놓여 있었던 중국인에게는 더욱 그러했다. 그러나 개인과 공동체의 안녕과 번영에 비교하면 물질은 결코 중요하다고 할 수 없다. 국가의 진정한 부는 정의를 기초로 하는 국가철학과 이에 걸맞은 정치제도다.

물질주의 국가철학은 오랫동안 중국 정부의 주류 사상이었으며 정부는 국민의 눈을 가려 그들이 물질만능주의에 물들게 했다. 그리하여 정부는 성장에 주력하고 국민은 재물에만 주력한 결과 경제는 발전했으나 정치는 극도로 취약해진 기형적인 상태에 놓이게 되었다.

현재 중국의 수많은 사회 모순을 해결하고 변화를 실현하려면 시대정신을 바로 잡고 가치체계를 재정비해야 한다. 그 핵심이 바로 물질주의를 버리는 것이다. 정부가 먼저 물질주의 국가철학을 버리면 국민들도 점차 물질 추구에서 눈을 돌려 자신의 내면과 영혼을 바라볼 것이다. 토크빌은 물질주의의 폐해에 관해 이렇게 말했다. "사람이 오로지 물질적인 목표를 달성하는 데만 치중한다면 오히려 이 물질을 생산하는 기능을 잃게 될 가능성이 크다. 그러다가 인간은 결국 동물과 다를 바 없이 물질을 제대로 향유하지도 못하는 지경에까지 이를 것이다." 이것은 개인뿐 아니라 국가에도 해당하는 말이다.

갈 길이 먼
　　　　개혁노선

쑨리핑(孫立平)
칭화대학 사회학과 교수

　　지금 중국이 경계해야 하는 것은 '전환의 함정'이다. 이것은 개혁 과정 중에 형성된 기득권층이 개혁의 진행을 막거나 방해하면서 현 상태를 유지하기를 바라는 것, 혹은 개혁이 과도기 단계에 머문 채 자신들의 기득 이익을 최대화할 수 있는 '혼합형 체제'가 형성되기를 바라는 것을 가리킨다. 이 함정에 빠지면 경제와 사회가 기형적으로 발전하며 각종 문제가 해결되지 못하고 계속 누적된다.

　　사람들은 현재 중국 사회가 직면한 문제에 대해 크게 두 가지 해석을 내놓는다. 하나는 발전 방면의 해석으로 이른바 '중진국 함정(middle-income trap)'이며 다른 하나는 개혁 방면의 해석으로 '개혁의 정체 혹은 후퇴'다. 어느 쪽이든 지금 우리가 정말 경계해야 하는 것은 '전환의 함정'이다.

　　'중진국 함정'이란 개발도상국이 경제 발전 초기단계에서는 순조로운 성장세를 보이다가 중진국 단계에서 성장 동력의 부족으로 장기간 성장이 둔

화되고 정체되는 현상을 일컫는다. '중간소득 함정'이라고도 한다. 이것은 국가의 1인당 소득이 3,000~6,000달러에 이르렀을 때 초기의 급속한 발전 과정을 거치며 누적되었던 모순들이 어느 순간 집중적으로 폭발하면서 장기간 정체단계에 진입한다. 이런 상황은 일반적으로 초기에 경제발전을 지탱하던 요소가 모두 소진되면서 발생한다.

'전환의 함정'은 개혁 과정 중에 형성된 기득권층이 개혁의 진행을 막거나 방해하면서 현 상태를 유지하기를 바라는 것, 혹은 개혁이 과도기 단계에 머문 채 자신들의 기득 이익을 최대화할 수 있는 '혼합형 체제'가 형성되기를 바라는 것을 의미한다. 이 함정에 빠지면 각종 문제가 해결되지 못하고 계속 누적되며 결과적으로 경제와 사회가 기형적으로 발전한다. 바로 이 '기형화' 때문에 '전환의 함정'이 '중진국 함정'보다 더 위험하다.

현재 중국이 당면한 중요한 문제들을 인식하고 해결하려면 전환의 함정에 대해 정확하게 이해해야 한다. 전환의 함정은 개혁의 혼란, 정체, 좌절, 후퇴 등을 의미하는 것이 아니다. 이것은 한 사회에 '과도기적 형태'를 정형화해서 기득 이익을 보호하려는 시도가 존재한다는 의미다. 그러므로 문제를 해결하려면 기득권층의 논리를 깨뜨린 후 평등과 정의의 기초 위에 개혁에 대한 새로운 공동의식을 형성해야 한다.

중국은 과거 30년간 개혁과 사회구조 전환에 매달렸고 이것은 경제와 사회 발전의 원동력이 되었다. 이 개혁과 사회구조 전환의 출발점은 계획경제와 권력집중이며 종착점은 시장경제와 민주, 법치로 이른바 '전환의 과정'이란 출발점부터 종착점까지 가는 과정을 일컫는다. 그런데 중국은 이 과정에서 기득권층이 형성될 가능성을 고려하지 않는 잘못을 저질렀다. 그 바람에 기득권층이 더 많은 개혁을 반대하고 과도기적 형태를 유지할 것이라고 전혀 예상하지 못했던 것이다.

경제가 아무리 고속 성장하더라도 그 구조가 기형적이고 점점 그 정도가 심해진다면 결국 경제 성장도 멈추고 말 것이다. 실제로 과거 30여 년 동안 중국 경제가 성장의 원동력으로 삼았던 체제 개혁과 사회 전환이 발걸음을 멈추고 더 이상 앞으로 나아가지 않으며 심지어 후퇴하는 모습을 보이고 있다. 과도기적 형태가 그대로 굳어지는 양상을 보이는 것이다. 이렇듯 현재 중국 사회는 고속발전의 부작용이 명확하게 드러나는 중이다. 동시에 사회는 점차 활기를 잃고 기득권층은 현 상황을 유지하는 것에만 급급하다.

전환 과정에 놓인 국가, 특히 점진적으로 전환을 진행 중인 국가가 전환의 함정에 빠질 가능성이 높다. 왜냐하면 전환 과정이 느릴수록 정형화의 기회가 많고 그럴수록 기득권층의 형성이 유리하기 때문이다. 개혁 초기에 "돌을 더듬어가며 강을 건넌다." 식의 개혁 방식을 내세웠던 것은 당시의 현실적인 선택이었다. 그러나 몸을 웅크리고 돌을 더듬다가 그냥 주저앉아 강 건너는 것을 포기할지도 모른다.

다섯 가지 증상

첫 번째 증상은 경제 발전의 발걸음이 무거워지고 사회구조가 나날이 기형화되는 것이다. 30여 년간 고속 성장을 이룬 중국 경제는 지금 각종 불리한 환경을 마주하고 있다. 구습(舊習)은 여전히 사방에 존재하고, 수출을 촉진하는 원동력은 예전만 못하며, 글로벌 금융위기가 반복되고 있는 것이다. 또한 중국의 저렴한 노동력과 자원은 이미 비교우위를 잃었으며 어느덧 고자본의 시대에 들어섰다. 경제 발전 속도는 눈에 띄게 느려졌으며, 정부 투자에 대한 의존도가 높고, 독과점 국유기업이 많아졌으며 몇몇 분야에서 거품 경제의 기미가 엿보인다. 또 자연자원의 고갈까지 염려되는 상황이다. 이것은 중진국 함정의 징조로 볼 수도 있기 때문에 일부 학자들은 중국 경제의 발전 속도가 더욱 느려질 것이라고 전망하기도 한다. 하지만 고속성장을 뒷받침할 환경, 예컨대 산업화와 도시화, 낙후 지역의 발전, 체제 변혁 및 국제 시장 진출의 잠재력 등도 여전히 존재한다. 무엇보다 다행인 것은 중국 정부가 경제 발전 속도가 느려지거나 정체되는 것에 대해 매우 민감하게 반응하며 개선 의지가 무척 강하다는 점이다. 그러므로 미래 중국이 마주하고 해결해야 할 문제는 발전 속도가 아니라 '기형적인 발전'이다. 여기에서 말하는 기형적인 발전이란 한 쪽으로만 치우쳐서 어떠한 대가를 치루더라도 무조건 빠르게 발전하려는 것을 말한다. 물론 초기에는 이런 방식으로도 어느 정도 성과를 거둘 수 있는데 여기에는 세 가지 원인이 있다. 첫째, 갈택이어(竭澤而漁), 즉 연못을 말려서 고기를 잡는 것처럼 눈앞의 이익을 얻으려고 서슴없이 뛰어들기 때문이다. 자원의 고갈이나 환경 문제를 고려하지 않는 막무가내식 자원 채취가 여기에 해당한다. 둘째, 사람들은 전환의 과정 중에 발생하는 문제를 애써 피하면서 그저 희망을 품고 어서 파이가 구워지기를 기다린다. 하지만 이 경우 파이가 다 구워져도 기득권층이 아닌 일반 사람들은 파이를 나누어 받지 못할 것이다. 파이가 제대로 구워지지 않았을 때는 말할 것도 없다. 셋째, 전환 과정 중에는 민영기업의 실력이 그다지 크지 않기 때문에 대부분 정부의 힘에 의존해서 경제 발전을 추진한다. 그러다 보니 대규모로 철거한 후 다시 대규모로 건설하고, 사업을 크게 벌이고 큰 빌딩을 올리고, 큰 광장을 만드는 것, 심지어 도시에 거대한 조각상을 세우는 것조차 모두 경제 발전을 촉진하는 중요한 수단이 된다.

　두 번째 증상은 체제 개혁이 과도기적인 형태로 정형화되는 것이다. 현재 중국의 체제 개혁이 동력을 잃고 공동의식마저 형성하지 못해 벽에 부딪혔다는 것은 부정할 수 없는 사실이다. 실제로 최근 몇 년 동안 중요한 개혁, 특히 정치체제 개혁들은 사실상 방치된 상태다. 정부와 일부 학자들은 사회의 안정을 유지, 보호하기 위한 조치라고 말하지만 이는 허울 좋은 말뿐이며 실제로는 기득권층을 보호하려는 것에 불과하다. 이처럼 사회의 안정 유지나 보호를 이유로 들어 개혁 속도를 늦추거나 아예 하려하지 않는 것은 전환의 함정이 내세우는 전형적인 논리다. 만약 국민들은 끊임없이 개혁을 요구하는데 반대로 기득권층은 끝까지 개혁을 저지 혹은 반대하면서 대립한다면 상황은 차라리 간단하다. 하지만 기득권층은 절대 입 밖으로 개혁을 반대한다는 말을 꺼내지 않는다. 그들은 언제나 개혁의 형태를 변화한다든지, 사회의 안정을 유지하려고 한다는 이유를 든다. 그러나 결과적으로 개혁은 멈추고 사회구조는 기득권층과 그들의 이익을 보호하는 형태로 변화한다.

세 번째 증상은 사회구조의 정형화다. 개혁개방이 시작되고 시장경제체제가 건립되면서 빈부격차 문제가 대두되었으나 개혁개방 초기에는 사실 누가 가난하고, 누가 부유한지 구분할 수 없는 상황이었다. 그러나 지금은 다르다. 오늘날 중국인들은 모두 빈부격차를 실감하고 있다. 다시 말해 누가 가난하고 누가 부유한지 명확히 구분할 수 있으며 무엇보다 처지가 뒤바뀌는 일이 그다지 쉽지 않다는 사실을 알고 있다. 가난을 벗어나는 일은 어찌된 일인지 개혁이 계속될수록 점점 어려워지며 심지어 가난이 대물림되고 있다. 현재 중국에는 '재벌 2세', '가난뱅이 2세', '관료 2세', '체제 안 2세', '체제 밖 2세' 등의 말이 유행하고 있다. 이렇게 '무엇의 2세'가 생긴다는 것이 바로 사회구조가 정형화되고 있다는 의미다. 사회는 이렇게 정형화되다가 결국 '단절' 될 것이다. 우리가 이 '단절 사회'에 주목해야 하는 이유는 다음과 같다. 첫째, 계층 간 문턱이 너무 높아져서 사회가 활력을 잃는다. 실제로 1980년대에 중국 사회는 전체적으로 생기와 활력이 가득했지만 지금은 나날이 침체되고 있다. 둘째, 계층 간 대립이 심해진다. '부자에 대한 복수', '가난뱅이에 대한 혐오'는 일차적으로 빈부격차가 이유겠지만 더 큰 이유는 바로 빈부격차가 굳어졌기 때문이다. 셋째, 사회에 절망감이 만연한다. 1980년대의 중국 사회는 계층마다 각각 만족하는 부분도 있고 불만족스러운 부분도 있었다. 하지만 이것은 보편적인 불평등이었기에 사회에 불만의 분위기가 형성되지는 않았다. 오히려 이런 불평등은 시장경제 사회에서 매우 당연한 것으로 여겨졌다. 하지만 지금 중국 사회의 일부 집단, 특히 농민, 농민공, 도시 하층민 등은 희망이 보이지 않는 절망감에 빠져 있다.

네 번째 증상은 정부가 사회 모순에 대해 잘못 판단하고 사회 안정을 유지하는 정책을 채택하는 것이다. 최근 몇 년 동안 중국 사회에는 모순과 갈등이 끊임없이 발생했으며 그중에는 꽤 심각한 것도 있었다. 사실 이런 사회 모순과 갈등은 원래 시장경제 사회에서 필연적으로 발생하는 것이기에 정권이나 기본 제도에 큰 영향을 미치지 않는다. 그런데 중국 정부는 최근 급격하게 늘어난 사회 모순들을 모두 해로운 것으로 판단하고 경계하는 태도를 취하고 있다. 오히려 정부가 사회에 이른바 '불안정한 환상'을 조성하는 셈이다. 이것은 사회에 모순과 갈등이 존재하므로 곧 혼란이 발생할 가능성이 크다고 여기는 것으로 중국 사회 전체에 상당히 보편적으로 존재하고 있다. 이 불안정한 환상이 커지면 사람들은 사회에서 벌어지는 크고 작은 일을 모두 사회의 안정과 연관지어 생각하고 가능한 모든 자원을 동원해서 안정을 유지하려고 애쓴다. 정부도 안정을 유지하기 위해 사회 각 영역에 개입하는데 그 바람에 중국의 정치, 경제, 사회에 모순과 갈등이 발생할 수 있다. 다시 말해 정부가 사회의 모순과 갈등을 해결하는 것이 아니라 만들어 내는 것이다.

다섯째 증상은 나날이 심각해지는 사회 궤멸이다. 일부 지방정부의 권력 남용과 누수, 만행, 횡포 등을 의미하는 사회 궤멸은 이미 중국 사회의 각 영역에 만연했다. 폭력적인 수단을 사용해서 철거민을 내쫓는 일 등이 대표적인 예다. 국민은 관료들이 근거 없이 휘두르는 무자비한 법 집행 및 부정부패에 불만과 분노를 느끼지만 달리 어찌할 방법이 없으며 특히 부정부패의 경우 묵인하는 편이 낫다고 생각한다. 지금 중국 사회에는 눈에 보이지 않는 법이 집행되고 있으며 관료는 특정 이익집단을 위해서만 일하는 듯하다. 이 특정 이익집단은 개인의 재물을 탈취하고도 거리낌 없이 행동하는 것이 마치 마피아와 다를 바가 없다. 현재 중국 사회가 직면한 가장 큰 위협은 동란이 아니라 도덕적 마지노선이 무너진 사회 궤멸이다. 겉으로 보기에는 아무런 문제가 없는 것 같아도 한 가지 문제가 수면 위로 드러나면 여기저기서 줄줄이 관련 문제가 터져 나올 것이다. 사회 궤멸은 전환의 함정과 밀접한 관계가 있다. 불합리한 이익 구조를 개선하지 않고 심지어 공고히 하는 사회, 상대방을 이해시킬 만한 도의적인 이유와 해석을 내놓지 못하는 사회, 아무런 근거도 없이 법과 도덕규범을 무시하고 그저 기득권층을 보호하려는 사회, 이런 사회가 궤멸되는 것은 필연적인 결과다.

전환의 함정은 어떻게 만들어지는가?

전환의 함정은 전환 과정에서 형성된 기득권층이 자신들의 이익을 보호하고 유지하려는 것이다. 그렇다면 전환의 함정은 어떻게 만들어질까?

일반적으로 사회 전환은 크게 두 가지 영역에서 진행된다. 하나는 체제 혹은 제도의 변혁, 즉 경제 및 사회생활의 규칙이 변화하는 것으로 중국에서는 계획경제를 포기하고 시장경제체제를 형성할 때 이런 전환이 있었다. 나머지 하나는 사회 역량이 변화하는 것으로 주로 이익집단의 구조적 변화를 가리킨다. 이 두 가지 영역은 서로 영향을 주고받으며 끊임없이 변화하고 전체 전환 과정에 중요한 영향을 미친다. 중국의 경우 1980년대에는 체제의 변혁이 사회구조의 전환을 촉진했으나 1990년대에 들어서면서 체제의 변혁과 동시에 새롭게 형성된 사회 역량 및 그 관계가 천천히 정형화되는 양상을 보였다.

이런 종류의 '과도기적 정형화'는 기득권층이 의도한 탓이기도 하지만 점진적 개혁의 문제이기도 하다. 개혁이 점진적으로 진행되면 반드시 권력과 시장 요소가 기이한 형태로 결합한다. 이러한 결합은 기득권층이 사회의 더 커다란 부를 더 빠르게 편취할 수 있는 기회와 공간을 만든다. 특히 중국에서는 국유기업 개혁, 광산 개발, 부동산 투자 열풍, 기업 대출 등에서 이런 기이한 결합이 두드러졌다. 이를 통해 기득권층은 토지, 광산, 금융 자원을 장악했으며 전국의 기초설비, 도시개발, 공공건설, 농촌 수리 사업, 에너지, 전력, 통신, 제조 등에까지 손을 뻗쳐 큰 이익을 얻었다. 시간이 흐르면서 이런 기이한 결합의 기초 위에 다시 과도기적 성격을 지닌 새로운 체제, 즉 전환의 함정이 만들어지는 것이다.

사실 권력과 시장이 결합한 새로운 체제는 알아차리기가 쉽지 않다. 오랫동안 권력과 시장이 서로 대립되는 요소이며, 기본 개념이 상반되므로 어느 한쪽이 발달하면 다른 한쪽이 쇠퇴한다고 생각해 왔기 때문이다. 권력과 시장이 결합한 체제는 이전의 여러 경제 이론과 부합하지 않으며 이것을 증명하려면 수많은 가설을 수정해야 할지도 모른다. 실제로 현재 중국의 학계에서도 이에 대한 의견이 분분하다. 전환의 함정은 기득권층이 이렇게 서로 대립하는 것으로 여겨지는 요소들, 그리고 '전진'과 '후퇴'를 모두 자신들의 이익을 최대화하는 수단으로 삼는 것을 의미한다. 일반적으로 '좌경화'는 권력을 지지해서 '시장'이나 '자본'을 제약하는 것, '우경화'를 '시장'이나 '자본'을 지지하고 '권력'을 제약하는 것으로 본다. 하지만 전환의 함정에 빠진 사회에서는 이 두 가지 중 어느 것이든 모두 기득권층의 이익을 최대화하는 수단이 될 수 있다.

전환의 함정을 벗어나는 방법

전환의 함정을 벗어나고 싶다면 당연히 그것을 깨뜨릴 힘과 논리를 갖추어야 한다. 이는 결코 쉬운 일이 아니며 대체로 전지전능형 정부가 강한 개혁 의지와 역량을 바탕으로 개혁에 박차를 가할 때, 가능한 모든 요소를 이용해서 전환의 함정을 깨부술 큰 동력을 만들었을 때, 기득권층과 이익집단의 자발적인 반성이 있을 때만이 가능하다. 이 중에서 어떤 방법을 통하든 우리는 반드시 전환의 함정에서 빠져나와야 한다. 좀 더 구체적인 방법은 다음과 같다.

첫 번째 방법은 세계 주류의 문명으로 진입하는 것이다. 현재 중국은 국제 사회에서 몇 가지 중요한 변수를 마주하고 있다. 특히 서방 세계는 최근 몇 년 동안 엄청난 속도로 부상하는 중국에 경계심을 늦추지 않고 있으므로 이에 따른 무역 마찰을 피할 수 없을 것이다. 이때 중요한 것은 이익과 가치를 혼동해서 이익의 충돌을 가치의 대립으로 확대하거나 오도해서는 안 된다. 설령 이렇게 해서 이익을 얻었다고 하더라도 이것은 일시적일 뿐이며 장기적으로는 국제 사회에서 입지가 좁아질 것이 분명하다. 시장경제, 민주주의, 법치사회는 어떤 국가나 특정 지역만 누리는 것이 아니며 인류의 핵심가치이자 공통가치라 할 수 있다. 그러므로 이를 거부하고 세계 주류의 문명으로 진입하는 것을 꺼린다면 국제 사회에서 곤란한 상황에 빠질 수도 있을 뿐만 아니라 국내 기득권층의 이익을 옹호하려는 것이라고밖에 생각할 수 없다. 우리는 지난 30여 년의 경제 발전을 토대로 큰 자신감을 얻었다. 그러므로 이제 세계를 향해 나아가 국제 사회에서도 확고하게 자리매김해야 한다. 인류의 유산을 계승하고 각종 국제 문제를 해결하며 국제적 책임을 지고 국제 사회 발전에 공헌해야 한다.

두 번째 방법은 정치체제 개혁에 박차를 가해서 사회의 활력을 키우는 것이다. 현재 중국 사회는 정치체제와 사회구조의 결함 탓에 독과점, 권력의 남용, 이익집단의 횡포 등이 만연한 상태다. 또 그러다 보니 사회를 변혁하는 동력이 점점 약해지고 있다. 다시 말해 지금의 정치체제와 사회구조의 결함이 전환의 함정을 불러온 것이다. 물론 사회 변혁의 동력이 전혀 없는 것은 아니며 전환의 함정 속에서도 사회 문제의 해결과 변화를 바라는 목소리가 들리고 있다. 최근 몇 년 동안 이익집단의 범위와 규모가 줄어든 것도 사회 변혁의 동력이 될 수 있다. 문제는 이러한 잠재적 동력을 현실화시키는 방법이다. 정치체제의 개혁만이 그 방법이 될 수 있다. 지금의 사회 문제가 정치체제에서 기인한다는 사실은 대부분의 사람이 동의하므로 우리가 해야 할 일은 각종 정치조작을 척결하고, 불투명한 정책 결정 과정 등을 없애는 것이다. 이것들은 모두 전환의 함정을 만들고 유지하는 근본 원인이다. 최근 몇 년간 중국 정부는 정치적 업무와 정보를 최대한 공개함으로써 정치조작 및 부정부패 척결에 어느 정도 성공을 거두었다. 이제 중요한 것은 이것을 제도화된 시스템으로 정착시키는 일이다. 권력을 단순히 공개하는 것이 아니라 공개함으로써 일종의 구속을 받을 수 있도록 해야 한다. 그동안 구속받지 않은 권력은 끊임없이 체제와 사회 전체에 문제를 불러 왔다. 다시 말해 사회의 안정은 권력이 구속받을 때 비로소 가능하다.

세 번째 방법은 국민의 참여를 확대하고 개혁의 최고 목표를 재설정하는 것이다. 현재의 교착상태를 해결하고 기득권층의 개혁을 거부하고 저지하려는 심리를 무너뜨리려면 국민의 참여를 확대한 후 그것을 토대로 개혁의 최고 목표를 재설정할 필요가 있다. 이것은 지금 우리에게 개혁의 최고 목표가 없다거나 기득권층이 목표 재설정을 반대한다는 의미가 아니다. 주의할 것은 재설정된 최고 목표가 기득권층의 이익을 유지, 보호하는 것이어서는 안 된다. 그러려면 정부의 자주성이 확보되어야 하는데 여기에는 두 가지 방법이 있다. 하나는 더 많은 국민이 개혁에 참여할 수 있도록 하는 것이고, 다른 하나는 술타니즘(sultanism)[03]을 방지하는 것이다. 최근 몇 년 동안 중국의 개혁이 지지부진하고 원래 의도했던 대로 되지 않은 것은 모두 국민의 참여가 부족했기 때문이다. 1980년대의 중국 사회는 더 나은 미래에 대한 간절한 희망, 격정에 가까운 이상주의에 휩싸여 있었기 때문에 국민 참여의 부족에서 비롯된 폐단이 잘 드러나지 않았다. 그러나 이상주의가 사라진 후 이익을 추구하는 실리적인 개혁이 추진되면서 부당한 권리나 이익 분배의 문제가 드러나기 시작했다. 1990년대의 국유기업 개혁이 바로 여기에서 시작된 것이라고 할 수 있다. 그러므로 국민의 참여를 제도화하고 이를 잘 활용해서 개혁을 추진하는 것이 중요하다.

> [03] 극단적 개인독재를 일컫는 말이다. 이런 사회는 사회경제적 다원성을 예측할 수 없으며 법치가 불가능하고 제도화의 수준이 낮다. 또 지도자를 극단적으로 칭송하며 고도로 개인주의적이고 자의적인 리더십이 존재한다. 사회는 구성원들의 공포와 그들에게 주어지는 보상에 기초해서 유지된다. 대표적인 국가로는 북한을 들 수 있다.

네 번째 방법은 평등과 정의의 기초 위에 개혁의 공동의식을 응집하는 것이다. 위에서 언급한 것처럼 전환의 함정은 기득권층이 개혁의 의미를 폄훼해서 그 기초를 잃게 만든 탓에 발생한 것이다. 사실 이런 상황에서 개혁의 공동의식을 새로 응집한다는 것은 쉬운 일이 아니다. 하지만 아무리 훌륭한 목표를 세웠더라도 국민의 지지가 없이는 불가능한 일이다.

과도한 위기의식이 중국을 망친다

왕샤오둥(王小東)
중국 청소년연구센터 부연구원

　　중국 경제가 이룬 거대한 성과는 중국의 정치제도와 정말 아무런 연관이 없을까? 서방 세계의 것이 곧 인류가 지향하는 방향이므로 중국 역시 이를 따라야 한다고 생각하는 사람이 많다. 하지만 서방의 제도는 생각하는 만큼 그렇게 완벽하지 않다. 최근 여러 번 반복된 글로벌 금융위기는 서방 세계의 문제점을 보여준 것이다. 물론 중국 정치에도 많은 문제가 있으며 개량 혹은 개혁이 필요하다. 중국 공산당 제18차 전국대표대회의 보고에는 "고립되고 경직된 옛 길로 돌아가지 않을 것이며, 깃발을 바꾸는 잘못된 길을 가지도 않을 것"이라는 말이 있다. 옛 길을 가지도 않고 잘못된 길을 가지도 않는다. 그렇다면 어느 길로 가야할까? 신중하게 생각해서 방법을 정하지도 않았으면서 몸부터 움직이는 것은 안 움직이는 것만 못하다.

　　많은 전문가, 학자, 특히 경제학자는 중국 경제의 미래를 그리 낙관적으로 내다보지 않는다. 그들은 거의 매년 중국 경제가 그 다음 해에 '큰 타격'을 받고 어쩌면 붕괴될 수도 있다고 전망했다. 예를 들어 2008년에 글로벌 금융위기가 일어나자 한 저명한 경제학자는 중국 경제가 받는 타격이 미국보다 클 것이라고 말했다. 또 2008년 말까지 중국 제조업의 절반 이상이 무너져서 회생 불가능 상태가 될 것이라고 전망했다. 나는 당시 '중국청년보(中國青年報)'에 글을 기고해서 그의 전망이 경제학 이론에 맞지 않으며 중국 경제는 앞으로 글로벌 금융위기의 영향을 잘 해결할 수 있다고 반박했다. 또 케인즈 경제학(Keynesian economics)[04] 이론에 입각한 경제 발전을 촉진한다면 위기를 잘 헤쳐 나갈 수 있을 것으로 전망했다. 나의 전망은 적중했으며 비관적인 전망을 했던 학자들은 모두 틀렸다.

개혁개방 이후 30여 년 동안, 특히 최근 10년 간 중국 경제는 전 세계에서 최고는 아니더라도 주도적인 위치에 올랐다. 특히 2008년에 글로벌 금융위기가 발생했을 때도 전 세계에서 유일하게 끄떡하지 않고 위기를 버텨냈다. '파이낸셜타임즈(Financial Times)'는 "중국은 2011년에 미국을 앞질러 19세기에 잃었던 '세계 1위'의 왕좌를 되찾을 것이다."라고 전망했다. 실제로 현재 중국의 철강, 알루미늄, 구리, 시멘트 등의 생산량과 소비량은 세계 1위며 그중 몇 가지는 전 세계 생산량의 절반 혹은 절반에 근접했다. 산업구조의 면에서는 아직 고급 생산품의 생산이 부족한 것은 사실이나 전체적으로 보았을 때 역시 큰 문제가 없다. 이렇듯 중국은 이미 전 세계 산업 발전의 핵심국가가 되었으며 앞으로도 수십 년 동안 전 세계 제조업이 중국에 모여들 것으로 보인다. 이것은 아무 근거도 없이 말하는 허무맹랑한 희망사항이 아니며 분명히 가능한 일이다. '세계의 공장'으로 불리는 중국은 앞으로도 계속 발전할 것이 틀림없다. 스스로 자기 발을 찧는 바보 같은 행동만 하지 않는다면 중국은 근현대 역사에서 영국과 미국이 차지한 자리를 곧 넘어설 것이다.

> [04] 케인즈 경제학은 공공 부문과 민간 부문이 함께 중요한 역할을 하는 혼합경제를 장려한다. 이는 시장과 민간 부문이 국가의 간섭이 없는 상태에서 가장 잘 작동한다고 주장하는 방임주의적 자유주의와는 상당한 차이가 있으며, 실제로 케인즈 경제학은 여러 경제학자들이 방임주의의 실패라고 여기는 문제점들을 해결하기 위해 개발되었다.

그럼에도 불구하고 여전히 이것은 모두 수치에 불과할 뿐 실상을 들여다 보면 중국 경제의 수준이 그다지 높지 않다고 주장하는 사람들이 있다. 그들은 중국의 대부분 생산품이 주문자 상표부착제품(OEM)으로 자주성이 없으며, 고급 과학 기술이 부족하다고 말한다. 물론 그들의 말도 일리는 있다. 하지만 이는 그들이 다음의 내용을 잘 모르거나 무시했기 때문에 할 수 있는 말이다. (1) 중국의 생산품 중 OEM의 비율이 높은 것은 확실하지만 이를 수출해서 얻은 이익은 결코 적다고 할 수 없다. 그럼에도 불구하고 중국의 일부 학자들은 언제나 스스로 자국의 성공을 폄훼하고 불리한 방향으로만 이야기하려고 한다. (2) 일부 중국 전문가, 학자들의 과장된 묘사와 달리 실제 산업기술의 향상 속도는 무척 빠른 편이다. 수십 년 전에는 여러 영역의 제조업에서 중국의 지위가 무척 낮았으나 이제는 다른 국가를 위협할 정도의 수준에까지 올랐다.

정리하자면 중국은 세계 강국 중 유일하게 국가 재정이 풍족하고 노동력 공급이 원활한 국가다. 이러한 경제 기반은 어느 시기에나 무척 중요한 것이지만 특히 지금과 같은 글로벌 금융위기 아래에서는 더욱 그러하다. 또 우리는 오랜 기간 체제 개혁을 추진해 이미 상당한 진전을 이루었다. 그런데 국내 지식인들은 중국의 발전과 장점을 애써 모른 척하면서 그저 중국 경제가 쇠락하고 있다고만 떠들어댄다. 어떤 사람은 심지어 중국 경제가 앞으로 2, 3년 내에 곧 붕괴될 것이며 수십 년 동안 다시 일어서지 못할 것이라고 말하기까지 한다. 자국의 경제와 그 미래를 이렇게 부정적인 시각으로 바라보는 것은 정말 큰 문제다.

중국 경제의 쇠락을 외쳐대는 사람들이 항상 하는 말이 바로 '위기의식'이다. 물론 위기의식은 중요하다. 그러나 이것은 반드시 그 방향과 정도가 합리적이어야 한다. 예를 들어 어떤 사람이 더욱 건강해지고 싶다면 자신의 지병을 숨기거나 병원 가는 것을 꺼려서는 안 된다. 이런 사람은 건강의 문제를 드러내는 동시에 쉽게 감염될 수 있는 다른 질병에 더욱 주의를 기울여야 한다. 이것이 바로 합리적인 위기의식이다. 반대로 이미 충분히 건강해서 아무 병이 없음을 확인하고도 매일 '위기'를 느끼고 다음 날 곧 죽을 사람처럼 끙끙 앓는다면 이것은 비합리적인 위기의식이며 일종의 정신질환이다. 현재 중국에는 국가로부터 연구비를 받아서 아무도 관심 갖지 않는 분야를 한가로이 연구한 후 무슨 대단한 일이나 있는 듯 '위기의식'을 들먹이는 학자들이 많다. 그러다 보니 정말 능력 있는 인재와 필요한 연구는 계속 줄어드는 실정이다. 우리는 오히려 이런 상황에 위기의식을 느껴야 한다.

이러한 정신질환에 가까운 위기의식에는 두 가지 문제가 있다. 하나는 개혁을 해야 할 때와 하지 않아도 될 때를 구분하지 못하는 것이다. 예를 들어 경제가 호황일 때 제조업의 개혁을 주장해서 시위나 파업을 일으킨다면 상대적인 손해가 발생할 수 있다. 다른 하나는 정책결정자, 기업가, 일반 국민이 '위기의식'으로 가득한 전망을 듣고서 경제 상황을 오판하는 것이다. 그러면 쉽게 얻을 수 있는 기회를 놓칠 수도 있다. 오는 기회도 잡을 수 없으니 진취적으로 기회를 찾아 나서는 것은 아예 꿈도 못 꿀 것이다.

왜 그들은 실제 상황에 맞지도 않는 '쇠락'을 외치는 것일까? 이런 과도한 위기의식은 어떻게 좌파와 우파, 그리고 대부분 주류 학자와 매체에 모두 퍼지게 되었을까(사실상 '주변화'된 소수의 민족주의자와 실제로 경제활동 중인 '침묵하는 대다수'는 대부분 중국의 경제 상황을 낙관하고 있다)? 이 문제의 근원은 역시 정치다.

경제 상황이 나쁘지 않고 오히려 좋은데도 이렇게 비관적인 태도가 만연하는 것은 분명히 정치에 문제가 있음을 의미한다. 물론 중국 경제가 영원히 지금처럼 고속 발전하기를 바랄 수만은 없다. 그러므로 경제 발전의 속도가 완만해지거나 정체되었을 때 받을 충격을 정부가 버텨낼 수 있을지에 대해서 반드시 생각해 봐야 한다. 중국 공산당 제18차 전국대표대회의 보고에는 "고립되고 경직된 옛 길로 돌아가지 않을 것이며, 깃발을 바꾸는 잘못된 길을 가지도 않을 것"이라는 말이 있다. 옛 길을 가지도 않고 잘못된 길을 가지도 않는다. 그렇다면 어느 길로 가야할까? 신중하게 생각해서 방법을 정하지도 않았으면서 몸부터 움직이는 것은 안 움직이는 것만 못하다.

나는 수많은 정치 개혁 영역 중에서도 특히 당내 민주화 실현에 적극 찬성한다. 여기서 말하는 민주화란 무엇일까? 자문형 법치? 아니면 선거? 만약 선거라면 당원이 8천만 명 가까이 되는 공산당에서는 거의 불가능한 일이다. 그러나 만약 자문형 법치라면 전국에서 전 국민을 대상으로 민주의 실현이 가능하다.

　격렬하고 근본적인 사회 변혁을 통해 정치를 개혁하려는 사람들도 있다. 이들은 "길게 앓느니 차라리 조금 심하더라도 짧게 앓는 것이 낫다"고 말하면서 중국에 사회 혁명 혹은 정치 혁명이 출현하길 바란다. 여기에 대해 나는 기본적으로 출현이 불가능하며 출현하더라도 성공하기 어렵다고 생각한다. 현재 중국의 정치체제는 아래로부터 위로의 혁명이 거의 불가능하며 위로부터 아래로 향하는 개량 혹은 개혁만이 가능할 뿐이다. 이 경우 반드시 기득권층의 기득 이익을 조정하고 해결해야만 개량 혹은 개혁이 가능하기 때문에 이익 문제를 잘 살펴야 한다.

　정치 개혁은 노선과 목표라는 두 가지 문제가 있다. 목표가 잘못되면 이런 저런 노선을 채택해 봤자 더 나빠지기만 할 것이다. 또 목표가 올바르게 세워졌다고 하더라도 제대로 된 노선을 결정하지 못하면 목표는 아무런 의미가 없다. "고립되고 경직된 옛 길로 돌아가지 않을 것이며, 깃발을 바꾸는 잘못된 길을 가지도 않을 것" 역시 정치 개혁의 목표와 연관된 말이다. 그런데 '옛 길로 돌아가지 않는' 부분에 대해서는 대부분 지식인이 동의하나 '잘못된 길을 가지도 않겠다.'에 관해서는 다양한 의견이 존재한다. 서방 세계의 것이 곧 인류가 지향하는 방향이므로 중국 역시 이를 따라야 한다고 생각하는 사람이 많다. 하지만 서방의 제도는 생각하는 만큼 그렇게 완벽하지 않다(이미 무수히 말했지만 여전히 많은 사람이 동의하지 않고 있으므로 끊임없이 반복해야 한다). 최근 여러 번 반복된 글로벌 금융위기는 서방 세계의 문제점을 보여준 것이다. 중국 경제가 이룬 거대한 성과는 중국의 정치제도와 정말 아무런 연관이 없을까? 그렇지 않다(그래서 중국 정치를 부정하는 사람들이 경제 성과까지 부정하려고 드는 것이다). 물론 중국 정치에도 많은 문제가 있으며 개량 혹은 개혁이 필요하다.

　지금 중국은 인류 역사상 가장 중요한 시기, 가장 중요한 위치에 놓여 있다. 중국은 전 세계 인류를 위해서 이전 세대보다 훨씬 더 좋고 완전히 새로운 정치제도를 만들 능력이 있다. 이것은 역사가 중국에 부여한 책임이며 반드시 완수해야 한다.

제7장

새로운 질서, 새로운 개혁

> 개혁 초기에 "돌을 더듬어가며 강을 건넌다." 식의 개혁 방식을 내세웠던 것은 당시의 현실적인 선택이었다. 그러나 몸을 웅크리고 돌을 더듬다가 그냥 주저앉아 강 건너는 것을 포기할지도 모른다.

중국 정치 개혁의 길

징웨진(景躍進)
칭화대학 사회과학학원 정치학과 교수

새로운 지도부는 앞으로 더욱 심각한 도전에 직면하게 될 것이다. 국제적으로 지역 관계는 여전히 긴장의 연속이며 글로벌 금융위기의 여파도 완전히 사라지지 않았다. 또 국내에서도 발전모델의 전환, 부정부패에 대한 불만, 대중 참여의 수요 증대, 기득권층의 저항 등 수많은 문제가 산재해 있다.

중국의 미래를 전망하는 것은 아마 가장 어렵고 복잡한 일 중 하나일 것이다. 학자들은 각기 다른 의식형태와 입장으로 서로 다른 전망을 내놓고 있다.

나는 '10년 후의 중국'이라는 말이 두 가지 방면, 즉 새로운 세대의 정치 지도자들에 대한 기대와 현재의 상황에 근거한 중국의 발전 전망을 포함한다고 본다. 이 두 가지는 서로 많은 부분에서 관련되어 있지만 학술적으로 반드시 구분할 필요가 있다.

첫째, 중국은 30여 년의 개혁개방을 거치면서, 정치체제의 기본 틀은 유지하면서 구체적인 제도, 시스템, 운영과정을 개선하는 등의 독특한 변화 방식을 구축했다. 일반적으로 '10년을 한 세대'로 보는 것은 지도부의 세대교체 기간을 따른 것이다. 중국은 원래 종신제를 채택했으나 이 때문에 몇 가지 문제가 발생하자 지도부의 임기를 10년으로 단축했다. 하지만 지금도 지도부가 교체되며 후임자가 직무를 이어 받는 과정에서 문제가 발생한다. 최근 일어난 보시라이(薄熙來) 사건이 대표적인 예다. 우리는 이제 사건 자체보다 그것이 중국 정치체제에 가져온 변화, 그리고 그 변화를 일으킨 동력에 주목해야 한다.

둘째, 나는 세계화와 시장화를 맞이한 중국 정치체제의 변화에 대해 상당히 긍정적인 입장이다. 세계화를 받아들인 중국은 더 이상 폐쇄된 시스템이 아니며 세계의 조류에 함께 하고자 한다. 또 중국은 인터넷 같은 과학 기술의 발전과 정보 개방의 과정 역시 적극적으로 받아들이고 있다. 이런 상황에서 우리는 앞으로 나아가야만 하고 후퇴해서는 안 되며 후퇴할 방법도 없다. 시장화는 복잡한 사회구조, 이익의 분화, 관념의 다원화 등을 이끌었으며 함께 중국 정치 과정을 변화시켰다. 중국은 시장화를 통해서 정치의 함의를 새롭게 정의했을 뿐만 아니라 정부와 국민의 관계마저 변화했다.

셋째, 새로운 지도부는 앞으로 더욱 심각한 도전에 직면하게 될 것이다. 국제적으로 지역 관계는 여전히 긴장의 연속이며 글로벌 금융위기의 여파도 완전히 사라지지 않았다. 또 국내에서도 발전모델의 전환, 부정부패에 대한 불만, 대중 참여의 수요 증대, 기득권층의 저항 등 수많은 문제가 산재해 있다. 이렇게 다양한 문제들을 해결할 때 나타날 수 있는 상황은 크게 두 가지로 나뉜다. 하나는 성공적인 개혁을 통해 새로운 자원을 획득한 후 그것으로 다시 개혁에 더욱 박차를 가하는 경우고, 다른 하나는 개혁 도중에 벽에 부딪혀 기득권층을 무너뜨리지 못하고 오히려 그들의 이익을 강화하는 경우다. 후자를 피하고 전자로 나아가기 위해 중국은 그 어느 때보다도 걸출한 정치적 지도자가 필요하다.

중국 정치의 앞날이 그리 밝지만은 않다. 현재 지도부의 정책 결정과 시행 과정은 기본적인 틀에서만 진행되고 있어서 근본적인 변화를 이끌어내기 어렵다. 이 때문에 자유주의식의 근본적인 정치체제 개혁을 기대하는 것은 사실상 비현실적이다. 나는 현재 중국의 정치 영역에 세 가지 '해야 할 일'이 있다고 생각한다. 첫째, 공공정책과 각종 서로 다른 사회적 이익을 결합한 후 사회 공정성의 문제에서 대중을 동의를 이끌어내는 것, 둘째, 반부패 의지를 더욱 강화해서 관료의 재산 공개 등을 강력하게 추진하는 것, 셋째, 공권력의 범위를 명확히 규정하고 행정의 투명도를 높이는 것(예산 공개와 감독 포함)이다.

중국의 미래 10년을 전망하면서 과거를 고려하지 않을 수는 없다. 정치체제를 개혁하겠다는 생각과 의지만 확고하다면 우리는 끊임없이 새로운 역량을 받아들일 것이고 지도부가 바뀌더라도 연속적으로 개혁을 추진할 수 있다. 이것은 무척 기나긴 과정으로 단순히 10년 안에 해결될 수 있는 문제가 아니다. 또 길고 지루한 과정일 수도 있으나 그 무엇보다 중요한 과정임을 잊지 말아야 한다.

게으른 서방 세계

정야원(鄭亞文)
상하이교통대학 아시아태평양연구센터 객원연구원

중국을 둘러싼 첫 번째 사이클은 동아시아, 중앙아시아와 중동이다. 중국은 동아시아 국가들과 분업 체계를 건립하고 중앙아시아 및 중동 국가들과는 자원 유동에 관해 협력해야 한다. 두 번째 사이클은 아시아, 아프리카, 라틴 지역의 후발개도국이다. 중국은 이 지역 국가들과 원자재 및 산업 생산품의 교환을 추진해야 하며 대외원조 역시 제공해야 한다. 세 번째 사이클은 유럽의 선진국들과 미국이다. 중국은 과거와 마찬가지로 이들과 산업생산품과 과학기술 교환을 계속해야 한다. 우리는 항상 이 '세 개의 사이클'을 염두에 두고 정책적·전략적 완급을 조절해야 하는데 그러려면 그동안 고수했던 대외정책의 방향과 내용을 다시 한번 살펴보는 것이 중요하다.

전 세계인은 일본을 넘어서서 세계 2위의 경제대국이 된 중국이 국제 사회에 어떠한 영향을 몰고 올지 주목하고 있다. 그들이 특히 관심을 보이는 부분은 바로 과연 중국이 미국을 넘어서서 세계 1위의 자리에 등극할지, 그래서 이른바 '중국의 시대'가 올 것인지에 관한 것이다. 세계는 정말 빠르게 변화하고 있다! 나는 99% 이상의 중국인이 중국과 세계의 빠른 변화에 적응하지 못할 것이라고 생각한다. 그런 탓에 중국인으로서 당연히 '중국의 시대'에 기대를 품고 있음에도 마음이 그리 편치 않다. 가장 걱정되는 것은 짧은 시간 안에 중국의 경제총량이 증가하고 국가의 부를 쌓는다 하더라도 그것이 국가의 전략적 발전을 추진하는 원동력으로 전환되지 않는다면 아무 의미가 없다는 점이다. 이것은 중국 사회의 안정을 유지하는 것과도 관련 있는 문제다.

피해야 할 다섯 가지

국가의 발전을 추진할 때는 내부 발전의 불균형, 부조화, 지속불가능 등의 이유로 국가의 해체 혹은 발전 과정의 정체가 발생하지 않도록 주의해야 한다. 우리가 맞닥뜨릴 수 있는 위기는 대략 다음의 다섯 가지로 요약할 수 있다.

첫째, 민족 분리주의다. 소련과 유고슬라비아의 해체, 오스만 제국과 오스트리아헝가리 제국의 붕괴는 모두 이 국가들의 말기에 민족 간 대립이 심화되고 민족 분리주의가 기승을 부렸기 때문이었다.

둘째, 지역 발전의 불균형으로 발생하는 지역 분리주의다. 청 말기에 중국 남부와 북부에 각각 정부가 건립되었던 것이 대표적인 예다. 외국의 예로는 미국의 남북전쟁을 꼽을 수 있다. 당시 미국의 북부와 남부는 각각 자본주의 경제와 노예경제를 바탕으로 경제 발전 수준, 제도의 틀, 문화의식이 모두 크게 달랐다. 이 차이는 점점 커져서 조정이 불가능한 수준의 정치적 차이를 낳았고 결국 전쟁이 발생했다. 이것은 한 국가 안에서 설령 같은 민족이라 할지라도 지역 간 발전에 차이가 발생한다면 국가와 민족의 동질성이 무너질 수 있음을 보여준다.

　셋째, 국가 발전의 주도권 상실이다. 19세기 후반 차르가 이끌던 러시아는 오랫동안 고속 경제 성장을 이루었다. 하지만 제1차 세계대전이 발발하자마자 순식간에 경제가 무너졌고 효과적인 전쟁 동원이 불가능하게 되었다. 왜 이런 일이 발생했을까? 당시 세계 경제를 이끈 러시아의 산업은 모두 외국의 투자로 운영되었던 탓에 정작 러시아는 기술적인 우세를 점할 수 없었다. 1914년에 러시아는 채광업의 90%, 석유개발업의 100%, 야금 산업의 40%, 화학 산업의 50%, 방직업의 28%가 모두 외국 소유였다. 이렇게 자신의 것이 아닌 기술로는 전략적인 산업을 육성할 수 없었고 그래서 전쟁이라는 돌발 상황이 발생하자 금세 무너지고 만 것이다. 러시아뿐 아니라 오스만 제국과 비잔틴 제국 역시 같은 이유로 해체되었다. 특히 오스만 제국이 말기에 실행한 '외국 거류민 권익제도'는 외국 상인들이 경제를 좌지우지하게 만드는 계기가 되었다. 비잔틴 제국 역시 비슷한 제도로 베니스의 상인들이 국가 경제를 장악하도록 방치했다. 이 두 나라는 단순히 기술적인 우세를 점하지 못한 것도 문제였지만 진짜 큰 문제는 국가 경제와 발전의 주도권, 성장의 동력을 외부 세력과 교류한 것이었다.

　넷째, 국가 내부의 문화적 분열이다. 칭기즈칸은 유교 문명을 기반으로 삼아 유럽과 아시아를 횡단하는 거대한 제국을 건설한 후 영토를 여러 아들과 형제들에게 각각 분할 통치하도록 했다. 이 중에서 중동 지역의 일한국(Ilkhanate)은 훌라구칸이 사망한 후 이슬람교를 국교로 삼았다. 또 코카서스 산맥(Caucasus Mountains) 가까이의 킵차크한국(Kipchak Khanate)은 현지의 동방 정교 문화와 이슬람교의 영향을 받았다. 몽골 본토에 사는 사람들만 순수한 몽골 문화를 유지했으나 나중에는 이들마저 불교의 영향을 받아들였다. 이후 몽골 제국은 각자의 길을 가게 되었고 결국 역사 속에서 자취를 감췄다. 몽골제국의 멸망은 국가 내부에 종교를 비롯한 문화적 분열이 발생하면 정신적 동질감과 민족의 단결에 영향을 미친다는 사실을 보여준다.

　다섯째, 인구 증가의 정체다. 프랑스와 독일은 19세기 이후에 발생한 인구 변화의 차이를 보이면서 발전의 정도도 확연히 달라졌다. 1870년대는 두 나라 인구수의 분수령인 동시에 경제와 전략적 우열의 분수령이라고 할 수 있다. 1850년대에 프랑스는 유럽의 최대 산업국이었으며 독일보다 인구가 많았다. 그런데 1870년대에 독일은 인구수가 프랑스를 넘어서면서 산업 생산 및 전체적인 경제력이 급속도로 상승하기 시작했다. 특히 당시 경제 성장 규모를 가늠할 수 있는 철강 산업은 거의 두 배 정도 앞섰다. 이후 프랑스는 독일과의 경쟁에서 단 한 번도 우위를 점하지 못했다.

지금까지 설명한 다섯 가지 위기가 발생하지 않는다면 과연 '중국의 시대'를 맞이할 수 있을까? 여기에는 두 가지 경우가 있다. 첫 번째 경우는 중국이 유일한 강대국이 되는 것이다. '영국의 시대'와 '미국의 시대'에 두 나라는 전 세계의 일을 좌지우지하며 패권을 휘둘렀지만 '중국의 시대'가 오더라도 아마 이런 일은 발생하지 않을 것이다. 왜냐하면 당시 '영국의 시대'와 '미국의 시대'를 만든 국제적 환경이 지금과는 크게 다르기 때문이다. 이 두 시대는 모두 대규모 전쟁 중에 만들어졌지만 지금 전 세계적인 대규모 전쟁이 발발한다면 세계는 함께 궤멸하고 말 것이다. 국제 사회는 이제 명확한 중심이 없는 시대에 들어섰다. 비유하자면 지금 국제 사회는 호랑이 한 마리, 사자 세 마리, 표범 다섯 마리가 공존하는 상황이다. 호랑이는 미국으로 사자와 표범에 비해 강하지만 그들의 협공은 당해낼 수 없다. 사자 세 마리는 중국, 러시아, 유럽이다. 이 나라들은 20세기 후반에 함께 세계 강국의 정치 구조를 형성했다. 표범 다섯 마리는 인도, 브라질, 터키, 남아프리카 공화국, 이란이다. 이들은 국제 사회에서 부상하고자 하는 의지가 강하다. 특히 인도는 이제 곧 사자로 변신하려는 중이다. 이렇게 사자와 표범이 있기 때문에 호랑이의 활동 범위는 축소될 수밖에 없고 동시에 새로운 호랑이가 출현할 가능성도 낮다.

두 번째 경우는 중국의 국제 영향력이 다른 강국들과 '함께' 선두에 서고 뒤처지지 않는 것이다. 이는 결코 혼자 앞서 나가는 것이 아니다. 이 경우의 '중국의 시대'는 물론 더욱 노력해야겠지만 상당히 가능성 있는 시나리오다. 이것이 실현된다면 중국은 국제 사회의 중요한 대부분 문제에서 충분한 발언 능력과 영향력을 지니게 될 것이다.

그러므로 지금 우리는 최선을 다해서 중국을 중심으로 하는 국제 사회를 만들 수 있도록 노력해야 한다. 국제 사회는 변화하고 있고 '중국의 시대'는 충분히 가능한 일이다.

거꾸로 가는 세계화

2007년 말, 미국의 서브프라임 모기지론 위기와 그 여파는 달라진 국제 사회 환경을 보여주는 대표적 예다. 당시 사람들은 1980년대 말에 생겨난 금융위기의 여파가 완전히 사라졌으며 다시는 유사한 일이 발생하지 않을 것이라고 믿었다. 하지만 현재 유럽의 채무위기 및 최근 몇 년간 세계 주요 경제체의 경쟁이 날로 격렬해지면서 사람들은 모두 통화, 환율 경쟁의 심화가 '세계화의 종결'을 불러올지도 모른다고 생각한다.

이 생각은 어느 정도 일리가 있다. 파도가 암초에 가로 막혀 다시 뒤로 물러나는 것처럼 전 세계 사람들이 수년간 이야기 해온 세계화는 지금 무언가에 가로막혀 오히려 되돌아가는 상황에 놓였다. 안타깝게도 파도가 암초를 넘어가는 일은 좀처럼 일어나지 않고 있다. 왜 이렇게 되었을까? 이것을 분석하려면 역사적인 흐름을 이해해야 한다. 특히 글로벌 금융위기 같은 사건 하나만 분석해서는 안 되며 프랑스 연감학파의 말처럼 '물 흐르는 것 같은 역사 구조'를 살펴볼 줄 알아야 한다.

과거 500년 동안 여러 차례 세계화의 바람이 불었으며 이 세계화들은 모두 두 가지 명확한 특징이 있었다. 첫 번째 특징은 과거의 세계화는 모두 서방 국가가 주도했다는 사실이다. 16세기부터 20세기 초까지는 유럽, 20세기 중반 이후로는 미국이 각각 세계화를 추진했다. 과거의 세계화의 발전은 모두 서방 국가에 의해 통제되었으며 모든 과정이 그들의 이익과 기대를 만족하기 위한 것이었다. G7이 가장 최근의 예라고 할 수 있다.

두 번째 특징은 주로 물질 생산과 교환에 치중했다는 점이다. 당시의 세계화는 금융 자원을 산업 자본 같은 실체 경제에 결합하려는 움직임이 거의 없었다. 서방 자본주의의 발전은 농촌 사회에서 산업화 사회로 전환해서 '현대적' 국가를 건립하는 것을 의미했다. 산업화는 국가 발전의 목표였으며 국가의 산업 실력이 곧 국가 발전의 주요 역량인 상황에서 산업 자본 같은 실체 경제에 치중하는 것은 어찌 보면 당연한 일이었다.

1980년대 말 이후, 세계화는 대체로 과거의 특징을 그대로 유지하는 동시에 약간의 변화가 발생했다. 이 시기에 서방 국가들은 대부분 산업화를 완성하고 이른바 '포스트 산업사회 시대'에 들어섰다. 이제 그들이 주목하는 것은 실체 경제가 아니라 금융 자본이었으며 세계는 이른바 '의제자본(fictitious capital, 擬制資本)'의 시대에 들어섰다. 의제자본이란 가상자본으로 현실에서는 가치가 없지만 장래에 수익을 낳게 하는 원천인 가공적인 자본의 형태를 가리키는 말이다.

물질을 탈피해서 자본에 집중하는 것이 세계화의 새로운 도전이었다면 2007년 이후에 발생한 글로벌 금융위기는 이 도전에 사형 선고를 내린 것과 다름없었다. 이것은 20세기 후반에 서방 국가가 건립한 사회복지제도의 재정적 근원을 거의 모두 무너뜨렸으며 인간의 경제 활동 의지를 꺾어 놓았다.

'게으른' 서방 세계

우선 정신적인 측면이다. 유럽, 미국, 일본 같은 선진국은 거의 완벽한 사회복지체제를 갖추고 있다. 하지만 여기에 너무 익숙해진 대부분 국민은 과거 산업 시대에 보여주었던 경제 정신과 적극성을 잃고 '더 나은 생활'을 '국가로부터' 구하려고 한다. 그들은 더 이상 땀 흘려 노동할 필요를 느끼지 못한다.

'정신적 추진력'은 자본주의의 발전에 무척 중요한 요소다. 독일의 사회학자 막스 베버는 이것을 '청교도 정신'이라고 불렀다. 근검절약, 성실, 혁신 등의 우수한 자질은 과학기술을 크게 발전시키고 사회를 부유하게 만들었으며 민주와 법치 같은 현대 사회의 기본 가치를 건립하는 데 큰 영향을 미쳤다.

하지만 이제 이러한 정치적 추진력은 이미 거의 사라졌다. '프리터족'이나 '한탕주의'처럼 노동하지 않고 이득을 챙기려는 생각은 자본주의가 극도로 발전해서 대중의 정신 상태가 무뎌진 것을 의미한다. 일본 와코대학(和光大學)의 명예 교수인 기시다 슈(岸田秀)는 일본 사회를 다음과 같이 진단했다. "21세기의 일본 사회는 생기가 없고, 감동도 없고, 관심도 없는 '삼무(三無) 청년'으로 가득하다. 그들은 과거에 성실한 노동을 바탕으로 잘 살고자 했던 아버지 세대와 비교해서 다른 사람 앞에 서려 하지 않고 생활에 목표와 계획이 없으며 책임감이 결여되고 무지하거나 도덕성이 결여되었다. 신앙이 없으며 집착도 없고 그렇다고 세상을 냉소적으로 바라보는 것도 아니다. 술도 마시지 않으며 단지 극소수의 친구들과 교류할 뿐 사회생활을 꺼린다. 여성과의 관계에서 즐거움을 얻지 못하며 성욕이 감퇴했다." 또 그는 이러한 '삼무 청년'이 등장한 기간이 1990년대 이후 일본의 '잃어버린 20년'과 정확히 일치한다고 언급했다.

미국의 저명한 칼럼니스트이자 「세계는 평평하다(The world is flat)」의 저자인 토머스 프리드먼(Thomas Friedman)이 진단한 미국인의 모습도 이와 비슷하다. 그는 "지금 우리는 가치관이 무너졌다. 벼락부자가 되겠다거나 노동하지 않고 필요한 것을 얻으려는 생각이 국가 전체에 만연했다."라고 우려하며 미국 역사상 처음 있는 일이라고 말했다. 대공황 시대에 미국의 지도자들은 국민에게 국가의 회생을 위해 일하고 봉사하라고 요구할 수 있었다. 또 국제 사회에서도 과감하게 "나를 따르라!"라고 말할 수 있었다. 그러나 지금은 다르다. 현재 미국에서 가장 뛰어난 인재들은 월가에 진출해서 돈 벌 궁리만 하고 있으며 점점 많은 학생이 학습에 대한 흥미를 잃고 있다. 그래도 미국의 대통령은 감히 미국인들에게 미래를 위해 희생하고 노력하라고 요구하지 못한다. 국제 사회에서도 이제는 "나를 따르라!"가 아니라 "먼저 가세요."라는 입장이다.

소극적·부정적·향락주의적인 가치관이 만연한 것은 모두 정신적인 요소인데 이것은 모두 서방 세계가 농업사회에서 산업사회로 전환하면서 발생한 것이다. 왜 이러한 변화가 발생했을까?

산업화 과정에서 농민은 세상을 바꿀 수 있는 가장 큰 힘을 지닌 집단이다. 실제로 중국의 경제 개혁 역시 농촌에서부터 시작되었다. 그런데 서방 세계는 바로 이 산업화 과정에서 큰 실수를 범하고 말았다. 막스 베버는 100여 년 전에 '민족국가와 경제정책'이라는 유명한 연설을 했다. 그는 이 연설에서 수많은 동유럽 농민이 국경을 건너서 독일의 황무지 개간 사업에 참여한 것을 이야기했다. 당시 산업화 탓에 농촌 인구가 줄어들어서 농사를 짓지 못하던 독일 귀족들은 이 외부 노동력을 크게 환영했다고 한다.

독일뿐 아니라 선진국들은 19세기 후반에 산업화를 추진하면서 농업에서 거의 손을 놓다시피 했다. 그 결과 국가 전체에서 가장 활발하게 경제 활동을 하던 농민들이 모두 복지 제도 아래의 산업 노동력으로 편입되었다. 얼마 후 그들은 복지 제도에 익숙해져 더 이상 힘든 일은 하지 않으려 했으며 적극성을 잃었다. 그래서 선진국에는 실업률이 날로 높아지는 반면 청소, 가정부 등의 더럽고 힘든 일에는 오히려 노동력이 부족한 현상이 발생했다. 얼마 전 미국에서 귀국한 한 친구는 미국 정부가 실업률을 10% 정도로 발표하고 있지만 실제로는 거의 20%에 달한다고 말했다. 하지만 대부분 실업 인구는 국가로부터 기초 생활 보장을 받고 있기에 생활에 대한 걱정이 전혀 없다고 한다. 다시 말해 '평범한' 미국인들은 일하지도 않으면서 사회에서 '가장 하류의 일'을 '하류층'에게 떠밀고 있는 것이다. 여기서 말하는 '하류층'이란 토머스 프리드먼이 「세계는 평평하다」에서 언급한 라틴아메리카 등지에서 온 '국경을 넘는 자'를 가리킨다. 나는 이라크 전쟁이 한창일 때 미국에서 '불법체류자'의 신분으로 살고 있는 라틴아메리카 출신 청년들이 미군으로 참전하기를 희망한다는 이야기를 들었다. 그들은 설령 목숨을 잃을 가능성이 있더라도 미국의 그린카드 한 장을 위해서 전쟁에 뛰어들려는 것이다. 사실 미국의 사회복지 제도는 유럽에 비하면 평범함 수준에 불과하다. 이에 관해 프리드먼은 "서유럽의 부촌에 사는 노인들은 터키 간호사들의 보살핌을 받으며 천국과 같은 행복을 느낀다."고 말했다.

유럽, 미국, 일본의 지도자들이 과도한 사회복지 제도의 문제점에 대해 모르지는 않을 것이다. 하지만 고도로 발달한 '현대적' 정치체제는 그들의 손과 발을 묶었다. 그래서 그들은 케네디처럼 당당하게 "국가가 당신에게 무엇을 해줄지 생각하지 말고 당신이 국가를 위해 무엇을 할 수 있을지 생각하라!"고 말할 수 없다. 사회의 복지를 줄이고 국민에게 어려움을 참고 견디라고 요구하는 것은 이제 상상할 수도 없는 일이 되었다. 프리드먼은 "이 시대의 지도자들은 감히 '희생'이라는 두 글자를 입 밖으로 꺼내지 못한다. 그들이 선택해야 하는 것은 반드시 아무런 고통도 없는 것이어야 한다."라고 말했다.

❦ '근면한 국가'가 세계화를 이끈다

선진국의 과도한 사회복지 제도, 청교도 정신의 몰락, 무거운 채무는 국제 정치와 경제에도 큰 영향을 주었다. 이제 선진국이 주도하는 세계화는 끝났으며 이른바 '신흥 국가'가 이끄는 세계화가 시작되고 있다.

'게으른 국민'을 만드는 사회복지 제도가 확대되면서 상품 제조에 치중하는 전통 산업 국가는 점점 매력을 잃었다. 또 치솟는 임금과 세수 부담은 자본주의를 발전시키겠다는 의지마저 꺾어놓았다. 그러다가 1980년대에 신자유주의의 바람이 불면서 레이건 대통령이나 대처 총리의 '작은 정부', 복지 지출 감소, 자본권력에 대한 자유방임정책이 주목받기 시작했다. 그들은 이러한 정책이 실업률 감소에 직접적인 영향이 있기를 바랐다.

포스트 산업사회에 진입한 선진국들은 높은 복지 지출과 그로 인한 재정 공백을 메우기 위해, 그리고 노동은 거부하면서 국가로부터 많은 것을 얻어내려는 국민의 생활 방식을 해결하기 위해 금융 세계화를 추진하기 시작했다. 그들이 가장 먼저 한 일은 전 세계를 대상으로 채권을 발행한 것이다. 특히 미국은 아예 달러의 지배적 지위를 이용해서 '하는 일도 없이 이득을 챙기려' 했다.

간단히 말해서 이것은 열심히 일해서 경제를 발전시키려는 정책을 포기하고 다른 나라에 차관을 빌려주거나 금융 조작을 통해 재물을 늘려서 먹고 살겠다는 의미였다. 그 결과 서방의 선발선진국들은 대부분 세계에서 가장 나태한 국가가 되었다.

물론 이런 국가들만 있는 것은 아니다. 중국과 인도 같은 후발선진국은 선발선진국의 과거 모습처럼 근면성실함과 창조적·적극적인 자세로 경제 발전에 계속 박차를 가했다. 이런 국가들은 어느 새 다른 나라에 돈을 빌려주는 위치에까지 올랐다.

후발선진국은 선발선진국의 전철을 밟지 않기 위해 상품 생산과 유통에 관한 완전히 새로운 세계화 체계를 구상하고 있다. 실제로 최근 10여 년간 신흥시장에서 후발선진국의 활약이 눈부시다. 브라질, 러시아, 인도, 중국으로 구성된 BRIC과 터키, 한국, 인도네시아까지 총 일곱 개 국가의 국내 생산총액이 전 세계에서 차지하는 비중은 1992년의 18%에서 2009년의 29%까지 상승했다. 반면에 G7은 같은 기간에 51%에서 40%로 떨어졌다. 아마 2017년에는 후발선진국이 선발선진국을 넘어설 것으로 보인다.

후발선진국 사이의 경제무역 관계도 끊임없이 강화되고 있으며 반면에 선발선진국의 무역 거래는 지속적으로 줄어들고 있다. 예를 들어 중국과 아프리카의 무역은 1997년 이래로 20배, 중국과 라틴아메리카의 무역은 10년 새 14배 증가했다. 브라질과 아랍 국가들의 무역은 2003년 이래로 4배로 늘어났으며, 브라질과 아프리카의 무역액은 5배 많아져서 총액이 260억 달러에 이르렀다. 이 금액은 브라질의 전통적인 무역 파트너인 독일이나 일본과의 무역액보다 훨씬 높은 것이었다. 뿐만 아니라 인도나 브라질 같은 후발선진국 사이의 상호무역과 투자 역시 모두 빠르게 확대되었으며 1960년대부터 언급되던 '남남협력(South-South cooperation, 南南協力)'[01]이 구체화되고 있다.

> [01] 개발도상국 사이에 이루어지는 경제, 기술 방면의 국제적 협력을 일컫는 말로 주로 먼저 발전한 선발개도국이 아직 발전하지 못한 후발개도국을 지원하는 방식으로 이루어진다.

이러한 탈(脫) 서방 국가의 새로운 세계화 모델은 글로벌 금융위기 이후 중국이 세계 경제의 한 자리를 차지할 수 있는 계기가 되었다. 유럽과 미국은 최근 몇 년 동안 신흥시장의 경제체들을 흡수해서 G20을 건립하고 이를 바탕으로 과거의 세계화 모델을 유지하려고 안간힘을 쓰는 중이다. 그러나 선진국들이 일하지 않고 돈을 벌려고 하거나 혹은 돈부터 가져다 쓰려는 생활 방식을 바꾸지 않는다면 서방의 주도로 추진되었던 과거의 세계화 모델은 결국 사멸하고 말 것이다.

신구(新舊) 세계화 모델의 충돌은 G20 정상회담 같은 각종 국제회의에서도 쉽게 엿볼 수 있다. 유럽은 그리스 채무위기 후에 유로를 평가절하했고 미국 연방준비제도이사회(Federal Reserve Board : FRB)는 통화를 증량 발행해서 달러의 가치를 하락시켰다. 작년에 열린 워싱턴 국제통화재단의 연례회의에서 미국의 재무장관 티모시 가이트너(Timothy Geithner)와 유럽중앙은행(European Central Bank : ECB)의 총재 장 클로드 트리셰(Jean Claude Trichet)는 중국의 인민폐 평가절상이 너무 늦다고 비판했다. 또 브라질 재무장관 귀도 만테가(Guido Mantega)는 세계가 '통화전쟁(currency war)' 중이라고 말하기까지 했다. 2010년에 서울에서 거행된 G20 정상회담에서 확인된 통화문제에 관한 논쟁 역시 신구 세계화 모델의 충돌을 여지없이 드러내는 것이었다.

중국은 새로운 세계화 모델을 이끌어야 한다

세계화 물결 및 그 안에서 발생하는 국제 정치와 경제 권력의 변화가 선발선진국과 후발선진국, 그리고 개발도상국 사이의 경쟁을 일으키는 것은 지극히 당연한 일이다. 이는 미국과 중국의 관계에서 특히 잘 드러난다. 2010년에 중국과 미국은 인민폐 환율, 천안함 폭침, 남중국해의 도서 주권 문제 등에서 큰 의견 충돌을 보였다. 두 나라는 아마 앞으로도 계속 2010년의 상황을 계속 반복할 것으로 보이는데 이것은 미래 중국의 발전에 큰 장애물이 될 수도 있다.

후발선진국, 개발도상국 등 신흥국가의 부상은 중국이 국제 정치와 경제 무대의 가장 앞자리에 설 수 있는 최적의 환경을 조성했다. 그러므로 중국은 이처럼 유리한 환경을 잘 이용하고 선진국과의 마찰을 현명하게 처리해서 돌파구를 찾아야 한다. 또한 주동적이고 적극적으로 개발도상국끼리의 남남협력을 지원해서 비서방 국가인 이른바 '제3세계' 국가들이 서로 협력하도록 해야 한다.

현재 개발도상국들 중에서도 발전이 늦은 후발개도국은 겨우 초보적인 경제 세계화 체계를 형성한 상태다. 그러므로 중국은 그들이 더 완성된 경제 체계를 갖추도록 돕고 서로 연계할 수 있도록 해야 한다. 그러면 국제 사회에서 서방 국가의 통제 혹은 강제를 벗어나서 더 높은 수준의 진정한 융합을 이룰 수 있을 것이다.

중국이 남남협력을 추진하는 데 가장 중요한 것이 바로 아시아의 두 날개, 즉 동아시아 그리고 중앙아시아와 중동이다. 중국은 이 지역 국가들과 지속적으로 아시아 경제일체화를 추진해야 하며 특히 중앙아시아와 중동의 물류 유통 단일화에 힘써야 한다. 실제로 과거 몇 년 동안 중국은 이 지역 국가들과 경제 외교를 추진하는 데 정성을 쏟았으며 아시아 경제일체화 및 세계화를 위한 많은 분야에서 큰 성과를 거두었다. 하지만 동아시아 지역 국가들과는 거의 한두 해를 주기로 항상 이익 충돌이 발생했다. 이런 충돌은 미국이 아시아로 '회귀'하는 빌미가 될 수 있으므로 전략적으로 반드시 피해야 한다. 이제 중국은 'GDP 지상주의'에서 벗어나서 경제협력을 발전시키는 동시에 국제 정치와 안정에 관해 협력해야 한다. 그래서 아시아 내부의 문제를 미국이 이용하지 못하도록 해야 한다.

최근 신흥국가들 사이에 협상체제를 건립하고 한 목소리를 내는 일이 빈번해지고 있다. 예를 들어 BRIC은 이론적으로만 이야기되어 오던 것을 현실화한 조직으로 2011년에 남아프리카 공화국까지 합류해 BRICS가 되었다. 하지만 국제 사회에는 아직 신흥국가를 모두 망라한 협상체제가 없다. 이런 상황에서 중국이 신흥국가들을 연계하고 세계화의 뜻을 모으는 일을 할 수 있지 않을까? BRICS를 기초로 해서 신흥국가들의 의견을 모을 수 있는 협상체제를 조직해서 이들이 국제 정치경제에 참여해 새로운 문을 열 수 있도록 이끌어야 한다. 이때 중국을 비롯한 신흥국가들은 다음의 내용을 인식해야 한다. 첫째, 20세기 후반 이후 세계의 정치권력은 서방 선진국들로부터 비서방 국가로 전이하고 있다. 둘째, 선발선진국은 더 이상 세계 정치경제 무대를 단독으로 주도할 수 없으며 신흥국가들은 이에 대해 충분히 준비해야 한다. 셋째, 더 이상 서방의 G7 혹은 G20의 틀 안에서 세계화를 논의해서는 안 된다. 이 세 가지를 인식한 신흥 경제체가 세계 정치와 경제 무대에서 제대로 된 역할을 맡으려면 국제 문제에 관한 토론에 참여하고 의견을 내놓는 장이 있어야 한다. 이것은 경제적으로 어느 정도 발전을 이룬 동시에 지역 대표성을 띤 국가들, 예를 들어 인도, 인도네시아, 한국, 베트남, 터키, 이란, 남아프리카, 브라질, 멕시코, 중국 등으로 구성되어야 할 것이다. 또 선진국은 반드시 '옵저버', 즉 관찰자의 자격으로만 참여해야 한다.

신구 세계화 모델이 긴밀하게 협력하는 것도 무척 중요하다. 왜냐하면 후발개도국은 아직도 과거의 세계화 모델이 제공한 금융시스템에 의존해 무역을 하고 있기 때문이다. 새로운 세계화 모델이 성장하고 신흥국가들이 국제 정치와 경제 무대에서 경제총량과 대등한 정치적 영향력을 발휘하려면 하루빨리 구 세계화 모델의 금융시스템에서 벗어나야 한다. 구 세계화 모델은 후발개도국이 벗어던져야만 비로소 완전히 사라질 수 있다. 그러면 그것은 더 이상 중국 경제를 압박하지 못할 것이다.

외교 전략, 경제 발전, 화평굴기……, 원하는 것이 무엇이든 중국은 유라시아 대륙을 기반으로 하는 신 세계화 모델을 건립하는 데 주의를 기울이고 국가안전을 위한 '세 개의 사이클'을 명확히 해야 한다. 중국을 둘러싼 첫 번째 사이클은 동아시아, 중앙아시아와 중동이다. 중국은 동아시아 국가들과 분업 체계를 건립하고 중앙아시아 및 중동 국가들과는 자원 유동에 관해 협력해야 한다. 두 번째 사이클은 아시아, 아프리카, 라틴 지역의 후발개도국이다. 중국은 이 지역 국가들과 원자재 및 산업 생산품의 교환을 추진해야 하며 대외원조 역시 제공해야 한다. 세 번째 사이클은 유럽의 선진국들과 미국이다. 중국은 과거와 마찬가지로 이들과 산업생산품과 과학기술 교환을 계속해야 한다. 우리는 항상 이 '세 개의 사이클'을 염두에 두고 정책적·전략적 완급을 조절해야 하는데 그러려면 그동안 고수했던 대외정책의 방향과 내용을 다시 한번 살펴보아야 한다.

여기에서 가장 중요한 것은 신흥국가 협상체제의 주요국이다. 이 '협상체제의 주요국'은 주로 지역적 영향력이 크거나 지역 혹은 세계에서 교통의 요지에 위치한 국가가 맡는다. 현재 국제 사회의 '중등 강국'이자 동아시아 실크로드의 중요한 위치에 있는 나라로는 이란, 터키, 파키스탄 등이 있다. 그러므로 중국이 우선순위를 두고 직접 문을 두드려 외교 관계를 건립해야 하는 대상은 미국이 아니라 바로 이 국가들이다.

미래 중국의 목표는 공평한 분배다

주리자(竹立家)

국가행정학원(國家行政學院) 공공관리행정교육연구실 주임

지금 중국 사회가 해야 할 일은 부를 창조하는 것이 아니라 창조된 부와 가치를 구성원들 모두에게 공평하게 분배하는 것이다. 그러므로 우리는 이를 위한 경제, 사회적 제도, 예를 들어 사회복지 제도 등을 건립해서 기본적인 사회적 공평을 실현해야 한다. 미래 중국 사회의 개혁은 사회의 부와 가치를 대중에게 공평하게 분배하고, 공공정신을 고취하며, 선거권·참여권·알 권리·표현권·감독권을 개혁하는 것이어야 한다. 사회는 국민이 개혁의 주체가 되고 주도적인 역량이 되어야만 비로소 발전할 수 있으며 공평하고 합리적인 사회, 모든 국민이 만족하는 사회, 경제가 지속적으로 발전하는 사회를 건립할 수 있다.

중국 발전 역사에 대해 '붕괴론', '기적론' 등 무척 다양한 현대적 해석이 존재한다. 그러나 우리는 어떤 해석이든 그것에 휩쓸려 감각이 무뎌지는 것을 피해야 하며 객관적으로 중국을 바라보고 개혁과 발전에 대한 의지와 자신감을 견지해야 한다.

일반적인 상식으로는 불가능한 일이 실현되었을 때 그것을 '기적'이라고 부른다. 30년에 걸친 중국의 고속 발전은 사회주의 개혁이 만들어 낸 필연적인 결과이며 정확한 목표, 타당한 정책, 국민의 적극성이 만들어 낸 지극히 자연적인 과정일 뿐 '기적'이 아니다. 중국 개혁과 발전의 근원은 사회주의 체제의 시스템을 끊임없이 완성해 가는 과정, 혹은 사회주의의 자아 완성 과정으로 해석할 수 있으며 이것은 지금 이 순간에도 계속되고 있다. 앞으로의 30년은 개혁의 규모와 복잡성이 과거 30년보다 훨씬 심할 것이다. 그러므로 개혁은 아주 근본적인 문제에까지 파고들어야 하는데 그렇기에 소득 분배가 가장 중요한 문제가 되었다.

중국인이 이룬 한 편의 '현대 서사시'와 같은 고속 발전은 확실히 인류 역사상 보기 드문 일이다. 특히 우리가 자랑할 만한 것은 GDP의 증가 속도와 총량이다. 우리의 GDP 총량은 30년 사이에 20여 배 증가했고 연평균 증가속도는 거의 10%에 달한다. 현재 GDP 총량은 세계 2위다. 하지만 여기서 짚고 넘어가야 할 것이 있는데 바로 인류 역사의 대부분의 시기에 중국의 인구와 GDP 총량이 모두 세계의 3분의 1 이상을 차지해 왔다는 사실이다. 1840년에 일어난 아편전쟁으로 중국이 커다란 굴욕과 수치에 빠진 100년 동안에도 중국의 GDP 총량은 세계의 19.6%를 차지하며 세계 1위였다. 또 당시의 인구 역시 세계 인구의 30%를 차지해서 세계 1위였다. 송(宋)나라 시대에는 GDP 총량이 세계의 50%에 달했지만 송 황조는 줄곧 내우외환에 시달리다가 멸망하고 말았다. 즉 한 국가나 민족이 번영하고 부강해지는 것, 그리고 국민의 행복과 안녕은 경제 발전이 유일한 척도가 아니다.

현재 우리의 GDP 총량이 세계 2위에 오른 것은 크게 축하할 일이다. 하지만 GDP는 그저 국가의 경제적 지표, 즉 가계, 기업, 정부가 생산 활동을 통해 창출한 부가가치를 합한 것일 뿐이다. 그러므로 이것만으로는 사회의 공평성, 국민 개인의 부, 행복의 정도 등을 정확히 반영할 수 없다. 또한 심각한 빈부격차와 부정부패를 해석할 수도 없으며 "왜 나는 아무리 열심히 일해도 부유해지지 않는가?"라는 국민의 질문에 대답할 수도 없다. 정리하자면 GDP만으로 국가와 사회의 발전 상황을 모두 설명하는 것은 불가능하다.

경제 발전은 그저 사회의 안정과 지속 가능한 발전을 위해 물질적인 기초를 제공할 뿐이다. 이 물질적인 기초를 이용해서 국민이 부유해지고 나라가 강해지는 '부민강국(富民强國)'을 실현하려면 '좋은 제도'가 있어야 한다. 미래 30년 동안 중국 경제가 고속 발전을 계속할 수 있을지, 개혁개방 30년의 화려한 성공 역사를 계속 써내려갈 수 있을지는 경제 영역에 대한 개혁뿐 아니라 경제 활동을 제약하는 제도에 대한 개혁 의지 및 개혁 속도에 달렸다. 그러므로 경제에 비해 상대적으로 뒤처진 사회와 정치 개혁에 더욱 박차를 가해야 한다.

우리는 오래전부터 '중진국 함정'에 대해 이야기했다. 다른 개발도상국들의 경험에 비추어 볼 때 중국은 앞으로 5년 후에 '중진국 함정'에 빠질 가능성이 크다. 지금부터 그때까지 빈부격차와 부정부패라는 두 가지 거대하고 복잡한 문제를 성공적으로 해결할 수 있는가는 우리 민족의 지혜와 정책에 달려 있다. 만약 실패한다면 우리는 영원히 '중진국 함정'에서 빠져나올 수 없을 것이다.

개혁개방 초기에 중국의 GDP 총량은 겨우 2,680여 억 달러에 불과했기에 당시의 목표는 당연히 사회의 '빈곤문제 해결'이었다. 이 목표는 비교적 단순한 것이라서 관련 제도를 설계하는 것도 상대적으로 간단했다. 중국 지도부가 채택한 '선부론(先富論)', 즉 '일부가 먼저 부유해지는' 발전 정책은 당시 환경에서 최선의 선택이었다. 2010년이 되자 중국의 GDP 총량이 6조 달러까지 오르는 등 사회의 부가 대폭으로 증가했다. 이 시기에 중국은 이미 빈곤문제를 해결했으며 다음 목표는 '사회 공평의 실현'이었다.

과거의 경험에 비추어 미래 30년을 전망한다면 중국의 개혁은 앞으로 30년 후에 아마도 새로운 단계에 접어들 것이다. 그리고 그에 따라 새로운 목표와 방향을 설정해야 할 것이다. 이것은 당시 사회의 주요한 모순과 갈등에 따라 결정해야 한다. 또 단편적인 해석을 피하고 사회 발전의 객관적 규율을 정확하게 파악해야 하는 동시에 시기를 놓치지 않도록 주의해야 한다. 이것은 역사와 후손을 위한 일종의 사명이다.

공평하고 합리적이며 국민의 행복과 존엄이 실현되는 사회주의 국가를 건립하는 것은 굉장히 어렵고 힘이 드는 일이다. 지금 중국 사회가 해야 할 일은 부를 창조하는 것이 아니라 창조된 부와 가치를 구성원들 모두에게 공평하게 분배하는 것이다. 자본주의 사회가 오랫동안 유지될 수 있었던 까닭은 다양한 제도적 뒷받침이 있었기 때문이다. 그러므로 우리도 이를 위한 경제, 사회적 제도, 예를 들어 사회복지 제도 등을 건립해서 기본적인 사회적 공평을 실현해야 한다. 역사를 살펴보면 사회 발전은 대부분 외부의 공격이 아니라 내부의 불공평한 분배 탓에 중단되는 경우가 많다. 요컨대 미래 중국 사회의 개혁은 사회의 부와 가치를 대중에게 공평하게 분배하고, 공공정신을 고취하며, 선거권·참여권·알 권리·표현권·감독권을 개혁하는 것이어야 한다. 사회는 국민이 개혁의 주체가 되고 주도적인 역량이 되어야만 비로소 발전할 수 있으며 공평하고 합리적인 사회, 모든 국민이 만족하는 사회, 경제가 지속적으로 발전하는 사회를 건립할 수 있다.

중국이 개혁을 지속할 수 있는지의 여부는 '빈부격차, 삼농문제, 부정부패, 실업, 사회신용' 문제를 해결할 수 있느냐에 달려 있다. 이 다섯 가지는 미래 중국 사회의 안정과 지속 발전에 큰 영향을 줄 수 있으므로 앞으로 개혁의 방향과 목표를 설정할 때 반드시 기억해야 할 문제다. 또한 중국이 안정적이고 지속적인 발전을 계속하려면 이 다섯 가지 문제를 해결할 제도적 뒷받침, 즉 교육, 의료, 사회보장 공공 서비스에 관한 비교적 완전한 제도가 필요하다. 방향과 목표가 없고 제도적 뒷받침이 없는 발전 전략은 낡은 철로 위를 빠른 속도로 달리는 열차와 같다. 철로에서 이탈하지 않으려면 반드시 맑은 정신으로 철저히 검사하고 긴장 상태를 유지해야 한다.

나는 중국처럼 전통 문화, 지혜, 근면성실함, 평화, 정부 친화적인 국가가 공정과 공평, 공공이익의 원칙, 청렴의 가치까지 갖춘다면 지속적으로 발전할 뿐만 아니라 사회 안정 및 국민의 행복과 안녕까지 이룰 수 있다고 확신한다. 이것은 절대 기적이 아니며 자연적인 발전 과정이다. 중국의 미래는 공공정책의 품질과 제도 건립에 대한 의지와 능력에 달려 있음을 잊지 말아야 한다.

정부는 모순과 갈등이 있는 사회에 적응해야 한다

덩위원(鄧聿文)
'학습시보(學習時報)' 부편집장

중국이 더욱 적극적으로 사회체제를 개혁하려면 이익균형을 이룰 수 있는 시스템을 건립해서 사회의 모순과 갈등을 없애야 한다. 좋은 제도와 나쁜 제도는 모순이나 갈등의 유무가 아니라 사회가 이것을 받아들이는 능력이 얼마나 강한지에 따라 결정된다. 우리는 이 문제에 관해 좀 더 개방적인 자세로 접근해야 한다. 즉 모순이나 갈등의 싹이 보인다고 해서 화들짝 놀라거나 당황해서 주변의 모든 것을 문젯거리로 볼 필요는 없다. 이런 태도는 새로운 사회건설에 불리할 뿐이기 때문이다.

중국 공산당 중앙 당교에서 '주요 사회관리 업무 및 혁신 방안'에 관한 토론회가 열렸다. 이 자리에서 후진타오 주석은 "당의 능력과 지위를 끌어올려서 '샤오캉'에 들어갈 수 있도록 하자!"고 말했다. 이것은 곧 중국 지도부가 앞으로 '사회건설'에 주력할 것임을 의미했다. 중국이 현대화된 세계 강국이 되어 이른바 '중국의 시대'를 실현하고자 한다면 반드시 발전된 사회를 건설해야 한다. 경제건설이 '따뜻하고 배부른 원바오(溫飽)'를 목표로 한다면 사회건설은 그 이후에 초점을 맞추는 개념이다. 경제건설이 생활과 더 밀접한 관계가 있는 것은 사실이지만 기본적인 생존 문제가 해결된 후에 더 심화한 발전이 가능할지는 모두 사회건설의 성공 여부에 달려 있다. 그러므로 우리는 반드시 사회건설에 주력해야 하며 이를 위해 다음의 문제에서 해결의 실마리를 찾아내야 한다.

❀ 첫 번째 문제 : 사회건설은 수익 없는 투자인가?

사회건설이 돈만 들어갈 뿐 제대로 드러나는 효과가 없어 보일 수 있다. 그래서 그동안 GDP 증가에만 매달려 왔던 일부 지방정부의 입장에서는 사회건설 사업을 크게 벌이는 것이 재정적인 부담으로 느껴질 것이다.

지방정부의 재정 수입이 그다지 큰 편이 아니기에 대부분 지방 관료는 GDP를 증가할 수 있는 유효한 투자를 끌어 모으는 데 혈안이 되어 있다. 이런 상황에서 대량의 재정을 사회건설에 투입하는 것은 사실상 거의 불가능하다.

사회건설과 관리에 관한 문제는 우선 지방정부의 상황, 특히 중서부의 빈곤에 시달리는 지역의 객관적인 상황 및 중앙정부와 지방정부의 재정 수입 구조를 따져보아야 한다. 그래서 지방정부의 재정을 충분하게 만든 후 사회건설과 관리에 대한 투자를 독려하고 추진해야 한다. 또 지방정부의 관료들은 사회건설 투자가 '밑 빠진 독에 물 붓기' 식으로 재정을 투입하는 것이 아니라는 점을 기억해야 한다. 오히려 이것은 지방 경제와 사회의 시장 시스템이 최대한의 효과를 발휘하고 그 제도와 인력을 더욱 우수하게 만들며 자원이 유입되도록 할 수 있다. 나아가 공평하고 효율적인 분배가 실현될 수도 있다. 사실 중국 국민은 사회 관리에 대해 큰 바람이 없는 편이다. 그저 각급 정부가 좀 더 법에 의거해서 사회를 관리하고 인간의 존엄성을 존중하는 모습을 보이기만 하면 된다. 그러면 국민은 곧 만족할 것이고 사회 관리에 들어가는 자본도 크게 줄어들 것이다.

사회 관리를 시행할 때는 사회에 모순과 갈등이 없어야 한다는 환상을 버려야 한다. 이런 환상에 사로잡힌 관료들은 자신이 관리하는 지역에 문제가 발생하면 어떻게 하든지 억누르거나 돈으로 매수해서라도 겉으로 드러나지 않게 하려고 한다. 하지만 사회의 모순과 갈등은 원래 완전히 소멸될 수 없는 것이며 못 본 체 한다고 해서 정말로 사라지는 것이 아니다.

사회학자 쑨리핑은 '온힘을 다해 사회의 모순과 갈등의 싹을 없애겠다는 마음가짐'으로는 오히려 아무것도 해내지 못할 것이라고 말했다. 사회의 모순과 갈등, 충돌 등은 오히려 대중의 정서, 불만, 스트레스 등을 분출하는 긍정적인 효과도 있다. 또 이러한 것들이 모두 통제 가능한 범위 안에 있고 직접적으로 충돌하지만 않는다면 관리자가 자신이 관리하는 지역의 문제를 정확하게 인식하고 반응하는 계기가 되기도 한다. 모순과 갈등이 계속 누적되어 나중에는 돌이킬 수 없을 정도로 무겁게 쌓이는 것보다는 차라리 어느 정도 드러나는 것이 낫다. 정리하자면 우리는 사회의 모순과 갈등, 충돌 등을 정면으로 바라보아야 한다. 우리가 살고 있는 세상은 무릉도원이 아니다. 사실 무릉도원도 드러나지만 않을 뿐 모순과 갈등이 존재할지 모른다.

좋은 제도와 나쁜 제도는 모순이나 갈등의 유무가 아니라 사회가 이것을 받아들이는 능력이 얼마나 강한지에 따라 결정된다. 우리는 이 문제에 관해 좀 더 개방적인 자세로 접근해야 한다. 즉 모순이나 갈등의 싹이 보인다고 해서 화들짝 놀라거나 당황해서 주변의 모든 것을 문젯거리로 볼 필요는 없다. 이런 태도는 새로운 사회건설에 불리할 뿐이기 때문이다.

두 번째 문제 : 민간조직은 정부의 반대 역량인가?

중국은 크고 인구가 많으며 사회가 복잡하고 지역 차이까지 매우 심각한 나라다. 이런 나라에는 설령 아주 강한 정부가 있다고 해도 사회의 사정을 일일이 살피거나 그 안에 살고 있는 국민들을 모두 만족시키는 것이 불가능하다. 그럼에도 불구하고 정부가 모든 일을 다 하려고 나선다면 제대로 되는 일이 하나도 없을 것이다. 정부는 많은 것을 관리할수록 권위를 드러낼 수 있고 이를 통해 국민들이 정부를 두려워하게 만들 수 있다는 생각을 버려야 한다. 권위란 '두려움'으로 만들어지는 것이 아니며 국민이 스스로 정부를 믿고 신뢰하며 복종할 때 생기는 것이다. 그러므로 국민이 뒤에 숨어서 정부를 욕하게 만드느니 차라리 사회가 스스로 자신을 관리하고 정부는 그저 지도나 규범을 제시하는 편이 나을 수도 있다. 바로 이런 이유로 정부는 사회 곳곳에 퍼져 있는 권력을 거두고 대신 민간조직의 발전을 지지해서 사회 관리의 파트너로 삼아야 한다.

선진국과 중국, 홍콩, 대만을 보면 민간조직의 발전이 사회발전에 투입해야 하는 정부의 재정지출을 줄이는 데도 큰 도움이 되는 것을 확인할 수 있다. 또한 대량의 취업 기회를 창출하고 자원 운용의 투명도와 합리성을 갖추어 자원 낭비와 오염을 피하게 만든다. 민간조직은 자금과 인력이 부족한 부분들, 실업과 반실업 상태의 노동자, 장애인, 노동력이 없는 가정, 아동, 여성, 소수민족 등 취약 계층에 직접적인 도움을 준다. 실제로 선진국과 홍콩, 대만 지역의 정부 및 그 관료들은 중국 정부와 관료들처럼 뭐든지 직접 하려 하지 않는다. 대신 어느 곳에 일이 생기면 가장 전방에 대기하고 있던 각종 민간조직이 먼저 달려간다.

지금 중국은 적극적이고 안정적으로 체제 개혁을 추진하는 동시에 이익 균형을 실현할 수 있는 시스템을 건립해서 사회의 모순과 갈등을 최소화해야 한다. 사회에 모순과 갈등 같은 위기 요소가 끊임없이 많아지면 각종 민간조직이 대화와 협상의 제도를 만들고 그것을 통해 해결 방법을 찾는 것이 더 효과적일 수 있다. 그러면 사회 각 부분의 구체적인 이익 관계를 이해하는 것뿐 아니라 사회의 위기를 해결하고 사회 안정을 보장, 유지하는 데도 유리하다. 또한 민간조직은 서로 다른 사회 집단의 이익을 대표하기 때문에 사회 각 계층의 서로 다른 요구를 정부에 전달하는 수단이 된다. 게다가 각 분야의 전문가와 전문 인원이 좀 더 세심한 사회 관리를 진행할 수도 있다. 이러한 민간조직이 좀 더 확대되면 각급 정부에 자문, 건의 및 정보를 제공하게 될 것이다. 또한 아예 정부를 대신해서 관련 서비스를 민간에 제공하여 정부의 부담을 줄일 수도 있다.

정리하자면 중국에서 민간조직은 다음과 같은 효과를 발휘할 수 있다. 첫째, 정부와 국민을 소통하는 중요한 다리가 된다. 둘째, 정부의 정책 결정에 영향을 주고 개혁을 추진하는 강력한 동력이 된다. 셋째, 적극적으로 사회 공익사업에 뛰어들어서 정부의 이미지를 개선하고 국민이 정치적 동질감을 느낄 수 있도록 한다. 넷째, 민간조직을 통해 정부의 행위를 감시, 감독할 수 있다.

그러나 민간조직이 이렇게 다양한 작용을 하려면 우선 정부가 민간조직의 성격을 인식하고 그것에 대한 입장을 확정하는 것이 전제되어야 한다. 정부는 민간조직을 대립 혹은 경쟁하는 관계로 보아서는 안 되며 그렇다고 정부의 부속기관으로 생각해서도 안 된다. 다시 말해 정부는 민간조직을 자신과 동등한 지위의 조직으로 인정하고 평등한 '합작 파트너' 관계임을 인식해야 한다.

현재 중국의 민간조직은 잘못된 인식 탓에 대부분 활동에 제한을 받고 있다. 이제 중국 정부는 외국의 비정부 단체 및 재단, 환경보호 조직의 활동과 역할을 확인하고 중국 사회에서도 민간조직이 자유롭게 발전할 수 있도록 해야 한다. 비정부 단체를 지지하고 발전시켜서 이들이 적법한 제도를 통해서 정책 결정 과정 중에 참여하도록 유지하는 것이 좋다. 이를 위해 민간조직 담당 기구 및 사무소를 설립해서 민간조직의 건립, 발전, 관리 등을 책임지도록 하고 관련 정책을 연구해서 (항목별로) 자금을 지원해야 한다. 또한 민간조직이 취약계층에 대한 서비스에 집중할 수 있도록 유도할 필요가 있다. 그리고 공익성, 비영리성 민간조직이 자금의 부족함을 메울 수 있도록 일정한 범위 안에서 공개적으로 기부금을 모집하는 것을 허용하는 것도 중요하다. 자선 단체 같은 민간 조직에 기부한 국민에게 다른 영역에서 우대 혜택을 주는 등의 정책을 도입하는 것도 좋다.

❦ 세 번째 문제 : 인터넷 민심은 재앙인가?

인터넷은 21세기의 가장 위대한 기술 혁신이며 중국의 정치 생태를 바꾸었다. 그렇기에 정부의 사회 관리는 새롭게 거듭나야 한다.

인터넷은 개방적이고 상호 소통이 가능하며 시간과 장소에 크게 구애받지 않고 누구에게나 평등하다. 이를 통해 인터넷은 전통적인 정치 방식과 과정의 모호함을 걷어내어 정부가 단독으로 정보를 독점하거나 통제하는 것을 불가능하게 만들었다. 결과적으로 이제 인터넷은 대중이 정치에 참여할 수 있는 새로운 공공장소, 도로가 되었다. 대중은 인터넷 안에서 개인의 감정을 드러내고 언론의 자유를 누리고자 한다. 그래서 정치에 대해 관심을 보이고 참여하며 그것에 대한 언어 표현력이 향상되었다. 무엇보다 중요한 것은 인터넷이 정부의 활동을 감시, 감독하는 새로운 모델이 되었다는 점이다.

과거에 정부의 활동을 감시, 감독하는 모델은 대부분 '간접적'이었다. 그래서 시간과 정보가 손실되는 경우가 많았으며 대부분 비정상적인 요소가 개입해서 그다지 효과적으로 감시, 감독하지 못했다. 그러나 인터넷, 특히 중국판 트위터인 웨이보(微博)는 훨씬 직접적이고 민첩하게 정부를 감시, 감독하는 수단이 되었으며 그 폭과 깊이도 크게 확대되었다. 인터넷은 과거에 매체가 숨기려 했던 사회 저층의 예민한 문제들을 폭로하고 중간 과정에서 아무런 조작 없이 최상위 고위층에까지 전달되도록 했다. 최근 발생한 많은 사건은 인터넷에서 주목받은 후 정부의 즉각적인 반응을 얻어냈으며 결과적으로 원만한 해결을 이루었다.

하지만 대부분 관료는 인터넷의 독특한 기능과 그것이 창조한 완전히 새로운 감시, 감독 모델을 부정적으로 보고 있다. 그들은 이것이 자칫 엄청난 재앙을 초래할 수도 있다고 생각한다. 또 '인터넷으로 정치적인 질문을 하는 것'을 일종의 특별한 쇼라고 여긴다. 만약 인터넷의 민심이 정부와 관료의 중요한 이익까지 건드린다면 정부와 관료가 네티즌을 압박하는 상황까지 출현할지도 모른다. 예를 들어 인터넷에서 어떤 지역 정부에 대한 비난의 글이 등장하면 해당 지역 정부의 사이버 담당은 곧 해당 게시물을 삭제하거나 IP를 달아 버리고 사이트 자체를 폐쇄할 수도 있다. 혹은 아예 경찰력을 동원해서 그 글을 게시한 사람이나 사이트 운영자를 구속하기도 한다.

그들이 인터넷을 엄청난 재난을 몰고 올 무시무시한 재앙으로 보는 것은 그들이 인터넷 민심에 대해 정확하게 알고 있지 못한 탓이다. 나의 동료 천샤오보(陳少波)는 얼마 전에 홍콩 톈다(天大) 연구소에서 대륙의 인터넷 현상에 대해 심도 있는 연구를 진행했다. 연구 결과에 따르면 현재 중국의 관료들은 게시판, 포럼, 블로그와 웨이보 등을 완전히 통제하지 못하는 상황에 대해 크게 우려하고 있다. 또 다른 연구에 따르면 현재 중국에는 다음과 같은 네티즌들이 활동 중이라고 한다. 첫째, 저속한 언어로 다른 사람을 모욕하며 정부와 공직자들을 공격하고 책임감 없이 유언비어를 남발하는 네티즌이다. 이들은 많지 않지만 그 영향력은 상당하다. 그들 중에는 어떠한 목적이 있는 경우도 있지만 순전히 그냥 머릿속의 생각을 입 밖으로 내뱉는 수준인 경우도 있다. 특별한 목적이 있는 경우는 개인적인 이유로 타인에게 복수하려는 사람도 있고 정치적으로 다른 생각을 하는 사람이나 조직을 증오하는 사람도 있다. 둘째, 웨이보, 블로그, 평론, 일반 게시판 등에서 활동하는 지식인, 지도자, 학자와 인터넷 작가들이다. 이런 종류의 네티즌들은 '비주류 속 주류'가 되어서 인터넷에서 큰 영향을 미치고 스스로 화제를 만들어 내기도 하며 종종 '여론을 인도'하기도 한다. 셋째, 사회 사건을 주로 다루며 '인터넷 고발'에 집중하는 네티즌이다. 인터넷의 영향력이 커지면서 사회 문제와 사건을 소개하고 그에 대한 관심을 키운 후 여론을 조성해서 결국 구체적인 문제를 해결하는 패턴이 몇 년 동안 계속 증가하고 있다. 통계에 따르면 과거 3년 동안 발생한 인터넷 사건 중 37%가 여기에 속한다.

전통적으로 여론을 '봉쇄' 혹은 '유도' 하던 방법은 이미 효력이 떨어지고 있다. 사람을 시켜서 24시간 인터넷을 주시하게 하거나 여기저기 감시하고 쫓아다니는 것보다는 차라리 막힌 것을 풀고 소통하게 해서 인터넷이 정부의 일을 돕도록 만드는 것이 낫지 않을까? 또 이것을 대중과 더욱 가까워지는 수단으로 삼는 것이 낫지 않겠는가? 그러려면 정부가 인터넷에 대한 인식을 바로 세우고 평등한 위치에서 네티즌과 교류할 필요가 있다. 관료들은 직접 '인터넷을 해야 할' 뿐만 아니라 자신이 관리하는 지역을 이해하듯이 인터넷에 대해서도 조사, 연구해야 한다. 관료들이 인터넷을 두려워하게 된 데는 정부 스스로 대응을 잘못한 탓도 있다. 초기에 정부는 인터넷 사건에 대해 타당하게 반응하거나 처리하지 못했다. 특히 정책 결정과 인터넷 민심에 심각한 차이가 발생했을 때도 이를 제대로 해결하지 못해서 안 그래도 분노한 네티즌들에게 '불난 데 기름 들이붓는 격'으로 행동하는 경우가 많았다.

모든 사람은 다른 사람에게 상처주거나, 유언비어를 전파하거나, 아니면 타인을 모욕하고 심지어 살인을 할 기회가 있다. 그러나 감히 그것을 하지 않는 까닭은 사법제도라는 법률적 제재가 있기 때문이다. 만약 인터넷에도 그처럼 명확한 법률이나 행위규칙이 있다면 정부는 매일 누가 정부를 전복하려 하는지, 누가 타인을 모욕하고 없는 일을 만들어 내는지 감시하지 않아도 될 것이다.

덧붙이자면 '인터넷 고발'을 하는 네티즌에 신중하게 접근해야 한다. 요즘 사람들은 문제가 생기면 '고발' 혹은 '신고' 하러 가지 않고 '인터넷 하러' 간다. 이것은 사이버 세계에서 동정과 호응을 얻기를 바라는 마음 외에 정부와 관련 기관의 이목을 끌고 싶기 때문이다. 국가나 지방의 전체 이익과 화합에서 볼 때 이것은 분명 좋은 일로 광장에 나가서 시끄럽게 떠들고 정부기관 앞에서 시위를 벌이는 것보다 낫다. 하지만 정부는 이런 네티즌을 단순히 '문제 일으키는 사람' 쯤으로 대해서는 안 된다. 또 인터넷 고발이 올라왔을 때 앞도 뒤도 재지 않고 글을 삭제해 버려서도 안 된다. 반드시 관련 인터넷 사이트(예를 들어 인터넷 고발 센터)와 기구를 설립해서 성실하고 열심히 그들의 문제를 고민한 후 해결책을 제시해야 한다.

네 번째 문제 : 집단행동은 나쁜가?

집단행동은 인터넷과 밀접한 관계가 있다. 인터넷에서만 존재하던 사건이 대중의 참여를 통해 더욱 확장되어 거리로, 광장으로 진출하는 것이다. 하지만 집단행동과 인터넷 사건이 완전히 동일하지 않으며 그만의 특징이 있다. 집단행동이 확대되는 근본적인 원인은 정부의 잘못된 응대이므로 인터넷 자체를 탓해서는 안 된다. 실제로 지방정부가 몇몇 인터넷 사건을 제대로 처리하지 않아서 집단행동으로 확대된 경우도 있다.

최근 10년간 벌어진 집단행동은 두 가지 양상을 보인다. 하나는 경제 문제를 정치화한 것이고 다른 하나는 폭력의 정도가 증가했다는 것이다. 일단 집단행동이 정치적 색채를 띠게 되면 정부는 대응 방침을 강화할 것이다. 그러면 여기에 대응해서 원래 비폭력이었던 집단행동이 폭력성을 띠게 될 수도 있다. 이렇게 서로 악순환을 계속하다 보면 전면적인 사회 운동으로 번질 것이고 일종의 '내란'의 성격을 보일 수도 있다. 바로 이런 이유로 집단행동을 가벼이 보아서는 안 된다.

지금 중국의 지방정부는 집단행동을 처리하는 데 일종의 딜레마에 빠졌다. 진압을 실행했을 때 그것이 효과를 거둘 수 있을지 의문이고 그렇다고 내버려 두어서 집단행동이 사회 운동으로 확대되는 것을 쳐다볼 수만은 없는 노릇이다. 이런 상황에서 그동안 지방정부가 선택한 방법은 크게 두 가지로 나뉜다. 하나는 경찰력을 사용해서 군중을 진압하는 것, 다른 하나는 진압이 불가능할 때 회유, 포섭, 매수 정책, 즉 '인민의 모순은 인민폐로 해결'하는 식이다. 지금 대부분 지방정부는 후자를 채택하지만 그들은 금전으로 매수하는 방법은 임시방편일 뿐이라는 것을 명심해야 한다. 이러한 대응 방식이 계속되면 별 문제가 아닌 경우에도 인터넷으로 고발하고 집단행동을 벌이려고 할 것이다. 실제로 현재 대부분 인터넷 고발의 목적은 문제의 해결이라기보다는 정부의 돈을 편취하려는 의도가 크다. "문제가 생기는 것을 두려워할수록 나는 더 많은 문제를 만들어 낼 거야! 싫으면 돈을 내놓든지!"

이런 방법 말고 집단행동을 해결할 수 있는 좋은 방법은 없을까? 있다. 바로 집단행동과 사회 안정의 유지에 대한 생각을 전환하는 것이다. 우선 집단행동의 부작용과 그것이 가져오는 사회 위험은 주목할 만하지만 이것이 사회에 긍정적인 효과를 일으키기도 한다는 사실을 깨달아야 한다. 집단행동은 오랫동안 누적되어 온 사회문제를 드러내고 이것을 다시 사회의 역량으로 바꿀 수 있다는 점에서 긍정적이다. 대중은 이를 통해 심리적 균형을 찾을 수 있으며 이는 사회의 장기적인 안정을 유지하는 데 긍정적인 역할을 한다. 집단행동은 사회를 향한 일종의 경고가 될 수 있다. 대중의 이익이 손실되었으니 보상해야 하고, 이 분야의 행정 관리에 문제가 생겼으니 수정해야 하고, 여기의 사회보장 시스템이 완벽하지 않으니까 보완해야 한다고 알려주는 것이다. 그래서 집단행동은 사회의 경보기 같은 역할을 한다.

둘째, 사회 안정에 관해 '강성안정'을 추구하던 것을 '연성안정'을 추구하는 것으로 전환해야 한다. '강성안정'이란 정치학자 위젠룽(於建嶸)이 제안한 개념으로 한 사회의 정치와 사회구조가 필요한 연성과 탄력성이 부족해서 완충지대가 없는 것을 가리킨다. 이런 사회는 정치 지도자들이 언제나 긴장한 상태로 모든 자원을 장악하고 그것을 정치적 자원으로 묶어 두려고 한다. 그러다가 결국 거대한 사회 자본을 감당하지 못하고 사회 관리 체제 전체가 질서를 잃는다. 위젠룽의 해석에 따르면 '강성안정'은 사회의 절대적인 안정을 목표로 하며 시위, 파업, 폐업, 운송 거부 등 항의의 뜻이 담긴 모든 행위를 무질서와 혼란으로 간주하고 가능한 모든 수단을 사용해서 억누른다. 이런 사회는 그 관리 방식이 매우 단순하고 절대적이어서 '이것 아니면 저것', '검은색 아니면 하얀색'인 식이다. 회색의 중간 지대가 없고 타협할 여지도 없어서 대중이 조금이라도 이익을 추구하려고 하면 사회 관리를 해치는 것으로 본다. 현재의 집단행동은 대부분 노동자, 농민, 시민 등의 집단이 자신의 이익을 위해서 시위를 벌이며 행진하는 식이다. 이러한 일들은 정부나 정권이 아닌 반대편 이익집단을 상대로 하는 것이다. 여기에서 정부는 '조정자'의 역할을 할 수 있다. 그런데도 정부가 과민반응하며 이러한 집단행동이 모두 사회 안정에 큰 영향을 주는 사건으로 규정해 버린다면 사회의 가장 최전방에 있는 정부, 즉 기층 정부와 대중 간의 충돌이 발생하게 될 것이다. 일단 충돌이 발생하며 완충지대나 돌아갈 여지가 없기 때문에 사회의 모순과 갈등을 해결하고 조절하면 화해할 수 있는 기회를 잃고 만다. 결국 정부는 사회의 '안정'을 유지하고 보호하기 위해서 '폭력적으로' 혹은 '모종의 책략'을 통해 집단행동을 소멸시키려고 한다. 즉 제도권 안에서 해결할 방법을 찾는 것 자체가 불가능해진다. 이렇게 되면 '조정자'의 역할을 맡을 수도 있었던 정부는 집단행동을 해결하는 기술적 문제 때문에 결국 집단행동의 당사자가 되어 정치적으로 곤경에 빠질 수 있다.

현재 중국에서 벌어지는 집단행동의 원인과 근원을 분석해 보면 모두 노사관계, 농촌 토지 문제, 도시 철거, 기업 제도 개혁, 철거민 보상 등의 문제 등과 관련되어 있다. 그리고 이 문제들의 뿌리는 이익 분배의 불균형, 소득 차이의 확대, 민중의 경제 이익과 민주적 권리의 침해다.

그래서 보다 근본적으로 집단행동을 해결하고 싶다면 이 분야에 대한 개혁을 추진해야 하며 대중이 가장 관심을 보이고 가장 직접적이며 현실적인 이익 문제를 해결하는 것이 필요하다. 그리고 서로 다른 입장과 의견을 용납하는 정치경제체제를 건립해야 한다. 사회구조를 개방하고 포용성과 탄성을 늘리며 폐쇄성과 대립을 줄여야 한다. 또 사회 구성원이 자유롭게 의견을 표현할 수 있는 기회와 장소를 제공해야 하며 그들이 공공 사무에 참여할 수 있도록 하고 각종 이익집단이 사회의 공동체 의식과 화합을 위해 논의할 수 있도록 해야 한다.

마지막 문제 : 왜 법치를 추구해야 하는가?

　이 문제의 중요성은 사실 말할 필요도 없다. 위에서 제기한 문제들이 타당하게 잘 해결되었는지 파악하려면 정부의 모든 행위가 합법적인지 확인해 보면 된다. 만약 정부가 법에 의해서 사회를 관리하지 않고, 법치의 권위를 세울 수 없다면 절대 사회발전을 이룰 수 없을 것이다.
　현재 정부 관료들의 법 이해는 과거에 비교해 크게 향상된 편이다. 하지만 법률을 이해하는 것과 그것에 의거해서 일을 처리하는 것은 엄연히 다른 문제다. 안타깝게도 아직 중국 정치는 권력이 법에 우선한다. 전 구이저우성(貴州省) 성 위원회 서기장 류팡런(劉方仁)은 뇌물 사건에 연루되어 법정에 섰을 때 이렇게 말했다. "그러니까 제가 성 위원회 서기로 알고 있었던 것은 모두 착각이었던 것 같습니다. 저는 스스로 '법맹'이라는 사실을 오늘에야 알게 되었습니다. 성 위원회 서기였는데 법을 알지 못했다니. 저는 지금 많이 뉘우치고 있습니다." 그가 정말 법을 몰랐을까? 그가 이전에 법치에 대해 이야기한 것을 보면 그렇지 않은 것 같다. 내가 볼 때 그는 '법이 관료와 권력에도 적용될 수 있다는 것'을 몰랐다. 그와 같은 관료는 한둘이 아니다. 현재 대부분 관료는 법이란 국민을 통치할 때만 사용될 뿐 자신들에게는 적용되지 않는다고 생각한다. 그들은 '나'를 기준으로 '나의 의지와 권력'이 곧 법이라고 생각한다. 그래서 관료 사회에서는 오히려 기율을 준수하고 법을 지키는 것이 '무능'을 드러내는 것이다. 그들은 법을 '나의 권력'을 행사하는 데 필요한 도구로 생각했으며 자신이 하는 일에 장해물이 될 때에는 한쪽으로 치워버리곤 했다. 이것은 역사적으로 권력이 법보다 우위에 있었던 데서 비롯되었으며 여기에 두 가지 원인이 더 있다. 첫째, 관료를 제약하는 행정적 법률과 규정이 추상적이고 규범성과 적용 가능성이 떨어진다. 특히 관료 사회에서는 관료의 행위를 대부분 문건으로 감독한다. 그러다 보니 당의 기율, 정부의 기율, 행정 처벌, 기율 처분 등이 법을 대신하게 되었다. 게다가 기준도 사람에 따라 다르고 권위가 떨어져서 '권력으로 법을 대체, 눈속임'하는 현상이 발생했다. 둘째, 중앙정부가 문건, 정책 및 내부 규정으로 사회를 관리하는 데 익숙한 것도 권력이 법에 우선하는 분위기를 조장했다. 중국에서 법은 정신 법률뿐만 아니라 넓은 의미로 정부 내부의 문건, 정책, 조례, 규장 등을 포함한다. 일반적으로 전자를 '큰 법', 후자를 '작은 법'이라고 부른다. 중국 사회는 법치의 전통이 부족하고 위에서 아래로 명령을 내리는 것에 익숙하다. 지도자가 만든 '내부의 법'으로 사회를 관리하는 데 익숙한 것이다. 이것은 철거 사업에서 명확히 드러났다. 국가의 '큰 법'인 '물권법(物權法)'은 오히려 국무원의 '철거 조례'에 뒤로 밀렸으며, 국무원의 '철거조례'(현재는 '국유토지 위의 주택 징수와 보장에 관한 조례'로 바뀌었다)는 각각의 지방정부가 정한 '철거법'에 뒤로 밀린다. 왜 이런 일이 발생한 것일까? 국무원은 2004년에 강제 철거, 폭력 철거 등의 행위를 엄격하게 금지한다고 규정했다. 하지만 지방정부의 입장에서는 이것보다 스스로 제정한 철거법을 집행의 근거로 삼으면 훨씬 편리하다. 장시성(江西省) 이황현(宜黃縣)의 관리들이 "강제 철거가 없으면 신 중국도 없다"고 말했을 때 그들의 마음속에 있는 법률은 '작은 법'인 '철거법'이었을 것이다.

이 때문에 사회건설을 잘해야 한다. 앞으로 중국은 정부의 기능을 전환하고 사회에 권력을 양보하며 민간조직의 발전을 지지해야 한다. 또 이외에 정부의 행위와 권력 자체를 직접적으로 감시, 감독해야 하며 정부는 반드시 법치에 근거해서 행정을 집행해야 한다. 그렇지 않으면 권력은 확장하려는 본능을 감추지 않고 사회의 대부분 자원에 손을 뻗어 자유자재로 농단하려 들 것이다. 만약 정부가 마치 이기적인 사람처럼 그저 권력이 가져오는 영광과 명예, 이점만 향유하려고 한다면 사회는 모순과 갈등이 끊이지 않을 것이다.

민주는 적극성을 부른다

팡닝(房寧)
중국사회과학원 정치학연구소 소장

오늘날의 정치 발전은 관념이 아니라 현실과 실천이 추진하고 있다. 특수한 역사와 국가 상황 때문에 그동안 중국인이 부여 받은 자유와 권리의 공간은 매우 협소하고 제한적이었다. 중국인에게 자유와 권리는 당연한 것이 아니었으며 오로지 정치적인 투쟁을 통해서만 얻을 수 있었다. 그런데 지금 경제 발전의 흐름을 타고 권리와 자유가 확대되고 있다.

2, 3년 전에 나는 동남아시아 국가 연합(Association of Southeast Asian Nations : ASEAN)의 회장을 만난 자리에서 그에게 이렇게 질문했다. "사람들은 지금이 '메이드 인 차이나'의 시대가 된 것은 모두 저렴한 노동력 때문이라고 말합니다. 하지만 중국 외에도 인력과 자원이 풍부한 나라들은 많아요. 그러나 그들은 중국과 같은 발전을 이루지는 못했습니다. 무엇 때문이라고 보십니까?" 그는 나에게 직접적으로 대답하는 대신 이전에 인도의 외무

부 장관에게 들은 이야기를 알려주었다. 그 인도의 외무부 장관은 젊었을 때 베이징에서 공부했었다. 그는 40년 후에 중국의 난닝(南寧)과 베이징 등지에서 열린 동남아시아 국가 연합의 '10+3 회의'에 참가하면서 다시 한 번 중국에 방문했다. 당시 그는 중국의 거대한 변화를 눈으로 확인하고 크게 감동했다고 한다. 그러면서 중국은 개혁개방, 경쟁, 노력으로 발전했으나 인도는 너무 많은 민주와 선거 탓에 정체했다고 말했다.

중국의 정치 발전은 두 가지 방면을 포함한다. 하나는 중국의 정치제도, 정치체제 개혁, 중국 특색 사회주의가 사회와 국민에게 커다란 권리를 보장하고 자유의 발전 공간을 제공했다는 것이다. 개혁개방을 시작하고 이미 30여 년이 흐른 지금 나는 종종 일본의 메이지 유신을 떠올린다. 메이지 유신이 시작된 1868년에 중국에서는 양무운동, 제2차 아편전쟁(1856~60)에 이어 개혁의 바람이 불었다. 당시 중국의 개혁 강령이 공친왕(恭親王) 혁흔(奕訢)의 '6조장정(六條章程)'이었다면 메이지 유신의 강령은 '메이지 5개조 어서문'이었다. 1868년 3월에 일본의 젊은 천황은 신하들을 모두 불러 놓고 다섯 가지 조항을 선포했다. 민주, 자유에 대한 내용이 주를 이루었으며 그 중에서 가장 중요한 것은 제3조인 '군에서 서민에 이르기까지 각기 그 뜻을 펴게 하여 인심이 나태해지지 않게 할 것'이다. 이에 비해 공친왕, 계량(桂良), 문상(文祥) 등이 만든 '6조장정'은 매우 구체적이어서 외국어학원, 동문관 등을 설립하자는 내용까지 포함되었다.

일본은 메이지유신을 실행한 후 30년이 채 되지 않아 중국과의 전쟁에서 승리했다. 중국은 그제야 국가의 제도, 민주에 대해 어렴풋이 자각하게 되었다. 한 미국 학자는 메이지 유신의 의의를 다음과 같이 정리했다. "메이지 유신은 세습으로 지위를 결정하던 일본 사회를 교육 정도와 개인의 성과로 지위를 결정하는 사회로 변화시켰다. 바로 이러한 변화가 일본의 운명을 바꾸었다." 이것은 중국에게 큰 충격이었다. 천 년 동안 중국을 우러러보던 한낱 '오랑캐 소국'이 사회 개혁과 변법으로 발전하더니 감히 '천조(天朝)'를 무찌른 것이다. 이것은 중화민족에게 거대한 충격과 울림이었다. 일본의 발전과 부상은 어떻게 이루어진 것일까? 그것은 바로 '가치의 변화'에서 비롯되었다. 일본은 메이지 유신을 통해 기본 가치를 변화했다. 다시 말해 국민의 권리와 자유를 사회제도로 승인했으며 이것은 이후 일본인이 '각자의 뜻을 좇아 지치는 줄도 모르고 부단히 근면하게 살도록' 만들었다.

과거 30년 동안 중국에서 일어난 가장 큰 변화는 무엇일까? 나는 문화대혁명 후기에 출신과 정치적 배경으로 평가하던 사회에서 교육의 정도와 개인의 성과로 평가하는 사회로 전환된 것이라고 생각한다. 이것은 사회의 가치가 변화했음을 의미했다. 이후 중국인은 아름답고 행복한 생활을 추구하는 동력과 공간을 획득했으며 그러자 숨어 있던 적극성과 창조력이 마치 화산 폭발처럼 터져 나왔다. 덩샤오핑은 이에 관해 "민주가 인민의 적극성을 불러왔다."고 말했다.

중국의 정치제도, 즉 중국식 민주주의의 첫 번째 함의는 바로 그것이 국민의 권리와 자유를 보장한다는 것이다. 하지만 중국의 역사, 국가 상황, 국제 환경 및 발전 상황 탓에 이것만으로는 중국의 부상을 보장할 수 없다. 이에 중국은 후발개도국으로서 국민의 힘과 지혜를 집중해서 더 나은 발전을 실현해야 한다. 정리하자면 중국의 민주는 국민의 권리와 자유를 보장하는 동시에 중국인의 힘과 지혜를 집중시킬 수 있는 시스템인 것이다. 이 시스템은 세 가지 특징을 포함한다. 첫째, 당의 지도, 국민, 법치가 유기적으로 통일된다. 이를 통해 중국 사회는 이익집단 사이의 게임이 완화될 수 있다. 앞에서 언급한 동남아시아 국가 연합의 회장은 나에게 자신들이 생각하는 '서부 전략'과 일본의 '남하 전략'에 대해 이야기했다. 그는 동아시아 국가와 일본이 중국을 견제하기 위해서 서쪽, 그러니까 인도에 투자하려고 했으나 사실상 실패한 사실을 언급했다. 그는 이 실패의 원인으로 인도의 정치체제를 들었다. 외국 바이어가 정부와 투자에 대한 합의를 끝내더라도 의회가 동의를 하지 않고, 미리 의회의 잠재적인 동의를 얻었더라도 이번에는 정부가 일을 하지 않는 식이었다. 또 중앙정부와 이야기가 끝났는데 지방정부에서 일 처리를 빨리 하지 않거나 그 반대의 경우도 있었다. 또 어떨 때는 모든 관련 기관과 합의를 보았으나 느닷없이 담당 직원이 바뀌어 처음부터 다시 이야기를 해야 하는 일도 있다. 이런 상황에서 어찌 일을 할 수 있겠는가! 또 이 과정에서 들어가는 교역 자본이 너무 높았다. 반면에 중국은 하나의 권력 중심이 있으니 한 번에 모든 일이 진행되는 식이었다. 이러한 정치 구조는 바로 힘을 집중해서 큰일을 처리할 수 있고 여기저기서 게임을 벌이지 않아도 되었다.

　두 번째 함의는 권리다. 중국의 '권리'와 서방의 '권리'는 서로 다르다. 자유주의의 사전에서 '권리'란 신성한 단어로 태어났을 때 부여되는 것, 이른바 '천부인권'이다. 하지만 마르크스주의의 사전에서 '권리'는 신성한 것이 아니다. 마르크스주의가 보는 권리는 역사적인 것으로 경제 사회의 발전에 따라 끊임없이 실현될 수 있는 것이다. 중국의 역사를 살펴보아도 가장 먼저 출현한 것은 국가의 권리, 즉 국가의 주권이다. 중화민족은 100년에 걸친 항쟁과 분투로 민족의 독립을 쟁취해냈고 이를 통해 국가 주권을 실현한 것이다. 두 번째 권리는 경제 발전을 얻은 평등권이었다. 이를 통해 중국인은 서로 평등한 전제 아래 '중국인'이라는 동질감을 느끼게 되었다. 마지막으로 경제와 사회가 계속 발전하면서 정치, 사상 각 방면의 권리가 끊임없이 확대되었다. 사실 중국의 특수한 역사와 국가 상황 때문에 그동안 중국인이 부여 받은 자유와 권리의 공간은 매우 협소하고 제한적이었다. 중국인에게 자유와 권리는 당연한 것이 아니었으며 오로지 정치적인 투쟁을 통해서만 얻을 수 있었다. 그런데 지금 경제 발전의 흐름을 타고 권리와 자유가 확대되고 있다. 다시 말해 지금 중국인이 누리는 권리는 우리를 기다리고 있던 것이 아니라 우리가 찾아서 쟁취한 것이다.

　세 번째 함의는 경제사회 발전 과정 속에서 민주 정치의 형식을 선택하는 문제다. 현재 중국에서는 민주적 선택, 민주적 관리, 민주적 정책결정, 민주적 감독에 대해 많은 토론이 벌어지고 있다. 그러나 실제로 시행되는 것은 경쟁적 선거가 아니라 더 많은 국민이 민주적으로 참여하고 협상하는 형식이다. 서방의 역사와 민주주의 정치의 발전 역사를 공부해 보면 민주 정치의 형식을 선택하는 것이 사회 발전의 발전 단계와 긴밀한 상관관계가 있음을 알 수 있다. 프랑스와 독일의 경우만 보더라도 경쟁적 선거는 이익이 충돌하고 이익 갈등이 확대되는 등의 문제를 포함한다. 중국처럼 산업화 단계에 들어서서 사회의 모순과 갈등이 많아지는 시기에 이러한 형식을 채택한다면 곧 경제와 사회 영역에서 부작용과 수많은 충돌이 발생할 것이다. 그러므로 지금 중국 사회의 발전 단계에서는 경쟁적 선거가 아닌 다른 민주 정치의 형식, 예를 들어 참여나 협상, 감독 같은 것을 채택해야 한다. 나는 이것을 서방 세계의 민주는 '요리사를 고르는 것'으로 그 요리사가 해주는 음식을 기다리는 것이지만 중국의 민주는 직접 '음식을 주문하는 것'이라고 비유한다. 중국인이 더 많이 공공정책의 결정 과정에 참여하고 경제와 사회생활에 직접적인 효과를 발휘하는 것도 역시 민주다. 무엇보다 이것은 현 단계의 중국 사회에 가장 적합한 민주다.

경쟁적 선거 역시 민주 정치의 형식 중 하나로 그 가치를 부인할 수 없다. 나 역시 이것을 영원히 거부하려는 것이 아니다. 세계 역사와 지금의 상황을 분석해 보면 이러한 경쟁적 선거는 서로 다른 사회 환경, 발전 단계, 전환 과정 중에서 두 가지 현상을 일으킨다. 첫 번째 현상은 사회에 모순과 갈등을 확대하고 대립, 경쟁, 분열 등을 일으킨다. 정치는 반대자의 존재를 두려워하지 말고 지지자가 없는 것을 두려워하지 말라는 원칙이 있다. 그런데 경쟁적 선거는 필연적으로 사회의 갈등을 확인해야 하고 자신의 입장과 자신이 무엇을 대표하는지 확정해야 한다. 스스로 누구를 적수로 하는지 명확하게 해야 하는 것이다. 프랑스는 역사적으로 다섯 개의 공화국을 거쳤다. 제1공화국과 제2공화국은 각각 제1제국과 제2제국이 되었고, 제3공화국은 거의 제3제국이 될 뻔 했으며 제4공화국은 매우 혼란해서 거의 반년에 한 번씩 정부가 바뀌었다. 그리고 제5공화국이 되었을 때 비로소 프랑스의 민주 정치가 안정되었다. 이것은 민주 정치라는 것이 한 번에 건립되는 것이 아니라 단계를 거친다는 것을 보여주며 그렇기에 현재의 상황과 단계를 정확히 파악해야 한다는 것을 보여준다. 과거에 우리는 중국이 경쟁적 선거 방식을 채택할 수 없는 것은 국민의 자질 탓이라고 말했다. 그러나 나는 이것을 발전 단계의 문제라고 본다. 서방 세계처럼 부유하고 상대적으로 안정적이며 공동의식이 건립된 사회에서는 경쟁적 선거 방식을 채택해도 부작용이 크지 않다. 하지만 중국 같은 전환기 사회, 사회적 모순과 갈등이 비교적 많은 사회에서 경쟁적 선거를 선택한다면 상황은 매우 달라질 것이다. 이 문제에 관해서 우리는 반드시 역사를 고찰하고 다른 나라의 경험을 되돌아보면서 여러 번 신중에 신중을 기해서 선택해야 한다.

앞으로 중국이 어떠한 제도를 채택할지는 모두의 관심거리다. 나는 중국의 정치 발전이 관념을 벗어나 현실의 실천에서 촉진되고 있다고 생각한다. 현재 기층 지방정부는 간부를 임용하면서 시험, 추천, 민선이라는 세 가지 선발 방식을 선택했다. 이것은 상당히 의미 있는 변화다. 조사에 따르면 이러한 선거가 점차 확대되는 추세인데 여기에는 세 가지 원인이 있다. 바로 '부정확, 불공평, 부패'다. '부정확'은 최고 책임자, 혹은 상급자가 간부를 선발하는 것이 그다지 정확하지 않아서 한참을 고르고 골라 가장 나아 보이는 사람으로 선발해도 그다지 신통치 않은 경우다. '불공평'은 자리가 한정되어 있을 때 내가 아닌 다른 사람이 선발되면 언제나 불공평하다고 생각하고 승복하지 않는 것이다. 이런 문제 때문에 현재 관료 선발 제도에 대한 개혁 요구가 빗발치고 있다. 제도가 바뀌면 적어도 이론적으로 기회를 얻을 수 있다고 생각하기 때문이다. '부패'는 이리 저리 뇌물을 써서 승진하거나 관직을 얻는 것으로 가장 많은 사회 문제를 낳고 있다.

중국 지식인들의 권력은 어디에서 나오는가?

정융녠(鄭永年)
싱가포르국립대학 동아시아연구소 소장

지금처럼 이익이 다원화된 사회에서 권력자는 각각의 이익에 상응하는 지지를 얻고자 한다. 중화민족이 수천 년 동안 견지해 온 '양지'가 사라지고 '충성스러운' 유교 집단을 잃은 지금 중국의 지식계에는 '의존형' 지식인들만 남았다. 그들은 권력이나 물질 이익에 의존해 체제 내에서 안주한다. 그러나 권력과 물질 이익의 구속을 받으면 지식은 상상력을 잃고 무너질 뿐이다.

지금 중국의 지식인들은 사물과 세계를 객관적으로 해석하려 하지 않으며 그저 권력을 좇을 뿐이다. 놀라운 것은 이것이 중국의 오랜 역사를 거쳐 사회에 뿌리내린 일종의 전통으로 좀처럼 변화하지 않는다는 점이다. 신해혁명 이후 한 세기가 흐른 지금에도 지식인과 권력의 관계는 실질적인 변화가 없다.

그래서 전통적인 방법으로 현대의 지식인을 분석하고 분류해도 큰 문제가 없다. 조금만 분석해 보면 지식인과 권력의 관계는 그 본질은 바뀐 것이 없으나 명칭과 내용에는 변화가 있음을 알 수 있다.

체제 안의 지식인과 체제 밖의 지식인

과거의 지식인과 마찬가지로 현대의 지식인도 크게 체제 안과 밖의 두 부류로 분류할 수 있다. 과거에 체제 밖에서 권력에 별다른 관심이 없는 것처럼 살았던 지식인들은 대부분 도교 집단이었다. 현대에도 이러한 지식인들이 있다. 그들은 지식을 탐구하지만 스스로 주변화되기를 바란다. 과거와 다른 점이라면 수가 무척 적고 아무리 아닌 척 해도 어쩔 수 없이 현실 문제에 관심을 보인다는 것이다. 이것은 현대 사회의 산업화가 이미 지식인들을 둘러싼 환경을 바꾸었기 때문이며 과거 도교 집단을 둘러싼 환경은 더 이상 존재하지 않는다.

체제 안의 지식인들은 예나 지금이나 중국 지식계의 주체다. 과거에 이들은 유교 집단이었으나 현대에는 몇 가지 변화가 발생했다. 가장 큰 변화는 바로 전통 유교의 '규범'과 '충성'을 중시하는 사상이 거의 사라졌다는 것이다. 전통 유교 집단은 "군(君)에 충성하고 애국한다."는 사상이 있었다. 사실 '군'과 '국', 즉 군주와 국가는 엄연히 다른 것이지만 과거의 어느 시기에는 중국, 외국 할 것 없이 두 가지를 하나로, 아니면 적어도 군주가 국가를 대표한다고 보았다. 그런가 하면 이 두 가지를 명확하게 구분하려는 시기도 있었다. 이 시기에 많은 유교 지식인은 국가에 대한 충성이 지나쳐 군주까지 받아들이지 않았는데 물론 여기에는 엄청난 대가가 따랐다. 어떤 지식인은 국가를 사랑하는 마음에서 군주를 비판했다가 죽음에 이르기도 했다. 어떤 시기든, 그것이 군주를 위한 것이든 국가를 위한 것이든 유교 집단 전체에 흐르는 사상은 바로 '충(忠)'이었다. 이것은 중국 사상사 전체를 아우르는 '양지(良知)', 즉 사람이 날 때부터 지니는 '천부적인 지식'이다. 하지만 진시황의 '분서갱유(焚書坑儒)'부터 마오쩌둥의 '반 우파'까지 수천 년을 거치며 유교의 '충' 사상은 사라지고 말았다. 그래서 현대에는 지식인과 권력 사이에 모종의 긴장 관계가 형성되었다.

현대 지식인이 직면한 유혹

'양지'가 사라진 오늘날의 지식인들은 외부 세계의 수많은 유혹을 받고 있다. 과거에 지식인들을 유혹하는 것은 대부분 권력에서 나온 것이었다. 물질 이익에 대한 유혹도 있었지만 큰 흔들림은 없었다. 스스로 '사농공상(士農工商)'의 첫 번째 자리에 오른 지식인들은 자신을 '청고(淸高)', 즉 '맑고 고결하다'고 생각했으며 물질 이익을 좇는 것을 경시했다. 과거의 지식인들은 "쌀 다섯 말 때문에 허리를 굽히지 않는다."를 신념으로 삼았다. 그런데 지금은 어떠한가? 현대의 지식인은 권력과 물질 이익이라는 두 가지 유혹에 직면하고 있다. 수천 년 동안 견지해 온 '양지'가 사라진 가장 '충성스러운' 집단은 사라지고 지금 남은 것이라고는 권력이나 물질 이익에 빌붙은 '의존형' 지식인뿐이다.

체제 안의 의존형 지식인은 과거의 단일화된 유교 집단과 달리 매우 복잡하다. 의존의 유형이 다양해진 데는 두 가지 원인이 있다. 하나는 사회 이익의 다원화다. 이익이 다원화되면서 권력자들은 각각의 이익에 상응하는 지지와 지지자들이 필요했다. 다른 하나는 권력의 의식형태가 변화한 것이다. 유교 집단이 지지하던 전통 왕권은 수천 년 동안 불변한 것이지만 오늘날의 정권은 그러한 강하고 거대한 의식형태와 다르다. 이런 상황에서 권력자들은 권력을 유지하기 위해 사방에서 다원적으로 지지를 구하려고 한다. 이 때문에 같은 의존형 지식인끼리도 모순과 갈등이 발생하며 심지어 서로 충돌하기까지 한다.

이렇게 다원화된 의존형 지식인은 두 가지 요소, 즉 서방으로부터 들여온 지식과 중국의 전통을 계승한 지식을 가지고 권력에 의존하거나 그것을 지지한다. 서방으로부터 들여온 지식은 마르크스주의와 각종 버전의 신 마르크스주의, 레닌주의, 민족주의 등이다. 중국의 전통을 계승한 지식은 역시 유교다. 개혁개방 이후 중국 지식계는 유교 문화의 부흥을 통해서 이른바 '국학(國學)' 운동을 주도했다. 이 두 가지 지식은 모두 현존하는 정권을 변호하고 지지한다. 그러나 이 두 가지에는 분명히 심각한 모순이 있기에 지식인들은 자신이 신봉하는 지식이 권력에 더 많은 영향을 미치고 권력자의 의식형태가 되기 바란다.

체제 밖 지식인도 권력을 쟁취하고자 한다

체제 밖에 있는 권력 반대자들은 어떨까? 중요한 것은 그들 역시 권력을 쟁취하고자 한다는 점이다. 문제는 이들이 왜 권력에 반대하는지에 달려 있다. 이들도 체제 안의 의존형 지식인들과 마찬가지로 두 가지, 즉 서방으로부터 들여온 지식과 중국의 전통을 계승한 지식을 가지고 권력을 반대한다.

두 가지 중에서 서방으로부터 들여온 지식이 주류라고 할 수 있다. 청 말기에 중국은 서방 국가들과 벌인 전쟁에서 연이어 패배했다. 이에 중국의 지식엘리트들은 자신들의 전통에 대한 자신감을 완전히 잃고서 서방으로부터 '진리'를 찾기 시작했다. 신문화운동(新文化運動) 시기에는 외국에서 가져온 지식만으로 이루어진 '신 백가쟁명'이 벌어질 정도였다. 물론 당시에도 중국의 전통을 지키고자 한 지식인이 있었지만 주도적인 지위를 차지하지는 못했다. 외국에서 들여온 각종 지식들은 중국에서 치열하게 경쟁했다. 그 결과 초기에는 자유주의가 주류를 차지했는데 이것은 서방의 강대국이 모두 민주주의 국가였기 때문에 당연한 결과였다. 5·4운동은 서방의 성공을 '민주'와 '과학'이라는 두 단어로 개괄했다. 그런데 이후 신해혁명이 실패하자 자유주의는 경쟁에서 밀려났고 마르크스주의, 레닌주의, 민족주의가 그 자리를 대신했다. 이것 역시 국내외 여러 상황이 영향을 미친 결과다. 당시 발발한 제1차 세계대전은 서방 세계의 자유주의가 실패했음을 드러낸 반면 러시아 혁명의 성공은 곧 마르크스 레닌주의의 성공을 의미했다. 이를 목격한 중국의 지식인들은 금세 자유주의를 버리고 주저 없이 마르크스 레닌주의를 선택했다. 또 국내에서는 서방의 자유주의를 실현할 만한 가능성이 없음이 드러나는 상황이었다. 서방 세계가 수백 년에 걸쳐 발전시킨 자유주의를 중국 사회에 이식해서 뿌리내리도록 한다는 것 자체가 불가능한 일이었다.

자유주의는 중국의 정치경제 제도로 자리 잡지 못했지만 서방의 가치는 계속 존재했다. 장제스 시대, 그러니까 1930년대에 잠시 중국의 전통을 회복하려는 시도가 있었던 것을 제외하면 중국 땅에서 각종 외국의 지식이 서로 경쟁했다. 그리고 마침내 승리를 거둔 마르크스 레닌주의가 권력자의 의식형태가 된 후 서방의 자유주의를 주장하던 사람들은 권력의 반대자가 되었다. 앞에서 말한 것처럼 체제 안의 의존형 지식인들은 마르크스 레닌주의에 의존해서 정권의 합법성을 논증했다. 하지만 중국에는 단 한 번도 중국 자체의 마르크스 레닌주의자, 자유주의자가 없었다. 그동안 중국의 지식계를 장악한 것은 모두 서방 마르크스 레닌주의자와 서방 자유주의자뿐이었다.

사물과 세계를 해석하라

체제 안의 의존형 지식인과 체제 밖의 권력을 반대하는 지식인들은 다음과 같은 공통점이 있다. 첫째, 두 집단은 모두 권력을 추구한다. 이들은 마치 집권당과 반대당처럼 한 쪽은 권력을 유지하려고 하고 다른 한 쪽은 미래에 권력을 차지하고자 한다. 둘째, 두 집단은 모두 사물과 세계를 해석하는 지식체계가 없다. 그들은 세계를 해석하는 것보다 세상을 바꾸는 것에 더욱 관심을 보인다. 이런 의미에서 그들은 지식의 생산자가 아니며 오히려 지식의 사용자, 응용자라고 할 수 있다. 셋째, 두 집단은 모두 상당히 이상주의적이다. 그들은 모두 자신들의 상상 속에 존재하는 국가를 건설하고자 한다. 그러나 그것은 객관적인 현실 인식과 이해에 기초하는 것이 아니다. 넷째, 두 집단은 모두 각종 평가와 비판에 열중한다. 그들은 서방의 지식과 가치를 이용해서 중국인, 중국의 제도, 중국 문화를 평가하고 비판한다. 다시 말해 세계를 해석할 능력은 없으면서 권력이라는 목적을 위해 현실을 비판하기만 하는 것이다.

서방 사회에서는 권력을 지지하든 반대하든 사물과 세계를 해석하는 것이 지식인의 임무다. 하지만 지금 중국에는 이런 지식인이 없다. 그들은 그저 권력을 얻고자 하고, 권력을 잡으면 그것을 변호하고 지지하는 데 몰두한다. 이 때문에 체제 안의 지식인과 체제 밖의 지식인이 모두 똑같은 사유와 행위 논리를 보이는 것이다.

지식인에 대한 몇 가지 사실

지금까지 '지식은 권력'이라는 개념에서 출발해서 서방의 전통, 중국의 전통, 그리고 중국의 현재를 분석했다. 여기에서 어떤 정보를 얻었는가? 중국 지식인에 대해 무엇을 알게 되었는가?

첫째, 사람들이 원하든 원하지 않든 중국의 전통은 계속될 것이다. 왜냐하면 전통은 이미 그 뿌리가 깊어 꼼짝 하지 않는 문화가 되어버렸기 때문이다.

둘째, 지식인은 문명에 대한 책임감을 느껴야 한다. 수천 년 동안 농업 문명 국가였던 중국은 곧 상업 문명이라는 새로운 도전을 마주할 것이다. 이제 중화민족은 상업 문명 국가로서 어떻게 발전할지에 대해 깊이 생각하고 토론해야 하는데 지식인은 여기에 책임감을 느끼고 주도적인 역할을 담당해야 한다.

셋째, 지식이란 힘과 권력이다. 새로운 지식을 만들어 내는 사람이 세상을 바꿀 수 있다. 덩샤오핑은 1970년대 말에 "과학기술이 생산력이다."라고 말해서 지식과 사상이 물질을 만들어 낸다는 것을 강조했다. 지식인은 모두 사회를 개조하고자 한다. 어떻게 개조해야 할까? 이 문제에 대한 해답을 얻으려면 반드시 자신이 속한 사회를 해석하고 적합한 지식 체계를 건립해야 한다.

넷째, 중국 사회의 변혁에는 지식인이 필요하다. 여기에서 말하는 지식인은 반드시 중국 사회를 해석할 능력과 의지가 있어야 한다. 그들의 노력은 권력이나 물질 이익을 위한 것이 아니라 순수하게 사물(또는 사회현상)을 해석하고 이해하기 위한 것이다. 이 해석을 통해 새로운 역량이나 권력을 생산할 수는 있지만 이는 그저 부산물일 뿐이다. 세계를 해석해야만 세상을 바꿀 수 있음을 잊어서는 안 된다.

다섯째, 지식인의 사유 능력은 경계가 없어야 한다. 누구든 지식 체계를 구성할 잠재력이 있지만 사유 방식이 권력과 물질 이익의 제한을 받는다면 사유에는 경계가 생기고 지식은 상상력을 잃는다. 중국 사회의 진보는 독립된 지식 체계의 출현 여부에 따라 결정된다.

빈곤국가, 부국과 중국:
새로운 '삼개세계' 구조

리다오쿠이(李稻葵)

중국 중앙은행 통화정책위원회 위원, 칭화대학(清華大學) 중국세계경제연구센터(CCWE) 주임

글로벌 금융위기는 완전히 새로운 삼개세계 구조를 만들어 내고 있다. 경제 파동과 금융위기는 세계 빈국들의 미래 발전을 위협하고 부국들은 자신이 저지른 잘못의 여파에서 여전히 헤어나지 못하는 상태다. 현재 중국은 빈국과 부국 어느 쪽에 속했다고 말할 수 없다. 국제 사회에서의 지위와 이익 추구 방면에서도 역시 그러하다. 확실한 것은 중국이 빠르고 평온한 경제 발전을 통해 세계의 정치와 경제를 안정시키는 역할을 하고 있다는 사실이다.

❀ 금융위기는 세계를 변화시켰다

인류 역사는 마치 기나긴 강처럼 천천히 흐르다가 도중에 짧은 기간, 혹은 수십 년 동안 급격히 발전했다가 다시 잠잠해지곤 했다. 지금은 비교적 평화로운 시대라고 할 수 있다. 그동안 인류 역사의 흐름과 세계의 구조를 급격히 바꾸는 전쟁은 천천히 사라졌다. 하지만 새로운 위기, 바로 금융위기가 전쟁의 자리를 대신해 인류 역사 발전에 커다란 영향을 미치고 있다.

지금 세계는 금융위기의 고통을 겪고 있다. 2008년에 발생한 글로벌 금융위기는 지금까지 주요 국가의 재정을 국가의 신용도를 유지할 수 없는 정도까지 몰고 갔다. 하지만 이 위기의 클라이맥스, 즉 가장 중요한 경제체인 미국의 재정 붕괴는 아직 발생하지 않았다. 나는 이 글로벌 금융위기가 끝나려면 한참 멀었으며 이것이 곧 미래 세계의 구조를 변화시킬 것이라고 생각한다. 금융위기가 끝난 후 미래 세계에는 어떠한 구조가 출현할 것인가?

빈국, 부국, 그리고 중국 : '신 삼개세계론'

지금 글로벌 금융위기는 완전히 새로운 '삼개세계' 구조를 만들어 내고 있다. '삼개세계'는 1970년대에 마오쩌둥이 제시한 세계 구조 이론이다. 이 이론은 초강대국인 소련과 미국을 제1세계, 기타 선진국을 제2세계, 그리고 개발도상국을 제3세계로 구분했다.

이것은 당시에 무척 통찰력 있는 이론이었으나 지금의 세계 구조와는 맞지 않다. 가장 큰 변화는 바로 중국이다. 과거 35년 동안 중국은 경제, 사회 영역에서 눈부신 발전을 거두었고 국제 사회에서 빠르게 부상했다.

빈 국

여기서 '빈국'이란 극한 빈곤에 놓인 개발도상국과 이른바 신흥시장국가를 모두 포함한다. 이들은 경제 실력 면에서 상당히 큰 차이가 있지만 모두 '발전'이라는 목표가 있기에 하나로 보았다. 지금의 세계 금융 구조는 빈국의 발전에 기회를 제공하는 동시에 그들을 제한하기도 한다.

그렇다면 빈국은 중국의 부상에 대해 어떻게 생각할까? 그들은 중국과 무역 혹은 경제 협력을 추진하면서 발전의 기회를 얻기를 바란다. 그러나 이와 동시에 국제 무역, 에너지 자원 등의 문제에 관해서는 우려의 눈길로 중국을 바라보고 있다. 그들은 고속 성장을 계속하는 중국이 자신들의 발전 가능성을 모두 선점하거나 소비할까봐 걱정한다. 빈국 중 일부는 엄청난 발전을 할 기미를 보인 곳도 있지만 대부분 빈국은 여전히 경제 발전에 불안정한 요소가 많다. 인도나 파키스탄은 공공 재정, 국제 수지 방면에서 문제가 있어서 언제나 재정 적자, 경상수지 적자가 발생한다. 한때 빈국이었던 중국은 역사적 경험을 통해 재정 적자와 무역 적자가 지속되면 곧 경제 위기가 발생한다는 것을 잘 알고 있다. 선진국의 금융위기가 일단락되면 그 여파가 빈국에게까지 미칠 것이고 심리적 공황을 느낀 빈국의 자본가들은 재빨리 외부로 자본을 도피시킬 것이다. 이와 같은 이유로 빈국의 미래는 밝다고 할 수 없다. 글로벌 금융위기는 빈국의 미래 발전을 위협하고 있다.

부 국

'부국'은 지금의 글로벌 금융위기를 저지른 당사자로 가장 큰 피해를 입고 있다. 2008년에 첫 번째 금융위기가 터졌을 때 부국의 정부는 가능한 모든 수단과 역량을 다해서 시장을 구제했고 가까스로 위기를 버텨냈다. 하지만 2011년 7월에 공공재정 위기가 발생하자 사회 제도를 근본적으로 조정하거나 개혁할 필요가 있다고 생각했다. 여기에는 공공재정의 규모와 지출의 구조도 포함되었다. 이 개혁에 성공해야만 경제 회생 능력이 생기고 그래야만 공공부문의 신용이 회복될 수 있다. 그러나 현 상황으로 미루어 볼 때 소위 부국의 개혁은 그다지 낙관적이지 않다. 그들은 개혁의 이론과 준비, 기본적인 사유를 모두 명확하게 확정하지 못한 상태다. 또한 세계화에 관해서 국제 무역의 자유화와 석탄 배출량에 대한 문제에 관해서도 의견의 일치를 보지 못하고 있다.

부국 역시 걱정스러운 눈길로 중국을 바라보고 있다. 그들은 빠른 속도로 발전하는 중국이 자신들의 발전 공간을 모두 차지할까봐 걱정한다. 특히 가장 우려하는 부분이 바로 지적 재산권 문제다. 부국은 중국의 기업이 천천히 선진국의 지식과 기술을 모두 장악해서 무소불위의 경쟁력을 갖출까봐 걱정하는 눈치다. 이와 같은 이유로 지적 재산권은 앞으로 부국과 중국의 갈등의 핵심이 될 것으로 보인다.

중요한 것은 부국끼리의 관계가 그다지 견고하지 않다는 것이다. 아마 가까운 미래에 독일이 주도하는 유럽 대륙의 국가들과 영국, 미국 사이에 갈등이 발생할 것이다. 독일의 경제체제는 영국이나 미국 같은 완전한 시장경제체제가 아니다. 독일은 사회시장주의를 채택하고 있으며 정부가 시장에 직접적으로 간섭해서 시장의 공평성을 보장하고 효율을 중요시한다. 유럽 대륙의 국가들도 영국과 미국처럼 개인의 자유에 집중하지 않으며 상대적으로 공공사회 질서, 공공의 이익을 강조한다. 중국은 부국 사이에 발생하는 이러한 갈등에 대해 객관적으로 명확하게 인식해야 한다. 글로벌 금융위기는 부국 내부에 분열과 차이를 몰고 왔다. 예컨대 독일은 글로벌 금융위기에서 상대적으로 이득을 본 쪽이다. 독일은 유럽 및 전 세계적으로 국제적 지위가 크게 올랐으며 그들의 경제체제, 사회 관리체제는 많은 호응을 얻었다. 이에 유럽대륙의 다른 국가들은 사실상 사회 관리의 상당 부분과 공공재정의 관리권을 독일이 주도하는 유럽연합에 넘겼다.

중 국

지금 중국은 발전의 날개를 달고 하늘 위로 날아오르는 중이라고 해도 과언이 아니다. 이러한 고속 발전은 19세기 중엽의 영국, 19세기 후반의 미국, 20세기 초의 독일, 그리고 메이지 유신 후의 일본의 발전과 견주어도 뒤지지 않을 정도다. 다만 다른 점이 있다면 35년에 걸쳐 고속 발전을 거친 지금에도 중국의 개혁 동력과 잠재력이 여전히 크다는 사실이다. 서방 세계는

19세기 말~20세기 초에 갑자기 부상한 독일이 전 세계에 몰고 온 무자비함과 공포를 기억한다. 그래서 무섭게 부상하는 중국을 불안한 눈빛으로 예의 주시하고 있다.

크나큰 발전에도 불구하고 중국은 빈국과 비슷한 점이 많다. 예를 들어 중국에는 여전히 1억여 명에 달하는 빈곤층이 존재한다. 그런가 하면 부국과도 비슷한 점이 많다. 중국은 국제 사회의 평화와 안정을 위해서 대외 원조를 부담하고 있다. 또 전 세계의 3분의 1에 해당하는 외환을 보유하고 있다. 이 때문에 중국은 빈국과 부국 중 어느 한 쪽에 속할 수 없다. 국제 사회에서도 중국의 이익은 빈국과 다르고 부국과도 같지 않다. 대표적인 예가 WTO의 도하 개발 어젠다였다. 당시 중국은 경쟁력을 갖춘 신흥경제국으로서 전 세계 무역 자유화를 주장했다. 그러나 빈국과 부국은 각자의 이익을 챙기는 것에 급급해 끊임없이 논쟁을 벌였고 결국 아무런 결과를 도출해 내지 못했다. 결국 중국만 손해를 본 쪽이 되고 말았다.

🏵 중국의 사명

이 새로운 삼개세계 구조 아래에서 중국이 해야 할 일은 무엇일까? 바로 내부의 사회적 안정을 유지, 보호하고 지속적으로 체제를 개혁하며 국내의 각종 모순과 갈등을 해결해야 한다. 또 최선을 다해서 사회의 지속적인 발전을 보장하고 중화문명의 부흥을 추진해야 한다. 이외에 국제 사회에서 해야 할 일로는 다음 세 가지가 있다.

첫째, 중국은 '안정을 만드는 기계'가 되어야 한다. 중국은 빈국도 아니고, 부국도 아니다. 현재의 국제 정치경제 질서는 중국이 발전하는 데 매우 유리하다. 그러므로 중국은 최대한의 노력을 기울여서 현행 체제를 안정적으로 만들고 유지, 보호해야 한다. 너무 급격한 개혁과 변화는 오히려 발전에 불리하게 작용할 수 있다.

'안정을 만드는 기계'가 되려면 어떻게 해야 할까? 우선 비교적 빠르고 평온하게 경제를 발전시키고 경제 구조를 조정해야 한다. 이것은 중국만의 문제가 아니라 국제 사회의 안정에 큰 공헌을 할 수 있는 중요한 문제다. 그중에서도 가장 중요한 것은 바로 내수 확대와 무역 흑자 감소다. 이를 통해 중국은 세계에 더 넓은 시장을 제공할 수 있다. 글로벌 금융위기가 발생한 후 중국이 채택한 정책은 바로 이 점을 반영한 것으로 세계의 모범이 되었다. 중국의 무역 흑자는 금융위기 전인 2007년에 GDP의 8.8%였지만 2011년에는 2.5%로 떨어졌다. 올해는 아마 GDP의 1.3% 이하까지 떨어질 것이다. 또한 인민폐의 환율을 지속적으로 조정해서 탄성을 증가시켜야 한다. 이것은 세계 금융 안정에 무척 중요한 역할을 할 수 있다. 만약 인민폐 환율이 크게 요동친다면 무역 상대국에 엄청난 통화팽창 혹은 통화수축을 일으킬 수도 있다. 마지막으로 '안정을 만드는 기계'가 되려면 안정적으로 대외 투자를 진행해야 한다. 중국은 현재 3조 5,000억 달러가 넘는 외환을 보유하고 있다. 지금 세계 금융이 필요한 것은 책임감과 참을성을 갖춘 투자며 중국이 바로 이 역할을 담당해야 한다. 이는 국제 금융 상황을 안정시키는 데 매우 중요한 일이다.

둘째, 중국은 국제 질서 개혁을 추진해야 한다. 중국은 발전 과정에서 투자보호주의, 무역보호주의, 무리한 탄소 배출 감소 요구 등 각종 불합리한 국제 질서의 영향을 받았다. 그러므로 중국은 빈국을 대표해서 부국에 국제 질서 개혁을 요구해야 한다. 그러나 현행 국제 질서가 중국에 이익을 가져다주기도 하므로 너무 급격하게 변화하지 않도록 해야 한다. 그래서 중국은 빈국과 부국 사이를 잇는 다리와 같은 역할을 맡아서 국제 질서의 점진적 개혁을 추진해야 한다.

셋째, 중국은 빈국에게 미래 발전의 본보기가 되어야 한다. 지금 세계의 빈국들은 모두 중국을 주시하고 있다. 중국은 인구가 많고 1인당 자원이 부족한 국가다. 이러한 상황에서 중국이 환경 우호적인 저탄소 발전을 실현할 수 있을지, 가능하다면 어떤 방법을 채택할지는 현재 세계 빈국의 최대 관심사다. 만약 이 방면에서 중국이 일정한 성과를 거둘 수 있다면 빈국에게 큰 힌트를 제공할 수 있다. 또한 현재 중국의 거대한 사회 안에는 각종 모순, 초대형 도시 관리, 교통, 주택, 의료, 양로, 퇴직 등 다양한 문제들이 존재한다. 이는 인류 역사상 존재한 적이 없는 일이다. 만약 중국이 사회 관리 방면에서 공공질서와 개인의 자유를 합리적이고 공평하게 결합하는 효과적인 관리 체제를 건립한다면 이 역시 빈국에 힌트를 제공하는 것이다. 사실 이것은 빈국뿐만 아니라 부국 역시 본보기로 삼을 만한 내용이다.

결 론

지금의 글로벌 금융위기는 흡사 과거의 전쟁처럼 전 세계를 변화시키고 있다. 금융위기는 완전히 새로운 세계 구조를 만들어 냈고 이것은 '신 삼개 세계론'으로 개괄할 수 있다. 이 이론을 구성하는 것은 빈국, 부국, 그리고 중국이다. 중국은 우선 국내의 정치경제 발전의 모순을 끊임없이 해결해야만 역사적 사명, 즉 '안정을 만드는 기계', 국제 질서 개혁 추진자, 미래 발전의 탐색자로서의 사명을 실현할 수 있다.

'아래에서 위로 향하는' 개혁을 추진하라

이셴룽(易憲容)
중국사회과학원 금융연구소 거시경제연구실 주임

　　중국은 지난 30년 동안 개혁개방을 추진해서 많은 성과를 거두었다. 그러나 이는 모두 '위에서 아래로 내려온' 개혁이었다. 시간이 흐르면서 형성된 기득권층이 개혁을 방해했고 그 바람에 개혁은 교착 상태에 빠졌다. 또 '위에서 아래로 내려온' 개혁 방식이 중국 사회의 곳곳에 만연하고 말았다. 덩샤오핑이 추진한 것이 개혁의 첫 걸음이었다면 두 번째 걸음은 반드시 '아래에서 위로 향하는' 개혁이어야 한다. 그래야만 현대 사회의 문명을 받아들여 이익을 확대하고 사회 각계각층의 이익 관계를 조율할 수 있는 제도와 법률을 설계할 수 있기 때문이다.

　　얼마 전 중국 공산당 18대가 끝났다. 여기에서 새로 구성된 제5세대 지도부는 2013년 3월에 임기를 시작한다. 새로운 지도부가 이끄는 중국 경제는 어느 방향으로 나아갈까? 또 어떤 변화가 발생할까? 이 문제들은 지금 중국 학계의 가장 큰 화두다. 왜냐하면 이전 지도부와 정책적 기조가 크게 다르지 않아도 일단 새로운 지도부가 들어서면 경제 정책이 크게 변화하고 이러한 변화는 중국의 발전 방향을 결정하기 때문이다.

그렇다면 새로운 지도부는 무엇을 지향할까? 그들이 가장 관심을 보이고 주력하고자 하는 문제는 무엇일까? 지도부의 의향은 어떤 방식으로 드러날까? 또 중국 사회는 새로운 지도부에 무엇을 바라고 있을까? 이 글은 중국 공산당 18대 이후의 경제 정책 방향에 대해 이야기하고자 한다.

제도 개혁

세계은행과 중국 국무원 발전연구센터는 중국이 더욱 '근본적인 개혁'에 착수하지 않으면 가까운 미래에 심각한 사회 위기를 맞이할 수 있다는 내용의 보고서를 발표했다. 또 이 보고서는 만약 중국이 '근본적인 개혁'에 성공한다면 '중진국 함정'을 피해서 2030년에 고소득 사회에 진입할 수 있다고 전망했다. 여기서 말하는 '근본적인 개혁'이란 정부 기능을 개선하고 시장 경제체제를 강화해서 금융 현대화를 실현하는 것을 의미한다. 또 국유기업의 독점을 철폐해서 산업구조를 조정하는 것 역시 여기에 포함된다.

30년에 걸쳐 개혁을 추진해 온 중국은 현재 제도 개혁의 교착 상태에 빠져 있다. 그리고 무언가 문제가 있다고 느낀 중국인들은 덩샤오핑의 남순강화를 회고하며 개혁의 본질에 대해 고민하고 있다. 인민일보는 한 사설에서 "'완벽하지 않은' 개혁을 할 바에는 차라리 안하는 것이 낫다."고 단언했는데 이는 현재 대부분 중국인의 생각이기도 하다. 그러므로 새로운 지도부는 이 점을 반드시 명심해서 제도 개혁에 더욱 박차를 가해야 할 것이다.

그렇다면 우리가 해야 할 일은 무엇일까? 나는 세계은행과 국무원이 제시한 문제들이 개혁의 시작과 방향일 뿐 핵심은 아니라고 생각한다. 내가 생각하는 '근본적인 개혁'은 다음과 같다.

첫째, 현재의 개혁 패러다임을 돌아보고 재평가해야 한다. 중국은 지난

30년 동안 개혁개방을 추진해서 많은 성과를 거두었다. 그러나 이는 모두 '위에서 아래로 내려온' 개혁이었다. 다시 말해 권위적인 지도자 및 중앙정부가 설계한 제도를 기초로 진행한 개혁인 것이다. 덩샤오핑은 자신의 지혜와 용기를 바탕으로 그동안 전통적인 사회주의가 금기시하던 영역에 들어섰다. 하지만 시간이 흐르면서 형성된 기득권층이 개혁을 방해했고 그 바람에 개혁은 교착 상태에 빠졌다. 또 '위에서 아래로 내려온' 개혁 방식이 중국 사회의 곳곳에 만연하고 말았다. 그러므로 '근본적인 개혁'을 하려면 반드시 개혁의 패러다임을 돌아보고 노선을 조정 혹은 전환해야 한다.

덩샤오핑이 추진한 것이 개혁의 첫 걸음이었다면 두 번째 걸음은 반드시 '아래에서 위로 향하는' 개혁이어야 한다. 그래야만 현대 사회의 문명을 받아들여 이익을 확대하고 사회 각계각층의 이익 관계를 조율할 수 있는 제도와 법률을 설계할 수 있기 때문이다. 지금의 제도들은 서로 충돌해서 끊임없이 사회 문제를 일으킨다. 이는 그동안 개혁이 아래에서 위로 향하지 않았으며 소수의 엘리트들이 정책을 설계하고 결정한 탓이다. 다시 말해 이제까지의 개혁은 국민의 지혜와 적극성을 억제하며 소수 엘리트의 이익을 보호하는 도구로 전락했다.

둘째, 기득권층의 개혁 저지와 반대를 무너뜨려야 한다. 개혁 과정에서 형성된 기득권층은 정치, 경제, 사회, 문화 영역에서 각종 자원을 장악한 채 자신들의 이익을 법제화하고 있다. 그들은 불합리한, 심지어 불법적인 이익 구조에 '합법'이라는 가면을 씌우는 일까지 서슴지 않는다. 이런 일은 전체 사회의 개혁에 심각한 장해물이 되어 개혁을 지지부진하게 만들고 법치 사회의 건립을 방해한다.

그러므로 새로운 지도부는 반드시 지금의 법규를 정비하고 그 범위를 명확히 하는 작업에 착수해야 한다. 좀 더 구체적으로 말하자면 전국인민대표대회의 기능과 역할을 명확하게 규정하고 각종 법률과 제도를 확립해서 정부 조직의 정책 결정 과정과 방식을 새롭게 조정해야 한다. 이것에 성공하지 못하면 다양한 이익 관계가 끊임없이 충돌을 일으키고 법률은 결국 기득권층의 이익을 보호하는 도구가 될 것이다.

셋째, 정부의 기능을 명확하게 규정해야 한다. 시장경제체제가 잘 운영되는 국가일수록 정부의 기본 기능이 명확하고 제도가 확립되어 있다. 정부는 재산권의 범위를 확정하고 사회에서 이루어지는 각종 계약이 실행되도록 보장하며 힘없는 국민의 권리가 침해받지 않도록 해야 한다. 하지만 현재 중국의 정부는 스스로 경제생활의 주체가 되어서 국가의 대부분 자원을 장악하고 배치한다. 그러다 보니 중국 경제는 권력과 뗄 수 없는 관계가 되었으며 대부분 경제 활동은 장악한 권력의 크기에 따라 얻을 수 있는 이익이 달라진다고 해도 과언이 아니다. 이는 현재 중국 정부 관료들의 심각한 부정부패, 소득 불균형, 국유기업의 독점, 사회이동(social mobility)의 약화 등과 모두 관련이 있다. 그러므로 이것은 새로운 지도부의 최대 난제가 될 것이 분명하다.

사회이동

사회이동이란 사회 안에서 개인이나 집단이 하나의 사회적 위치에서 다른 사회적 위치로 이동하는 것을 의미한다. 사회이동이 어렵지 않고 원활한 사회는 기회의 평등을 보장하기 때문에 구성원들이 모두 적극적으로 노동의 소질을 개발하고자 한다. 그리고 이를 바탕으로 경제는 지속적이고 안정적으로 발전할 수 있다.

아마 대부분 중국인이 현재 중국의 사회이동이 매우 경직되어 있다고 생각할 것이다. 여기에는 많은 원인이 있지만 특히 호구제도가 가장 큰 원인이라 할 수 있다. 1949년에 중화인민공화국이 건립된 직후와 1978년에 개혁개방이 시작되고 20여 년 동안은 사회이동이 꽤 원활한 편이었다. 특히 개혁개방 시기에는 많은 농민 혹은 그들의 자녀가 대학 입시 제도인 가오카오를 통해 '출셋길'에 들어설 수 있었다. 국민들은 적극적으로 교육의 기회를 찾았고 자신의 가치를 높이기 위해 많은 노력을 기울였으며 이를 바탕으로 경제가 빠르게 발전할 수 있었다. 다시 말해 엘리트가 아닌 사람들도 발전의 기회를 계속 모색한 것이다. 중국에서 민영경제가 발전하고 많은 민영기업가가 출현했으며 농촌 출신 청년들이 국가 기관에 대거 진출한 것은 모두 사회이동이 원활했기 때문이었다.

그런데 어찌된 일인지 최근 10년 동안 중국의 사회이동은 심하게 경직되었다. 이른바 '재벌2세', '관료2세', 심지어 '재벌3세', '관료3세'라는 말은 현재 중국 사회에서 계층간 이동이 구조적인 장벽에 가로막혔음을 의미한다. 더욱 큰 문제는 '가난뱅이2세'나 '가난뱅이3세'라는 말에서 알 수 있듯이 가난한 사람들의 생활이 전혀 나아지지 않는다는 데 있다. 이들은 아무리 노력해도 타고난 환경과 운명을 바꿀 수 없다고 생각하기에 더 이상 자신의 소질을 개발하는 데 투자하지 않는다. 그래서 교육이나 훈련의 기회를 찾지 않고 그저 자신이 처한 환경에서 아무런 희망 없이 살아가는 것이다. 이것은 중국 사회와 경제 발전에 커다란 장해물이 될 것임이 틀림없다. 그러므로 새로운 지도부는 호구제도를 개혁해서 사회이동에 유리한 제도적 환경을 만들어야 한다.

계획경제시대에는 도시호구와 비(非)도시호구에 커다란 차이가 있었다. 당시의 호구제도는 개인의 사는 곳과 직업뿐 아니라 누릴 수 있는 권리까지 결정했다. 계획경제 시기에 정부는 거의 30조 위안에 달하는 부를 도시 주민의 생활환경 향상에 쏟아부었다. 그래서 도시호구를 가진 사람들은 그 자체로 우월감을 느꼈으며 농촌호구를 가진 사람들은 모두 어떻게 하면 자신의 호구를 도시호구로 바꿀 수 있을지에 몰두했다.

지금도 호구의 자유로운 이전을 허가한 지역이 있기는 하다. 그러나 이런 지역들은 대부분 농민이 그다지 가고 싶어 하지 않는 지역이며 정작 농민들이 얻고자 하는 지역의 호구는 대부분 엄격하게 제한되어 있다. 일반적으로 농촌 및 소도시의 주민은 중대형 도시의 호구를 얻기 바라고 중대형 도시의 주민들은 베이징이나 상하이 같은 주요 도시의 호구를 얻고자 한다. 집중적인 도시화 추진 과정을 거치면서 인력, 물류, 정보 할 것 없이 경제 성장의 자원 대부분이 중대형 도시에 집중되었다. 중대형 도시에 사는 사람들은 더 많은 문명과 발전을 누릴 수 있으며 발전의 기회도 많다. 반면에 농촌이나 소도시는 국가 경제 발전의 혜택을 전혀 누리지 못하고 있으며 여전히 파벌 같은 것을 통해서만 기회를 얻을 수 있다. 이러한 상황에서 농민이나 소도시의 주민들이 중대형 도시로 이동하려는 것은 당연한 일이 되었다. 그러므로 중대형 이상의 도시 호구제도를 개방하는 것이 현행 호구제도의 모순을 없애고 사회이동을 원활히 하는 방법이 될 수 있다.

사실 현대 국가의 도시화, 산업화 과정에서 우선 대도시에 각종 자본이 집중되고 그 후에 주변으로 발전이 확대되는 것은 무척 흔한 일이다. 대부분 국가가 이런 방식으로 국가 전체의 경제 발전을 추진했다. 그런데 현재 중국 정부는 도시화의 문제점을 해결하는 방법으로 '성진화(城鎭化)'를 제시하고 있다. '성진화'는 도시가 아닌 더 작은 규모의 진(鎭)으로의 인구 이동을 의미한다. 하지만 이렇게 하면 도시화가 도시와 농촌의 대립적 이원구조를 만들어 낸 것처럼 대도시와 소도시 및 소형 성진이 대립하는 새로운 이원구조를 만들어 낼 수도 있다. 그러면 결국 다시 사회이동이 경직되고 말 것이다.

교육의 기회평등은 사회이동을 촉진하는 가장 좋은 방법이다. 하지만 지금 고등교육의 기회는 거의 대부분 중대형 도시에 집중되어 있다. 그렇기에 호구제도의 개혁이 소도시에 한정되고 중대형 도시에 있는 학교에 입학하는 것이 계속 호구제도의 제한을 받아서는 안 된다. 베이징의 명문 대학들이 발표한 내용에 따르면 해당 학교에 입학한 농촌 및 소도시 주민의 자녀의 수가 매년 줄어들고 있다. 그러므로 새로운 지도부의 호구제도 개혁은 범위를 대도시까지 전면적으로 확대해야 하며 모든 국민이 평등한 교육의 기회를 얻을 수 있도록 해야 한다.

소득 분배

러시아의 푸틴 대통령과 프랑스의 프랑수아 올랑드(Francois Hollande) 대통령이 취임하고 홍콩 특별 행정구 행정장관으로 서민 출신의 렁춘잉(梁振英)이 선출된 것에 대해 무엇을 느꼈는가? 우리는 단순히 한 국가나 지역에 새로운 지도자가 취임한 사실뿐 아니라 그들이 어떻게 지도자가 되었는지에 대해 생각해 보아야 한다. 그들은 누구의 이익을 대변하는가? 그들이 취임한 후 경제 정책에 어떠한 변화가 발생했는가? 이 변화는 국가 경제 혹은 전 세계 경제에 어떠한 영향을 미쳤는가?

이 지도자들은 모두 중산층 이하 계층의 이익을 대변했으며 이 계층의 표를 얻어 당선되었다. 그렇기에 이들은 취임 후 모든 정책에서 '공평과 정의'를 추구하고 더 많은 민중이 사회 발전의 성과를 충분히 누릴 수 있도록 했다. 이러한 정책은 전 세계에 영향을 미쳤다.

최근 20년 동안 전 세계의 금융자본은 크게 확대되었으나 모두 소수의 사람에게 집중되었다. 예를 들어 2008년 이전에 월가 금융기업의 회장 한 명의 연봉을 1억 위안으로 계산하면 서민 한 명의 연봉은 그것의 만분의 일도 채 되지 않았다. 중국 역시 10년이라는 짧은 기간에 백만장자 270만 명과 무려 1만 명에 달하는 억만장자를 만들어 냈지만 일반 국민들의 생활수준은 크게 바뀐 것이 없다.

월가 회장들의 연봉은 왜 그렇게 높은 것일까? 중국의 금융업이나 부동산업 인사들은 어떻게 서민들의 수천, 수만 배가 넘는 수입을 올릴 수 있었을까? 혹시 그들이 천재이거나 하는 일이 무척 고되기 때문일까? 그렇지 않다. 이러한 상황이 발생한 근본적인 원인은 모두 잘못된 정책과 기득권층의 이익을 제도화한 법률에 있다. 월가와 중국만 예로 들었지만 사실 전 세계 대부분 나라가 모두 이러하다. 이 문제를 해결하려면 현재의 불공평한 경제 정책과 제도를 바꾸는 것이 급선무인데 이것은 또한 전 세계 99%에 달하는 사람들의 바람과 호소이기도 하다. 민주주의 국가의 국민들은 선거를 통해 자신들의 뜻을 드러낸다. 나는 이제 중국도 대다수 민중의 공통된 바람과 호소에 응답해야 한다고 생각한다.

중국에서 소득분배는 사회 전체에서 공평과 공정을 실현하는 것, 경제구조의 조정, 발전 방식 전환, 주민 생활수준의 향상과 모두 관련이 있다. 그러므로 새로운 지도부는 반드시 소득분배에 대한 제도적 개혁을 단행해야 한다. 현재 중국의 소득분배의 불공평과 불합리는 매우 심각한 상황이다. 왜 이러한 상황이 발생했을까? 빈부격차는 앞으로도 계속 확대될까? 그 근본적인 원인은 무엇이며 어디에서부터 개혁을 시작해야 할까?

현재 중국의 소득분배 문제는 크게 세 가지로 나누어 볼 수 있다. 첫째, 1990년 이후 국민소득 분배에서 노동소득이 차지하는 비율이 큰 폭으로 하락했다. 둘째, 소득격차가 점점 커지고 있으며 특히 농민의 소득이 전체 국민소득에서 차지하는 비중이 점점 줄어들고 있다. 셋째, 기업의 소득이 경영진에 집중된다(공개된 자료에 따르면 한 금융기관의 경영진에게 지급되는 연봉은 이 금융기관 전체 소득의 50% 이상으로 일반 직원의 10배 이상이라고 한다).

이러한 문제들에 관한 의견은 매우 다양하다. 어떤 사람은 이것이 노동력이 계속 공급되고 협상능력이 낮기 때문이라고 본다. 또 국가가 경제를 주도하고 경영진이 절대적인 권력을 차지한 탓이라고 생각하는 사람도 있다. 하지만 이는 모두 드러난 사실을 말한 것뿐이며 근본적인 원인은 바로 불합리한 제도다. 예를 들어 현재 중국에서 소득이 가장 낮은 사람들은 바로 농민이다. 계획경제 시대에 정부는 그들의 소득을 '빼앗아서' 산업화에 쏟아부었다. 또 개혁개방 시기에 농민은 엄격한 호구제도 탓에 현대화 과정 밖에 격리되었다. 이때도 역시 농촌에서 발생한 거액의 부가 급속한 도시화에 투입되었다. 이외에 부정부패, 교육의 기회 불평등 탓에 농민들은 줄곧 주류사회로 진입하지 못했다. 농민뿐 아니라 전체 중저소득층에게 노동은 가장 중요하며 심지어 유일한 소득의 근원이다. 그런데 교육의 기회가 불평등해진 바람에 노동의 질을 업그레이드할 수 없었고 소득 수준은 날로 낮아졌다. 뿐만 아니라 국유기업에 대한 감시와 감독 제도가 제대로 확립되지 못한 상황에서 경영진들은 기업의 이익을 개인화했다. 이런 불합리한 제도를 해결하지 않고 그저 농산품 가격을 올리거나 일시적인 지원 등의 방식으로 문제를 해결하려 해서는 안 된다.

최근 중국에서 가장 빠르게 성장한 분야는 바로 천연자원 개발이나 부동산업이다. 천연자원 개발 영역은 계획경제 시기에 별다른 소득을 거두지 못했다. 그래서 개혁개방이 시작되었을 때 정부는 좀 더 효율적으로 자원을 활용하기 위해 국유 자산을 양도하기 시작했다. 이 과정에서 관리가 허술한 틈을 타서 광산, 토지 등의 자원이 개인의 수중에 넘어가고 말았다. 부동산 영역의 경우 최근 몇 년 동안 가격이 급속도로 상승했다. 그 덕에 부동산 개발업자든 지방정부의 관료든 부동산 투기에 뛰어들었거나 관련 업계에 종사한 사람들은 모두 큰 부를 얻을 수 있었다. 그런데 중국의 부동산은 정부가 주도하는 분야이므로 여기에서 형성된 부는 모두 권력과 깊은 관계가 있다고 할 수 있다.

민영기업들은 차스닥(Chasdaq, 創業板)이나 중소기업 전용 시장인 SME Board(中小板) 같은 곳에 상장해서 '하룻밤 사이에' 큰 부를 형성했다. 그런데 현재 차스닥에 상장된 기업들이 기술 혁신에 매진하거나 신흥 산업 분야에서 활약하고 있는가? 그렇지 않다. 이런 기업의 경영진에게 상장은 그저 '돈을 버는 도구'에 불과했다. 이들은 기업이 상장된 후에 퇴직해서 창업할 때 품었던 원대한 꿈을 잊고 편안한 삶을 누리며 산다. 하지만 상장이 경영진의 뜻대로 되는 일은 아니다. 여기에는 분명히 상장을 심사, 비준하는 정부의 관료들이 관련되어 있을 것이다.

위의 몇몇 영역에서 거대한 부가 짧은 기간 안에 소수의 사람에게 집중될 수 있었던 것은 모두 정부 권력과 관련이 있었다. 현재 중국 사회에서 권력은 재물의 크기 및 증가 속도를 결정한다. 그러므로 이런 문제를 없애고 소득분배의 공정성과 합리화를 실현하려면 반드시 시장경제에 대한 정부의 관여와 간섭부터 먼저 없애야 한다.

이렇게 겉으로 드러나는 것 외에 보이지 않는 부의 분배와 전이도 존재한다. 대표적인 예로는 정부가 예금 리를 가장 낮은 수준으로 제한하는 것을 들 수 있다. 이 역시 일반 예금주의 이익을 소수의 기업가들에게 전이하는 것이다. 2010년 2월에 마이너스 금리 시대에 들어선 후 중국에서는 민간 고리대금업이 성행하고 그림자은행 시스템(Shadow banking system)이 출현하는 등 금융 구조에 심각한 왜곡이 발생했다. 또 2011년의 예금 금리를 2.2%로 계산했을 때 예금 수익은 이전에 비해서 7,000여 억 위안이나 줄어들었으니 일반 예금주들은 부를 거의 강탈당한 것과 마찬가지였다.

상술한 문제들을 해결하고 소득분배의 합리성과 공정성을 실현하려면 반드시 불합리한 제도를 개혁해야 한다. 그래서 하루 빨리 시장경제에 대한 정부의 간섭을 줄이고 공공정책 결정을 통해서 기득권층의 이익을 보호하는 제도를 없애야 한다. 이것은 새로운 지도부가 반드시 실현해야 하는 사명이다.

금융 개혁

2008년에 미국에서 금융위기가 발생하자 미국 정부는 과도한 신용 확장을 제한하고 양적완화 정책을 채택했다. 또 전 세계 각국 정부 역시 글로벌 금융위기의 영향을 받은 자국의 시장을 구제하기 위해서 양적완화 정책을 채택하고 있다. 이런 방법들은 금융위기를 잘 해결하는 것처럼 보이지만 사실 또 다른 문제를 불러올 수 있다. 사실 이런 정책은 신용을 확장해서 경제 성장을 추진하려는 사고방식을 크게 벗어난 것이 아니다. 정리하자면 이는 현행 금융 시스템을 결국 다시 따르는 것에 불과하며 현재 중국의 상황도 마찬가지라고 할 수 있다.

최근 중국 정부는 원저우(溫州)를 '금융개혁 시범지역'으로 지정했다. 그리고 원저우에 비정부 금융기관을 설립하고 중소기업에 대출해 주는 '미소금융'을 실시하겠다고 밝혔지만 실제로는 현행 금융 체제를 벗어나지 못했다. 왜냐하면 그래야만 관련된 사람이 수익을 자신의 것으로 만들 수 있기 때문이다. 물론 여기에 들어간 자본은 사회 전체가 부담해야 한다. 사실 이 것은 중국뿐 아니라 유럽과 미국의 상황이기도 하다. 그러므로 중국을 비롯한 각국 정부는 지금 당장 현행 금융 시스템의 문제를 바로 보고 그것을 넘어서서 합리적인 신용 확장을 실현할 수 있는 방법을 찾아야 한다. 여기에 성공하지 못한다면 금융위기의 위험과 위기는 결코 사라지지 않을 것이다.

원저우 금융개혁 시범지역이 성공한다면 선전(深圳), 상하이, 톈진(天津), 충칭(重慶), 광둥(廣東) 및 내몽고자치구의 오르도스(Ordos)도 국무원의 비준을 거쳐 시범지역으로 지정될 것으로 보인다. 하지만 그 전에 뜻 있는 사람들은 벌써 전국적인 규모의 금융 개혁을 시작하는 중이다. 예를 들어 증권감독관리위원회(China Securities Regulatory Commission : CSRC) 주석인 궈수칭(郭樹淸)은 취임 후 국내 증권시장에 크고 작은 개혁을 단행했다. 또 인민폐의 환율 변동폭이 확대되었는데 이러한 금융 혁신과 개혁은 앞으로도 계속될 전망이다.

현재 각급 지방정부가 생각하고 추진하려는 금융 개혁은 모두 "어떻게 하면 현행 금융 시스템을 벗어난 새로운 시장과 시스템을 건립할 수 있을까?", "업사이징(upsizing)을 계속 해야 할까?"에 관한 것이다. 예를 들어 원저우 금융개혁 시범지역에서 추진하는 비정부 금융기관의 설립과 '미소금융'은 모두 현행 금융 시스템 밖에 새로운 금융 시장과 수단을 만드는 것인 동시에 업사이징이라고 할 수 있다. 이처럼 금융 개혁은 반드시 이전 30년 동안 고수해 온 금융 시스템에서 한 걸음 나아가야 하며 그 핵심은 바로 기득권층의 이익을 확대하지 않는 것이다. 우리가 지금 새롭게 추진해야 하는 것은 이제까지와 다른 성격의 업사이징이다. 이전의 업사이징은 13억이 넘는 인구가 짧은 시간 안에 수천 년에 걸친 가난을 벗어 던지고 경제 발전을 이루는 데 큰 역할을 했다. 하지만 이 방식은 자원을 과도하게 소비하며 사회의 부가 점차 소수의 사람에게 집중되는 단점이 있다. 이 과정에서 세력이 커진 기득권층은 사회 전체의 부를 가져가는 행위를 합법화한다. 그 결과 소수의 엘리트 계층과 다수의 민중이 사회적으로 대립하고 충돌할 수 있다.

　현재의 규모를 유지하든 계속 업사이징을 추진하든 조금만 관리가 허술하면 금융 시스템은 곧 기존의 형태로 돌아간다. 예를 들어 업사이징된 금융 시장에서 시장가격 시스템이 공정성을 잃는다면 이 시장가격 시스템은 곧 이전의 금융 시스템으로 돌아가서 기득권층의 이익을 보호하는 도구로 전락할 것이다.

　중국의 업사이징 금융 개혁이 성공할 수 있을지는 명확하게 말할 수 없다. 엄밀히 말해서 이것은 국내 금융에 아직 잠재적인 위험이 많기에 선택한 방식이며 현행 금융 시스템에서 새로운 시스템으로 전환하는 과도기적 단계라고 볼 수 있다. 그러므로 새로운 지도부는 제도 개혁을 중심으로 금융 개혁을 단행하고 더욱 효율적인 시장가격 시스템, 즉 금리 시장화와 환율 시장화를 실현할 수 있도록 해야 한다.

　새로운 지도부는 중국 경제에 대해 새로운 시각으로 새롭게 사고해야 한다. 이외에도 부동산 시장, 부정부패, 국유기업 개혁 등 토론해야 할 문제는 무척 많다. 하지만 모든 문제의 핵심은 역시 개혁을 멈추지 않고 끝까지 추진하겠다는 의지다. 개혁에 대한 의지와 방향만 명확하다면 중국 경제의 발전과 번영은 이미 새로운 출발점에 서 있는 것과 다름없다.

민중의 힘이 미래 10년을 결정한다

리다오쿠이(李稻葵)
중국 중앙은행 통화정책위원회 위원, 칭화대학(淸華大學) 중국세계경제연구센터(CCWE) 주임

중국의 종합국력이 끊임없이 상승하면서 선진국들은 중국의 부상에 일일이 반응하고 대응 방안을 모색할 것이다. 그들은 중동, 아프리카, 그리고 자국의 내부 문제는 옆으로 밀어 놓고 대부분 역량을 중국에 대응하는 데 쏟아부을 것이 틀림없다. 미래 10년 동안 중국은 국제 사회와의 관계를 조정하고, 발전모델을 전환하고, 국제 사회에서의 지위를 확정해야 한다. 이를 위해서 중국은 두 가지 문제를 해결해야 하며 여기에 성공한다면 강대국으로 부상하는 기초를 쌓을 수 있다.

미래 10년은 중국이 세계의 문명국가로서 다시 한 번 부상하는 기회가 될 수 있다. 이를 위해 중국은 두 가지 문제, '미래 중국 사회의 발전모델은 무엇인가?', '중국은 어떠한 모습으로 세계 정치경제 무대에 출현할 것인가?'에 답을 내놓아야 한다.

앞으로 10년 동안 선진국이 나아갈 방향에 가장 큰 영향을 준 것은 바로

2008년에 발생한 글로벌 금융위기다. 이 위기는 끝나려면 아직 한참 남았을 뿐 아니라 오히려 정도가 끊임없이 심각해지는 것 같다.

이 금융위기의 본질은 서방 국가의 사회와 경제에서 출현한 심각한 모순이다. 시카고 대학의 금융학자이자 국제통화기금(International Monetary Fund : IMF)의 전임 수석 경제고문 라구람 라잔(Raghuram Rajan)은 저서「폴트라인(*Fault line*)」에서 이렇게 말했다. "금융위기의 근원은 머니 마켓(Money Market)의 과도한 확장이며, 머니 마켓의 과도한 확장의 근원은 미국 사회 내부의 균열에 있다. 그 균열은 바로 빈부격차의 심화다." 글로벌 금융위기가 폭발하기 10여 년 전에 미국 정부는 신용 확장의 방식을 통해서 빈부격차를 메우려고 시도했다. 그 결과가 바로 지금의 글로벌 금융위기인 것이다.

글로벌 금융위기는 선진국에 공공재정의 위기를 불러왔다. 유럽과 미국 정부의 재정 적자는 여전히 높은 수준이며 지금 당장 조정하지 않으면 곧 재정이 무너질 상황이다. 이 위기를 벗어나려면 정부와 국민의 잠재된 계약 관계를 계속 이어가야 한다. '얼마만큼의 세금을 거둬들이는가?', '누구에게 세금을 거둬들이는가?', '어떤 방식으로 세금을 거둬들이는가?', '정부는 국민에게 어떤 방식으로, 어느 정도로 공공 서비스와 복지를 제공하는가?' 사실 이런 문제는 합의를 이루기 가장 어려운 사회관계다. 그러나 정부가 어떻게 세금을 걷고 어떻게 지출하는가는 선진국의 사회관계에 가장 큰 영향을 미치는 문제며 이것이 근본적으로 해결되지 않는다면 선진국은 절대 위기에서 벗어날 수 없다.

우리는 선진국이 위와 같은 사회관계의 조정을 실현하려면 앞으로 상당히 긴 시간을 거쳐야 한다는 사실을 인식해야 한다. 미래 10년 동안 선진국은 주요 역량을 모두 이 방면에 집중할 것이다. 이것은 매우 고통스러운 과정이다. 어쩌면 선진국의 정치 능력과 대외 통제력을 떨어뜨리고 국제 정치의 지위 역시 하락할 수 있다.

또한 선진국의 사회관계 조정이 중국에 직접적인 영향을 미칠 수 있음을 인식해야 한다. 중국의 종합국력이 끊임없이 상승하면서 선진국들은 중국의 부상에 일일이 반응하고 대응 방안을 모색할 것이다. 그들은 중동, 아프리카, 그리고 자국의 내부 문제는 옆으로 밀어 놓고 대부분 역량을 중국에 대응하는 데 쏟아부을 것이 틀림없다. 선진국은 사회관계 조정 과정에서 사회의 혼란이 발생할 것이고 자국의 정치와 사회 제도에 대한 자신감을 잃을 것이다. 그러면 중국을 적수로 간주할 것이므로 이것은 중국에 좋지 않은 상황이다. 그러므로 이러한 복잡함, 즉 선진국의 사회관계 조정이 불러오는 대중국 태도의 변화에 대해 인식을 명확하게 하고 충분하게 준비해야 한다. 미래 10년 동안 중국은 국제 사회와의 관계를 조정하고, 발전모델을 전환하고, 국제 사회에서의 지위를 확정해야 한다. 이를 위해서 중국은 두 가지 문제를 해결해야 하며 여기에 성공한다면 강대국으로 부상하는 기초를 쌓을 수 있다. 중국 공산당 18대의 보고는 강령성이 짙은 답안을 내놓았지만 구체적인 제도는 실천 중에 모색해야 한다.

첫 번째 문제는 '미래 중국 사회의 발전모델은 무엇인가?' 다. 이 문제에 관해서 중국은 개인의 자유를 주요 목표로 삼고 정부의 분권을 실현하는 발전모델을 선택할 수 있다. 아니면 싱가포르 식으로 정부가 공공 생산품과 공공질서를 중요한 목표로 하고 국가의 종합국력을 주요 평가 기준으로 삼는 사회 관리체제를 선택할 수도 있다. 이외에도 수많은 발전모델이 있으며 중국 사회가 어느 방향으로 발전할지에 관해서는 여전히 치열한 논쟁이 벌어지는 중이다. 소리 높여 의견을 주장하지는 않지만 매일 시시각각 행동으로 이 토론에 참여하는 대다수가 있다. 바로 국민이다. 그들은 어떠한 발전모델을 선호할까? 우리는 이것에 관해 명확하게 연구해야 한다. 나는 중국인이 선호하는 발전모델은 영국이나 미국의 정치 전통과 다르며, 또한 스웨덴이나 서구 유럽의 문화 전통과도 다르다고 생각한다. 중국인은 서방 국가에 비해서 사회 질서에 더욱 집중하고 중요하게 생각하며 국가의 전체적인 실력과 이미지에 관심이 많다. 그들은 인터넷 토론 등의 방식으로 중국 정치경제 체제의 변화에 큰 영향을 미치고 있다. 객관적인 분석을 거친 결과 나는 중국 사회가 10년 후에 비교적 공고해질 것이라고 생각한다. 또 싱가포르 식에 가까우며 사회의 공인, 국가 전체의 이미지와 실력에 집중하는 경제 발전 모델이 출현할 것이라고 본다.

두 번째 문제는 '중국은 어떠한 모습으로 세계 정치경제 무대에 출현할 것인가?'다. 이것에 관해 우리는 아직 명확한 답변을 내놓지 못했다. 2008년에 글로벌 금융위기가 발생했을 때 중국의 정책결정자들은 너무 갑작스러운 나머지 제대로 된 방어도 준비하지 못하고 세계 정치경제 무대에 등장했다. 그러므로 미래 10년 동안 중국은 이 문제에 관해 정확한 답변을 내놓아야만 한다. 확실한 것은 중국의 지도자들이 국제 사회의 오해를 없앨 수 있도록 명확하게 발언해야 한다는 점이다. 예를 들어 중국의 영토와 도서에 관한 주권은 상당히 오랜 기간에 걸쳐 형성된 것이며 새롭게 대외 확장하려는 의도가 전혀 없음을 국제 사회에 알려야 한다. 또한 중국은 국제 사회에 새로운 이념을 제시해야 한다. 이것은 문제가 발생했을 때 단기적으로 내놓는 대응 정책과 구별된다. 가장 중요한 것은 중국이 미래 10년 안에 국제 사회에서 이행 가능한 책임을 맡는 것이다. 예를 들어 탄소 배출, 환경 보호, 국제 원조, 국제 조직에 대한 기부 등이다. 이러한 행동을 통해 국제 사회에 책임을 지는 대국의 이미지를 드러내는 것이 중요하다.

후기

차이나드림을 향하여

이 책은 잡지 「중국과 세계 관찰(中國與世界觀察, China and world affairs)」의 글을 모아 엮었다.

2005년 10월에 '칭화대학 중국 세계 경제 연구센터'에서 펴낸 '중국과 세계 관찰'의 창간특집호가 상무인서관(常務印書館)에서 출판되었다. 창간 특집호의 주제는 '당대 중국의 국가 의식과 국제 의식'이었다. 저자는 왕샤오둥, 판웨이, 린즈보, 장원무, 팡닝, 류장융(劉江永), 주펑(朱鋒), 스인훙(時殷弘), 진찬룽(金燦榮), 진시더(金熙德), 왕이저우(王逸舟) 등 당시 중국에서 가장 영향력 있고 활발한 연구 활동을 벌이는 국제문제 전문가, 정치학자 및 정치계 인사들이었다.

그로부터 8년이 흐르는 동안 '중국과 세계 관찰'은 수십 편의 특집호를 발행했다. 대표적인 주제로는 '사회 화합의 핵심 가치관', '개혁개방 30년', '인민 중국 60년', '미래 10년의 중국 정치', '미래 10년의 중국 경제', '미래 10년의 중국 금융', '미래 10년의 중국 사회', '미래 10년의 중국 외교', '개방과 경제 안전', '중국의 국가 안전과 국방 현대화', '당대 중국 문화', '사회주의 신농촌 건설', '당대 중국의 혁신', '기후 변화와 녹색 발전', '도시화와 중산 계급', '시진핑과 리커창 시대 전망' 등이 있다.

'중국과 세계 관찰'은 다른 학술잡지와 구별되는 몇 가지 특징이 있다. 첫째, 매번 특집호를 발행하고 각 분야에서 저명한 전문가, 학자들의 글을 담았는데 이는 중국에서 매우 드문 일이었다. 예를 들어 '미래 10년 중국 사회' 특집호에 참여한 학자들은 리창, 황핑, 딩쉐량, 천위안(沈原), 류스딩(劉世定), 추쩌치(邱澤奇), 장샤오쥔(張小君), 탕쥔(唐鈞), 다이젠(戴建)으로 모두 중국 사회학계의 저명인사들이다. 또 '중국 국가안전과 국방 현대화' 특집호에는 옌쉐퉁(閻學通), 뤄위안(羅援), 차오량(喬良), 다이쉬(戴旭), 쑹샤오쥔(宋曉軍), 쑹이창(宋宜昌), 멍샹창(孟祥靑), 추수룽(楚樹龍), 예쯔청(葉自成) 등이 참여했는데 이들은 모두 중국 군사와 전략 연구 분야에서 영향력 있는 전문가들이었다. 두 번째 특징은 주제와 원고를 선정할 때 항상 '좌파', '중립', '우파'의 입장을 대표하는 학자와 글을 골고루 채택해서 한 가지 주제에 대한 서로 다른 입장을 드러내고 합의점을 찾으려고 노력했다는 점이다. '사회주의 신농촌 건설' 특집에 참여한 학자 중 판웨이, 추이즈위안(崔之元)은 '좌파', 위젠룽, 스샤오민(石小敏)은 '우파', 린이푸와 루쉐이(陸學藝)는 '중도파'였다. 세 번째 특징은 하나의 주제에 대해 '브레인스토밍'을 벌이는 전문가와 학자들은 모두 다양한 영역에서 활동 중인 인사라는 사실이다. 예를 들어 '당대 중국의 가치 변천' 특집호에 참여한 사람은 경제학자 장웨이잉(張維迎), 사회학자인 딩쉐량, 정예푸(鄭也夫), 정치학자 팡닝, 판웨이, 우자샹, 역사학자 친후이(秦暉), 국제문제 영역의 장원무, 류징화(劉靖華), 사상가 왕후이(汪暉), 주둥리(祝東力), 문화계의 황지쑤(黃紀蘇), 문학계의 쾅신녠(曠新年) 및 민간 학자인 왕쓰뤼(王思叡) 등이었다. 서로 다른 분야의 지식인들이 중국의 가치관이라는 주제에 대해 머리를 맞대고 이론 게임을 시작해서 독자들에게 개방적이고 다원화된 관점을 소개할 수 있었다. 네 번째 특징은 키신저, 켄 리버탈(Ken Lieberthal) 등 저명한 국제 전문가들에게 원고를 요청해서 중국 내부의 학자뿐만 아니라 해외의 관점까지 담으려고 노력했다는 점이다. 이는 중국에서 무척 드문 일이다. 다섯 번째 특징은 영문 편집부를 설치하고 미국인 세 명을 고용해서 각 특집호에 실린 글의 요약, 목록 등을 영문으로 제작하도록 했고 그중 중요한 글 다섯 편은 전문을 번역해서 해외 독자들에게 제공했다. 다음은 '중국과 세계 관찰'의 창간사 중 일부다.

현재 세계의 강대국은 모두 자신의 전략적 이익에 관심을 기울이고 있다. 이에 개별 이익집단을 초월해서 국제적 시야를 구비한 정책성 간행물이 필요했기에 이 잡지를 창간했다. 예전에 우리는 미국 잡지 *Foreign affairs*를 보았는데 이것은 역대 미국 대통령의 필독물인 동시에 지식엘리트의 논단이었다. 빠른 속도로 부상하는 중국에 지금 가장 필요한 것은 바로 '중국과 세계 관찰' 같은 간행물이다.

'중국과 세계 관찰'은 2004년 9월에 칭화대학 중국 세계경제 연구센터에서 처음 기획되었는데 이 센터의 목적은 국제 문제에 관한 전 세계적인 관점과 정책 결정을 분석하는 것이었다. '중국과 세계 관찰'은 최대한 이성적인 각도와 국제적인 시야로 중국이 세계 경제 속에 녹아드는 과정을 고찰하고 앞으로 출현 가능한 각종 문제를 전망하고자 한다.

'중국과 세계 관찰'이 특징을 잃지 않고 오랜 기간 계속될 수 있었던 것은 '좌파', '중도파', '우파'를 모두 포용하고 사상, 학술, 정책을 한 몸에 융합한 개방적인 주편집장, 저명한 경제학자이자 칭화대학 중국과 세계경제 연구센터의 주임, 칭화대학 경영관리학원 교수 리다오쿠이 박사가 있었기 때문이다. 국제적 의식과 사회 영향력을 구비한 경제학자인 리다오쿠이에 대해 이미 중앙 TV나 웹사이트 시나닷컴 등을 통해서 들어본 적이 있을 것이다. 그의 학술과 사상을 이해하고 싶다면 '대국의 발전 전략 : 중국 경제 부상의 길을 찾아서', '다가오는 대국 부상 : 금융위기에 부딪힌 우리의 선택', '혼란한 세계와 대국 부상 : 중국은 어떻게 금융위기의 세계를 마주할 것인가?'를 읽어보기 바란다. 이 세 편의 글은 해외에 있던 리다오쿠이가 칭화대학으로 돌아와서 교편을 잡은 후 누적된 사상과 학술의 정수라 할 수 있다. 다음의 내용은 잡지의 탄생 과정에 관한 것이다. 읽어보면 왜 리다오쿠이가 이 잡지의 중요인물인지 알 수 있을 것이다.

2005년 봄, 중국 사회과학원의 연구원인 왕훙링(王紅領) 박사의 연락을 받았다. 그는 '전략과 관리' 잡지를 복간하는 일에 대해 칭화대학의 리다오쿠이 교수가 나와 이야기를 나누고자 한다고 말했다. '전략과 관리'는 1990년대 초에 국내에서 창간된 학술과 사상 잡지였다. 그런데 2004년 여름에 발행사이던 '중국 전략 관리 연구회'가 사단법인의 등록 자격을 잃으면서 이 잡지는 곧 법적으로 간행을 정지당했다. 리다오쿠이의 생각을 들은 나는 '중국 전략 관리 연구회'의 비서장, '전략과 관리' 잡지사 사장인 친차오잉(秦朝英)과 함께 칭화대학으로 가서 리다오쿠이와 복간과 합작에 대해 상의했다. 그러나 안타깝게도 노력을 거쳤지만 일이 무산되며 '전략과 관리'는 지금까지 복간되지 못했다. 그 과정 중에 리다오쿠이는 칭화대학의 중국 세계경제 연구센터의 독특한 이념을 이야기했다. 그러면서 이 센터에서 '전략과 관리'와 비슷하며 국제적인 시야를 가진 새로운 잡지를 내고 싶다는 뜻을 드러냈다. 또 그는 나에게 이 잡지의 주편이 되어 달라고 요청했다. 그는 독립적으로 간행하는 권한을 다 주겠다고 말하며 동시에 새로운 잡지가 절대 경비 문제로 학자들, 편집자, 인쇄소를 기다리게 하는 일이 없겠다고 약속했다. 나는 리다오쿠이의 지도 아래 '중국과 세계 관찰'을 편집하는 일을 하기 시작했다. 간행물 고유 번호를 받고 공개적으로 출판하기 위해서 나는 창간호를 상무인서관에서 출판하기로 했다. 이후부터는 매번 선정된 주제가 무겁고 복잡한 동시에 민감하다보니 출판사 선정이 쉽지 않았다. 결국 리다오쿠이는 홍콩에서 잡지를 등록하기로 하고 프랑스로 가서 국제 간행물 고유 번호를 신청하고 비준 받았다. 이 때문에 잡지는 홍콩에서 출판되었고 주로 우편 발송의 방식을 통해서 독자들에게 전해졌다. 저명한 학자인 리다오쿠이에게 잡지 주편이 무슨 대단한 경력일 리는 없다. 대량의 시간과 정력을 소모해야 하는 일이었다. 또 잡지의 성격상 비판하는 사람도 많았다. 이렇듯 '부정적'인 요소가 아무리 많았어도 리다오쿠이는 모든 일을 직접 파악하고 확인하면서 지금까지 계속해 왔다. 그 덕분에 '중국과 세계관찰'이 8년이나 계속될 수 있었다.

나는 독자들의 요구에 따라 이 책에 담을 글, 작가 및 주제 등의 중요한 문제를 다시 한 번 검토했다. 잡지 '중국과 세계 관찰'과 이 책이 집중한 것은 중국의 지식 엘리트가 당대 중국 발전 및 미래 중국 발전에 대한 판단과 견해, 전망이었다. 또한 개혁개방 30여 년의 발전 과정에 대한 인식과 해석에 집중했으며 미래 중국이 단순히 '큰 나라'에서 '작은 나라'로 전환할 수 있는가에 주목했다. 국내 지식인들은 중국의 변화에 대해 줄곧 부정적, 심지어 비관적인 견해를 고수했다. 그러나 중국은 세계가 놀랄만한 경제 기적을 이루었고 국제 사회에서의 영향력 역시 날로 증대되고 있다. 비교하자면 오히려 해외 지식인들이 더 긍정적인 반응을 보인다. 대체 왜 이렇게 된 것일까?

이는 아마 중국의 지식인들이 더 보편주의적인 관점으로 중국 사회를 분석하기 때문일 것이다. 그들은 설령 고통스러울지언정 중국의 진정한 변화와 발전의 길을 모색한다. 반면에 해외 지식인들의 시각은 훨씬 단순하다. 이들은 단순히 경제 지수, 물질적 역량, 발전 잠재력 등을 근거로 중국을 해석하며 중국과 미국의 경쟁, 갈등, 충돌 등에 초점을 맞추어 사고한다.

하지만 국내 지식인이라고 해서 생각이 모두 같지는 않으며 '좌파', '우파', '중도파'로 나뉘어 저마다의 관점으로 중국 사회를 해석하고 있다. '좌파'는 민족주의와 계획경제를 대표하며 '우파'는 민주주의, 시장경제, 보편주의 세계관을, '중도파'는 실용주의를 각각 내세운다. 일반적으로 '좌파'보다 '우파'나 '중도파'의 입장이 현재 중국 정부가 추구하는 방향 및 현실 정치에 적합하기에 주류 사상의 자리를 차지하고 있다. 주목해야 할 것은 안이든 밖이든 세계는 중국이라는 이 슈퍼 대국의 현대화와 특수성을 중시하고 있다는 점이다. 동시에 중국은 세계화의 물결을 따라 국제 사회에 점점 큰 정도로 참여하고 있다. 또 최근 몇 년 동안 거의 1억에 가까운 사람들이 해외로 출국했으며 전 세계 대국 중에서 경제의 개방 정도(수출입 총액이 GDP 50% 정도를 차지한다)가 가장 높다는 점이 주목받고 있다. 독자들은 이 책에서 이에 관한 다양한 분석, 주장 등을 확인할 수 있을 것이다. 잡지의 편집자이자 독자로서 나는 주제를 설정하고 원고를 모으고 편집하는 과정에서 우리가 알고 있는 역사는 객관적인 사실이라기보다 바라보는 사람에 따라 다르게 해석된 결과임을 깨달았다. 마찬가지로 미래 역시 정확히 예측하기는 어렵지만 풍요롭고 안정적인 미래를 누리고 싶다면 가능한 한 최대의 노력을 쏟아야 한다.

대국 중국은 이제 멈추지 말고 최선을 다해서 강국이 되어야 한다. 강국은 국내적으로 국민의 복지를 중요시하며 GDP만 바라보고 있지 않다. 국제적으로는 합작, 책임, 혁신을 중요하게 생각하며 부흥, 강대함, 진영 지키기에 매달리지 않는다. 이러한 나라를 건립하는 것이야말로 진정한 '차이나 드림'이다. 이는 국내뿐 아니라 국제적으로도 점점 더 많은 공동 의식을 얻을 것이다.

'중국과 세계 관찰'은 앞으로도 국제적인 시야와 국내외 지식계, 이론계의 엘리트들로부터 중국 및 세계 발전의 중대한 문제에 대한 해석과 견해를 수집할 것이다. 그래서 우리의 국가, 우리가 사는 지구를 위해서 지속적으로 좋은 에너지를 제공할 수 있기를 기대한다.

양쉐쥔
'중국과 세계 관찰' 편집 위원

중국바로알기시리즈 4

어둠 속 중국
다가올 위기에 대처하라!

초판 1쇄 인쇄 | 2014년 7월 10일
초판 1쇄 발행 | 2014년 7월 15일

지은이 | 헨리 키신저(Henry Kissinger) · 우징롄(吳敬璉) · 정융녠(鄭永年) 외 공저
옮긴이 | 송은진
발행인 | 강희일 · 박은자
발행처 | 다산출판사
디자인 | 민하디지털아트 (02)3274-1333

주소 | 서울시 마포구 대흥로 6길 8 다산빌딩 402호
전화 | (02)717-3661
팩스 | (02)716-9945
이메일 | dasanpub@hanmail.net
홈페이지 | www.dasanbooks.co.kr
등록일 | 1979년 6월 5일
등록번호 | 제3-86호(윤)

이 책의 판권은 다산출판사에 있습니다.
잘못된 책은 구입하신 서점에서 바꾸어 드립니다.

ISBN 978-89-7110-452-1 04320
ISBN 978-89-7110-410-1 (세트)
정가 14,000원